외식경영론

김동진 김영갑 남장현 류기상 배현주 심순철
윤혜원 전민선 전혜진 한동철 홍완수 황조혜 공저

Foodservice
Management

이프레스

머리말 preface

외식창업을 꿈꾸는 예비창업자의 수가 점차 증가하고 있다. 국내 예비창업자를 대상으로 한 많은 설문조사에서 창업희망 업종으로 외식업을 선택하는 비중은 50%를 넘는다.

외식창업을 하는 사람들의 희망은 자신이 창업한 점포가 영원히 존속하면서 높은 이익을 달성하는 것이다. 그러나 국내 외식업체의 수가 60만 개에 달하면서 치열한 경쟁으로 인하여 외식업체 중 5년 이상 생존할 확률이 20%에도 미치지 못하고 있다.

많은 사람들은 희망 속에서 창업한 외식업체들의 성공률이 이처럼 낮은 이유를 궁금해한다. 가장 대표적인 이유를 하나 선택한다면 소비자들이 구매하는 양에 비하여 판매자가 너무 많다는 점을 들 수 있다. 창업자의 수가 줄지 않는 한 이런 악순환은 계속될 것이다. 다만 창업 이외에 대안이 없는 경제환경을 고려한다면 역시 외식창업은 가장 인기 있는 업종이 될 수밖에 없다. 그렇다면 이러한 위험한 상황에서 성공적인 외식사업체를 만들고 경영하는 방법을 고민하는 것이 대안이 될 것이다.

의외로 성공적인 외식사업체를 만드는 방법에 대한 대답은 일목요연한 정리가 가능하다. 경영능력을 갖추고 창업을 하는 자만이 성공한다는 이치를 깨달아야 한다. 창업은 혼자서 할 수 있지만 사업체를 운영하는 활동은 결코 혼자서 할 수 없다. 조리사도 필요하며 서비스 종사자도 필요하다. 많은 사람으로 구성된 조직이 만들어지게 되므로 적절한 지휘와 통제가 요구된다. 이런 상황에서 경영능력을 갖추지 못하고 있다면 그 사업의 미래는 매우 암울할 수밖에 없다. 특히 경쟁이 치열한 상황에서는 그 위험성이 더욱 높아진다. 소비자에 비하여 공급자가 많은 외식산업에서 자신이 원하는 이익을 달성하며 오랫동안 유지할 수 있는 유일한 방법은 경영자로서의 자질을 갖추는 것이다.

외식업체를 운영하기 위한 경영능력을 갖추려면 외식경영이 무엇인지부터 이해해야 한다. 외식경영이란 '외식업체의 목표를 달성하기 위하여 판매 부문, 관리 부문, 조리 부문 등의 각 기능별로 계획을 수립한 후 조직을 만들어 지휘하고 통제하는 일련이 활동'을 의미한다. 따라서 외식경영 능력을 갖춘다는 것은 두 가지로 구분하여 생각할 수 있다.

첫째, 경영관리과정을 이해하는 것이다. 경영관리과정은 '계획-조직화-지휘-통제'로 이루어진다. 즉, 경영자는 외식업체를 운영하기 위한 계획을 수립하는 것부터 시작해서, 계획을 실행하기 위한 조직을 만들고 지휘할 수 있어야 한다. 최종적으로 실행된 결과가 계획한 대로 잘 실행되었는지, 만약 안 되었다면 문제가 무엇인지를 찾아서 개선할 수 있어야 한다. 즉 통제능력이 있어야 한다.

둘째, 경영의 주요 기능을 이해해야 한다. 외식업체라는 조직은 인적자원관리, 생산 · 운영관리, 마케팅관리, 재무·회계관리 등의 기능별 관리가 이루어져야 한다. 즉 경영자는 이러한 모든 기능에 대한 전문적인 지식을 갖추어야만 외식업체를 경쟁력 있게 관리하고 유지할 수 있다. 특히 소규모로 운영되는 외식업체일수록 경영자가 이러한 기능에 대한 전반적인 지식을 직접 갖추어야 한다. 대기업이라면 전문적인 지식을 가진 직원을 채용하여 위임을 할 수 있지만 작은 규모로 시작하는 외식업체는 경영자가 모든 기능을 관리할 수밖에 없기 때문이다.

이 책은 소규모 외식업체부터 외식사업을 주로 하는 대기업에 이르기까지 전문경영인을 꿈꾸는 모든 외식경영자를 위하여 기획되었다. 과거처럼 외식사업은 주먹구구식으로 해도 된다는 인식을 불식시키고, 우리나라보다 외식산업이 발전한 나라의 외식기업들과 경쟁할 수 있는 전문성을 갖춘 외식경영자를 키우기 위한 목적으로 내용을 구성하였다. 이론의 흐름은 경영의 개념과 경영관리과정을 이해하고 이어서 기능별 관리를 할 수 있는 능력을 키우는 데 초점을 맞추어 다음과 같이 정리하였다.

1부는 외식산업의 환경을 이해하고 외식경영의 관리과정을 습득하는 내용이다. 성공하는 경영자가 되기 위해서는 산업환경을 명확히 이해하는 것이 선행되어야 한다. 특히 국내 외식산업의 미래를 예측하기 위해 우리나라보다 외식산업이 발전한 나라의 산업 현황을 파악할 수 있어야 한다.

2부는 외식경영의 관리과정에서 가장 비중이 큰 계획과 전략을 좀더 구체적으로 제시한다. 외식산업이 대표적인 서비스산업이란 특성을 고려하여 서비스운영관리 부문도 비중 있게 다루었다.

3부는 외식경영의 기능별 관리 능력을 키우는 데 초점을 맞추었다. 메뉴관리, 위생 및 품질관리, 재무관리, 인적자원관리 등은 결코 소홀히 할 수 없는 외식기업의 주요 기능이다.

4부는 외식경영자들이 가장 큰 관심을 가지고 있는 마케팅과 디자인에 대한 내용으로 구성하였다. 특히 성공적인 마케팅을 위해 반드시 필요한 소비자행동을 포함시켰으며, 최근 화두가 되고 있는 인터넷마케팅도 비중 있게 다루었다.

아직도 많은 외식경영자들이 외식업체는 맛있는 음식만 만들 수 있으면 성공한다는 사고에 머물러 있는 경우가 있다. 외식사업을 한다는 것은 시스템을 만드는 과정임을 인식해야 한다. 경영자는 비전과 목표를 제시하고 조직원들이 안정적으로 일할 수 있는 구조를 만드는 일에 관심을 가지고 투자해야 한다. 경영이란 사업의 전략적 목표를 수립하고 이를 달성하기 위한 생산, 마케팅, 인사, 회계, 재무관리 등이 자연스럽게 작동하도록 만드는 일이다. 그런 차원에서 필자들은 이 책이 미래의 성공적인 외식경영자를 꿈꾸는 예비창업자들에게 도움이 되기를 간절히 바라며, 향후 더 발전적인 지식을 담기 위해 독자들의 의견에 귀 기울이며 지속적인 개선을 위한 노력을 경주할 것임을 다짐한다.

마지막으로 이 책이 출간되는 데 많은 지원을 해주신 이프레스 최용구 대표님과 좋은 책이 될 수 있도록 많은 노력을 기울여 주신 편집부 관계자 여러분께도 진심으로 감사드린다.

저자 일동

차례 contents

Part 3 • 외식경영을 위한 자원관리

Part 4 • 외식마케팅 및 디자인

1
Part

외식산업과 경영의 이해

1

Chapter

외식산업

Chapter

Foodservice Management

1 외식산업

도입사례 ≫ 2012년 외식업계 빅 이슈들

▸ 카드 평균 수수료율 인하

지난 8월 여신전문금융업법 개정안이 국회를 통과하면서 카드 수수료율 체계가 대폭 개편됐다. 이를 통해 200여만 개 카드가맹점의 평균 수수료율이 1.9%로 낮아졌으며, 연 매출 2억 원 미만 영세가맹점은 1.5%의 우대수수료율이 적용됐다. 높은 카드 수수료율 때문에 힘들었던 중소외식업 경영자들의 오랜 외침이 반영됐다는 평가다.

▸ 중소기업 적합업종 선정

영세 자영업자들을 보호한다는 목적으로 식품·외식업계에도 중소기업 적합업종 지정이 핫이슈로 떠올랐다. 중소기업 적합업종제도는 대·중소기업 양극화 해소와 중소기업의 자생력 강화를 목적으로 한 동반성장위원회의 핵심정책이다. 그러나 업계 관계자들은 프랜차이즈 중소기업 적합업종은 제도 도입이 가져다주는 부정적 영향 등이 많다며 심하게 반발하고 있다.

▸ 대기업 빵집사업 철수

2012년 대표적인 '소상공인 자영업종 중의 하나인 빵집을 대기업이 꼭 해야 했나.'라는 비판이 업계의 화두로 떠오르면서 대기업들의 사업 철수가 잇따랐다. 하지만 '골목상권 보호'라는 미명 아래 무조건적으로 대기업 진출에 제약을 거는 것이 과연 소상공인을 보호하는 것인가라는 의견에는 이견이 좁혀지지 않고 있다.

▸ 공정위 모범거래기준 발표

공정위는 프랜차이즈 모범거래기준을 통해 가맹점에 대한 가맹본부 '횡포'의 대표적인 사례로 꼽혔던 영업지역 침해를 방지하기 위해 일정반경 내 같은 브랜드의 프랜차이즈를 낼 수 없고, 강제 리뉴얼에 따른 가맹점의 비용부담을 해소하기 위해 5년 내 가맹점의 인테리어 리뉴얼을 금지한다고 밝혔다. 한편 관련 업계는 가맹점의 지속적인 발전을 도모하고 지원해야 하는 가맹본부의 입장이나, 프랜차이즈 산업의 장기적인 비전은 고려하지 않은 가맹점에만 치우친 기준 마련이라는 지적이다.

▸ 가맹사업거래법 개정안 제출

2012년 5월 김영주 민주통합당 의원과 6월 이만우 새누리당 의원은 각각 '가맹사업 거래의 공정화에 관한 법률' 일부 개정안을 발의해 국회에 제출했다. 내용은 크게 가맹점 사업자 단체 설립과 가맹점 사업자가 손해를 입은 경우 가맹본부가 최대 3배 배상으로 요약된다. 또 신설 조항으로 가맹점 사업자들이 가맹점 사업자 단체를 설립해서 가맹본부와 가맹계약의 변경 등을 협의할 수 있도록 했다. 한국프랜차이즈협회는 가맹사업법 개정안의 골자인 가맹점 사업자 단체구성과 최대 3배에 달하는 징벌적 손해배상 등을 '독소조항'이라고 주장하며 저지에 나서고 있는 상황이다.

▸ 금연구역 전면 시행

연면적 150㎡ 이상의 일반음식점과 휴게음식점, 제과점, 술집 8만 곳에서 흡연이 원칙적으로 금지되고 별도로 마련된 흡연실에서만 담배를 피울 수 있다. 옥내에 흡연실을 설치할 경우 담배 연기가 실내로 유입되지 않도록 유리벽 등으로 실내와 완전히 차단, 밀폐해야 하고 환풍기 등 환기시설을 설치해야 한다. 보건복지부는 오는 2014년 1월부터는 넓이 100㎡ 이상 음식점(약 15만 곳 추정), 2015년 1월부터는 모든 음식점에서 흡연을 금지할 계획이다.

▸ 나트륨 저감화 운동

보건복지부와 식약청은 지난 3월 나트륨 줄이기 운동본부를 발족, 전국적인 나트륨 저감화 운동을 벌이고 있다. 복지부와 식약청은 패밀리레스토랑 등 주요 외식업소와 가공식품의 영양표시를 의무화하고 외식업소, 단체급식소, 식품제조업체에 대해 짜지 않은 음식 개발을 독려하기로 했다. 구체적으로는 나트륨 줄이기 참여 건강음식점 지정 확대, 대형마트 등에서 나트륨을 줄인 식품존 운영, 소스나 양념을 별도로 제공하는 음식점 확산, 소용량 국그릇 선택제 실시, 싱겁게 먹는 날 제정 등을 추진하고 있다.

▸ 자유무역협정(FTA) 체결

미국과의 자유무역협정(FTA)이 2012년 3월 15일에 공식 발효됐다. 지난해 7월 유럽연합(EU)에 이어 세계 경제의 거대 경제권 두 곳과 모두 FTA를 체결했다.

FTA 발효와 함께 양국은 단계적으로 모든 상품의 관세를 철폐한다. 농업 분야에서 국내에 미치는 영향이 없거나 이미 대부분을 수입에 의존하는 품목은 관세가 즉시 철폐되며, 쌀 관련 제품은 FTA협상에서 완전히 제외됐다.

▸ '에너지 음료' 폭발 성장

지난해부터 인기를 모으던 에너지 드링크는 올해 폭발적인 매출성장률을 보이며 국내 음료시장의 지각변동을 일으켰다. 특히 에너지 드링크가 잠깨는 특효약이란 입소문이 돌면서 롯데칠성음료가 출시한 핫식스(Hot 6)는 전체 에너지음료 가운데 매출 1위를 차지하고 있다. 파리바게뜨에서는 천연유기농 에너지 드링크 파우(POW)를 전격 출시했고, 스타벅스커피 코리아에서도 지난 7월에는 에너지음료 '리프레셔'를 신메뉴로 선보였다.

▸ 위탁급식 · 대기업 vs. 중견 · 중소업체 기싸움

위탁급식업계의 올해 가장 큰 화두는 정부의 동반성장 제재조치에 따른 대기업과 중견 · 중소업체 간의 보이지 않는 싸움이었다. 박재완 기획재정부 장관은 지난 3월 공공기관 구내식당 위탁운영사업에 상호출자가 제한된 자산규모 5조 원 이상의 대기업이 입찰에 참여하지 못하도록 한 상생방안을 발표한 바 있다. 그러나 정부의 의도와는 다르게 올해 진행된 공공기관의 신규 입찰에서 중견업체인 동원홈푸드와 ECMD, 아라코가 가장 큰 수혜를 받아 되레 중소업체를 위한 정책이 아닌 중견업체를 위한 정책이 됐다는 비난을 사기도 했다.

출처: 식품외식경제 (2012. 12. 26). 육주희 기자.

오늘날의 외식경영은 매우 복잡하게 변화하므로 이를 체계적으로 이해하는 것이 중요하다. 이 장에서는 외식경영학에 대한 체계적인 이해를 돕기 위하여 기본적으로 외식산업에 대한 개념적 이해, 외식산업 분류, 외식산업을 둘러싼 내부환경과 외부환경 그리고 국내 외식산업 현황에 대하여 파악한다.

1 • 외식산업의 이해

인간의 삶을 영위하는 데 있어 음식만큼 중요한 것은 없으며 이는 생명의 근간을 이루고 있다. 우리의 삶이 고도로 첨단화되어도 인간은 음식을 섭취해야만 살아갈 수 있으므로 음식은 예나 지금이나 시대의 변화와 상관없이 매우 중요하다. 오늘날 경제성장과 핵가족화, 여성의 사회진출 증가 등으로 인해 현대인들의 음식문화가 급속하게 변화되어 감에 따라 과거 가정 내의 문제만으로 여겨졌던 식생활이 이제는 사회 경제적인 쟁점으로 부각되고 있다. 이와 같은 사회변화로 인하여 새로운 음식 소비양식이 창출되었고 이는 곧 외식산업(foodservice industry)이라고 하는 새로운 산업 분야의 태동과 발전을 가져왔다.

1) 외식산업의 개념

외식은 인간의 식생활과 밀접하게 연관되어 있으며, [그림 1-1]에서 보듯이 인간의 식생활은 가정 내 식생활인 내식(eating-in)과 외식(eating-out)으로 분류된다. 가정 외 식생활인 외식은 내식을 제외한 인간의 식생활을 일컬으며 외식산업은 인간의 외식활동을 위하여 이루어진 일련의 사업군이다(한국외식정보, 2009).

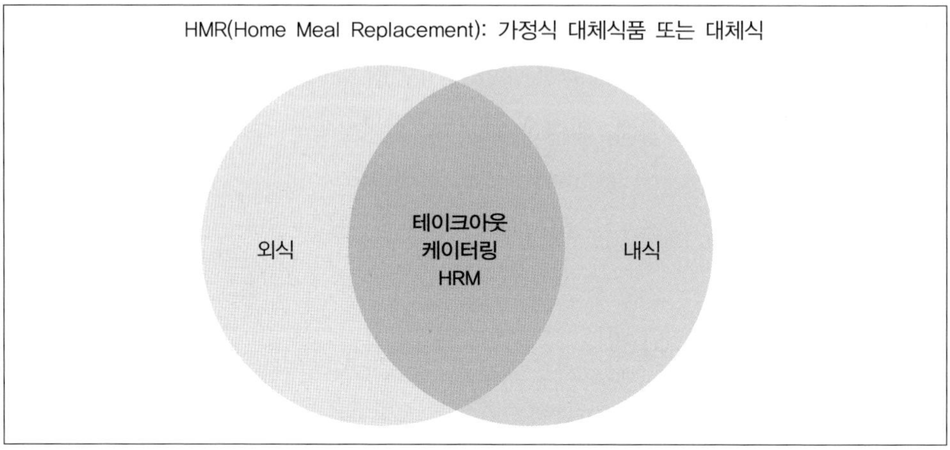

▮그림 1-1▮ 외식과 내식의 범위

출처: 한국외식연감 (2011).

미국레스토랑협회(National Restaurant Association)에 의하면 외식산업은 가정 외에서 제공되는 모든 식음료를 포함하는 산업으로, 배달(home delivery), 테이크아웃(take-out), 그리고 단체급식산업(institutional foodservice) 등의 모든 분야를 포함하며 그 영역은 차츰 광범위하게 확대되고 있다(NRA, 2007). 최근에는 외식산업의 영역이 손님에게 정성을 다하여 봉사하는 서비스산업을 일컫는 환대산업(hospitality industry)으로 까지 광범위하게 확대되고 있는 현상이다.

▮표 1-1▮ 외식산업(foodservice industry) 분류

상업적 외식업	비상업적 외식업(단체급식)
일반 레스토랑 서비스(restaurant service), 위탁급식 전문업체(foodservice contractor), 호텔식음료, 출장연회, 스낵과 음료매장, 바(bar)와 주점, 소매업소(retail store)의 음식판매서비스, 자동판매기 등	직영급식, 전문급식업체에 의한 위탁급식

(1) 비상업적 외식업인 단체급식

특정 다수인을 대상으로 복리후생 차원에서 급식을 제공하는 것을 의미하며 단체의 특성에 따라 교육기관, 사업체, 의료기관, 사회복지시설, 군대, 정부기관, 교도소 급식 등으로 분류된다. 식품위생법 제2조 제9항에 의하면 '집단급식소란 영리를 목적으로 하지 아니하고 계속적으로 특정 다수인에게 음식물을 공급하는 기숙사, 학교, 병원, 기타 후생기관 등의 급식시설이다.'라고 정의된다. 단체급식은 운영 형태에 따라 직영급식과 전문급식업체에 의한 위탁급식으로 분류된다. 위탁급식(contract-managed foodservice)이란 급식 업무의 전체 또는 일부를 계약에 의하여 전문업체에 위탁해 운영하는 형태로, 급식대상은 특정 다수인으로 단체급식과 동일하나 영리를 목적으로 한다는 점에서는 외식업과 유사하다. 우리나라의 경우 단체급식이 직영으로만 운영되던 시기에는 제공되는 메뉴나 서비스의 수준, 그리고 급식운영에 있어서 실제적으로 단체급식과 외식산업이 큰 차이를 보여 주었다. 그러나 단체급식에 위탁급식이 도입되면서 단체급식과 외식산업의 간격을 줄이는 데 결정적인 역할을 하였다. 반면에 외식업체도 사업체나 대학 내의 식당을 운영하는 등 단체급식 부문까지 사업 영역을 확대해 나가고 있어서 이제는 단체급식과 외식산업이 더 이상 분리된 개념이 아닌 서로 상당 부분 공유 영역을 지닌 접합된 개념으로 접근할 필요가 있게 되었다.

(2) 상업적 외식산업(commercial foodservice)

일반 대중을 대상으로 영리목적으로 운영되고 있는 일반 레스토랑서비스(restaurant service), 위탁급식 전문업체(foodservice contractor), 호텔식음료, 출장연회, 스낵과 음료매장, 바(bar)와 주점, 소매업소(retail store)의 음식판매서비스, 자동판매기 등으로 분류되며 가정 외 장소에서 생산·판매·서비스활동을 하는 다양한 형태의 외식업체의 집합체를 지칭한다.

2) 외식산업 영역의 확대

미래사회에 대비하여 외식산업이 경쟁력을 지니기 위해서는 더 포괄적이고 광범위한 환대산업(hospitality industry)으로 영역이 확장되어야 한다. 고객에게 정성으로 봉사하는 서비스산업의 특성을 지니는 환대산업은 서비스중심 산업이므로 앞으로의 외식산업은 서비스중심 산업으로 변모해 갈 전망이다(Chon, 1997). 미국의 호텔·레스토랑·단체급식 교육협의회(Council on Hotel, Restaurant, Institutional Education:

CHRIE, 1992)의 정의에 의하면 환대산업은 외식산업뿐 아니라 호텔산업, 관광산업 및 레저산업을 포괄하는 관련 서비스산업을 의미하며 그 산업군들 간의 경계는 명확하지 않다.

환대산업은 영국의 경우에는 호텔과 케이터링 산업(catering industry)을 지칭하며, 미국의 경우에는 숙박(lodging)과 외식산업(foodservice)을 포괄하고 있으나, 그 속성상 관광산업 및 레저산업과 밀접하게 연관되어 있다(Brotherton, 1999). 외식산업은 서비스를 강조하는 환대산업의 한 분야로서 21세기에는 시장 규모가 더욱 확대될 것으로 예견된다. 서비스중심 산업으로의 외식산업을 제대로 이해하기 위해서는 서비스에 대한 올바른 이해를 바탕으로 고객편의 위주의 서비스를 제공하는 것이 매우 중요한데, 이는 제공되는 서비스의 질이 실제 소비자의 구매행동을 자극하고 재구매를 유발하는 중요한 요소가 되기 때문이다.

2 • 외식산업의 분류

외식산업은 가정 이외의 장소에서 음식을 가공·조리한 후 상품화하고 이를 부가서비스와 함께 제공하는 것을 의미한다. 이는 여러 가지의 기준을 가지고 분류할 수 있으나 크게 비상업적 외식업과 상업적 외식업으로 나누는 것이 가장 보편적인 분류체계이다.

1) 우리나라의 현행 외식산업 분류

한국표준산업분류 — 식품위생법상의 분류 — 관광진흥법상의 분류

우리나라의 외식산업 분류는 관련 기관이나 단체에 따라 다양한 분류체계를 지니고 있어 분류기준의 통일성이 없고 혼돈되어 사용됨으로써 외식산업에 관련된 통계자료의 산출근거 제시가 어려운 실정이다. 또한 시대변화에 따른 외식산업의 특징이

제대로 반영되지 못했다는 문제점 등이 지적되고 있어 외식산업 분류기준의 재정비가 시급한 실정이다.

우리나라의 경우 외식산업 분류는 통계청에서 분류하는 한국표준산업분류, 식품위생법상의 분류, 관광진흥법상의 분류로 구분될 수 있다. 이중 한국표준산업분류는 산업 관련 통계자료의 정확성 및 비교를 위해 사업체가 주로 수행하는 산업활동을 유사성에 따라 분류한 것이다. 한국표준산업분류 제9차 개정(2008)에 의하면 대분류인 숙박 및 음식점업 내에 중분류인 음식점 및 주점업이 포함되고, 소분류인 음식점업은 세분류에 의하면 일반음식점업, 기관 구내식당업, 출장 및 이동음식업, 기타 음식점업으로 세분된다(〈표 1-2〉).

▮표 1-2▮ 한국표준산업분류에 의한 외식산업 분류

대분류	중분류	소분류	세분류	세세분류	
I 숙박 및 음식점업	56 음식점 및 주점업	561 음식점업	5611 일반 음식점업	56111	한식 음식점업
				56112	중식 음식점업
				56113	일식 음식점업
				56114	서양식 음식점업
				56119	기타 외국식 음식점업
			5612 기관 구내식당업	56120	기관 구내식당업
			5613 출장 및 이동음식업	56131	출장음식서비스업
				56132	이동음식점업
			5619 기타 음식점업	56191	제과점업
				56192	피자, 햄버거, 샌드위치 및 유사 음식점업
				56193	치킨전문점
				56194	분식 및 김밥전문점
				56199	그외 기타 음식점업
		562 주점 및 비알코올 음료점업	5621 주점업	56211	일반 유흥주점업
				56212	무도 유흥주점업
				56219	기타 주점업
			5622 비알코올 음료점업	56220	비알코올 음료점업

출처: 통계청 (2008). 제9차 한국표준산업분류.

외식산업은 식품위생법 제21조 제2항의 규정에 의한 식품접객업의 분류에 따라 휴게음식점업, 일반음식점업, 단란주점업, 유흥주점업, 위탁급식업의 5종으로 나뉜다. 관광진흥법상의 외식산업 분류에서 음식점은 관광편의시설업과 관광객이용시설업으로 구분된다.

2) 외국의 외식산업 분류

(1) 미국 외식산업의 분류

상업적 외식업 — 비상업적 외식업 — 군인을 위한 외식업

미국의 레스토랑협회에서는 외식산업을 영리를 추구하는 상업적 외식업(Commercial restaurant services)과 공공의 목적으로 특정지역과 단체를 위한 비상업적 외식업(Institutional restaurant services), 그리고 군인을 위한 외식업(Military restaurant services)으로 분류한다. 상업적 외식업은 다시 일반외식업(Eating places), 위탁급식업(Managed services), 숙박시설(Lodging places), 그리고 기타로 분류된다(〈표 1-3〉).

미국은 1997년에 서비스산업 분류를 명확하게 하기 위하여 북미산업분류체계(North American Industry Classification System: NAICS)에 맞추어서 표준산업분류를 개편하였다. 북미산업분류체계(NAICS)에 의하면 외식산업은 서비스 유형과 서비스 수준을 근거로 분류되며 그 각각에 대한 정의와 사례가 구체적으로 제시되어 있다. 2002년 북미산업분류체계에 의하면 외식산업은 숙박 및 외식업(accommodation and food services) 내에 외식업(food services and drinking places)에 포함되며, 외식업은 다시 풀 서비스 레스토랑(full-service restaurants), 제한된 서비스 외식업(limited service eating places), 스페셜 외식업(special food services), 주점업(drinking places)으로 세분된다.

▌표 1-3▐ 미국 레스토랑협회(NRA)에 의한 외식산업 분류

<table>
<tr><td rowspan="19">상업적
외식업
(Commercial Restaurant Services)</td><td rowspan="6">일반외식업체
(Eating places)</td><td>Fullservice restaurants(풀서비스 레스토랑)</td></tr>
<tr><td>Quickservice restaurants(퀵서비스 레스토랑)</td></tr>
<tr><td>Cafeterias, grill-buffets and buffets(카페테리아, 뷔페)</td></tr>
<tr><td>Snack and nonalcoholic-beverage bars(간식판매점)</td></tr>
<tr><td>Social caterers(출장음식)</td></tr>
<tr><td>Bars and taverns(바, 선술집)</td></tr>
<tr><td rowspan="7">위탁급식
(Managed services)</td><td>Manufacturing and industrial plants(제조업체 및 산업체)</td></tr>
<tr><td>Commercial and office buildings(상업성 오피스빌딩)</td></tr>
<tr><td>Hospitals and nursing homes(병원, 요양원)</td></tr>
<tr><td>Colleges and universities(대학)</td></tr>
<tr><td>Primary and secondary schools(학교)</td></tr>
<tr><td>In-transit restaurant services(airlines)(기내식)</td></tr>
<tr><td>Recreation and sports centers(오락 및 스포츠센터)</td></tr>
<tr><td rowspan="2">숙박업음식점
(Lodging places)</td><td>Hotel restaurants(호텔 레스토랑)</td></tr>
<tr><td>Other accommodation restaurants(기타 숙박업소 레스토랑)</td></tr>
<tr><td rowspan="4">기타
(Others)</td><td>Retail-host restaurants(편의점)</td></tr>
<tr><td>Recreation and sports(일반오락 및 스포츠시설)</td></tr>
<tr><td>Mobile caterers(이동식 식당)</td></tr>
<tr><td>Vending and nonstore retailers(자판기, 포장마차)</td></tr>
<tr><td colspan="2" rowspan="8">비상업적 외식업
(Noncommercial Restaurant Services)</td><td>Employee restaurant services(직원식당 급식)</td></tr>
<tr><td>Public and parochial elementary, secondary schools(공립 및 사립학교 급식)</td></tr>
<tr><td>Colleges and universities(대학 급식)</td></tr>
<tr><td>Transportations(교통시설 급식)</td></tr>
<tr><td>Hospitals(병원 급식)</td></tr>
<tr><td>Nursing homes, homes for the aged, blind, orphans, and the mentally and physically disabled(양로원, 고아원, 기타 장기투숙 급식)</td></tr>
<tr><td>Clubs, sporting and recreational camps(클럽, 스포츠, 오락캠프 급식)</td></tr>
<tr><td>Community centers(지역센터 급식)</td></tr>
<tr><td colspan="2" rowspan="2">군대급식
(Military Restaurant Services)</td><td>Officers' and NCO clubs(open mess)(장교식당 및 장교클럽)</td></tr>
<tr><td>Military exchanges(일반군인 급식)</td></tr>
</table>

출처: National Restaurant Association (2013). www.restaurant.org.

(2) 일본의 외식산업 분류

일반음식점 — 유흥음식점

일본의 통상산업성(通商産業省) 표준산업분류표에 의하면 외식업소를 크게 일반음식점과 유흥음식점으로 구분한다. 일반음식점은 '일정 공간 내에서 주로 요리 또는 기타의 식품을 먹고 마시게 하는 사업소이며 알코올을 포함하지 않은 음료를 먹고 마시게 하는 사업소'로 정의된다. 여기에는 식당, 레스토랑, 소바 및 우동점, 스시점, 찻집, 기타음식점 등이 포함된다. 유흥음식점은 '일정 공간 내에서 먹고 마시는 사업소 중 주로 유흥을 포함한(음식과 주류를 포함한 식음료를 판매하는) 사업소'로 정의된다.

(재)외식산업총합조사연구센터의 분류에 의하면 외식산업은 급식주체 부문과 요식주체 부문으로 구분되며, 도시락급식을 포함하는 요리품 소매업을 별도로 분리하였다. 급식주체 부문은 영업급식과 집단급식으로 분류되는데, 이중 영업급식에는 일반음식점 및 기내식과 숙박시설 등이 포함되고 집단급식에는 사업체, 학교, 병원, 사회복지시설로 구분된다(한국외식연감, 2011).

(3) 중국의 외식산업 분류

정식 음식서비스 — 즉석요리 — 음료서비스 — 기타 음식서비스

중국의 경우에는 상무부에 소속되어 있는 반점협회에서 외식산업을 관장하고 있다. 중국의 외식산업 분류는 정식 음식서비스, 즉석요리, 음료서비스, 기타 음식서비스 등 4개 영역으로 구분된다(한국외식연감, 2011).

3 • 외식산업의 경영환경

외식산업을 둘러싼 환경은 크게 내부환경(internal environment)과 외부환경(external environment)으로 구성된다. 외식업체의 내부환경은 조직 내에서 조직 목표를 성취

하기 위해 필요한 기능들로 구성된다. 내부환경을 이루는 세 가지 기능으로는 고객과의 접점에서 이루어지는 급식소 정면(front of the house: FOH)인 식당 내에서 수행되는 서비스의 기능과 주방에서 수행되는 급식소 후면(back of the house: BOH)의 기능, 그리고 경영 기능을 포함한다.

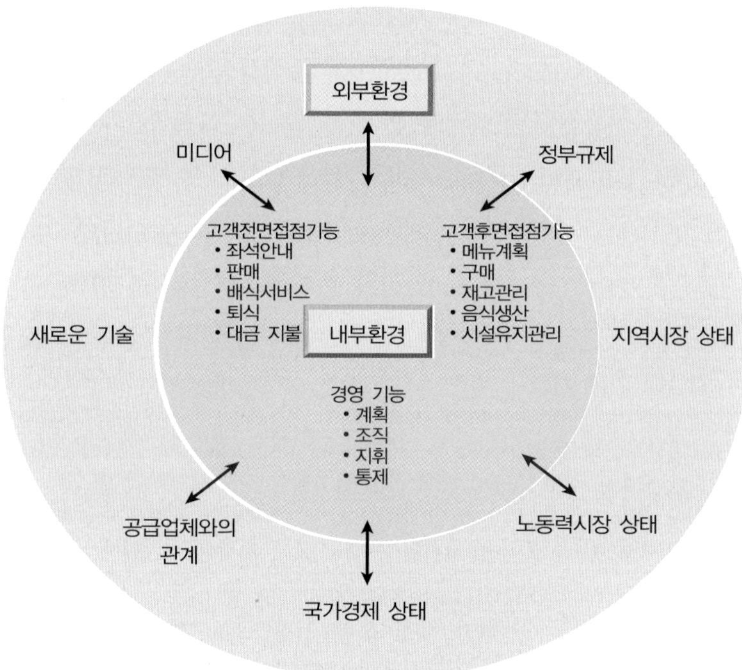

▌그림 1-2▐ 경영환경

출처: Sanders & Hill (1998).

외식산업 경영자와 종사자의 과업수행에 영향을 미치는 외부환경요소에는 정부규제, 지역시장 상태, 노동력시장 상태, 국가경제 상태, 공급업체와의 관계, 새로운 기술, 미디어 등이 포함된다. 역동적으로 변화하는 경영환경 변화에 적절하게 대응하기 위해서 외식산업 경영자들은 외식산업을 둘러싼 내부환경과 외부환경 요소들을 정확하게 인지하여야 한다. [그림 1-2]에는 외식산업의 내부환경과 외부환경의 관계를 도식화하여 제시하였다.

1) 내부환경

내부환경에는 고객과 직접 접촉되는 외식업체의 전면인 식당(front of the house) 내에서 수행되는 서비스 기능으로 좌석안내(seating), 판매(sales), 배식서비스(serving), 퇴식(bussing), 대금지불(payment) 등의 기능이 포함된다. 외식업체의 후면인 주방(back of the house)에서 수행되는 기본기능에는 메뉴계획(menu planning), 구매(purchasing), 재고관리(inventory management), 음식생산(food production), 시설유지관리(scullery) 등의 기능이 수행되는데 이 기본 기능은 외식업소가 추구하는 콘셉트와 업소를 방문하는 고객의 취향에 따라 다양해진다.

내부환경을 구성하는 경영 기능은 계획(planning), 조직(organizing), 지휘(leading), 통제(controlling)의 기능으로 분류되며 이의 활동내용은 다음과 같다.

▌표 1-4▌ 경영의 기본 기능

구분	내용
계획(planning)	계획은 경영 기능에 있어 가장 핵심적인 단계로, 적절한 계획이 동반되지 않으면 성공적인 경영을 이룰 수 없다. 계획이란 조직의 목표를 수립하고, 그 목표달성을 위하여 최선의 방법을 찾는 행위를 의미한다.
조직(organizing)	경영 목표가 구체화되면 목표수행을 위하여 요구되는 활동과 부서, 직위나 권한관계를 설정하고, 이를 조직구성원들에게 분담하여 체계적으로 활동하도록 하는 과정을 말한다.
지휘(leading)	구성원들이 계획에 따라 업무를 성공적으로 수행할 수 있도록 동기를 부여하고 지도하며 감독하는 행위를 말한다.
통제(controlling)	조직이 추구하는 목표달성을 위하여 조직구성원이 업무를 정확하게 수행하는지의 여부를 검토하는 것으로, 업무수행이 제대로 이루어지지 않으면 이에 대한 시정조치를 간구하는 것을 말한다

경영 기능의 수행을 통하여 외식업체에서 제공하는 서비스 기능과 주방 기능이 유기적으로 연결되며 성공적으로 이루어진다.

2) 외부환경

외식산업을 둘러싼 외부환경을 샌더스와 힐(Sanders & Hill, 1998)은 크게 일곱 가지 요소로 구분하였다.

① 정부규제(government regulations): 외식산업은 업체의 신고, 자격, 검사, 보고 등 여러 절차에서 정부의 법적인 규제하에 놓여 있어 법과 정치환경이 큰 비중을 차지하므로 외식관리자는 외식산업을 규제하는 법률에 대한 운영지식이 필요하다. 정부규제와 같은 정치환경은 다른 환경요인과 마찬가지로 외식산업에 영향을 미치는 중요한 요인이다.

② 지역시장 상태(local market conditions): 외식업체 경영자는 주변 지역시장에 대한 변화에 민감하게 대처해 나가야 한다. 지역시장의 경쟁상태 및 경쟁기업의 개업과 폐업, 주변 도로환경이나 도로패턴의 변화 등이 외식업체에 영향을 미치고 있다.

③ 노동력시장 상태(labor-force demographics): 외식업체 종사원의 모집 및 고용 등은 지역의 노동력시장 상태에 의해 영향을 받고 있다.

④ 국가경제 상태(national economic conditions): 국가경제는 모든 개개인뿐 아니라 사업체에도 지대한 영향을 미치는 중요한 요인이다. 국내 외식산업 시장 규모가 빠르게 커지고 선진화되고 있는 가장 큰 요인은 우리나라의 경제적 발전에 따른 국민소득의 증가로 외식 기회가 늘어났기 때문이다.

⑤ 공급업체와의 관계(supplier relations): 구매는 내부환경요소이면서 동시에 외부환경과 관련된다. 외식업체에서 양질의 음식을 제공하기 위해서는 공급되는 식자재의 품질이 매우 중요하다. 믿을 수 있는 공급업체를 선정하고, 공급업체와 신뢰의 관계를 형성하여 유지해 나가는 것이 필수적이다.

⑥ 새로운 기술(new technology): 우리가 누리는 일상생활의 어느 한 구석도 기술과 무관한 것은 없다. 오늘날 기술의 변화는 급격하게 일어나고 있으며 그 영향력도 점점 커지고 있다. 새로운 기술의 도입을 통하여 에너지 효율은 높아지고 비용과 노동력은 절감되고 있으며, 새로운 정보시스템 소프트웨어와 하드웨어의 도입으로 외식산업은 빠르게 발전하고 있다.

⑦ 미디어(media): 미디어에는 TV, 라디오, 신문, 인터넷 등이 포함된다. 이중 인터넷이나 SNS 등은 시장과 비즈니스에 영향을 미치는 여러 기술들 중 가장 강력한 요소로 외식업체의 경쟁력 및 수행능력을 향상시키며 특히 구매・판매・마케팅 분야와 같은 기능적 분야에 큰 효과를 미치고 있다.

4 • 국내 외식산업

1) 국내 외식산업의 시장 규모

외식산업은 인간의 기본적 욕구를 충족시켜 주는 대표적인 서비스산업으로 우리나라는 88올림픽 등 국제행사를 치르면서 꾸준하게 성장하여 1997년 30조 원의 매출액을 보이며 절정을 이루다가, IMF를 맞아 국내 시장이 침체기를 거치면서 마이너스 성장하였다. 이후 점차 회복세를 보이면서 2011년 약 60조 원의 시장을 형성하였다(〈표 1-5〉).

▌표 1-5▌ 국내 외식산업 시장 규모

년도		'00	'01	'02	'03	'04	'05	'06	'07	'08	'09	'10	'11
외식업	매출액 (조 원)	35.5	34.2	40.5	44.3	48.4	46.2	50.9	47.9	51.9	56.1	55.5	59.6
	전년대비 성장률 (%)	–	-3.7	18.4	9.4	9.3	-4.5	10.2	-5.9	8.4	8.1	-1.1	7.4

※ 외식업(도소매업조사 및 서비스업 총조사)은 음식점업 대상(주점업 제외)
출처: 통계청 (2013). 광업・제조업 통계조사, 도소매업 조사 및 서비스업 총조사.

최근 발표된 2013년 통계청 자료에 의하면, 외식업의 사업체와 종사자 수는 각각 2003년 605,000개소, 1,594,000명으로 가장 많았으며, 그 이후로 점차 감소하는 경향을 보였다. 그러나 2011년에는 외식업체 수가 전년대비 3.3% 증가한 440,000개소이며 종사자 수는 전년대비 약 4.2% 증가한 1,301,000명으로 나타났다(〈표 1-6)〉.

▌표 1-6▌ 국내 외식산업 사업체 수와 종사자 수

년도		'00	'01	'02	'03	'04	'05	'06	'07	'08	'09	'10	'11
외식업	사업체 수 (천 개)	570	505	595	605	600	531	546	423	420	422	426	440
	종사자 수 (천 명)	1,430	1,341	1,586	1,594	1,556	1,444	1,450	1,214	1,213	1,233	1,248	1,301

※ 외식업(도소매업조사 및 서비스업 총조사)은 음식점업 대상(주점업 제외)
출처: 통계청 (2013). 광업・제조업 통계 조사, 도소매업 조사 및 서비스업 총조사.

근로자 가구와 근로자 외 가구의 식료품비 중 외식비가 차지하는 비율을 [그림 1-3]에 제시하였으며 이는 2003년에 가구당 식비 중 외식비는 각각 49.3%, 44.4%를 차지한 후 점차 성장한 반면, 2007년 이후로 점점 감소 추세로 전환하여 2012년(3분기)에는 각각 46.9%, 40.9%까지 감소하였다.

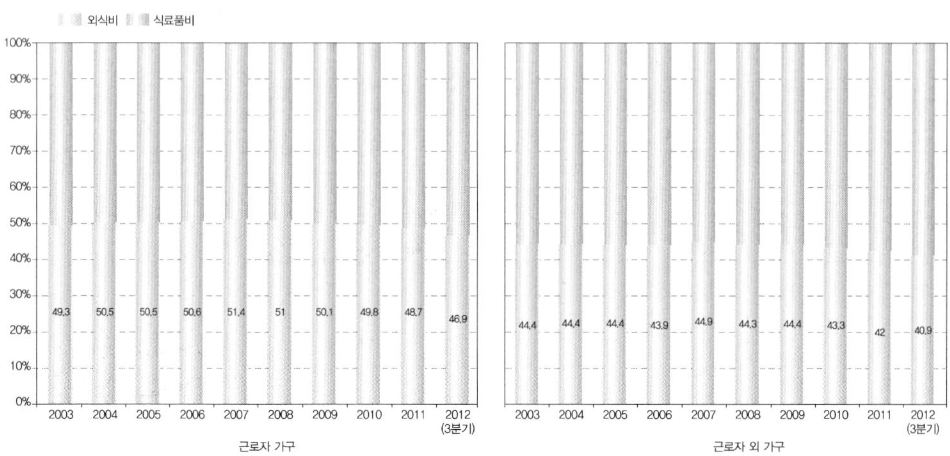

▌그림 1-3▌ 한 가구당 월평균 식료품비와 외식비의 비율 추이
출처: 통계청 (2013). 가계동향조사(신분류). 가구당 월평균 가계수지(명목, 2인 이상 전체 가구).

2) 국내 외식산업 업종별 현황

국내 외식업체의 업종별 현황을 〈표 1-7〉에 제시하였는데, 음식점업과 주점 및 비알코올 음료점업을 합한 전체 음식점업의 업체 수는 총 607,180개소이다. 전체 음식점업 중에서 한식점업이 65.8%(289,218개)로 가장 높은 분포를 차지하였으며, 한식을 제외한 업종의 총합은 34.2%(150,576개)로 조사되었다. 음식점 종사자의 61.0%가 한식점업에 근무하는 것으로 조사되었으며, 한식점을 제외한 업종의 종사자 분포는 기타 음식점업 22.9%, 중국 음식점업 5.7%, 서양 음식점업 4.5%, 일본 음식점업 2.4%의 순으로 조사되었다.

표 1-7 2011년도 업종별 음식점업 현황

분류		업체 수		종사자 수	
		개	%	명	%
음식점업	한식점업	289,218	65.8	794,205	61.0
	한식점 제외한 총합	150,576	34.2	507,073	39.0
	중국 음식점업	21,458	4.9	74,167	5.7
	일본 음식점업	6,707	1.5	30,828	2.4
	서양 음식점업	8,533	1.9	58,490	4.5
	기타 외국식 음식점업	1,177	0.3	5,943	0.5
	기관 구내 식당업	5,578	1.3	37,961	2.9
	출장 및 이동음식업	459	0.1	2,083	0.2
	기타 음식점업	106,664	24.3	297,601	22.9
	소계	439,794	100.0	1,301,278	100.0
주점 및 비알코올 음료점업		167,386	–	382,340	–
음식점업(합계)		607,180	–	1,683,618	–

출처: 통계청 (2013). 도소매업조사–시도/산업별 총괄.

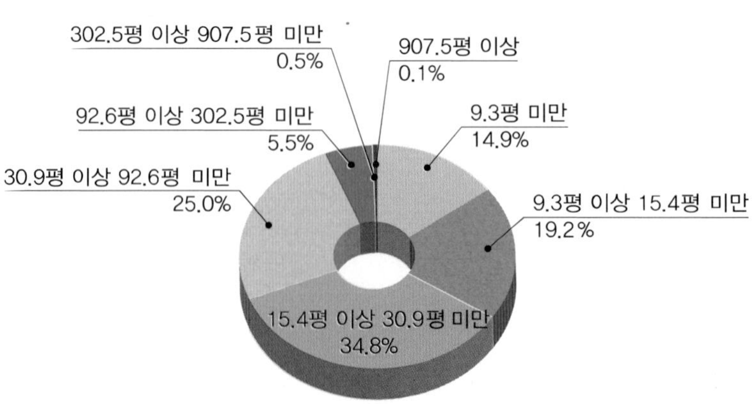

그림 1-4 사업장 면적 규모별 분포율

출처: 통계청 (2013). 도소매업조사. 시도/산업/사업장 면적 규모별 사업체 수.

국내 외식산업은 대부분이 생계의존형 점포로서 외식업체의 사업장 매장면적 규모를 살펴보면 31평 미만의 음식점이 전체의 68.9%를 차지하고 있는 반면 93평 이상은 6.1%에 불과하였다([그림 1-4]).

외식업체의 종사자 고용 현황을 제시한 [그림 1-5]를 살펴보면 4명 이하의 종사자를 고용한 점포가 전체의 90.3%로 거의 대부분을 차지하였다.

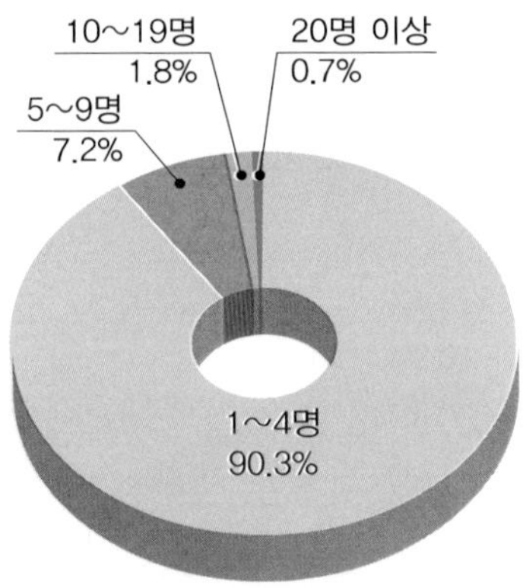

▌그림 1-5▐ 종사자 규모별 음식점 분포율

출처: 통계청 (2013). 도소매업조사. 시도/산업/종사자 규모별 현황.

매출 규모별 음식점 및 종사원의 분포도는 [그림 1-6], [그림 1-7]에 제시하였다. 외식업체의 매출 규모 현황을 살펴보면 연 매출이 5,000만 원 미만인 업체가 48.9%를 차지하였으며, 외식업체 종사자의 47.7%가 연 매출 1억 미만인 영세한 업체에서 근무하는 것으로 조사되었다. 국내 외식업체는 생계형 점포가 주류를 이루고 있는데 이는 타 산업에 비하여 진입장벽이 매우 낮은 산업으로 인식되고 있기 때문이다. 이로 인해 우리나라의 외식산업은 질적인 성장과 양적인 성장이 균형을 이루지 못하고 있으며 여전히 전근대적인 산업구조의 특성을 지니고 있다. 그러나 외식산업은 광범위하고 복잡한 성격을 지닌 산업으로서 철저하게 준비하지 못할 경우, 실패할 가능성이 매우 높다. 그러므로 외식산업에 대한 올바른 인식과 산업구조의 개혁이 필요하다.

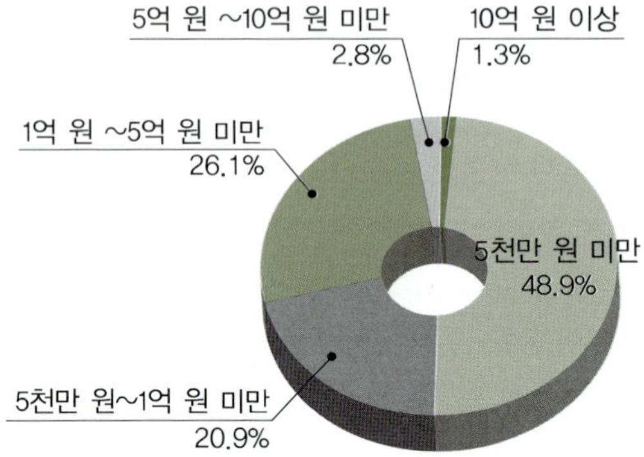

▌그림 1-6▐ 연 매출 규모별 음식점 분포율

출처: 통계청 (2013). 도소매업조사. 시도/산업/매출액 규모별 현황.

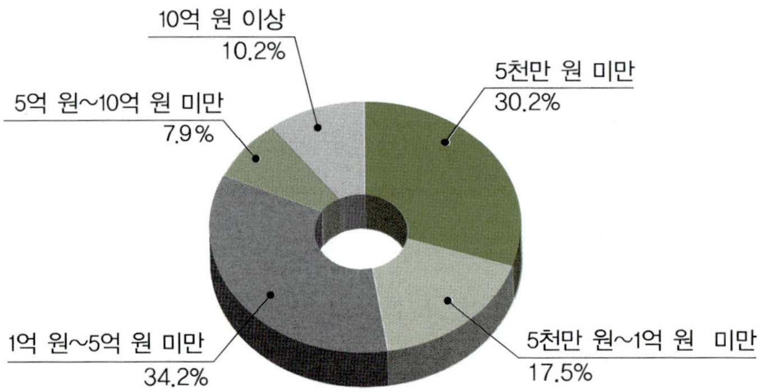

▌그림 1-7▐ 연 매출 규모별 종사자 분포율

출처: 통계청 (2013). 도소매업조사. 시도/산업/매출액 규모별 현황.

5 • 국내 외식산업의 현황 및 전망

1) 한식 프랜차이즈업계

국내 프랜차이즈 산업은 1976년 림스치킨이 효시이며, 그후 1979년 롯데리아가 프랜차이즈 시스템을 시작하면서 프랜차이즈 시장이 본격화되었다. 그동안 '한식은 프랜차이즈화하기 어렵다.'라는 인식 때문에 대부분 한식당들은 본점 위주의 식당이 주를 이루며 영업해 왔으나 (주)놀부, 원앤원(주) 등이 프랜차이즈 사업을 시작하면서 한식의 프랜차이즈 지평을 개척하였다. 지난 몇 년간 한식업계는 높은 원가부담과 경기불황으로 침체기를 겪었으며, 이의 극복방안으로 신규브랜드를 론칭하거나 기존 가맹점의 내실 강화 및 HRM 시장 확대를 위한 상품개발 등 각 업체마다 다양한 전략을 모색하고 있다(김유미, 2007; 김해송, 2012).

(주)놀부NBG는 활발한 신규브랜드 론칭을 통한 사업확장으로 대표 한식브랜드로의 입지를 굳건히 하고 있다. '도심 속의 캠핑장'이라는 콘셉트의 신규브랜드 '구이900'을 론칭하였으며, 2010년에 론칭한 '차룽'의 소규모 창업모델인 '차룽반점'을 새롭게 론칭하면서 공격적인 마케팅을 벌이고 있다. 원앤원(주)는 '원할머니보쌈' 외 다섯 개의 브랜드를 운영하면서 TV광고, 스포츠마케팅, 스타마케팅 등 통합 마케팅을 통해 매장별 매출 확대를 모색하면서 젊고 변화하는 이미지 제고를 위해 노력하였다. 2011년 10월 중국 칭양에 원할머니보쌈 1호점을 개점하고 짧은 기간 내에 중국시장에서 성공적인 진출을 이어가고 있다. 아울러 온라인 네트워크와 SNS 등 신매체를 활용하여 젊은 고객층을 대상으로 한식브랜드 선호도 확대 노력을 기울여 간다는 방침을 내세우고 있다.

표 1-8 한식 프랜차이즈업계 매출액 및 매장 수

브랜드명	회사명	매출액(억)				매장 수(개)			
		2005	2010	2011	2012	2005	2010	2011	2012
놀부보쌈 외 6	(주)놀부NBG	700	7,250	1,084	–	530	660	641(12)	–
원할머니보쌈 외 5	원앤원(주)	350	–	625	690	227	–	340	350
채선당 외 3	(주)채선당	–	700	542	565		170	267(1)	302(1)
좋구먼 외 3	(주)맛있는 상상	–	201	198	147		43	38	35
본죽 외 4	본아이에프(주)	1,600	1,841	3,200 (1,130)	–	550	1,269	1,322 (16)	1,415(17)
새마을식당 외 29	(주)더본 코리아	–	–	–	–		270	394(19)	423(20)

※ ( )는 직영점 자료임
매출액 및 매장 수는 해당업체에서 공개한 자료를 기준으로 함
원앤원의 매출액은 본사매출(직영점+식재료 매출)임
채선당의 매출액은 본사매출(직영점+식재료 매출)임
출처: 식품외식경제 자료.

‘(주)채선당’은 고객만족도 향상을 위하여 2012년 2월 남양주 진건읍에 대규모 자체 통합물류센터를 완공하여 최신 물류 및 배송시스템을 구축하였다. 믿을 만한 먹거리를 위하여 친환경 채소 수급을 위한 직영농장을 운영하고 있으며, 철저한 체계를 갖추어 재배부터 수확까지 최상의 제품을 안정적으로 공급하는 시스템 구축을 모색하고 있다. 앞으로 전국의 가맹점 개설 확대를 더욱 강화할 예정이며, 인도네시아 자카르타 1호점을 기점으로 해외 진출 사업도 활발히 진행 중이다. ‘좋구먼’, ‘찌개애감동’, ‘월선네’, ‘우리미’ 등 네 개의 한식 관련 브랜드를 운영 중인 ‘(주)맛있는 상상’은 2011년부터 부실 직영점을 정리하면서 2012년 상반기에는 직영점의 수익구조가 향상되었다(김해송, 2012)(〈표 1-8〉).

2) 피자업계

지난 30년간 피자는 외식시장에서 중요한 부분을 차지하고 있으며, 소비자에게 일상식으로 자리매김하였다. 우리나라에서는 1970년대 명동의 신도피자 등 일부 레스토랑에서 피자를 판매하기 시작하였으며 1985년 피자헛을 중심으로 프랜차이즈 사업이 개시되어 1987년에는 피자인, 1988년 시카고피자, 1989년 도미도피자가 국내에 차례로 입성하였다. 피자시장은 2006년에 이미 1조 원대 시장 규모를 넘어섰으며 배달시장이 전체 매출의 60%를 차지하면서 피자업계는 성숙기에 이르렀다(문성식, 2009; 한국외식연감, 2009).

미스터피자는 2012년을 세계화 원년으로 삼고 해외진출을 위한 적극적인 사업방향을 모색하였으며, 향후 글로벌 1등 브랜드로 자리매김하기 위하여 중국을 비롯하여 해외시장 공략에 최선을 다하고 있다.

도미노피자는 피자업계 최초로 HACCP 지정을 받았으며, ‘나눔의 미학 실천’이라는 경영철학을 바탕으로 다양한 사회공헌 및 후원활동을 펼치고 있다. 또한 SNS와 오프라인을 연계한 마케팅 프로모션과 소비자 참여형 콘텐츠를 통해 소비자가 주체가 되어 브랜드와 제품을 즐길 수 있도록 이끄는 마케팅을 펼치고 있다.

피자헛은 지속적인 트렌드 조사를 통해 소비자 니즈를 충족시키기 위한 다양한 제품개발에 주력할 뿐 아니라 고물가 시대를 맞아 알뜰하고 푸짐한 세트메뉴를 출시하였다. 가정에서 홈서비스로만 주문 가능한 배달메뉴인 '와우박스'는 출시 한 달 만에 40만 박스 이상 판매되는 큰 성과를 보였다.

피자에땅은 기존의 중저가 이미지를 벗고 프리미엄 시장으로 진입하기 위해 고품질의 다양한 메뉴를 지속적으로 개발하며 온라인 판매를 통한 매출 신장에 주력하고 있다. 국내 피자업계는 불황기에 위축된 소비심리를 반영해 알뜰 세트메뉴를 출시하고 다양한 할인마케팅 전략을 펼치고 있다(이지연, 2012; 이지연 2013)

〈표 1-9〉에는 국내 대표적인 피자업계 매출액 및 매장 수가 집계되어 있다.

▌표 1-9▐ 피자업계 매출액 및 매장 수

브랜드명	회사명	매출액(억)					매장 수(개)				
		2003	2005	2010	2011	2012	2003	2005	2010	2011	2012
미스터피자	(주)MPK그룹	1,000	1,800	1,512	1,529	(상) 896	185	250	383	409	429
도미노피자	한국도미노피자(주)	2,500	2,000	–	1,139	–	218	280	347	358	372
피자헛	한국피자헛(주)	3,500	4,000	–	–	–	300	340	308	310여	315
피자에땅	(주)에땅	450	800	1,050	1,000	–	195	270	324	330	340

출처: 식품외식경제 자료.

3) 치킨업계

우리나라 치킨 외식산업은 1960년대 후반 전기구이 통닭과 쇼트닝에 튀긴 '시장통닭'이 유행하면서 본격적으로 시작되었으며, 1980년대에는 프라이드와 양념치킨이 출시되었다. 한국인의 입맛에 맞는 매콤하면서도 달콤한 소스가 인기를 끌기 시작하면서 양념치킨의 등장은 치킨시장에 새로운 변화를 가져와 많은 치킨전문점들이 생겨났다. 1990년대 초반에는 간장치킨과 숯불바비큐가 유행하였으며 90년대 후반에는 찜닭이 유행하였다. 해외 브랜드인 KFC, 파파이스 등 대형 브랜드들이 90년대에 국내로 진출하며 고객세분화 현상을 보이면서 기존의 치킨호프에서 대형 브랜드를 모방한 패스트푸드의 형태로 발전하였다. 2000년대 초반에는 불닭이, 후반에는 저가치킨이 유행하였으며, 그후 닭강정과 숯불닭갈비의 형태로 메뉴 트렌드가 다양하게 변화하고 있다(김성은, 2012).

1995년 설립한 (주)제너시스 BBQ는 현재 12개 브랜드를 보유하고 있으며 전세계에 3,500여 개의 가맹점을 운영하고 있는 우리나라의 대표적인 외식 프랜차이즈 회사이다. BBQ치킨은 2010년을 기점으로 배달치킨의 부진으로 배달치킨 매장 대신에 카페형 매장 개설에 주력하고 있다. 교촌에프엔비(주)는 1991년 창업하였으며 4개의 물류센터와 2개의 공장 그리고 28개의 지사와 950여 개의 가맹점을 운영하고 있다. 2006년 미국 서부지사를 설립하면서 2007년 미국 서부 1호 토랜스점을 시작으로 해외진출을 본격화하였다. 멕시카나치킨은 1989년에 설립한 이래 800여 개의 매장을 운영 중이며 지난 2005년부터 본격적으로 중국시장에 진출하였다. (주)지엔푸드는 2005년 김포 북변점 1호를 시작으로 2012년 상반기 현재 860여 개의 매장을 가지고 있다. (주)육칠팔의 치킨 678은 2012년 4월에 론칭한 이래 3개월 만에 100여 개의 매장을 오픈하면서 빠른 성장세를 보이고 있다. 국내 대표적인 치킨업계 매출액 및 매장 수는 〈표 1-10〉과 같다(김성은, 2012; BBQ, 둘둘치킨, 파파이스, KFC, 교촌치킨 업체 홈페이지).

▌표 1-10▌ 치킨업계 매출액 및 매장 수

브랜드명	회사명	매출액(억)				매장 수(개)			
		2005	2010	2011	2012	2005	2010	2011	2012(상)
교촌치킨	교촌에프앤비(주)	4,000	1,101	1,140	2,963 (1,413)	1,055	993	962(1)	944
BBQ 치킨 BHC	(주)제너시스 BBQ	3,360	4,500	4,200	–	1,750	1,700	BBQ 1,568(5) BHC 820	BBQ 1,857(7) BHC 900
멕시카나	멕시카나(주)	–	350	1,598 (365)	1,984 (429)	–	740	770	801
굽네치킨	(주)지엔푸드	–	840	835	-	–	836	855	863
오븐에 빠진닭	(주)에땅	–	220	180 (상)	290	–	80	150	169
치킨 678	(주)육칠팔	–	-	500 (169)	980 (300)	–	–	118(6)	322(8)

※ ( )는 직영점 자료임
출처: 식품외식경제 자료.

4) 패밀리레스토랑업계

국내 최초 패밀리레스토랑은 논노그룹에서 설립한 (주)청원익스프레스의 '투모로 우타이거 레스토랑'으로 1985년에 해외 로열티 없이 자체 브랜드로 시작하였으나 패밀리레스토랑에 대한 운영 경험과 전문지식 등의 부족, 그리고 당시 국내 외식시장 여건이 성숙치 못하여 성공을 거두지 못하였다. 1988년 국내에 처음 소개된 외국계 패밀리레스토랑 코코스는 우리나라에 패밀리레스토랑이라는 개념을 처음으로 소개하면서 가족들을 위한 외식문화를 확산시키는 데 기여하였다. 그후 1991년 T.G.I.프라이데이스, 1995년 씨즐러, 베니건스, 1996년 마르쉐, 1997년 빕스, 아웃백, 2003년 애슐리, 세븐스프링스 등이 개점하였으나 여전히 서양식 프랜차이즈 패밀리레스토랑이 국내 시장을 주도하고 있는 실정이다(외식경영연구회, 2005; 최명국, 2010).

국내에서 T.G.I.프라이데이스가 성공적으로 운영되면서 1990년대 중반부터 대자본과 체계적인 조직력을 바탕으로 하는 대기업의 참여가 본격적으로 진행되었고, 2000년대 이후에는 서울 강남권 및 수도권 지역을 중심으로 패밀리레스토랑이 급격하게 늘어나기 시작하였다. 2000년에 접어들면서 식생활의 서구화로 패밀리레스토랑의 소비계층도 20~30대에서 가족중심의 30~40대 이상으로 확대되는 양상을 보였다. 2000년대 중반에는 원가의 지속적 상승과 경기불황의 장기화 등 환경요인이

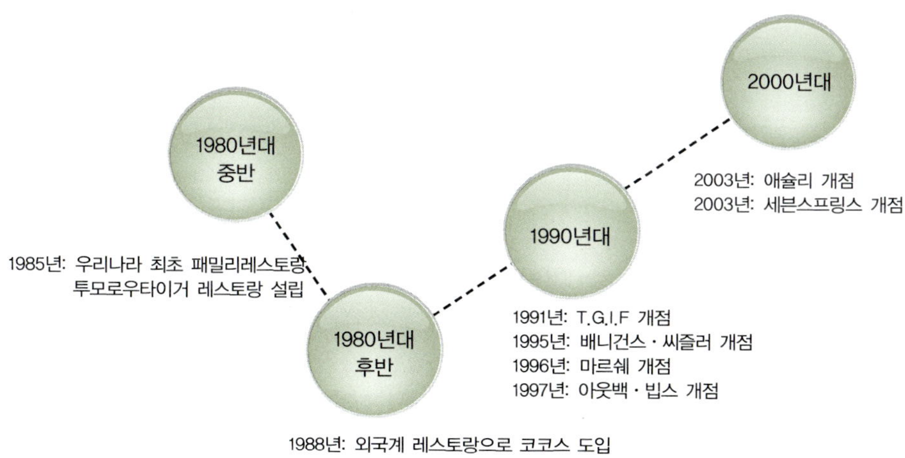

▌그림 1-8▌ 패밀리레스토랑업계의 역사

악화되면서 패밀리레스토랑이 정체기에 접어든 상태이며 웰빙 붐과 더불어, 보다 건강에 대한 인식이 부각되면서 기름진 메뉴가 주를 이루는 패밀리레스토랑에 대한 인기는 점차 줄어들기 시작하였다(한국외식정보, 2009). 앞의 [그림 1-8]에는 국내 패밀리레스토랑업계의 역사가 정리되어 있다.

우리나라의 패밀리레스토랑은 치열한 경쟁을 치루면서 국내 외식산업 중 가장 빠르게 성장하면서 성숙단계로 진입하였다. 그러나 최근의 패밀리레스토랑업계는 극심한 양극화 현상을 보이면서 상·하위 브랜드 간의 점포 수에 있어 격차가 벌어지는 현상이 심화되고 있다. 패밀리레스토랑업계는 객단가와 매출 등은 하락하는 반면 임대료와 식재료비 등 각종 원가 부담은 상승하면서 전반적으로 수익이 낮아지고 침체기에 빠져 있는 상황이다. 패밀리레스토랑의 연간 시장 규모는 2001년 3,000억 원대를 형성하였으나 소비자 라이프스타일의 변화와 소비자 구매력 향상, 대기업들의 적극적 시장진입 등과 같은 영향으로 2011년에는 상위 6개 업체 기준으로만 1조 원 수준에 이르렀다(한국외식정보, 2009). 국내 주요 패밀리레스토랑업계 매출액 및 매장 수를 살펴보면 〈표 1-11〉과 같다.

표 1-11 패밀리레스토랑업계 매출액 및 매장 수

브랜드명	회사명	매출액(억)					매장 수(개)				
		2001	2005	2010	2011	2012	2003	2005	2010	2011	2012
빕스	CJ푸드빌	240	1,300	3,000	3,200	–	15	41	74	76	84
아웃백	아웃백 스테이크 하우스 코리아	350	2,200	3,300	3,300	3,654	33	70	102	103	106
애슐리	(주) 이랜드 월드	–	–	1,510	2,400	3,000	–	10	53	105	121
T.G.I.F	(주) 롯데리아	750	1,100	710	704	786	25	39	31	35	41
베니건스	(주) 바른손	550	991	–	–	–	19	26	26	24	26
세븐스프링스	(주) 삼양사	–	67	270	330	440	–	4	12	16	19

출처: 식품외식경제 자료.

5) 패스트푸드업계

우리나라 최초의 패스트푸드는 1979년 일본의 롯데리아와 공동으로 소공 1호점을 오픈한 롯데리아로 국내 기업형 외식업의 효시라 할 수 있다. 그후 1984년 버거킹, KFC, 웬디스 등이 개점하여 치킨이나 햄버거 등의 메뉴를 소비자에게 제공하였으며 1994년 파파이스 1호점을 압구정에 개점하였고, 2000년대 이후에는 타코벨과 모스버거를 개점하였다(최명국, 2010). 국내 패스트푸드업계는 2000년대 이후 매장 확대보다는 질적 성장 위주로 매장의 손익우선정책을 추진하였으며, 광우병 파동과 경제악화로 인한 소비위축 등으로 매우 어려운 상황을 겪고 있는 실정이다. 국내 패스트푸드업계의 역사를 살펴보면 다음 [그림 1-9]와 같다.

1970년대	1979년: 일본 롯데리아와 합작하여 롯데리아 소공 1호점 개점
1980년대	1984년: 버거킹 종로 1호점 개점 1984년: KFC 종로 1호점 개점 1984년: 웬디스 을지로 2가 1호점 개점 1988년: 맥도날드 압구정 1호점 개점
1990년대	1990년: 하디스 1호점 개점 1994년: 파파이스 압구정 1호점 개점
2000년대 이후	2010년: 타코벨 이태원 1호점 개점 2012년: 모스버거 강남역 1호점 개점

▌그림 1-9▐ 패스트푸드업계의 역사

패스트푸드업계는 2000년대 이후 매장 확대보다는 질적 성장을 위한 매장의 손익우선정책이 추진되었다. 수익성 확보를 위해 매장을 리뉴얼하거나 폐점하고 메뉴 품질을 개선하는 등 매출 성장보다는 내실 경영에 초점을 두어 성장의 발판을 만들었다. 웰빙 트렌드에 맞춰 기존의 패스트푸드에 대한 부정적인 인식을 바꾸기 위하여 건강식 메뉴개발 등 지속적인 노력을 강화하며 브랜드 이미지 구축 등 전체적인 산업의 업그레이드로 저조한 성장을 극복하고 소폭의 상승세를 기록하였다(한국외식연감, 2009; 한경수, 2011). 〈표 1-12〉에는 국내 주요 패스트푸드업계 매출액 및 매장

수가 집계되어 있다.

▌표 1-12▌ 패스트푸드업계 매출액 및 매장 수

브랜드명	회사명	매출액(억)					매장 수(개)				
		2001	2005	2010	2011	2012	2001	2005	2010	2011	2012
롯데리아	㈜ 롯데리아	5,400	3,800	4,016	6,720	-	750	800	890	990	1,070 (120여)
맥도날드	한국 맥도날드 (유)	2,860	-	3,800	4,500	-	321	305	240	240여	292 (260여)
KFC	SRS코리아(주)	2,233	1,600	1,200	1,270	1,450	236	179	140	145	154
버거킹	SRS코리아(주)	1,100	700	1,221	1,300	-	113	94	113	120	130

※ ( )는 직영점 자료임
출처: 식품외식경제 자료.

6) 에스프레소업계

원두커피전문점 '쟈뎅'이 1988년 압구정 1호 개점을 시작으로 대표 커피전문점으로 자리매김하였으며, 미국의 커피전문점인 스타벅스는 1997년 국내에 입점하였으나 당시 IMF 시기를 겪던 우리나라에서는 큰 호응을 얻지 못하였다. 그 이후 국내 경제가 회복되면서 스타벅스를 통해 알려진 에스프레소 커피전문점의 인지도를 바탕으로 국내 에스프레소 커피전문점들이 커피시장에 뛰어들기 시작하였다. 1998년에는 할리스커피, 1999년 탐앤탐스 1호점이 개점되었으며 2000년대 들어와서는 커피빈, 엔제리너스, 이디야커피, 커핀그루나루, 커피니 등 다양한 에스프레소 브랜드가 빠르게 확산되면서 더불어 테이크아웃 문화도 정착되었다. 웰빙 열풍으로 웰빙 음료 강화 추세가 지속되었으며, 이색 과일 등의 식재를 사용한 새로운 음료를 선보여 큰 호응을 받고 있다(정홍식, 1994; 이창원, 2002; 이상희, 2009). 국내 에스프레소업계의 역사를 정리하면 [그림 1-10]과 같다.

에스프레소업계의 매출액은 〈표 1-13〉과 같다. 현재 에스프레소 전문점 업계는 브랜드들 간의 경쟁 격화기로 새로운 브랜드들이 많이 생겨나고 있지만 그만큼 소비자들의 수요도 늘어 감에 따라 대부분의 브랜드들은 매출액 및 매장 수가 크게 증가하였다. 2000년대 후반에는 국내 자생 브랜드와 해외브랜드 간에 치열한 커피시

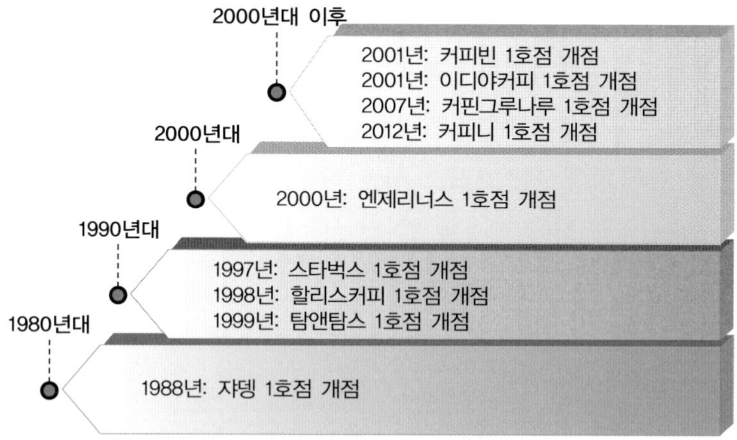

▌그림 1-10▐ 에스프레소업계의 역사

▌표 1-13▐ 에스프레소업계 매출액 및 매장 수

브랜드명	회사명	매출액(억 원)				매장 수(개)				
		2003	2005	2010	2011	2003	2005	2010	2011	2012
스타벅스	(주)스타벅스 코리아	545	923	2,421	2,982	83	148	365	455	480
카페베네	(주)카페 베네	–	–	1,010	1,679	–	–	459	730	830여
커피빈	(주)커피빈 코리아	240	460	1,267	1,337	25	43	198	244	255
탐앤탐스	(주)탐앤 탐스	–	–	540	624	–	–	232	–	–
할리스커피	(주)할리스 F&B	–	168	384	577	31	56	293	366	396
이디야커피	(주)이디야	–	–	147	–	–	–	431	580	800여
엔제리너스 커피	(주)롯데리아	60	158	–	–	14	28	370	550	788
투썸 플레이스	CJ푸드빌(주)	–	–	–	–	–	–	125	200	300
파스쿠찌	SPC그룹	75	–	–	–	11	22	–	190	261

※ 2011년 매출액은 대한상공회의소 KORCHAM BIZ의 재무정보 자료를 토대로 상위 매출 다섯 곳의 커피전문점만 작성
매장 수는 해당 업체에서 공개한 자료를 기준으로 함
출처: 식품외식경제 자료.

장 경쟁이 이루어졌다(식품유통연감, 2011). 국내 최초로 미국 기업으로부터 로열티를 받는 토종 브랜드로 자리매김한 카페베네는 2008년 직영매장을 시작으로 2011년 4월 500호점을 돌파하였으며 국내 커피전문점 브랜드로서 최고의 자리를 지키고 있다. 커피빈의 경우 세계 에스프레소 시장 점유율이 9위에 불과하지만, 국내에서는 스타벅스, 카페베네에 이어 매출액 3위를 차지하고 있다.

7) 위탁급식업계

단체급식은 운영 형태에 따라 직영급식과 위탁급식으로 분류된다. 국내 단체급식 시장은 80년대까지는 주로 직영방식으로 운영되었으나 1987년을 기점으로 노사분규가 시작되면서 급식산업에 위탁급식방식이 도입되었다. 1988년 서울캐터링서비스 주식회사의 위탁급식 사업을 시작으로 중소기업과 대기업들이 위탁급식 시장에 진입하면서 기업의 급식위탁화가 가속화되어 2000년대 들어서는 더욱 발전된 다양한 형태를 보이게 되었다. 외식이나 식자재 유통 등에 경험을 지닌 대기업들이 조직력과 자금력, 그리고 기업인지도를 바탕으로 위탁급식 시장에 참여하기 시작하면서 시스템과 전문성을 갖춘 전문업체에 의한 선진화되고 체계적인 운영관리가 모색되고 있다(곽동경 외 2008; 양일선 · 이진미, 1997).

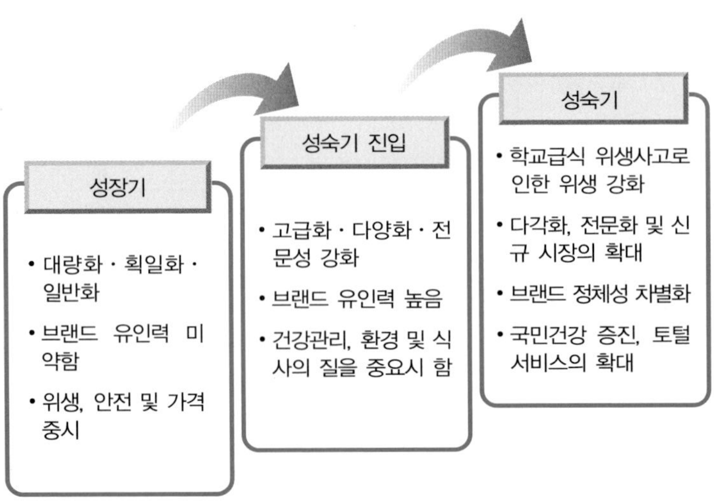

▮그림 1-11▮ 급식산업의 동향

출처: 양일선, 박문경 (2007).

국내 급식시장 규모를 업군별로 살펴보면 산업체가 38%로 가장 많이 차지하며, 다음으로 오피스 18%, 병원 15%, 대학교 12%, 관공서 6% 등의 순으로 조사 결과가 나타났다. 위탁급식업체 상위 9개사의 시장점유율을 살펴보면, 아워홈이 23%로 삼성에버랜드의 20%보다 점유율이 높으며, 다음으로 현대푸드가 15%, 신세계푸드가 10%, CJ프레시웨이와 이씨엠디가 각각 7%, 동원홈푸드와 아라코, 한화리조트가 각각 6%의 점유율을 보이고 있다([그림 1-12], [그림 1-13]).

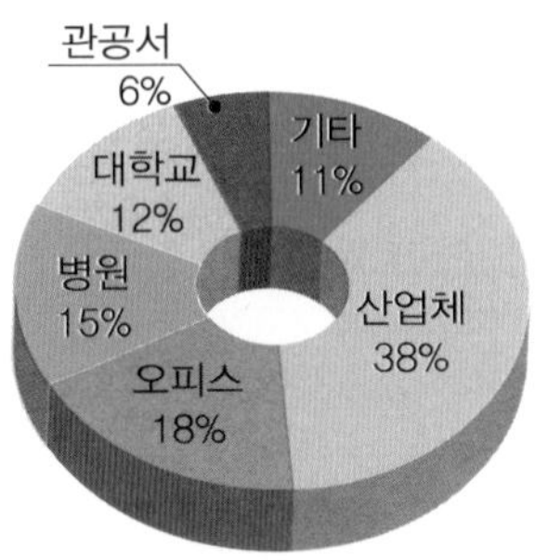

▌그림 1-12▌ 급식시장 업군별 (위탁시장) 규모

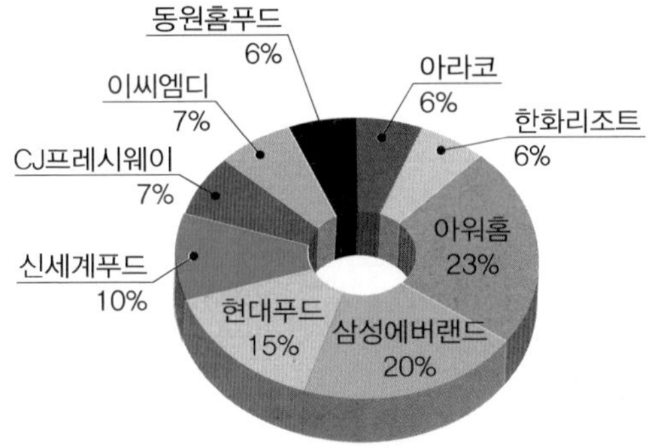

▌그림 1-13▌ 위탁 급식업체 상위 9개사의 시장점유율

출처: 이철현 (2012). 시사저널 경제(http://www.sisapress.com/news/articleView.html?idxno=57465).

위탁급식업계는 어려운 경영환경 속에서도 매출액이 꾸준히 증가하고 있는데, 이는 식자재 유통과 컨세션 사업 등 신규사업 개발로 매출 규모가 늘어났기 때문이다. 기업체별 2011년 매출액을 살펴보면, CJ프레시웨이가 1조 5,227억, 아워홈 1조 2,400억, 삼성에버랜드가 1조 880억이며 한화호텔앤드리조트 9,110억 원의 순으로 나타났다(〈표 1-14〉).

▌표 1-14▌ 위탁급식업계 매출액

회사명	주업종	부업종 및 주요취급품목	매출액(백만 원)			
			2001	2005	2010	2011
CJ프레시웨이 (주)	기타 가공식품 도매업	기관 구내식당업	5,599억	6,200억	9438억 83	1조 5,227억

(주)아워홈	기관 구내식당업	인력공급업	2,800억	5,751억 31	1조 1,247억 42	1조 2,400억
삼성 에버랜드 (주)*	유원지 및 테마파크 운영업	테마파크, 골프장, 위탁급식	3,600억	5,460억	2조 2,186억 80	1조 880억
(주)신세계 푸드	기관 구내식당업	서양식 음식점업	1,302억	2,354억 18	6,186억 72	6,982억 12
(주)현대 그린푸드	상품 종합도매업	식자재 단체급식	1,247억	2,449억 60	3,949억 40	7,955억 47
(주)동원홈 푸드	기관 구내식당업	구내식당, 식자재관리	–	403억 78	3,194억 53	3,760억
(주)이씨엠디	기관 구내식당업	단체급식	700억	1,032억 77	2,204억 34	2,658억 64
아라코(주)	기관 구내식당업	단체급식	600억	959억 75	1,023억 07	933억 20
한화호텔앤드 리조트(주)*	휴양콘도 운영업	기관 구내식당업	564억	1,150억	6,926억 59	9,110억 63

※ 매출액은 대한상공회의소 KORCHAM BIZ의 재무정보 자료를 토대로 작성
아라코(주)는 2011년 9월 결산임
한화호텔앤드리조트와 삼성에버랜드 매출액은 기업 총매출임
출처: 식품외식경제 자료.

2013년의 새로운 메뉴 트렌드

미국레스토랑협회(National Restaurants Association Research)에서는 매해마다 미국요리사협회(American Culinary Federation) 소속 1,800명의 셰프를 대상으로 앞으로의 메뉴 트렌드에 관한 설문조사를 실시한다. 메뉴 트렌드에는 메뉴의 전반적인 추세뿐만 아니라 에스닉푸드, 디저트, 음료, 에피타이저 등 세부 항목에 대한 트렌드도 함께 조사된다.

2013년 조사 결과에 따르면 에스닉푸드(Ethnic Cuisines and Flavors)에 관한 트렌드 조사에서 페루음식(Peruvian cuisine)이 1위, 그리고 한국음식(Korean cuisine)이 4위로 조사되었다. 한국음식은 2012년 조사에서 7위였으나 2013년에는 4위로 상승하여 에스닉푸드로서 한국음식이 자리매김하고 있음을 알 수 있다. 이는 한식 세계화 및 K-pop 열풍의 영향으로 이러한 경향은 당분간 지속될 전망이다.

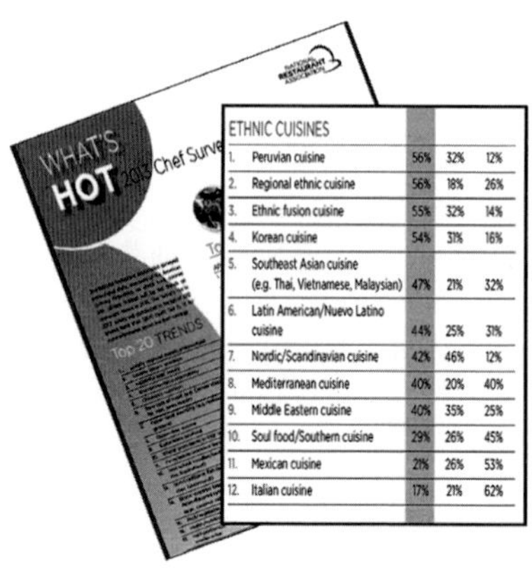

미국 외식메뉴의 10대 트렌드(2013년)

- 지역 생산 육류와 해산물(Locally sourced meats and seafood)
- 지역 생산 농산물(Locally grown produce)
- 건강한 어린이 식사(Healthful kids' meals)
- 지속 가능한 환경보호 음식(Environmental sustainability)
- 영양적인 어린이 음식(Children's nutrition)
- 새로운 육류 부위의 음식(New cuts of meat; e.g. Danver steak, pork flat iron, teres major)
- 레스토랑 직접 재배-하이퍼 로컬(Hyper-local sourcing; e.g. restaurant gardens)
- 글루텐 프리 음식(Gluten-free cuisine)
- 지속 가능성 있는 해산물(Sustainable seafood)
- 통곡물을 이용한 어린이 음식(Whole grain items in kids' meals)

미국의 외식산업 동향

미국의 외식산업은 미국 내 노동시장의 9% 이상을 차지하는 주요 취업직군 중의 하나로서 2010년 소비기준 시장 규모가 5,801억 달러에 이르고 있다. 미국의 외식시장은 2000년부터 2008년까지 매년 평균 4.7%의 성장률을 보여 왔으나 이후 외식시장의 성숙, 금융위기 등으로 인한 경기침체로 성장세가 점차 둔화되고 있다. 그러나 미국산 외식브랜드의 해외진출에 힘입어 당분간 성장은 지속될 것으로 전망된다.

(단위: 십 억 달러)

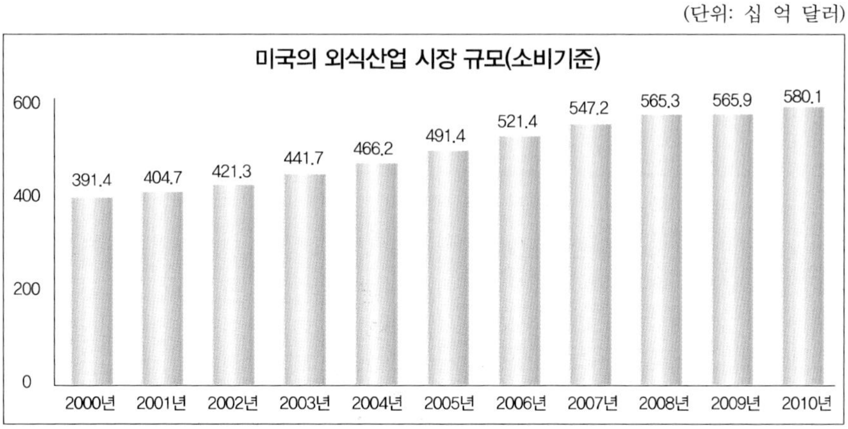

※ 2010년 매출액은 추정치임(2010, figures are projected).
출처: USDA (2009). Economic Research Food Expenditure Series.

리미티드 레스토랑에는 카페테리아, 뷔페, 그릴뷔페와 스낵 및 음료전문점이 포함된다. 2010년 기준 약 5,800억 달러에 이르고 있는 외식산업의 전체 매출액 중 풀서비스 레스토랑과 리미티드 서비스 레스토랑은 각각 약 1,840억 달러, 약 1,640억 달러의 매출액으로 미국 외식시장의 절반 이상을 차지하고 있다. 비영리 음식점과 군대전용 음식점의 경우 각각 약 460억 달러, 약 20억 달러의 매출액으로 상대적으로 낮은 비중을 나타내고 있다.

산업 분류에 따른 미국 외식산업의 시장 규모 (단위: 천 달러)

	2009	2010
외식산업 총매출액	565,774,371	580,060,112
상업적 음식점	517,314,563	530,351,941
일반음식점	380,475,552	388,510,737
- 풀서비스 레스토랑	181,992,532	184,176,442
- 리미티드 서비스 레스토랑	160,035,527	164,836,593
비영리 음식점	46,372,154	47,547,226
군대전용 음식점	2,087,654	2,160,945

출처: National Restaurant Industry (2010). Restaurant Industry Forecast.

미국 노동부 자료에 따르면 2008년 기준 미국 가구당 식음료품 소비에 대한 지출액은 6,887달러로 2003년 이후 꾸준히 증가하고 있다. 이 가운데 식음료품에 대한 소비 지출액은 6,443달러, 주류에 대한 지출액은 444달러다. 식료품 소비 지출액 중 외식비 지출금액은 2003년 2,358달러에서 2008년 2,698달러로 매년 40% 내외의 비중을 유지하고 있다.

한편, 사업체 수는 전체 외식시장이 57만여 개로 풀서비스 레스토랑이 22만 개, 리미티드 서비스 레스토랑이 27만여 개 있으며, 종사자 수는 풀서비스 레스토랑이 470만여 명, 리미티드 서비스 레스토랑이 413만여 명으로 나타났다. 이는 995만 103명의 전체 외식시장 종사자의 89%가 상업적 음식점에 종사하고 있음을 의미한다. 이러한 종사자 수는 2011년 1,280만 명으로 꾸준히 증가하고 있으며, 2021년에는 1,410만 명에 이를 것으로 전망된다.

출처: 식품음료신문 (2012. 12. 12).

일본 외식산업 동향

일본의 외식산업총합조사연구센터에 의하면 일본 외식산업은 1990년대 버블경제의 붕괴 이후 2000년대에 들어서 계속 매출이 감소해 2010년에는 외식시장 전체 매출액이 23조 6,540억 엔으로 전년의 2009년 대비 제자리 성장을 하였다.

일본 외식시장은 크게 급식 부문과 식음료 부문, 요리품 소매업 부문으로 나뉜다. 급식 부문은 일반음식점인 레스토랑, 소바/우동집, 스시집, 국내선 기내식, 숙박시설 등을 포함한 영업급식과 학교, 사업소, 병원 등의 급식을 하는 단체급식으로 나뉜다.

식음료 부문은 차 전문점·아자카야와 요정·바로 나뉜다. 또 요리품 소매업은 테이크아웃 시장이 빠른 성장세를 보임에 따라 일본 외식산업총합조사연구센터에서 일반 외식산업과는 별도로 조사하고 있으며 이에는 반찬전문점과 도시락전문점 등이 포함된다.

급식 부문과 식음료 부문, 요리품 소매업의 매출액은 2010년 기준 각각 18조 9,792억 엔, 4조 6,658억 엔, 6조 2,342억 엔으로 급식 부문은 전년대비 0.5% 증가한 반면 식음료 부문은 1.9%

의 감소세를 나타냈다. 요리품 소매업은 2.4%로서 상대적으로 높은 성장률을 기록했다.

(단위: 억 엔, %)

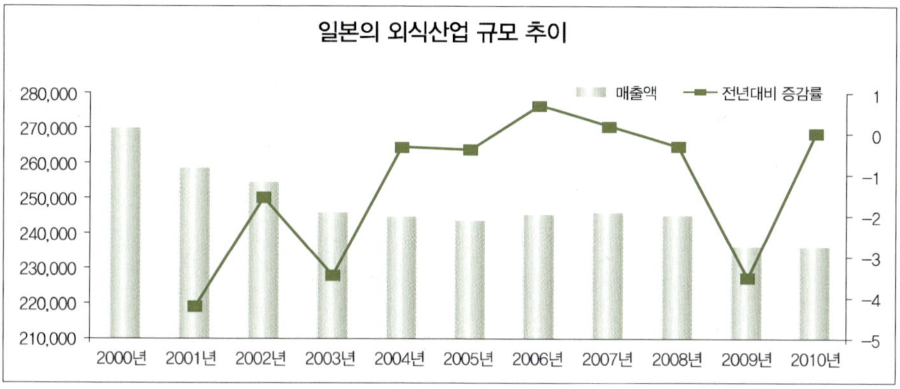

출처: (재)일본외식산업총합조사연구센터.

일본 외식산업 부문별 매출액(2010)

(단위: 천만 엔)

산업별	부문별	업종별	매출액
외식산업	급식 부문	영업급식	156,919
		단체급식	32,873
	식음료 부문	차 전문점/이자카야	20,053
		요정/바	26,605
	요리품 소매업	반찬/도시락	62,342
계			294,838

일본의 근로자 가구 월평균 가계 소비 지출은 2003년부터 증감을 반복해 2008년에는 2007년 대비 1,470엔 증가했다. 2008년 기준 일본 가계의 월평균 소비 지출은 총 32만 4,929엔으로 이중에서 식음료품의 비중에 7만 1,051엔으로 21.9%를 차지하고 있다. 식료품비에 대한 소비 지출의 비중은 2003년부터 2008년까지 미미한 변동을 보였으며 약 22%의 수준으로 유지되고 있다.

출처: 식품음료신문 (2012. 12. 18).

요 · 약

1 인간의 식생활은 가정 내 식생활인 내식(eating-in)과 외식(eating-out)으로 분류되며, 가정 외 식생활인 외식은 내식을 제외한 인간의 식생활을 일컬으며 외식산업은 인간의 외식활동을 위하여 이루어진 일련의 사업군이다.

2 외식산업(foodservice industry)은 크게 비상업적 외식업인 단체급식과 상업적 외식업으로 분류된다. 비상업적 외식업인 단체급식이란 특정 다수인을 대상으로 복리후생 차원에서 급식을 제공하는 것을 의미하며 단체의 특성에 따라 교육기관, 사업체, 의료기관, 사회복지시설, 군대, 정부기관, 교도소 급식 등으로 분류된다.

3 상업적 외식산업(commercial foodservice)이란 일반 대중을 대상으로 영리목적으로 운영되고 있는 일반 레스토랑서비스(restaurant service), 위탁급식 전문업체(foodservice contractor), 호텔식음료, 출장연회, 스낵과 음료매장, 바(bar)와 주점, 소매업소(retail store)의 음식판매서비스, 자동판매기 등으로 분류되며 가정 외 장소에서 생산, 판매, 서비스활동을 하는 다양한 형태의 외식업체의 집합체를 지칭한다.

4 우리나라의 경우 외식산업 분류는 통계청에서 분류하는 한국표준산업분류, 식품위생법상의 분류, 관광진흥법상의 분류로 구분될 수 있다. 한국표준산업분류에 의하면 대분류인 숙박 및 음식점업 내에 중분류인 음식점 및 주점업이 포함되고, 소분류인 음식점업은 세분류에 의하면 일반음식점업, 기관 구내식당업, 출장 및 이동음식업, 기타 음식점업으로 세분된다.

5 외식산업은 식품접객업의 분류에 따라 휴게음식점업, 일반음식점업, 단란주점업, 유흥주점업, 위탁급식업의 5종으로 나뉜다. 관광진흥법상의 외식산업 분류에서 음식점은 관광편의시설업과 관광객이용시설업으로 구분된다.

6 미국의 레스토랑협회(National Restaurant Association)에서는 외식산업을 영리를 추구하는 상업적 외식업(Commercial restaurant services)과 공공의 목적으로 특정지역과 단체를 위한 비상업적 외식업(Institutional restaurant services), 그리고 군인을 위한 외식업(Military restaurant services)으로 분류한다.

7 외식산업을 둘러싼 환경은 크게 내부환경(internal environment)과 외부환경(external environment)으로 구성된다. 내부환경을 이루는 세 가지 기능으로는 고객과의 접점에서 이루어지는 급식소 정면(front of the house: FOH)인 식당 내에서 수행되는 서비스의 기능과

주방에서 수행되는 급식소 후면(back of the house: BOH)의 기능, 그리고 경영 기능을 포함한다. 외부환경요소에는 정부규제, 지역시장 상태, 노동력시장 상태, 국가경제 상태, 공급업체와의 관계, 새로운 기술, 미디어 등이 포함된다.

연 · 습 · 문 · 제

1. 외식산업은 크게 비상업적 외식업인 단체급식과 상업적 외식업으로 분류되는데, 두 가지 유형을 설명하고 각 유형에 속하는 급식업소를 열거하여 보자.

2. 우리나라의 경우 외식산업 분류는 통계청에서 분류하는 한국표준산업분류, 식품위생법상의 분류, 관광진흥법상의 분류로 구분될 수 있는데, 각각의 분류 유형에 관하여 설명하여 보자.

3. 외식산업을 둘러싼 내부환경(internal environment)과 외부환경(external environment)에 관하여 비교하여 설명해 보자.

2 Chapter 외식경영의 기본개념

1. 조직과 경영
2. 경영의 대상과 요소
3. 경영활동의 순환과정
4. 기업과 경영자
5. 기업환경

Chapter Foodservice Management

2 외식경영의 기본개념

도입사례 ≫ 외식사업으로 성공하기 위한 법칙

어떤 사업이든 성공하려면 자연의 법칙과 마찬가지로 법칙을 따라야 한다. 성공의 법칙은 그동안 역사적으로 성공했다고 인정받은 사람들의 활동 중 공통사항만을 추출한 내용이므로 사회과학적으로 검증된 내용이기도 하다. 따라서 누구나 그 원인을 잘 이해하고 자신에게 적용시킨다면 역사상의 위대한 인물들처럼 성공을 이룰 수 있다. 다만 그 법칙을 모르고 인과관계를 의심하기 때문에 성공에 이르지 못하고 좌절을 맛보는 것이다.

▸ 먼저 성공을 정의하고 비전을 수립하자

성공을 위해서는 먼저 성공을 정의할 수 있어야 한다. 등산을 가려는 자가 올라갈 산을 정하지 않고 등산길에 나서는 경우는 없다. 성공을 원하는 자라면 당연히 자신이 어떤 것을 원하는지 정해야 한다. 외식사업에서의 성공이라도 별반 다르지 않을 것이다. 한국전쟁 당시 대출금을 은행에 갚아서 정직성을 인정받았던 한국유리공업의 고(故) 최태섭 회장은 인생의 가치를 정직에 뒀다고 한다. 그의 성공은 바로 '정직'이었던 것이다.

성공을 정의하고 나면, 자신이 정의한 성공을 이루기 위한 비전을 수립하는 것이 필요하다. 비전을 수립하는 것이 어렵다면 '드림 리스트'를 만들어 보는 것도 좋은 대안이다.

세계적인 탐험가 존 고다드는 15세 되던 해인 1940년, 노란 색종이 맨 위쪽에 '나의 인생 목표'라고 제목을 적고 그 밑에다 127개의 인생 목표들을 적었다. 꿈 많고 상상력 풍부한 엉뚱한 소년의 인생 목표들이었다. '보이스카우트 대원이 되겠다.'는 꿈은 어렵지 않아 보였다. '방울뱀의 독을 짠다.', '브리태니커 백과사전을 통째로 읽겠다.' 등은 조금 어려워 보였다. '에베레스트 등정', '세계 일주', '달 여행' 등은 불가능해 보이는 목표였지만 1972년 미국 '라이프' 지가 존 고다드를 '꿈을 성취한 미국인'으로 대서특필했을 때, 그는 127개 목표 가운데 104개를 달성한 상태였다고 한다. 내가 원하는 것을 생생하게 만들기 위해 존 고다드처럼 글로 쓰고 가능하다면 시각화하는 것이 좋다.

▸ 내가 수립한 생생한 비전을 실천한다

비전수립을 위한 드림 리스트를 작성했다면, 이후에는 언제 어떤 상황에서든 세상을 긍정적으로 바라보는 긍정의 마음을 갖도록 연습해야 한다. 아무리 큰 고난이 닥치더라도 결코 세상을 부정적으로 보아서는 절대로 성공할 수 없다. 토스트 하나로 연봉 1억 원을 벌어들이는 노점상 성공신화의 주인공 '석봉토스트'의 김석봉 사장은 오전 7시에서 오후 11시까지 장사를 위해 집을 나서기 전 거울 앞에서 '3뻐'를 외쳤다고 한다. "나는 살아 있어 기뻐, 나는 일이 많아 바빠, 하나뿐인 나 이뻐."라는 긍정적인 마음의 주문을 걸었다고 한다. 또 성공을 위해서는 열정이 요구된다. 열정이 있다면 우리는 자신의 일에 몰입하게 된다.

다음으로는 관계자산을 구축해야 한다. 어떤 고객이든 영원한 관계가 되도록 노력해야 한다는 것이다. 그것은 성품에 의해서 달성된다. 자신의 성품을 돌아보자. 이어서 끝없는 학습을 해야 한다. 배우고 익히지 않고 어찌 성공을 원할 수 있단 말인가. 체험만으로 부족한 나를 채우기 위해 많은 독서를 통해 지식을 쌓아야 한다.

이제 모든 것이 준비됐다면 마지막 단계는 실천이다. 아무리 멋진 성공을 정의하고 비전을 수립한들 실천하지 않으면 공상에 머물고 만다. 백리길도 한걸음부터라고 했다. 마무리 힘든 일도 하나씩 차근차근 작은 것부터 실천하면 이루지 못할 것이 어디 있겠는가? 외식창업과 경영도 이런 법칙에 따라서 계획, 실행, 통제한다면 원하는 성공을 이룰 수 있다고 확신한다.

출처: 외식경제신문 (2012). 김영갑 교수의 투고 칼럼 중에서.

1 • 조직과 경영

"인간은 사회적 동물이다."라는 아리스토텔레스(Aristoteles)의 말은 결과적으로 인간이 사회생활을 해나가는 데 있어서 하나 이상의 조직에 속하여 살아간다는 의미라고 해석할 수 있다. 예컨대 직장인 A씨가 하루를 살아가는 과정을 표로 만든다고 가정해 보자. 〈표 2-1〉에는 그의 하루 일과들이 나열되어 있고 그에 따른 목적들이 제시되어 있다. 또한 그 목적들을 실현하기 위하여 구성한 조직들이 있음을 알 수 있다. 조직은 가족처럼 자연발생적으로 만들어진 경우도 있지만 기업처럼 인간에 의해 인위적으로 만들어지는 경우도 있다.

표 2-1 직장인 A씨의 하루일과표 사례

시간	일과 내용	관련 조직	
		조직명	목적
6시	기상 후 조기축구	조기축구회	건강 및 친목도모
9시	출근 후 근무	S전자 주식회사	수익 및 자기계발
18시	퇴근 및 친구미팅	대학교 동창	친목 및 학연구축
20시	귀가	가족	사랑 및 행복

인간은 한순간도 조직과 연관되지 않은 채 생활하기 불가능하다고 해도 과언이

아니다. 어떤 목적인가를 달성하기 위한 조직에 반드시 속하여 살고 있다. 다만 조직원으로서 목표달성을 위해 최선을 다하고 있는지 아닌지의 여부만이 차이가 있을 뿐이다.

1) 분업과 조직의 탄생

태초의 인간은 거의 모든 일을 혼자서 해결하는 자급자족을 하였을 것으로 추측된다. 하지만 시간이 흐르면서 인간은 새로운 사실을 발견하였다. 혼자서 생산하기보다는 분업을 하면 손쉽게 더 많은 산출물을 얻는다는 사실이다. 즉, 복합적인 일을 나누어 전문성을 높이면 생산성이 증대되는 것을 발견한 것이다. 이후 분업은 조직으로 발전하게 된다. 다수의 사람이 모여서 하나의 일을 하려면 조직이라는 단체가 자연스럽게 만들어지기 때문이다. 분업과 조직의 구성을 통해 인간은 효율성을 높이게 된다. 조직 안에는 항상 분업이 존재하게 된 것이다. 대부분의 생명체들이 만든 모든 조직은 목표를 효율적으로 달성하기 위해 분업을 하고 있다.

- **분업(分業, division of labor)**: 각 노동자가 일정한 작업에 종사하여 그 노동에만 전문화하는 일
- **조직(組織, organization)**: 특정한 목적을 달성하기 위하여 여러 개체나 요소를 모아서 체계 있는 집단을 이룸

인간이 분업을 하는 이유는 기능개선, 기술혁신, 적재적소, 비용절감 등을 이룰 수 있기 때문이다. 구체적 장점을 살펴보면 다음과 같다.

분업의 장점
- **기능개선**: 한 가지 일만 하므로 전문화되어 작업속도가 빨라지는 학습효과가 생김
- **기술혁신**: 전문화를 통하여 효율적인 작업방법을 찾아냄
- **적재적소**: 작업자의 재능에 맞는 분야에 배치가 가능함
- **비용절감**: 생산도구와 설비가 분야별로 한 개만 필요함

2) 조직의 특징

인간이 생산의 효율성을 높이기 위해 만든 조직은 몇 가지 특징을 갖는다. 앞에서 살펴보았던 분업 이외에 목표, 위계, 규정 등이 조직을 규정하는 주요 특징이다. 만약 이러한 특성을 가지지 못하면 아무리 많은 사람이 모이더라도 조직이라 할 수 없다. 조직의 특징에 관하여 세부적으로 살펴보면 다음과 같다.

첫째, 조직의 가장 큰 특징은 목표가 있다는 점이다. 조직구성원은 목표를 달성하기 위하여 노력하며, 그 노력하는 과정에서 얻어지는 결과를 통해 조직에 소속감을 느끼게 된다. 따라서 목표가 없는 조직은 조직이라 할 수 없다.

둘째, 위계가 있다는 점이다. 기업이라는 조직은 일반적으로 사장-부장-과장-대리-사원 등과 같은 위계구조가 있다. 각 위계단계를 맡은 사람에게는 조직의 목표를 달성하는 데 필요한 권한과 책임이 주어지게 된다. 물론 최근에는 위계가 없는 수평조직이 선호되는 경향이 있지만 결과적으로는 그 조직 내에도 위계는 존재한다.

조직의 세 번째 특징은 규정이나 규칙이 있다는 것이다. 규정이나 규칙에는 앞에서 언급한 조직의 목표, 위계 등에 관한 것과 경영방침 등 세부적인 사항들이 포함된다. 조직은 자신들의 규정을 일반적으로 문서화 하여 모든 조직원이 공유하고 준수하도록 한다.

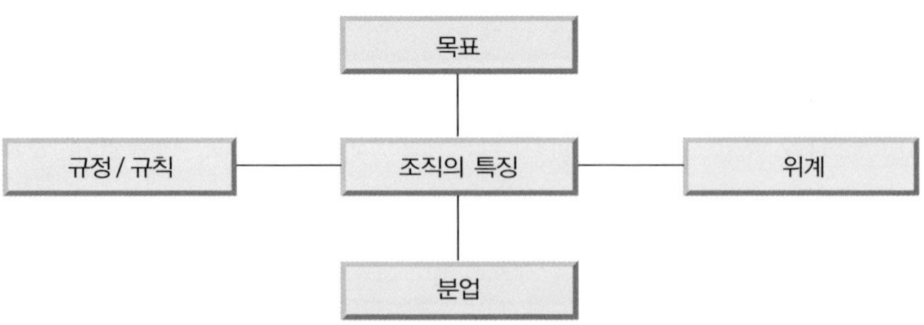

▌그림 2-1▌ 조직의 특징

출처: 장영광, 정기만 (2007). 생활속의 경영학. p. 18.

끝으로 조직은 분업을 한다는 것이다. 조직의 목표를 달성하려는 구성원들의 노력은 분업을 통해 조직을 유지 및 발전시키게 된다.

3) 조직과 경영

조직의 존립 목적은 목표달성에 있다. 조직은 목표달성을 위하여 '계획(plan)-실행(do)-평가(see)'의 과정을 거치게 된다. 조직의 목표달성을 위한 '계획-실행-평가'의 과정을 '경영'이라고 한다. 이외에도 학자들의 경영에 대한 다양한 정의를 살펴보면 다음과 같다.

경영(經營, management)의 정의

- 조직의 목표달성을 위한 제반활동으로 '계획(plan)-실행(do)-평가(see)' 과정
- 기업이나 사업 따위를 관리하고 운영 / 기초를 닦고 계획을 세워 어떤 일을 해 나감(국어사전)
- 조직의 방향을 제시하고 리더십을 통하여 조직의 제 자원을 어떻게 활용할 것인가를 정하는 것[피터 드러커(peter prucker)].
- 계획하고, 조직하고, 지시하고, 조정하고, 통제하는 작업[페욜(Fayol)]
- '조직을 구성하고 운영하는 것'이며, 또한 '의사결정'이다[바너드-사이몬 이론(BarnardeSimon theory)].
- 일정한 목적을 달성하기 위하여 인적·물적자원을 결합한 조직, 또는 그 활동(한국민족문화대백과)
- 이익을 얻기 위하여 인적·물적·기술적 자원을 결합하고 조정하는 과정(미야자키 데츠야).

이상의 정의를 종합하여 보면 경영은 '조직과 조직원의 목표를 달성하기 위하여 인적·물적·재무자원을 효율적으로 배분하고 효과적으로 운영함으로써 재화와 용역을 생산하는 순환과정'이라고 할 수 있다.

4) 효과성과 효율성

효과성과 효율성은 조직과 경영에 있어서 매우 중요한 개념 중의 하나이다. 조직을 만들고 조직 내의 업무를 분할하여 수행하는 분업이 생겨난 것은 결국 효과성과 효율성을 달성하기 위해서라고 할 수 있다.

효과성(effectiveness)은 '올바른 목표의 설정과 목표달성에 도움이 되는 활동'을 말한다. 예를 들면 정해진 목표를 달성하는 경우 효과성이 있는 것이고 목표를 달성하

지 못하면 효과성이 없음을 의미한다. 결과적으로 효과성은 달성과 미달성으로 나누어진다. 다시 말해 효과적이란 표현은 목표를 달성하였음을 의미하고 비효과적이란 목표를 달성하지 못하였음을 뜻한다. 효과성에는 1(목표달성 성공)과 0(목표달성 실패)만이 존재한다고 볼 수 있다.

이에 반하여 효율성(efficiency)은 '투입(input)과 산출(output)의 비율'을 의미한다. 최소의 투입으로 최대의 산출이라는 경제성의 원칙이 바로 효율성을 뜻하는 말이다. 따라서 효율성은 0과 1 사이의 비율로 나타낼 수 있다.

경영에서는 효과성과 효율성의 균형을 추구해야 한다. 결과적으로 자원을 낭비하지 않으면서 조직의 목표를 달성하게 되면 효과성과 효율성을 추구한 것이 된다. 이를 그림으로 나타내면 다음과 같다.

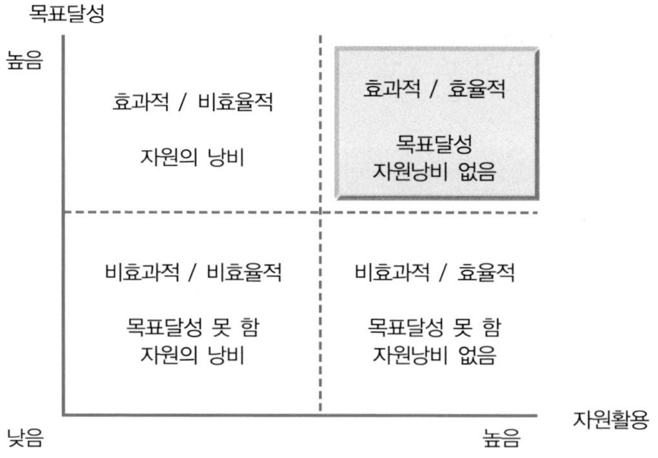

▌그림 2-2▌ 효과성과 효율성

출처: 윤종훈 외 (2007). 경영학원론. p. 13.

5) 경영마인드

현대사회에서는 기업의 경영자뿐만 아니라 사회의 모든 구성원에게 경영마인드가 필요하다. 예를 들면, 국가의 대통령을 비롯하여 대학의 총장, 가정의 주부까지도 경영마인드를 갖추어야 한다고 말한다. 경영마인드란 '기업 목표를 달성하기 위해 경영성과를 높이려는 자세 또는 마음가짐'을 의미하는데, 경영마인드가 있는 경영자는 기업의 이해관계인을 위한 최대의 이익(profit)을 추구한다.

경영마인드의 핵심요소는 고객중심 마인드・가치극대화 마인드・경쟁우위 마인드인데, 각각의 개념을 구체적으로 살펴보면 다음과 같다. 첫째, 고객중심 마인드란 경영자가 조직을 경영하는 데 있어서 누가 고객인지를 생각하고, 그 고객을 가장 먼저 생각하는 정신이다. 둘째, 가치극대화 마인드는 고객을 먼저 생각하고, 큰 만족을 제공하는 가운데 결과적으로 수익성을 높여야 한다는 정신이다. 수익성을 높이기 위한 아이디어로는 주식시장에서 주가를 높여 가치를 높이는 방법과 브랜드 등 무형자산을 높여 가치를 극대화하는 방법이 있다.

경쟁우위 마인드는 경쟁조직과 비교해 어떻게 하면 상대적으로 더 큰 만족을 제공할 수 있는가를 찾는 정신이다.

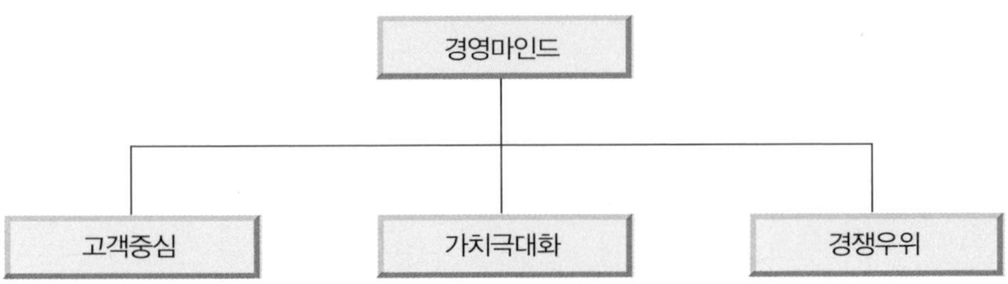

▌그림 2-3▐ 경영마인드의 핵심요소

출처: 윤종훈 외 (2007). 경영학원론. p. 16.

6) 경영의 역사

(1) 경영의 역사적 배경

경영(management) 활동은 언제부터 시작되었을까? 이 질문에 대하여 명쾌하게 답을 하기는 쉽지 않다. 아마도 경영의 역사는 인류의 출현과 동시에 시작되었다고 할 수 있을 것이다. 그래서 경영의 역사를 연구한 학자 중 한 사람인 렌(Wren) 교수는 B.C 5,000년경 고대 수메리안(Sumerian)들이 그들의 정부조직과 상업활동에 대한 '관리'를 한 기록이 있다고 주장하기도 했다. 또한 많은 학자들은 이집트의 피라미드나 중국의 만리장성 축조가 수많은 인적 및 물적자원의 투입을 필요로 했기 때문에 당시에는 비록 '경영'이라 부르지는 않았지만 결과적으로 경영이라는 개념을 이용하여 토목공사를 수행했을 것으로 보고 있다.

인간은 생산성을 높이기 위하여 조직화와 분업을 통해 경영개념을 도입하였을 것으로 추측되는데, 20세기가 되기 전에 경영학의 발전사에 큰 획을 긋는 두 개의 사건이 발생하였다. 그중 하나는 애덤 스미스(Adam Smith)가 주창한 분업이라는 개념이고 다른 하나는 산업혁명이다.

경영학 발전의 계기가 된 사건들

- **애덤 스미스의 국부론(1776년)**: 분업의 장점을 소개함
  - 10명이 각자 핀을 만드는 경우 하루에 100개의 핀 생산
  - 작업을 분업화하여 전문화하는 경우 48,000개의 핀 생산(480배의 생산성 증대)
- **산업혁명**: 18세기 중엽 영국에서 시작된 기술혁신과 이에 수반하여 일어난 사회・경제 구조의 변혁
  - 가내수공업 중심의 농업중심 사회에서 대량생산 중심의 공업중심 사회로 이동함에 따라 경영관리의 필요성이 대두됨

(2) 현대 경영의 태동과 발전과정

경영학이론은 1911년 프레더릭 윈즐로 테일러(Fredrick, W. Taylor)의 과학적 관리론의 등장이 시초라고 볼 수 있다. 이후의 경영학 발전과정을 정리하면 ① 효율과 합리성을 강조한 경영, ② 인간관계를 강조한 경영, ③ 환경적응을 중시한 경영으로 나눌 수 있다.

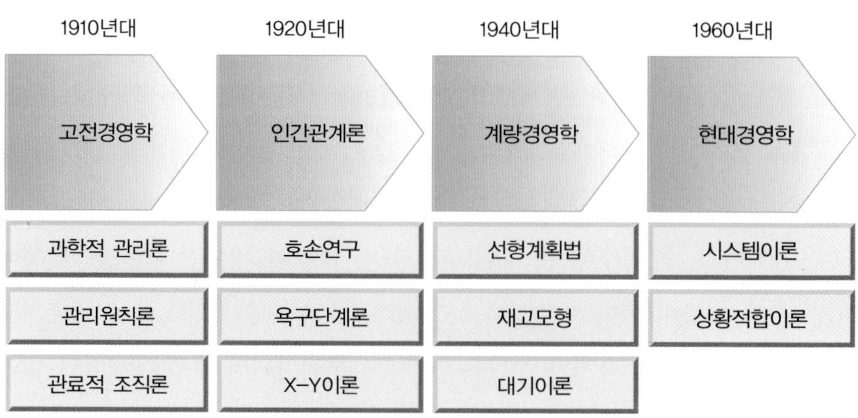

그림 2-4 경영학이론의 발전과정

① 과학적 관리론

고전경영학은 프레데릭 윈즐로 테일러의 과학적 관리론에서 출발한다. 과학적 관리론은 "근로자의 근로의욕을 높이고 능률을 증진하는 합리적인 작업관리의 방법"으로 정의할 수 있다. 테일러는 동작연구(motion study)와 시간연구(time study)를 통해 최선의 방법(best way)을 찾고자 시도하였다. 그 결과 그는 고용자와 노동자 모두에게 경제적으로 도움이 될 수 있는 다음과 같은 네 가지의 관리 원칙을 제시하였다.

과학적 관리법의 네 가지 관리 원칙

원칙1: 과학적 작업방법을 연구하여 불필요한 동작 제거(능률적인 작업을 위해 작업방식을 면밀히 분석, 가장 합리적인 방법을 찾음).

원칙2: 과학적인 근로자 선발(각 작업에 최적인 근로자를 고용하여 배치함).

원칙3: 성과급제도(근로자의 성과에 따라 임금을 차등 지급함).

원칙4: 관리활동의 분업(작업자가 최대의 성과를 낼 수 있도록 관리자가 지원).

테일러가 주장한 과학적 관리법은 과거 근로자의 창의력과 이를 자극하던 작업관리방식에 대변혁을 일으켰다. 주먹구구식이라고 볼 수 있었던 경영방식을 경영자가 과학적으로 과업을 설정하는 계획적 관리로 전환시킨 것이다. 테일러는 노동생산성 향상, 조직적 태업의 방지, 임금문제해결을 위하여 과학적이고 객관적인 표준작업량을 설정하여 결과적으로 노동자에게는 고임금을 경영자 입장에서는 저노동비라는 결과를 통해 노사 쌍방이 만족하도록 하는 것이었다.

이후 포드(Ford)의 컨베이어벨트 시스템을 이용한 자동차 생산관리방식을 통해 과학적 관리법은 확고한 경영이론으로 자리매김하게 되었다. 그러나 과학적 관리법은 생산성 향상만 강조하게 되고, 작업자의 인격 무시, 불공정한 이익분배 등의 문제점으로 인하여 '인간의 기계화'라는 회의에 빠지게 된다.

② 행동학적 경영학

인간관계론으로 대표되는 행동학적 경영학은 1920년대 조직 내의 인간에 초점을 둔 연구가 이루어지면서 태동되었다. 이 이론은 인간이 '사회적이며 스스로 자기실현을 하려는 특성을 가진다.'고 가정하였다. 그리고 '각 직장에서 인간들은 사회적으로 만족스러운 관계를 추구한다.'고 보았다.

행동학적 경영학에 가장 큰 공헌을 한 연구는 호손연구이다. 호손연구는 다음과 같은 결과를 도출하였다.

호손연구의 진행과 결과

- 1차 실험의 주목적은 웨스턴 전기회사의 조명밝기가 작업자의 생산성에 미치는 영향을 입증하는 것임
- 통제집단과 실험집단으로 구분, 실험집단의 조명을 조절하였으나 두 집단 모두 생산성이 증대되는 예상치 못한 결과가 나타남
- 조명의 밝기가 생산성에 영향을 미치지 않고 다른 영향요인이 있음을 알았으나 그것이 무엇인지는 규명하지 못함
- 하버드대 메이요(Mayo) 교수팀의 2차 실험에서 생산성 향상은 과학적 관리법보다는 작업자에 대한 관심, 즉 인간관계임을 입증함

2차에 걸친 호손연구를 통해 얻어진 결론은 '조직은 개인의 행동에 영향을 미치고, 인간의 행동과 태도는 서로 관련이 있다.'는 것이다. 또한 조직의 기준 또는 표준은 개별 노동자의 생산성을 결정한다고 보았다.

③ 계량경영학

계량경영학이란 '경영의사결정에 계량적인 기법을 활용하는 것'을 의미한다. 계량경영학은 의사결정론(operation research: OR), 경영과학(management science)으로도 불린다. 계량경영학은 제2차 세계대전 동안에 군사목적으로 활용된 수학적·통계학적 기법에서 비롯되었다. 컴퓨터와 정보기술의 발전에 따라 획기적인 발전을 이루었으며, 더욱 정교해지고 세련되어지고 있다.

계량경영학의 주요 기법 중 몇 가지를 소개하면 다음과 같다.

계량경영학의 주요 기법

- 선형계획법(linear programming: LP): 일정한 제약조건하에서 최적해 도출
- 재고모형(inventory modeling): 재고가 얼마 남았을 때 얼마나 주문해야 할지를 도출
- 대기이론(queuing theory): 대기행렬의 대기시간을 최소화할 수 있는 해법 도출
- 시뮬레이션(simulation): 실제와 비슷한 계량적 모형을 구축, 반복계산을 통해 특성 파악

④ 상황이론

고전적 경영학이론들은 시공을 초월한 유일 최선의 방법(one best way)을 주장하였다. 하지만 현실적으로 나타나는 이러한 이론의 모순과 한계를 극복하기 위하여 상황이론(contingency theory)이 등장하였다. 상황이론은 조직이 처해 있는 환경에 따라서 문제를 해결하는 방법도 다르다고 이야기한다. 즉 상황이 다르면 해결책도 당연히 다르다는 것이다.

상황이론은 "모든 상황에 적합한 유일 · 최적의 조직은 없다는 전제하에 구체적 상황에 따른 효과적인 조직구조나 관리방법을 찾아내고자 하는 연구방법"으로 1950년대 말에 등장하여 로렌스(Lawrence)와 로쉬(Lorsch) 등에 의해 발전하였다. 경영자는 의사결정에 앞서 상황을 진단하고 이에 적합한 경영이론을 적용해야 함을 지적하고 있다. 예를 들면, 단순 반복적인 작업을 하는 조직의 경우 과학적 관리법과 같은 경영이론이 적합하지만 창의적인 작업을 하는 조직에서는 인간관계론과 같은 접근법이 유효할 수 있다. 즉 조직의 구성과 상황에 따라 다른 리더십과 경영이론이 적용되어야 함을 주장하고 있다.

이상의 경영학의 발전과정을 경영이론의 주요 관심대상 측면에서 보면 기계에서 사람으로, 그 다음에는 조직에 이어 환경으로 변화하고 있음을 알 수 있다.

기계 → 사람 → 조직 → 환경

그림 2-5 경영이론의 주요 관심대상 변화 추세

출처: 임창희 (2007). 경영학원론. p. 63.

(3) 핵심 경영대상의 변화

경영이론의 발전과정과 함께 실제 현장에서의 핵심 관리대상의 변화를 이해할 필요가 있다. 기업의 생존과 성장을 위한 관리대상의 변화는 경영이론 변화의 토대가 되기 때문이다. 경영대상의 변화는 생산중심-마케팅중심-고객관계중심-가치중심으로 변화되고 있다.

▌그림 2-6▐ 경영대상의 변화 추세

출처: 임창희 (2007). 경영학원론. p. 64-68.

① 생산중심의 경영

생산중심의 경영은 가장 오래된 경영철학이다. 소비자들은 단순히 제품의 가격을 가장 중요하게 고려한다는 가정에서 비롯되었다. 기업의 관심대상은 대량생산과 대량유통에 있기 때문에 낮은 제품원가를 추구해야 한다는 개념이다. 산업혁명 이후 기계를 이용한 대량생산체제가 확립되었고, 수요가 공급을 초과하는 시장환경이 초래되었다. 기업은 외부의 환경보다는 내부환경, 즉 작업방법의 개선을 통한 생산성 향상에 관심을 두게 되었다. 이러한 경영철학 내에서 마케팅의 주요 관점은 생산된 제품의 배분에 집중되었는데 이를 영업적 관점이라 한다.

소비자들의 욕구가 다양해지면서 생산중심의 경영은 성공을 보장받기 어렵게 되었다. 그러나 경제불황 때문에 소비자들이 기본 개념에 충실한 저가의 제품을 요구하거나, 제품차별화보다는 비용우위 전략이 효과적일 때에는 여전히 많은 기업이 고려해야 하는 개념이다.

② 마케팅중심의 경영

마케팅중심의 경영은 '기업이나 조직이 목표를 달성하기 위해서는 표적시장의 필요와 욕구를 파악하고 이를 경쟁사보다 효과적인 방법으로 충족시켜 주어야 한다고 보는 개념'이다.

세계적 경제공황과 2차 세계대전을 거치면서 공급이 수요를 초과하는 상황에 직면하게 되고, 소비자 욕구의 다양화로 소품종 대량생산체제에서 다품종 소량생산체제가 요구되었다. 기업은 생산을 위해 소비자 욕구와 수요를 파악하게 되었고, 고객중심 경영을 위하여 차별화, 브랜드 등의 다양한 전략을 추구했다.

마케팅중심 경영은 기업 밖에서 출발하여 기업 안으로 향하는 관점이다. 즉 소비자가 원하는 제품이 무엇인가의 관점에서 기업이 목표로 하는 시장을 먼저 파악해야 한다. 그리고 목표시장의 고객필요와 욕구를 분석하여 고객에게 최대의 효용을 제공할 수 있는 모든 마케팅활동을 통합적으로 실시해야 한다. 마케팅중심 경영은 구매자의 필요에 초점을 맞춤으로써 고객에게 만족을 제공한 결과로 이윤을 창출하는 관점이다.

③ 고객관계중심의 경영

소비자뿐만 아니라 정부, 공급업자, 종업원 등 이해관계자와의 교류협력이 요구되는 개념이다. 이런 관점에서는 경쟁력 강화를 위해 모든 고객을 만족시키기보다는 세분화된 특정집단의 요구에 부응하는 것이 중요하다. 소비자와의 단기적인 거래보다는 장기적인 관계관리가 대두된 시점이기도 하다. 최근에는 컴퓨터의 대중화 및 정보기술의 발달로 인하여 고객관계를 관리하는 시스템이 확립되어 가고 있다.

④ 가치중심 경영

최첨단 기술력과 관련 특허가 기업의 경쟁력을 좌우하는 시대가 도래하였다. 가격과 품질 이외에 가치를 중시하는 소비성향이 확대되었는데, 기업의 사회적 책임과 가치가 강조되는 오늘날 가장 바람직한 경영개념이라 할 수 있다.

지식관리시스템(KMS)과 같이 정보와 지식을 활용하고 축적함으로써 기업의 발전이 가능하게 되었고, 재무적 이익과 같은 정량적 가치 이외에 정성적 가치를 중시함으로써 평생고객개념이 탄생하였다. 기업의 이익과 소비자의 욕구충족 및 사회 전체의 이익을 조화롭게 고려하여 인류 전체의 복지를 실현할 수 있는 기업활동을 추구하는 사회적 책임이 강조되고 있는 것이다.

2 • 경영의 대상과 요소

1) 경영의 대상

경영의 대상은 좁은 의미의 대상과 넓은 의미의 대상으로 나누어 볼 수 있다. 먼저 좁은 의미의 대상은 영리조직에 국한하는 것이다. 예를 들면 영리를 목적으로 하는 기업만을 경영의 대상으로 보는 것이다. 결국 기업의 경영만이 경영이라고 보는 시각이다. 반면에 넓은 의미의 대상은 기업을 포함하여 국가, 가계, 학교, 종교단체 등 비영리조직의 경영까지를 포함한다. 예를 들어 자기경영, 국가경영, 도시경영, 학교경영, 병원경영 등을 말할 수 있다.

초기의 경영이란 좁은 의미의 기업 경영으로부터 시작하였지만 현대에 와서 경영은 매우 넓은 의미로 통용되고 있다.

2) 경영요소의 변화

전통적으로 재화를 생산하기 위한 요소를 '생산의 3요소'라 한다. 구체적으로 토지와 노동, 그리고 자본이 있다. 여기서 토지는 '물적자원'을, 노동은 '인적자원'을 의미하며 자본은 '재무자원'을 뜻한다. 생산의 3요소에 전략이라는 '정보자원'을 추가하게 되면 경영의 4요소가 완성된다. 경영이란 결과적으로 생산의 3요소와 같은 각각의 자원을 어떤 목적으로 어떻게 활용할 것인지에 관한 전략을 필요로 한다고 볼 수 있다.

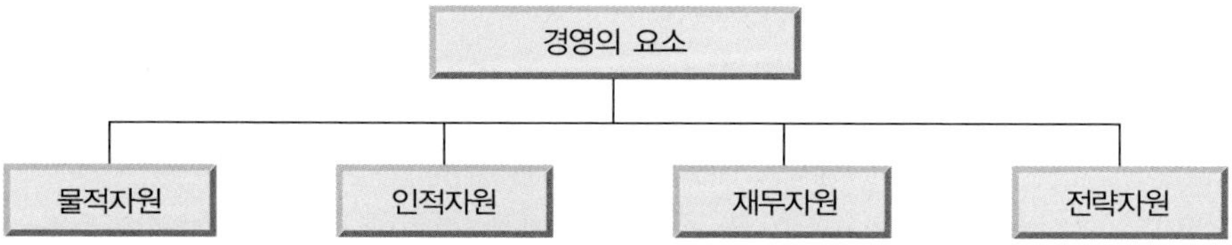

그림 2-7 경영의 4요소

3) 경영에 필요한 자원들

경영이란 생산요소인 경영요소를 잘 관리하는 활동이라고 할 수 있다. 즉 경영요소(토지, 노동, 자본, 전략)를 경영과정(계획, 실행, 통제)을 통하여 조직의 목표를 달성함과 동시에 최대한의 경영성과를 얻을 수 있게 각각의 과정을 적절하게 관리하는 것이 필요하다.

경영요소를 이용하여 조직의 목표를 달성하기 위한 활동을 '경영과정'이라고 한다. 보통 경영과정은 3단계나 4단계로 정의되는데 3단계는 '계획, 실행, 통제'로, 4단계는 '계획, 조직화, 지휘, 통제'로 구성된다. 경영단계의 세부적인 내용은 '경영활동의 순환과정'을 참조한다.

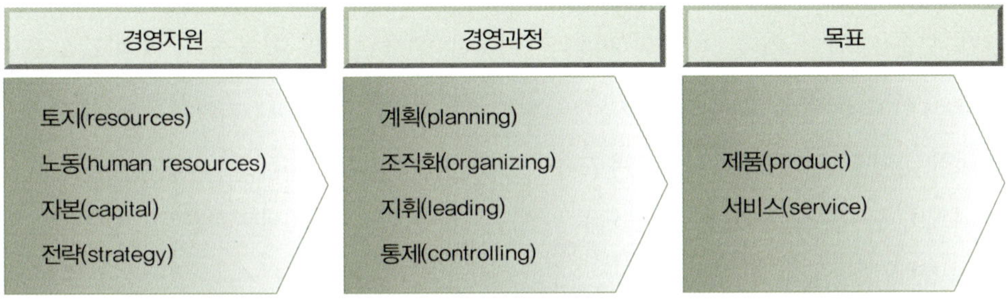

그림 2-8 경영에 필요한 자원들

3 • 경영활동의 순환과정

경영활동의 순환과정은 3단계 또는 4단계로 구성되며 각각의 활동내용을 구체적으로 살펴보면 다음과 같다.

(1) 경영의 3단계 순환과정

경영은 '조직의 목적을 달성하기 위한 활동이나 과정'을 의미한다. 경영활동을 가장 단순화시킨 연속적 과정을 PDS 사이클이라고 한다. 즉 계획(plan)을 세우고, 이를 실행(do)하며, 실행을 통한 결과를 통제(see)함과 동시에 이를 다시 계획과정에 피드백하는 일련의 연속적 과정이 PDS 사이클이다. 이러한 과정을 통해 조직들은 지속적으로 목표를 달성할 수 있게 된다.

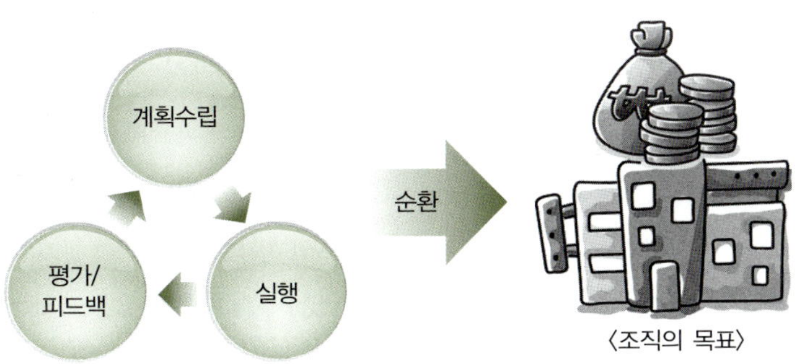

그림 2-9 경영의 3단계 순환과정

(2) 경영의 4단계 순환과정

앞에서 언급한 'PDS 사이클'은 관리의 일반적인 형태를 보여 주며, 직관적이고 이해가 쉬운 장점이 있다. 하지만 PDS 사이클은 실행단계의 활동을 구체적으로 표현하지 못하는 부족함을 가지고 있다. 이를 보완한 경영활동을 구체적으로 명시하기 위하여 4단계로 순환과정을 확장하면 계획(planning), 조직화(organizing), 지휘(leading), 통제(controlling) 과정으로 구분할 수 있다. 이를 세부적으로 살펴보면 다음과 같다.

첫째, 경영의 시작은 계획단계부터이다. 계획이란 '목표를 정하고 그 달성방법을 결정하는 활동'을 의미한다. 어떤 일이라도 적은 비용으로 좋은 결과를 얻기 위해서는 반드시 계획이 필요하다. 현대사회와 같이 급변하는 상황에서는 경영의 네 가지 활동 중에서도 앞날을 예견하며 준비하는 계획수립이 가장 중요한 기능이라고 할 수 있다. 방향 설정이 잘못되면 노력해도 성과가 좋지 않을 수 있기 때문이다.

둘째, 조직화단계이다. 조직화란 '조직구성원 각자가 해야 할 일을 정하고 필요한 지원을 해주며 누가 누구에게 보고를 하고 감독을 받아야 하는가를 결정하는 과정'을 말한다. 자기경영과 같이 개인을 대상으로 하는 경영을 제외하고는 모든 경영의 대상은 조직이 필요하므로 경영과정에서 조직을 만드는 활동은 필수적이라 할 수 있다.

셋째, 지휘단계이다. 경영자는 조직구성원들이 열정을 갖고 일하도록 만들어야 한다. 따라서 지휘란 '사람들이 목표달성을 위해서 열정을 갖고 일하도록 만드는 과정'을 말한다. 경영자 개인의 도덕성, 인간적인 매력, 전문성을 갖추려는 노력부터 조직 내 구성원들의 심리상태에 대한 이해에 이르기까지 세심한 노력이 필요하다.

넷째, 통제단계이다. 통제란 '목표를 달성하기 위해서 진행상황을 평가하고 필요한 시정 조치를 취하는 과정'을 뜻한다. 경영을 할 때는 미리 기준을 정해 놓고 진전상황을 정기적으로 평가하고, 필요할 때 시정 조치를 취하도록 해야 한다. 통제는 경영과정의 다른 기능들과 밀접하게 연관되어 있기 때문에 경영자 입장에서는 더욱 더 신경써야 할 부분이다. 최근에 정보통신기술이 발달하면서 경영자가 활용할 수 있는 통제시스템이 신속·정확해지고 있기 때문에 경영자의 통제능력도 그만큼 커지고 있다고 볼 수 있다.

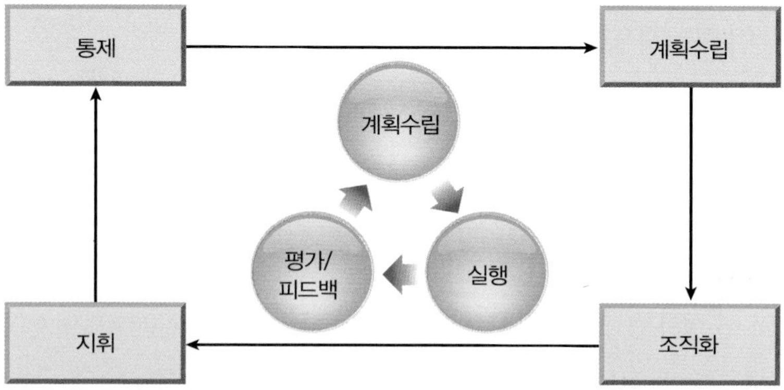

▌그림 2-10▐ 경영의 4단계 순환과정

(3) 경영의 주요 기능

경영의 순환과정은 '계획-실행-통제' 또는 '계획-조직화-지휘-통제'로 이어짐을 보았다. 이러한 순환과정은 무엇을 대상으로 이루어지는 것일까? 그것은 바로 조직의 목적을 달성하기 위하여 수행해야 할 구체적인 과업들이다. 기업을 대상으로 예를 들면, 각 기능 분야의 목표와 기업의 목표는 조화를 이루어야 한다. 기업의 주요 기능 분야라고 할 수 있는 것들을 정리하면 다음과 같다.

기업의 주요 기능

- **인적자원관리**: 인력의 선발, 교육, 배치, 과업부여 및 평가
- **생산 · 운영관리**: 제품이나 서비스의 생산관리
- **마케팅관리**: 제품이나 서비스의 가격, 유통, 판촉 등의 관리
- **재무관리**: 자금의 조달 및 운영관리
- **회계**: 이해관계자의 의사결정에 유용한 정보 제공
- **경영정보시스템**: 의사결정을 지원하기 위한 시스템관리

4 • 기업과 경영자

1) 기업의 본질

기업(企業, enterprise)은 '다수의 인간이 공통의 목표를 달성할 목적으로 경제성의 원칙에 의해 운영하는 유기적 행동의 집합체'이다. 기업은 일반적으로 법인(法人)의 형태를 띠게 되는데 이는 법적으로 사람과 같은 인격체로 대우를 받는 대상임을 의미한다. 즉 기업은 사람으로 구성된 조직이지만 법적으로는 한 명의 사람과 같은 인격체로서 대우를 받는다.

이와 같은 기업을 좀더 세밀하게 파악하기 위해서는 기업의 본질적 특성과 국가경제에서에서 기업이 담당하는 역할과 기업의 종류 등에 대하여 구체적으로 이해할 필요가 있다.

(1) 기업의 특징

기업은 국민경제의 중요한 한 축을 이루면서, 영리를 목적으로 경영활동을 수행하는 개별경제의 단위이다. 기업은 다음과 같은 본질적인 특성을 갖는다.

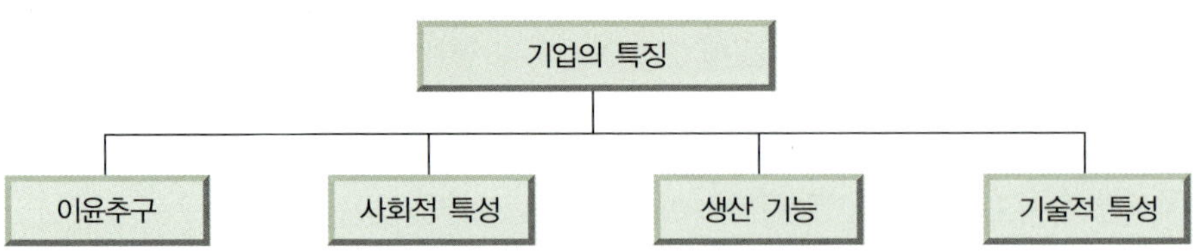

그림 2-11 기업의 본질적 특성

첫째, 기업은 이익을 추구하는 조직체이다. 기업을 유지하기 위하여 소요되는 비용을 초과하는 수익을 통해 이익이 발생해야만 기업은 존속할 수 있다. 둘째, 기업은 내부(조직원) 및 외부 이해관계인(국가, 주주, 채권자, 경쟁사)과 상호작용을 한다. 셋째, 기업은 본질적으로 제품과 서비스의 생산 기능을 수행한다. 넷째, 기업은 차별화된 기술과 지속적인 개발능력을 갖는다. 만약 기업이 이와 같은 본질적 특성을 잃게 된다면 기업으로서의 존재가치를 잃게 되므로 경영자는 기업의 본질을 충분히 이해하고 본질을 유지하기 위한 노력을 기울여야 한다.

(2) 국가경제와 기업

기업을 이해하기 위해서는 국가경제의 구성 측면을 살펴볼 필요가 있다. 국가경제를 구성하는 주체는 가계(소비주체), 기업(생산주체), 정부가 있다. 이들 국민경제를 구성하는 각 주체들의 역할과 각 주체 간의 관계는 [그림 2-12]를 통해 확인할 수 있다. 기업은 경제주체 중 유일하게 생산을 담당하는 주체로서 그 중요성을 인식해야 한다. 현대사회에서 만약 생산의 주체인 기업이 존재하지 않는다면 소비주체인 가계와 이들을 매개하는 정부 역시 존재할 수 없게 된다. 물론 원시사회처럼 가계가 생산의 주체인 동시에 소비의 주체가 되었던 자급자족의 시대도 있었다.

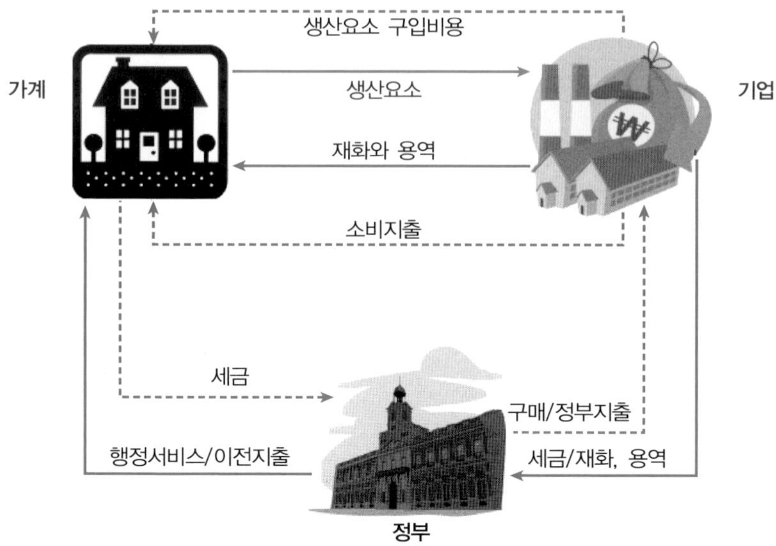

▮그림 2-12▮ 정부를 구성하는 주체

※ 실선: 재화/용역의 흐름, 점선: 화폐의 흐름.
출처: 장영광, 정기만 (2007). 생활 속의 경영학. p. 62.

> 기업이 국가경제에서 중요한 이유
> - 국민경제에서 유일한 생산의 주체이다.
> - 기업 생산의 소비 증가는 승수효과를 유발한다.
> - 기업의 생산액은 곧 국민소득을 의미한다.

국민경제의 순환과정에서 생산주체로서의 기업의 역할이 중요하다고 하는 사실에 대해서는 이론의 여지가 없다. 국민소득은 한 국가의 생산물 흐름의 가치를 일정기간에 대하여 합산한 것이라고 할 수 있다. 이때 생산물은 전통적인 경제학적 관점에서 보면 그 국가의 노동력과 자본이 투입된 결과에서 기인한 것으로서 총액개념이 아닌 순생산액을 뜻한다. 즉, 순생산액은 생산경제주체인 기업이 생산한 총액에서 중간생산물의 가치를 뺀 것, 즉 부가가치이다. 앞에서 보는 바와 같이 기업의 생산액은 곧 국가의 국민소득을 의미하는 것이기 때문에 결국 기업활동의 성패, 즉 개별기업 하나하나가 얼마나 경영을 잘하는가가 국민경제의 미래를 결정짓게 됨을 알 수 있다.

2) 기업의 종류

경제가 발전할수록 기업의 형태는 더욱 다양해지고 있다. 기업은 자본을 제공하는 출자자가 누구냐에 따라 크게 사기업과 공기업, 공사공동기업으로 나뉜다. 사기업은 개인이 출자한 기업으로 영리추구가 주목적인 반면, 공기업은 공익을 목적으로 국가 및 공공기관이 출자한 기업이다. 참고로 상법에서는 사원의 책임 형태에 따라 회사를 합명회사, 합자회사, 유한회사, 주식회사 네 가지로 나누고 그밖의 회사는 인정하지 않고 있다. 기업의 분류 기준에 따른 기업 형태를 살펴보면 〈표 2-2〉와 같다.

▮표 2-2▮ 기업의 종류

<table>
<tr><th colspan="3">분류 기준</th><th>기업 형태(특징)</th><th>예시</th></tr>
<tr><td rowspan="6">사기업</td><td colspan="2">단독기업</td><td>개인기업</td><td>개인사업자</td></tr>
<tr><td rowspan="5">공동기업</td><td rowspan="3">인적공동기업</td><td>합명회사(무한책임)</td><td>법무법인</td></tr>
<tr><td>합자회사(무한+유한)</td><td></td></tr>
<tr><td>협동조합</td><td></td></tr>
<tr><td rowspan="2">물적공동기업</td><td>유한회사(유한책임+폐쇄적 비공개적)</td><td>피자헛</td></tr>
<tr><td>주식회사</td><td>(주)오뚜기</td></tr>
<tr><td colspan="3">공기업</td><td>국영기업, 공사 등</td><td>대한주택공사</td></tr>
<tr><td colspan="3">공사공동기업</td><td>특수기업</td><td>한국가스공사</td></tr>
</table>

출처: 장영광, 정기만 (2007). 생활 속의 경영학. p. 66.

사기업의 대표적인 형태는 투자자의 유한책임이 특징인 주식회사와 유한회사가 있다. 그리고 투자자의 무한책임을 근간으로 하는 합명회사와 합자회사가 있다. 이들 기업 중 유한회사는 주식회사보다 폐쇄적이고 비공개적인 경영이 가능하여 좀더 자유로운 경영을 할 수 있다는 특징을 가진다.

기업의 다양한 유형이 있음에도 불구하고 현재와 같이 자본주의 사회가 꽃을 피울 수 있었던 배경에는 주식회사라는 형태의 기업이 만들어졌기 때문이다. 주식회사의 출현과 발전으로 자본주의의 고도화와 기업의 대형화가 가능하게 되었으며 동시에 전문경영인에 의한 '경영자 시대'를 맞게 되었다. 이러한 주식회사는 이제까지의 형태와는 전혀 다른 의미의 새로운 기업 형태로 여러 가지 특징을 갖고 있으며 그 특징들은 다음과 같이 정리할 수 있다.

첫째, 자본의 증권화이다. 주식회사는 소액의 증권을 발행하여 투자자에게 판매함으로써 막대한 규모의 기업 자본을 확보할 수 있다. 주식회사에 대한 출자자는 기업의 주식에 대한 투자를 통해 기업의 공동소유자가 되어 기업 경영에 참여한다.

둘째, 유한책임제도이다. 주식회사의 주인인 주주는 기업 경영의 결과와 그로 인해 발생하는 모든 위험과 채무에 대해 어떠한 경우에도 출자의 범위 내에서만 책임진다. 개인적 재산으로 기업의 위험과 채무를 책임지는 일은 없다. 이 같은 주주의 유한책임제도가 있었기에 일반 주식 투자자들로부터 용이하게 자본을 모집할 수 있는 계기가 되었으며 동시에 전문경영인이 등장할 수 있는 발판이 되었다.

셋째, 소유와 경영의 분리이다. 주식회사제도가 정착되면서 자본가는 순수하게 기업에 투자만을 담당하고 기업의 경영은 전문가가 맡는 제도가 가능해진 것이다. 기업의 대규모화는 자연스럽게 자본의 확대를 가져왔다. 자본의 확대는 주식투자 배당금을 목적으로 하는 무기능주주의 수적 증가를 가져왔다.

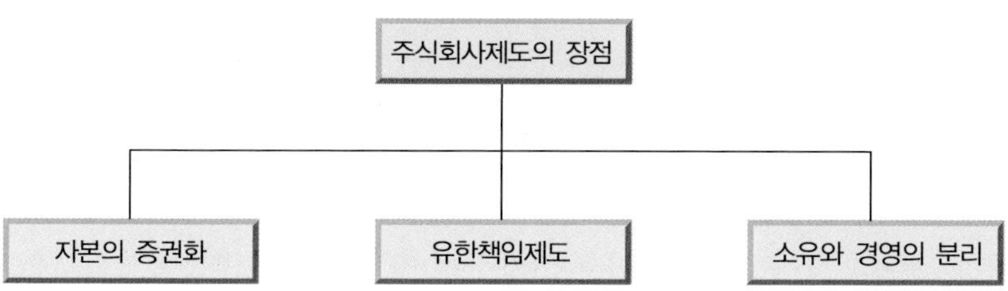

그림 2-13 주식회사제도의 장점

주식회사는 이상과 같은 장점에도 불구하고 다음과 같은 단점도 내포하고 있다. 첫째, 대주주와 이사진의 충돌과 횡포가 일어날 수 있다. 둘째, 전문경영인은 주인의식이 빈약하고 장기적인 주주의 부를 극대화시키기보다는 단기적인 경영성과에만 치중할 수 있다. 셋째, 대규모화에 의한 사회적 역작용이다. 조직의 효율성만을 추구하다 보면 인적자원을 기계처럼 다루는 문제점이 발생하고 특히 사회의 양극화를 부추기는 역할을 하기도 한다. 넷째, 의사결정이 구조적 문제로 인하여 신속하게 이루어지지 않아서 공룡처럼 느린 조직이 되기 쉽다.

3) 경영자

(1) 경영자의 정의 및 역할

경영자(經營者, manager)는 '기업의 경영목적을 설정하고 경영자원을 조달, 경영활동의 전체적 실행을 지휘하고 감독하는 사람이나 또는 기관'이다. 일반적으로 조직의 최고의사결정자를 의미한다. 경영자는 조직의 향후 진로에 관한 비전을 제시하고 조직의 구성원과 내부의 조직활동을 총괄적으로 지휘·감독할 책무를 갖는다.

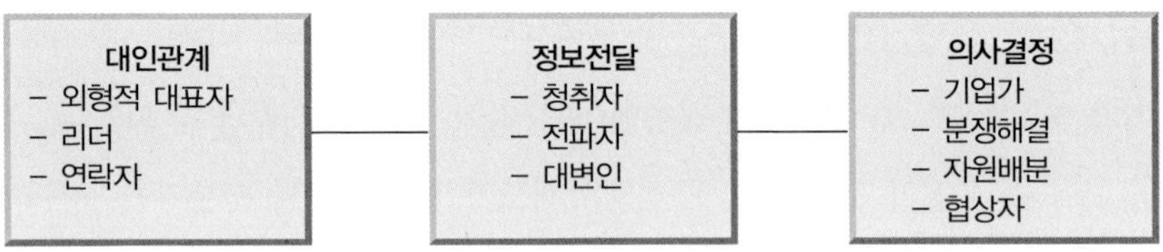

그림 2-14 경영자의 역할

경영자는 리더, 대표자, 최고의사결정자로서 크게 대인관계의 역할, 정보전달의 역할, 의사결정의 역할을 수행해야 하는데 이를 구체적으로 살펴보면 다음과 같다.

① 대인관계 역할

인적자원은 현대기업사회에서 가장 중요한 경영자원으로 인식되고 있으며, 기업의 성공과 실패를 결정지을 수 있는 가장 영향력 있는 경영요소로 평가되고 있다. 따라서 그 의미를 외형적 대표자, 리더, 연락자 등 세 가지로 인간관계의 역할을 구분하여 파악하고 있다.

② 정보전달 역할

기업의 경쟁력은 정보의 수집, 가공 및 내부적 적용능력에 의해 확보된다. 경영자는 활발한 대외활동을 통해 기업 경영에 필요한 지식과 정보를 지속적으로 신속·정확하게 수집해야 한다. 또한 정보를 경영능력에 부합할 수 있도록 적절한 가공과 재생산을 이루어야 한다. 정보를 조직 내·외부에서 직접 사용이 가능하도록 전파시키는 역할도 경영자가 수행해야 할 주요 활동이다. 경영자는 정보전달자로서 청취자, 전파자, 대변인으로서의 역할을 수행해야 한다.

③ 의사결정 역할

경영자는 경영활동을 전개하면서 끊임없는 의사결정에 직면하게 된다. 경영자가 갖는 구체적인 의사결정 역할로는, 기업가로서 기업의 성장과 발전을 위한 노력을 해야 하는 역할, 협상자로서 노조나 협력회사·이해관계회사와 각종 협상을 해야 하는 역할 등이 있다. 구체적으로는 기업가, 협상자, 자원배분, 분쟁해결 등의 역할이 의사결정자로서의 활동이라 할 수 있다.

(2) 기업가정신

기업을 이미 존재하는 자원을 이용하여 새로운 결합이 이루어지는 조직이라고 한다면 경영자는 조직을 움직이는 전문가라고 할 수 있다. 기업은 혁신을 일으키고 지속적으로 새로운 가치를 창출하지 않으면 영속적으로 존재하기 힘들다. 그러므로 어떤 사업의 경영자든 항상 새롭고 차별화된 상품과 서비스를 만들어 낼 수 있어야 한다. 결과적으로 경영자는 '변화를 탐구하고 변화에 적응하며 변화를 새로운 기회로 이용할 수 있는 자'를 의미한다.

경영자에게는 기업가정신이 필요하다. 기업가정신(企業家精神, entrepreneurship)이란 "기업의 본질인 이윤추구와 사회적 책임의 수행을 위해 기업가가 마땅히 갖추어야 할 자세나 정신"이다. 기업가정신은 전통적 의미와 미국의 경제학자 슘페터(Joseph Alois Schumpeter)의 정의로 크게 나눌 수 있다.

전통적 의미의 기업가정신은 현대적인 개념이 추가되어 미래예측 능력, 혁신적이고 창의적인 정신, 고객제일주의, 산업보국, 인재 양성, 공정한 경쟁, 근로자 복지, 사회적 책임의식까지 겸비한 기업가를 진정한 기업가로 본다. 기업가정신과 관련된 대표적 학자인 슘페터는 새로운 생산방법과 새로운 상품개발을 기술혁신으로 규정하고, 기술혁신을 통해 창조적 파괴(creative destruction)에 앞장서는 기업가는 신제품 개발, 새로운 생산방법의 도입, 신시장 개척, 새로운 원료나 부품의 공급, 새로운 조직의 형성, 노동생산성 향상 등을 추구하는 것으로 정리하였다.

경영이란 기업가의 아이디어와 꿈을 바탕으로 위험한 환경을 극복하고 사업을 성공시키는 조직적인 가치창출활동이다. 필요한 시간과 노력을 들여서 재무적·심리적·사회적 위험을 부담하고 그 결과로 얻어지는 금전보상, 개인만족, 경제적 독립을 얻기 위해 좀더 다른 가치를 창조하는 과정이기도 하다. 따라서 다른 사람들이 발견하지 못한 기회를 찾아내는 사람, 또 사회의 상식이나 권위에 사로잡히지 않고 새로운 사업을 추진할 수 있는 인간이야말로 기업가정신을 가진 경영자라고 할 수 있다.

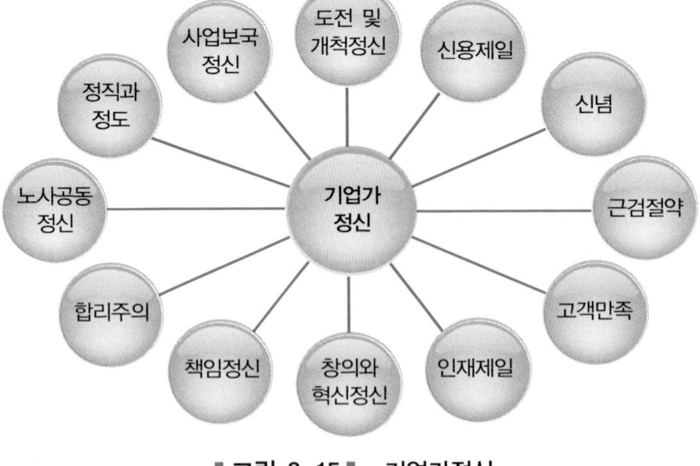

▌그림 2-15▐ 기업가정신

출처: 김성수 (2007). 성공한 창업자의 기업가정신.

(3) 경영자의 구분 및 최고경영자의 역할

경영자는 어떠한 자질을 갖추어야 하는가? 최고경영자와 일선관리자의 경영관리자적 자질은 어떻게 달라야 하는가? 최고경영자의 자질로는 기업과 경영환경과의 관련성에 대한 인식능력, 구성원에 대한 의사소통, 동기부여, 갈등관리의 능력, 전문영역에서의 기술적용 능력 등이 필요하다. 최고경영자의 역할은 자질에서 언급한 것처럼 혁신가, 이해관계조정자, 동기부여자, 통합관리자의 역할 등을 수행해야 한다. 이를 좀더 구체적으로 경영자의 직책에 따라 갖추어야 할 자질을 살펴보면 〈표 2-3〉과 같다.

▮표 2-3▮ 경영자의 자질

구분	직책	자질
최고경영자	회장, 사장, 부사장, 전무, 상무, 이사	개념적 자질(conceptual skills)
중간경영자	팀장, 부장	인간적 자질(human skills)
일선경영자	반장, 과장	전문적 자질(technical skills)

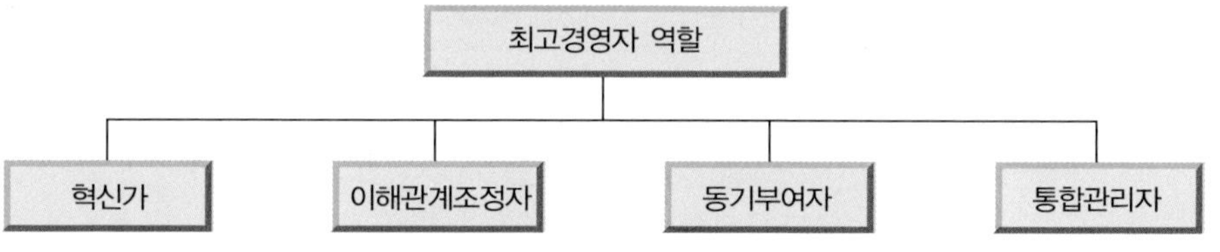

▮그림 2-16▮ 최고경영자의 역할

(4) 경영자의 유형 변화

소유와 경영이 분리되는 과정에 따라서 경영자의 유형도 변화하고 있음을 〈표 2-4〉를 통해 이해할 수 있다. 경영자는 소유경영자(owner manager), 고용경영자(employed manager), 전문경영자(professional manager)로 구분된다. 소유경영자는 기업의 소유자가 직접 경영을 책임지는 형태를 의미한다. 그에 반하여 전문경영자는 기업의 소유권은 전혀 가지지 않은 경영자를 말한다. 소유경영자와 전문경영자의 중간 형태로서 고용경영자가 있다. 고용경영자는 소유자가 실질적인 의사결정권한을 가지고 있으면서 실행권한 등을 위임받는다.

표 2-4 경영자 유형의 변화

구분	내용		
소유와 경영의 분리근거	• 기업의 대규모화 • 대규모 자본조달의 필요성 • 전문적 경영의 필요성 • 소유와 경영의 분리 촉진		
소유와 경영의 분리과정	• 소유자 지배 • 소유자 경영 • 소유와 경영 미분리	• 소유자의 지배 • 경영의 일부 위임 • 형식적 분리	• 소유자는 소유권 • 경영자의 지배 • 실질적 분리
경영자 유형	소유경영자 (owner manager)	고용경영자 (employed manager)	전문경영자 (professional manager)

(5) 대리인 문제

기업 규모 및 기업의 성장발전단계에 따라 소유경영자–고용경영자–전문경영자 순으로 경영자 유형이 변모하게 된다. 다만 이러한 경영자의 유형 변화는 매우 긍정적인 현상이지만 경우에 따라서는 단점이 크게 부각되기도 한다. 전문경영인의 시대가 되면서 가장 큰 단점으로 대두되는 문제가 대리인 문제이다. 전문경영인 제도가 정착되어 있는 여러 선진국에서는 대리인 문제에 관한 많은 연구가 이루어지고 있는데, 그 시초는 1976년 젠센(M. jensen)과 맥클링(W. Meckling)이 발표한 대리인이론(agency theory)에서 처음 등장하였다. 이 연구에서 대리인에 따른 비용으로 감시비용(monitoring costs), 잔여손실(residual losses), 확증비용(bonding cost)을 제시하고 있다.

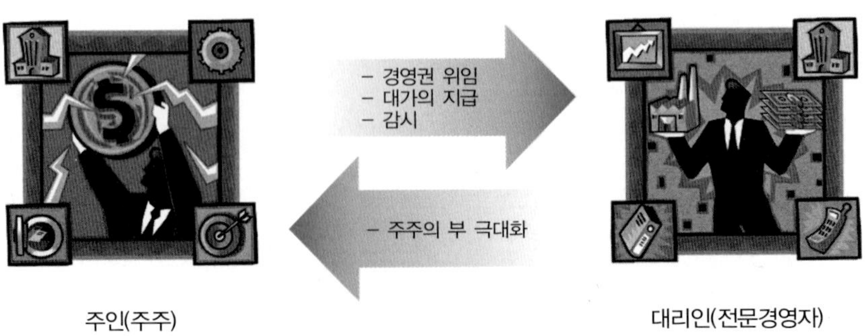

그림 2-17 주식회사의 주주와 전문경영인의 관계

① 감시비용

대리인이론에서의 감시비용이란 기업의 소유자인 주주가 전문경영자를 감시하는 데 소요되는 비용을 의미한다. 즉, 전문경영인이 주주의 부가 아닌 자신의 이익을 위해 일하고 있지 않는지 감시하는 데 소요되는 비용으로 외부회계감사, 사외이사, 성과급, 주식옵션 지급 등이 이에 해당한다.

② 확증비용

대리인이론에서의 확증비용이란 기업 경영을 대리하는 전문경영자가 기업의 소유주인 주주의 이해에 상반되지 않고 있음을 증명하는 데 소요되는 비용이다. 보통 억류비용이라고도 하는데, 그 이유는 기업의 재무상황을 공인받거나 보고할 때, 회계감사를 받아 영업보고서를 공시할 때 발생하는 비용이기 때문이다.

③ 잔여손실

잔여손실이란 대리인 문제를 적절하게 해결하는 데 소요되는 대리인비용(agency costs)의 하나로서 감시비용과 확증비용이 지출되었음에도 불구하고 대리인 때문에 발생한 재산상 손실을 의미한다. 즉, 대리자인 전문경영자의 의사결정과 기업의 소유자인 주주가 내리는 최적의 의사결정 간의 차이로 인하여 발생하는 실제적인 재산의 감소를 말한다.

5 • 기업환경

1) 경영환경

인간이 자신을 둘러싼 환경을 벗어나 살 수 없듯이 기업도 기업을 둘러싼 환경에 의해 영향을 받는다. 경영환경(business environment)은 기업의 존폐와 성장을 결정하는 주요 요인이다. 기업은 개방시스템(open system)으로서 경영환경과 상호작용을 하여야 한다. 환경은 지속적으로 변화하므로 기업의 경영자는 이를 미리 예측하고 적응하거나 능동적으로 환경을 변화시키는 노력이 필요하다.

(1) 경영환경의 분류

경영환경은 크게 직접환경요인과 간접환경요인으로 분류할 수 있다. 직접환경요인은 기업에 직접적으로 영향을 미치는 환경요인으로 그 요인이 어디에 위치하고 있느냐에 따라 다시 내부 직접환경요인과 외부 직접환경요인으로 나뉜다.

간접환경요인은 기업 경영에 간접적으로 영향을 미치는 요인으로서 간접환경요인 역시 기업의 외부환경요인이기도 하다. 외부환경요인은 일반적으로 관리불능요인에 해당된다. 따라서 기업의 경영자는 수동적 적응에 집중한다. 반면 내부환경요인은 관리가능요인에 해당되므로 경영자가 능동적으로 대응해야 한다.

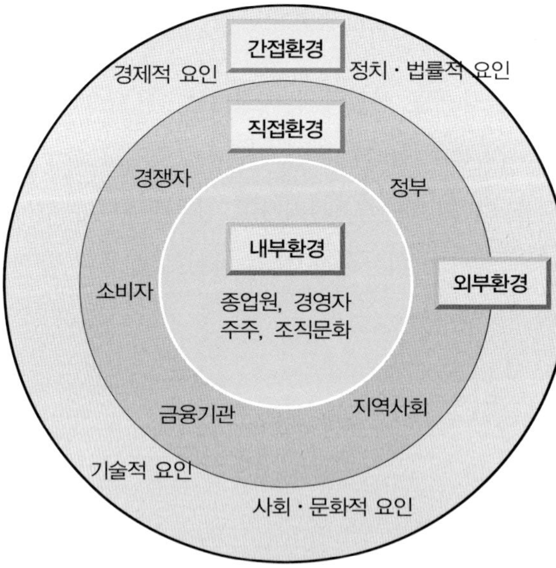

그림 2-18 경영환경의 분류

(2) 간접환경

앞서 살펴보았던 기업의 환경요인 중 간접환경요인은 경영환경의 구조상 기업의 가장 외곽에 존재하며 경영자의 통제가 가장 어려운 환경요인으로 거시환경요인이라고도 한다. 따라서 기업의 입장에서는 정확한 예측과 적절한 적응이 최대의 관건이 된다. 이러한 간접환경요인으로는 경제적 환경(Economic environment), 정치법률적 환경(Political environment), 사회문화적 환경(Social environment), 기술적 환경(Technical environment) 등이 있으며, 이러한 간접환경요인을 분석하는 활동을 PEST분석이라고 한다. 각각의 요인에 대하여 좀더 구체적으로 살펴보면 다음과 같다.

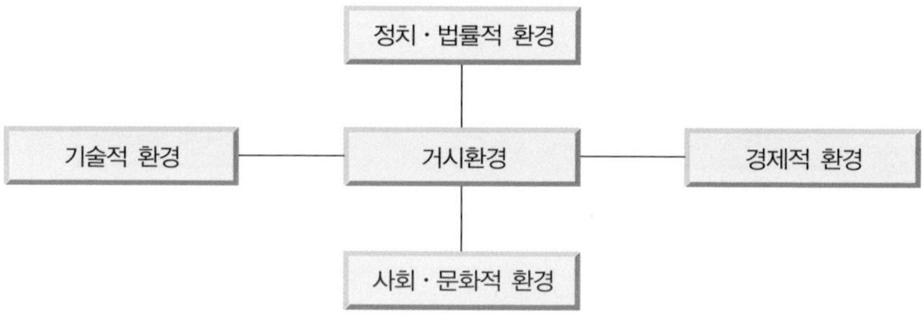

그림 2-19 거시환경(간접환경)

① 경제적 환경

모든 기업은 경제주체로서 경제행위를 하기 때문에 하나의 경제시스템의 구성원이 되어 자신이 속한 경제적 환경의 영향을 받게 된다. 이러한 경제적 환경으로는 경제체제, 경제상황, 경제규모, 재정금융정책 등을 들 수 있다.

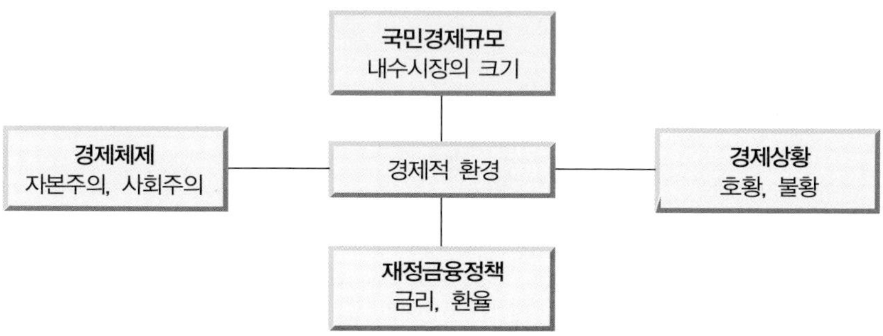

그림 2-20 경제적 환경

② 정치 · 법률적 환경

기업 경영활동은 국가 및 지방자치단체가 제정한 일정한 정치 · 법률적 테두리 내에서 이루어진다. 특히 세계경제가 글로벌화되면서 국가 간의 협정 등에 의하여 정해진 정치 · 법률적 환경도 기업에 큰 영향을 미치고 있다. 정치적 환경과 법률적 환경에 대한 구체적인 내용은 [그림 2-21]과 같다.

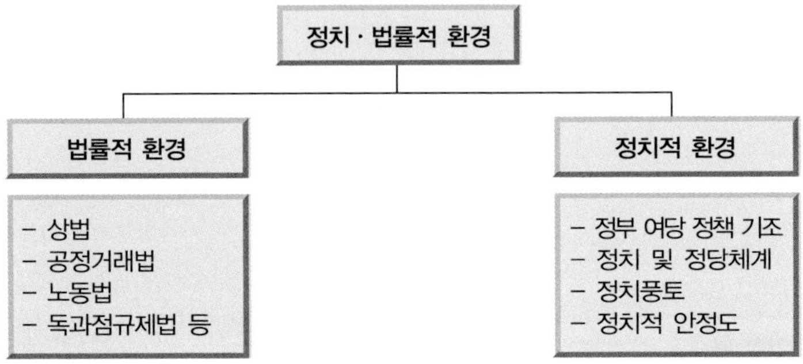

▮그림 2-21▮ 정치 · 법률적 환경

③ 사회 · 문화적 환경

사회 · 문화적 환경 요인은 관습의 변화, 가치관의 변화, 전통, 생활양식, 문화, 다양성 등과 같이 여러 가지 요인을 포함하고 있는데, 이들 요인 중에서 중요한 것은 인구통계적 요인, 개인적 욕구, 사회적 인식변화, 문화의 차별성 등이 있다.

또한, 사회 · 문화적 환경은 국지적 성격이 강해서 지역에 따라 경영전략의 결과가 큰 차이를 보이곤 한다. 그외에도 인구통계적 변수에 의해 좌우되는 것들도 많다. 예를 들면, 핵가족화와 맞벌이부부의 증가로 외식산업의 발전하는 현상 등을 볼 수 있다.

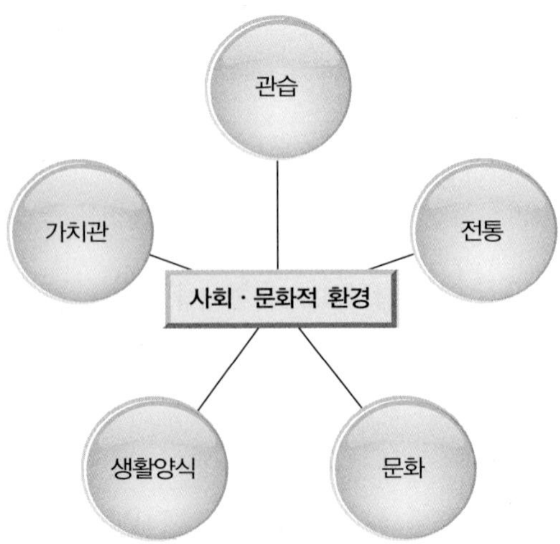

▮그림 2-22▮ 사회 · 문화적 환경

④ 기술적 환경

경영환경요인 중 가장 빠르게 변하고 그 영향 정도가 가장 큰 요인은 기술적 환경이다. 생산에 적용되는 기술 이외에도 경영활동에 활용되는 모든 기술을 망라한다. 특히, 정보통신기술의 발달은 기업환경의 커다란 변화를 초래하고 있다. 기술적 환경의 변화는 오디오, 컴퓨터, 스마트폰 등 전혀 무관했던 산업을 경쟁관계로 만들기도 한다.

표 2-5 외식산업의 PEST분석 사례 1

정치/법규 환경 (정치제도, 정치개혁안, 규제철폐 및 민영화, 무역자유화, 반트러스트 법규 등)	경제환경 (GDP 성장, 인플레이션, 이자율, 환율, 에너지 가격 등)
• 2011년 외식산업진흥법 제정 • 프랜차이즈 규제 및 지원 강화 • 한식의 세계화를 위한 국가적 관심 고조 • 창업을 위한 교육지원 증대 • 소상공인 지원을 위한 대기업 규제 강화	• 지속적 경제발전으로 3만불 시대의 도래 • 생활물가의 지속인 인상으로 소비 위축 • 낮으면서 안정적인 이자율 유지 • 석유가격의 등락 반복 • 가격인상 억제되던 국내 전기료 인상
사회/문화 환경 **(인구추세, 고객라이프스타일, 여성노동력, 환경에 대한 관심, 가치관 등)**	**기술환경** **(정보기술, 기술적 진보, 신제품 혁신, 기술확산)**
• 여성의 사회진출 가속화로 외식 증가 • 핵가족화 • 노령인구의 증가로 인한 실버창업 증대 • 가치지향적인 소비 증대	• 스마트 메뉴판의 등장 • 다양한 조리기구 확산 • 인터넷 및 SNS를 활용한 마케팅 증대 • 상권정보시스템 개발 및 이용의 활성화

표 2-6 외식산업의 PEST분석 사례 2

구분	내용	종합의견
정치 환경	• 외식산업진흥법이 제정되는 등 국가적인 차원에서 외식산업에 대한 중요성 인식이 증대되고 있음 • 산업적인 측면에서 프랜차이즈 산업에 대한 지원이 강화되고 있지만 공정거래 측면에서 프랜차이즈 기업에 대한 제재도 증가하고 있음 • 한식을 세계화시키려는 다양한 노력	• 정치적으로는 외식산업의 중요성이 부각되고 있으며, 경제적으로는 소득수준의 증대에 따라 eating market보다는 dining market이 확대되고 있음 • 라이프스타일이 다양화되고 세계음식 및 디자인 관심도가 높아
경제 환경	• 국민소득이 명목 2만 달러, 실질 3만 달러 수준을 넘어서면서 외식시장이 지속적으로 성장하고 있음 • 음식점 간의 양극화가 증대되면서 소상공인의 생계형 창업 실패 가능성은 커지고 있음	

사회 환경	• 다양성과 퓨전화를 동반한 고급 음식점에 대한 수요 증가 • 변화하는 소비자의 취향과 트렌드를 추종할 수 있는 소비자조사 능력이 요구됨 • 동남아음식에 대한 호기심 증가	지면서 퓨전화가 가속화되고 있으며, 외식산업에도 정보화의 물결이 일면서 스마트메뉴와 스마트기기를 활용한 마케팅이 확산되고 있음
기술 환경	• 단순한 일상음식보다는 전문화된 메뉴개발 능력이 필요함 • 웰빙과 합리성 중심의 소비자 욕구를 충족시킬 수 있는 과학적인 접근자세가 필요함 • 세계에서 개발되는 다양한 조리기구에 대한 이해가 요구됨	

(3) 외부 직접환경

외부 직접환경은 기업 경영활동에 직접적으로 영향을 미치는 환경요인으로 소비자, 경쟁자, 공급자, 금융기관, 정부, 지역사회, 언론기관 등을 들 수 있다. 특히 다양한 환경 중에서도 소비자는 가장 강력하고 중요한 환경 구성요인이다. 왜냐하면 소비자는 재화나 서비스의 직접적인 구매자이기 때문이다. 경쟁자는 소비자와 함께 외부직접환경의 중요한 요인이다.

공급자도 기업의 외부 직접환경으로서 무시할 수 없는 존재이다. 그들의 적극적인 협조는 성공 경영의 필수요건이다. 금융기관은 자기자본(직접금융) 이외의 타인자본(간접금융)의 공급처이다. 지역사회는 기업의 적극적인 협조자가 되기도 하지만 대형마트의 출점을 비판하는 가장 강력한 반대자가 되기도 한다.

지방자치가 발전할수록 지역사회는 기업의 협조자임과 동시에 강력한 비판자가 될 수 있다. 정부 역시 규제와 지원의 양면성을 가지고 기업과 상호교류하는 외부 직접환경요소이다. 언론기관은 광고와 홍보를 대행하는 유용한 매체임과 동시에 비판을 통한 견제자의 역할을 수행한다.

(4) 내부 직접환경

내부 직접환경은 기업이 가장 강력하게 관리할 수 있는 요인으로 주주, 종업원, 경영자, 조직의 문화 등이 이에 해당한다.

첫 번째, 주주는 주식회사의 주인으로 기업이 선진화될수록 주주의 영향력은 커진다. 그 이유는 소유와 경영의 분리로 소유경영자가 감소하기 때문이기도 하다. 두 번째, 종업원과 노동조합이다. 과거에는 기업과 종업원이 주종의 관계처럼 인식되었지만 현대에 와서는 동반자적 관계로 인식이 변화되고 있다.

세 번째, 기업의 성패를 좌우하는 경영자의 중요성은 날로 증대되고 있다. 다만 전문경영인의 대리인 문제는 극복해야 할 과제로 대두되고 있다. 전문경영인의 이익을 위하여 주주의 부를 희생하는 사례가 나타나면서 전문경영인의 폐해를 지적하는 경우가 많다.

네 번째, 조직의 문화는 조직구성원이 공유하는 가치관이나 신념, 사고방식을 말한다. 예를 들어 사관학교 생도들은 조직에 대한 자부심과 조국에 대한 충성심이 투철한데, 이는 사관학교에 형성되어 있는 조직문화에서 영향받은 것이다.

2) 사회적 책임

적자가 지속되는 기업은 파산할 수밖에 없다. 따라서 기업은 이윤의 극대화를 추구하게 되어 있다. 그러나 기업이 오직 이윤만을 추구한다면 어떠한가? 기업을 둘러싸고 있는 사회에 대해서, 그리고 기업 그 자신에 대해서 바람직한 것인가? 이윤을 통해 유지·발전하는 기업은 과연 사회와 어떤 관계를 설정해야 하는가? 경제가 발전할수록 기업의 사회적 책임이 강조되는 이유는 무엇인가? 등의 수많은 질문에 직면하게 된다.

기업은 영업활동을 영위하는 사회에 대한 책임을 다함으로써 오히려 기업의 존속과 발전을 기할 수 있다. 사회적 책임도 결국은 마케팅이다. "잘 키운 사회공헌 열 마케팅 안 부럽다."는 말처럼 기업의 사회적 책임은 피할 수 없는 기업 존재의 이유가 되어 가고 있다. 따라서 경제가 발전하고 사회가 성숙될수록 기업에 대한 사회적 책임은 강조되는데, 그 이유는 상호의존성, 시장의 불안정성, 외부불경제, 기업의 영향력 증대 때문이다.

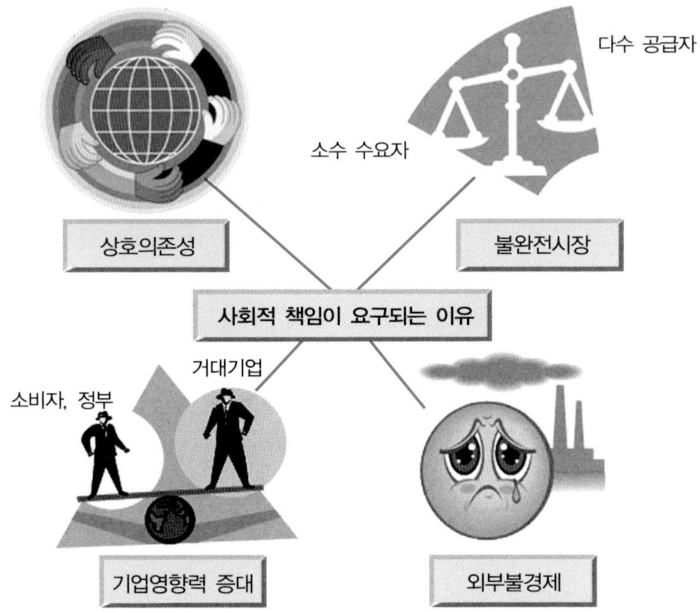

▌그림 2-23▌ 사회적 책임이 요구되는 이유

(1) 상호의존성

기술의 발전에 따라 사회를 구성하는 모든 요인 간의 상호의존성이 증대되고 있다. 상호협력을 하지 않으면 효과성과 효율성이 낮아지게 된다. 특히, 기업의 경우 사회적 수요가 없이는 유지 · 발전이 불가능하므로 상호의존성은 더욱 증대되고 있다. 따라서 기업의 사회적 책임은 더욱 커지는 추세이다.

(2) 시장의 불완전성

시장의 많은 부분에서 공정하고 완전한 경쟁이 이루어지지 않고 있다. 독점, 과점, 카르텔 등을 통하여 시장 기능이 마비된다면 시장실패가 일어나게 되는데, 여기서 시장실패란 시장이 가장 효율적인 자원배분에 실패하는 것을 의미한다. 이와 같은 시장실패로 인한 자원의 낭비를 막기 위해서는 기업의 사회적 책임이 요구된다.

(3) 외부불경제

상품의 매매에서는 적정한 대가가 오고 가야 한다. 대가 없이 제3자에게 이익을 주거나 손해를 끼치는 것을 '외부효과'라고 한다. 대가 없이 이익을 주는 행위를 '외부경제효과'라 하고 마을을 청소하는 행위 등이 이에 해당한다. 반면, 대가 없이 손해를 주는 행위를 '외부불경제효과'라 한다. 예를 들면, 공해를 유발하는 행위 등을 이야기할 수 있다. 외부효과도 시장실패의 원인을 제공하지만 오히려 외부불경제효과의 영향이 더 클 수 있다. 따라서 기업의 사회적 책임은 중요한 의미를 갖는다.

(4) 기업의 영향력 증대

기업은 '규모의 경제'를 추구하기 때문에 대형화되는 속성이 있다. 기업의 대형화는 기업의 영향력 증대로 이어지지만, 기업의 영향력 증대가 사회적으로 바람직한 방향으로 움직이지 않을 수 있다. 따라서 기업이 대형화될수록 기업의 사회적 책임이 강조되는 것이다.

요 · 약

1. 태초의 인간은 자급자족을 하였지만 자연스럽게 분업의 장점을 발견하게 된다. 일을 나누어 전문성을 높이면 효율성이 높아진다. 분업은 여러 사람이 모이면서 자연스럽게 조직을 탄생시켰으며, 조직이 원하는 목표를 효율적으로 달성하기 위해 경영이란 개념이 만들어졌다.

2. 경영은 토지(물적 자원), 노동(인적 자원), 자본(재무자원), 전략(정보자원) 등 네 가지 요소로 구성된다. 경영(經營, management)이란 조직의 목표달성을 위한 제반활동이다. 이 활동은 보통 '계획(plan)–실행(do)–평가(see)'의 3단계로 이루어지거나 '계획(planning)–조직화(organizing)–지휘(leading)–통제(controlling)' 과정으로 이루어진다.

3. 경영학이론은 1911년 테일러의 과학적 관리론이 시초라고 볼 수 있다. 경영학은 ① 효율과 합리성을 강조한 경영, ② 인간관계를 강조한 경영, ③ 환경적응을 중시한 경영으로 발전하였다. 구체적으로는 과학적 관리론, 인간관계론, 상황이론이 이를 대표하는 경영이론이다. 경영이론의 발전과정과 함께 실제 현장에서의 핵심 관리대상의 변화를 이해할 필요가 있다. 기업의 생존과 성장을 위한 관리대상의 변화는 경영이론 변화의 토대가 되기 때문이다. 경영대상의 변화는 '생산중심–마케팅중심–고객관계중심–가치중심'으로 변화되고 있다.

4. 기업은 다수의 인간이 공통의 목표를 달성할 목적으로 경제성의 원칙에 의해 운영하는 유기적 행동의 집합체이다. 기업의 본질적 특성으로는 이윤추구, 사회적 특성, 기술적 특성 등이 있다. 또한 국가경제를 구성하는 주체는 가계(소비주체), 기업(생산주체), 정부 등이 있는데, 기업은 경제주체 중 유일하게 생산을 담당하는 주체로서 그 중요성을 인식해야 한다.

5. 기업은 자본을 제공하는 출자자가 누구냐에 따라 크게 사기업과 공기업, 공사공동기업으로 나뉜다. 사기업은 개인이 출자한 기업으로 영리추구가 주목적인 반면, 공기업은 공익을 목적으로 국가 및 공공기관이 출자한 기업이다. 기업의 다양한 유형이 있음에도 불구하고 현재와 같이 자본주의 사회가 꽃을 피울 수 있었던 배경에는 주식회사라는 형태의 기업이 만들어졌기 때문이다. 주식회사제도의 장점은 자본의 증권화, 유한책임제도, 소유와 경영의 분리가 있다.

6. 경영자(經營者, manager)는 기업의 경영목적을 설정하고 경영자원을 조달, 경영활동의 전체적 실행을 지휘하고 감독하는 사람이나 또는 기관이다. 일반적으로 조직의 최고의사결정자를 의미한다. 경영자는 조직의 향후 진로에 관한 비전을 제시하고 조직의 구성원과 내부의 조직활동을 총괄적으로 지휘 · 감독할 책무가 있으며, 경영자는 리더, 대표자, 최고의사결정

자로서 크게 대인관계의 역할, 정보전달의 역할, 의사결정의 역할을 수행해야 한다.

7 기업을 이미 존재하는 자원을 이용하여 새로운 결합이 이루어지는 조직이라고 한다면 경영자는 조직을 움직이는 전문가라고 할 수 있다. 어떤 유형의 사업이든 경영자는 항상 새롭고 차별화된 것을 만들어 낼 수 있어야 한다. 기업은 혁신을 일으키고 새로운 가치를 창조하지 않으면 영속적으로 존재하기 힘들기 때문이다. 따라서 경영자란 변화를 탐구하고 변화에 대응하며 변화를 새로운 기회로 이용할 수 있는 자를 의미한다. 그리고 기업가정신이란 "기업이 현재 가지고 있는 경영자원에 구애받지 않고 새로운 기회를 사업화하려는 의지"라고 할 수 있다.

8 최고경영자의 자질로는 기업과 경영환경과의 관련성에 대한 인식능력, 구성원에 대한 의사소통, 동기부여, 갈등관리의 능력, 전문 영역에서의 기술적용 능력 등이 필요하다. 최고경영자의 역할은 자질에서 언급한 것처럼 혁신가, 이해관계조정자, 동기부여자, 통합관리자의 역할 등을 수행해야 한다.

9 소유와 경영이 분리되는 과정에 따라서 경영자의 유형도 변화하고 있다. 경영자는 소유경영자(owner manager), 고용경영자(employed manager), 전문경영자(professional manager)로 구분된다. 소유경영자는 기업의 소유자가 직접 경영을 책임지는 형태를 의미한다. 그에 반하여 전문경영자는 기업의 소유권은 전혀 가지지 않은 경영자를 말한다. 소유경영자와 전문경영자의 중간 형태로서 고용경영자가 있다. 고용경영자는 소유자가 실질적인 의사결정권한을 가지고 있으면서 실행 권한 등을 위임받는다.

10 경영환경은 크게 직접환경과 간접환경으로 분류할 수 있다. 직접환경은 기업에 직접적으로 영향을 미치는 환경요인으로 내부 직접환경과 외부 직접환경으로 나뉜다. 간접환경은 기업경영에 간접적으로 영향을 미치는 요인으로서 간접환경 역시 기업의 외부환경이기도 하다. 외부환경은 일반적으로 관리불능환경에 해당된다. 따라서 기업의 경영자는 수동적 적응에 집중한다. 반면 내부환경은 관리가능환경에 해당되므로 경영자가 능동적으로 대응해야 한다.

11 기업의 환경 중 간접환경은 경영환경의 구조상 기업의 가장 외곽에 존재하며 경영자의 통제가 가장 어려운 환경요인으로 거시환경이라고도 한다. 따라서 기업의 입장에서는 정확한 예측과 적절한 적응이 최대의 관건이 된다. 이러한 간접환경으로는 경제적 환경(Economic environment), 정치법률적 환경(Political environment), 사회문화적 환경(Social environment), 기술적 환경(Technical environment) 등이 있으며, 이러한 간접환경을 분석하는 활동을 PEST분석이라고도 한다.

12 외부 직접환경은 기업 경영활동에 직접적으로 영향을 미치는 환경으로 소비자, 경쟁자, 공급자, 금융기관, 정부, 지역사회, 언론기관 등을 들 수 있다. 특히 다양한 환경 중에서도 소비자는 가장 강력하고 중요한 환경 구성요인이다. 왜냐하면 소비자는 재화나 서비스의 직접적인 구매자이기 때문이다. 경쟁자는 소비자와 함께 외부 직접환경의 중요한 요인이다. 내부 직접환경은 기업이 가장 강력하게 관리할 수 있는 요인으로 주주, 종업원, 경영자, 조직의 문화 등이 이에 해당된다.

13 기업은 영업활동을 영위하는 사회에 대한 책임을 다함으로써 오히려 기업의 존속과 발전을 기할 수 있다. 사회적 책임도 결국은 마케팅이다. “잘 키운 사회공헌 열 마케팅 안 부럽다.”는 말처럼 기업의 사회적 책임은 피할 수 없는 기업 존재의 이유가 되어 가고 있다. 따라서 경제가 발전하고 사회가 성숙될수록 기업에 대한 사회적 책임은 강조되는데, 그 이유는 상호의존성, 시장의 불안정성, 외부불경제, 기업의 영향력 증대 때문이다.

연 · 습 · 문 · 제

1. 경영(business management)의 반대말은 무엇인가?

2. 좁은 의미에서 경영의 대상은 기업만이 해당되지만 넓은 의미로 보면 개인도 경영의 대상이라고 할 수 있다. 그래서 '자기경영'이란 표현이 많이 쓰이는 것이다. 자기를 경영하는 가장 올바른 방법을 제시하여 보자.

3. 애덤 스미스는 《국부론》에서 한 나라의 경제를 부유하게 만드는 가장 중요한 요인을 '분업'이라고 하였다. 그는 분업의 효과를 설명하기 위해 핀 공장을 사례로 들었는데, 그 내용과 함께 분업이 생산성을 높이는 이유를 정리하여 보자.

4. 현재 자신의 가정과 자신이 일하고 있는 기업에서 분업이 적절하게 되어 있는지 살펴보고, 생산성을 높이기 위해서 분업을 어떻게 하는 것이 좋을지 방안을 제시하여 보자.

5. 경영(business management)의 순환과정을 3단계와 4단계로 나누어 본 후, 3단계와 4단계는 어떤 차이가 있는지 설명하여 보자.

6. 자신의 하루일과를 어떻게 보내는 것이 좋을지 경영의 3단계 순환과정을 이용하여 제시하여 보자.

7. 패스트푸드전문점에서 과학적 관리법이 어떻게 적용되고 있는지 맥도날드 또는 롯데리아 매장을 분석하여 보자.

8. 맥그리거(McGregor)의 'X-Y 이론', 허즈버그(Herzberg)의 '2요인 이론'을 정리하고 이 이론을 현재 자신이 직면한 기업 또는 개인적 문제를 해결하는 데 어떻게 응용할 수 있을지 제시하여 보자.

9. 데밍의 사이클(PDCA 사이클)에 따르면 직장인들은 다음과 같은 하루일과가 가장 이상적이라고 할 수 있다. 이를 참조하여 실제로 자신의 업무를 체계화하기 위한 양식을 만들어 보자.
   ① 출근과 동시에 그날의 할 일을 체크한다.
   ② 업무의 우선순위에 따라서 그날의 업무를 수행한다.
   ③ 퇴근 전 그날 업무의 목표와 성과를 비교 평가한다.

④ 퇴근하면서 문제점과 개선점을 도출하고 향후 개선을 시도한다.

10 개념적 · 철학적으로 발전한 독일경영학의 실용적 · 실천적으로 발전한 미국경영학의 발전과정을 정리하여 보자. 이를 바탕으로 미래의 경영학은 어떤 형태로 발전해 나가게 될지 예측하여 보자.

11 기업의 종류에서 주식회사는 자본주의 발전에 많은 공헌을 하였다. 그런 차원에서 주식회사제도를 '자본주의의 꽃'이라고 한다. 그 이유를 설명하여 보자. 또한 주식회사제도로 인하여 발생하는 문제점도 지적하고 그 해결책을 논의하여 보자.

12 기업은 다양한 환경요인에 의하여 영향을 받게 된다. 결국 경영자는 환경요인을 정확하게 파악하고 예측하여 미래를 능동적으로 대비하는 능력이 필요하다. 하지만 경우에 따라서는 수동적으로 적응해야 하는 경우도 있는데, 이러한 상황은 어떤 경우인가?

13 전문경영인제도가 정착되면서 기업은 대리인 문제에 봉착하게 된다. 선진화된 기업들이 대리인 문제를 해결하기 위해 노력하는 사례들을 조사하여 보자. 특히, 국내외 외식기업에서 전문경영인이 채용된 사례를 찾아보자.

14 기업의 사회적 책임이 강조되고 있다. 외식산업에서도 양극화가 심화되면서 대기업과 프랜차이즈 기업의 사회적 책임은 더욱 커질 것으로 예상된다. 이들 기업의 사회적 책임을 위한 활동을 사례를 들어 설명해 보자. 반대로 사회적 책임을 다하지 못함으로써 발생하는 문제를 지적하고 해결하기 위한 대안도 제시하여 보자.

15 관심이 있는 외식사업을 중심으로 PEST분석, SWOT분석과 기타 환경분석을 해보자. 다양한 환경분석을 통하여 외식사업의 현재 상황을 파악하고 미래의 시장상황을 예측한 결과를 토론하여 보자.

2
Part

외식경영전략과 서비스관리

3 Chapter 계획과 외식경영전략

3 계획과 외식경영전략

도입사례 ≫ 전략변화에 따른 경영방식 변화

▶ 베니건스 & 마켓오 '한 지붕 두 가족'

패밀리레스토랑 베니건스와 유기농 퓨전레스토랑 마켓오가 같은 장소에서 두 매장이 함께 운영되는 '1스토어 2브랜드' 체제로 출범한다.

1스토어 2브랜드의 '베니건스&마켓오'는 지금까지 없었던 신개념 레스토랑시스템으로, 하나의 매장 안에 각자의 개성이 뚜렷한 브랜드가 공존하는 '한 지붕 두 가족' 형태로 운영된다.

1스토어 2브랜드의 특징은 한 공간에서 국한된 메뉴 선택권을 제시하는 예전 외식스타일과는 달리 한곳에서 아시안 퓨전요리와 기존의 아메리칸 패밀리레스토랑 메뉴를 함께 즐길 수 있는 점이다.

단순히 메뉴 수나 선택의 폭이 넓어진 것뿐 아니라 셰프가 당일 배송한 신선한 야채와 식자재를 통해 모두 셰프가 직접 요리하는 '맛있고 건강한 요리'를 선보인다.

베니건스&마켓오는 지난해 8월 오픈한 압구정점을 시작으로 인천공항점, 코엑스점, 올림픽공원점, 도곡점, 서울역점까지 올 상반기 총 6개의 매장을 연달아 오픈한다.

하반기에는 명동, 종로, 일산 지역 및 해외진출 계획까지 세워 둔 상태다.

회사 관계자는 "신선한 재료로 셰프가 현장에서 직접 요리하는 콘셉트의 '파머스 베니건스'는 기존 패밀리레스토랑의 천편일률적인 메뉴에 식상했던 고객들에게 새롭고 신선한 즐거움을 줬고, 이를 통한 신규 고객 창출로 매출 역시 2배 이상을 기록했다."고 말했다.

▶ 베트남 한류 열풍 이끄는 외식브랜드 봤더니……

국내 외식업체들의 동남아시아 시장 진출이 활발하다. 글로벌 경제불황으로 미국, 유럽 등 주요 국가들의 경기침체가 장기화되는 가운데 동남아 시장이 글로벌 비즈니스의 새로운 대안으로 떠오르고 있기 때문이다.

베트남은 최근 한국드라마와 K-Pop이 확산되면서 한류 열풍이 단순한 문화현상을 넘어 비즈니스에도 영향을 미치고 있다. 국내 브랜드들이 현지인들에게 우호적인 평가를 받고 있으며, 안정적인 경제성장과 더불어 외식과 쇼핑을 즐기는 국민이 빠른 속도로 늘어나 국내 외식업체들이 베트남 진출에 박차를 가하고 있다.

1998년 국내 외식업계 최초로 베트남에 진출한 롯데리아는 현재 베트남 내 130여 개의 매장을 운영하고 있으며 현지 최고의 프랜차이즈 외식업체 중 하나로 손꼽힌다.

특히, '고객만족 추구'를 위해 웰빙 콘셉트와 신세대 감각의 카페형 매장, 다양하고 차별화된 메뉴 등으로 현지화 전략을 펼치는 한편, 깔끔한 매장 분위기 유지와 종업원의 친절교육 등 고객서비스를 강화해 인기가 높다.

또한, 롯데리아는 꾸준한 사회공헌활동과 '롯데리아 컵'을 통해 유소년 스포츠 발전에 기여하고 있어 베트남 외식시장을 선도하는 '착한 브랜드'로 인지도가 높아 베트남 외식문화 발전을 선도하고 있다.
CJ의 베이커리 브랜드 뚜레쥬르는 베트남에서 최고급 베이커리 브랜드로 평가받고 있다. 지난 2007년 6월 호찌민에 1호점 오픈 후 현재 29개 매장을 운영 중이며, 지난 12월 매출과 매장 수를 기준으로 베트남 최대 베이커리 브랜드로 도약했다.
뚜레쥬르는 베트남 사람들의 입맛에 맞는 제품을 선보이고, 고급스러운 분위기로 현지인들을 공략하고 있다. 최근 CJ푸드빌을 통해 베트남 응에한성 지역에 있는 한국·베트남 기술학교에 'CJ제과제빵학과'를 개설, 수료생들에게 베트남 현지 매장 취업이나 개인 창업지원 등 베트남의 경제발전과 고용창출에 기여하고 있다.
치킨전문점 BBQ는 2006년 9월 베트남 진출을 위한 마스터 프랜차이즈 MOU를 체결, 2007년 3월 베트남 하노이에 첫 매장을 오픈했으며 현재 34개의 매장을 운영 중이다.
BBQ는 100% 올리브유로 조리하는 고급 치킨의 이미지로 시장을 공략하고 있으며, 베트남 현지인들의 입맛을 고려한 맛과 다양화된 메뉴, 빠른 서비스를 통해 현지인들에게 프리미엄 브랜드로서 많은 사랑을 받고 있다.

출처: EBN. 식품환경신문 (2008. 4. 23). 이진희 기자;
중앙일보 헬스미디어 (2013. 2. 20). 정심교 기자.

1 • 외식경영계획

1) 계획의 의의와 필요성

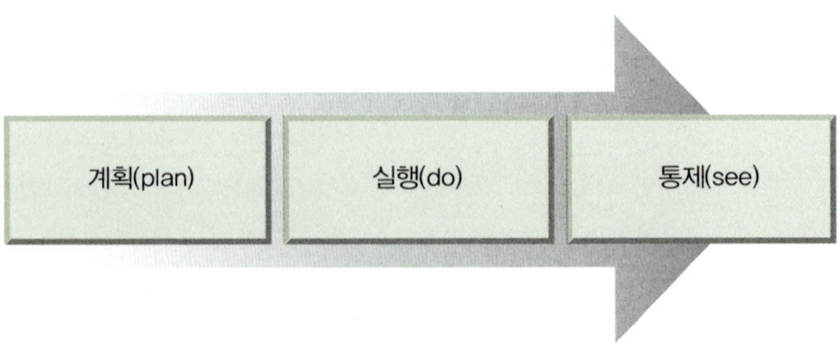

그림 3-1 조직체의 운영 3단계의 절차

2장의 경영 3단계 순환과정에서 살펴본 것과 같이 모든 조직체의 운영은 기본적으로 '계획(plan) → 실행(do) → 통제(see)'와 같은 3단계의 절차를 거쳐 이루어진다. 이러한 과정은 기업체와 같은 영리를 목적으로 하는 조직은 물론 가정이나 국가 혹은 NGO(non-governmental organization: 비정부기구)와 같은 비영리조직의 운영에도 적용된다.

환경변화의 속도가 점차 빨라지고 조직 내외부를 둘러싼 환경의 불확실성이 높아지면서 어느 조직체에서나 계획수립에 어려움을 겪고 있으며, 이로 인해 계획 자체가 불가능한 것 혹은 무의미한 것이 아니냐는 의견이 등장하고 있는 것이 사실이다. 그러나 이와 같은 상황들은 오히려 불확실한 변수들 역시 환경의 일부로 판단하여 계획수립을 실시해야 한다는 의견이 힘을 얻고 있는데, 이는 계획수립 자체가 조직의 지향점 및 운영방안 전반을 결정하는 중요한 첫 단추를 채우는 일이기 때문이다. 쉽게 풀어 이야기하자면, 하루를 보내는 데 아무렇게나 시간을 보내기보다 오늘은 무슨 일을 어떤 순서대로 어떻게 할 것인가를 계획하는 것이 훨씬 알찬 하루를 보내는 것과 같은 이치라 하겠다.

• 전략(strategy)=군대를 이끄는 방법이라는 의미의 그리스어 'strategia'에서 유래

최근 '기업경영전략' 혹은 '전략적 기업경영'과 같은 용어들을 어렵지 않게 접하게 된다. 역사적으로 전략(strategy)이라는 단어는 군대를 이끄는 방법이라는 의미의 그리스어 'strategia'에서 유래한 것으로 경영학에서는 20세기 말에 들어 본격적으로 논의가 되기 시작하였다. 이는 상대적으로 현대경영학의 세부 분야 중 매우 늦은 출발이라고 할 수 있다. 산업혁명 이후 생산관리를 중심으로 싹튼 현대경영학은 20세기 초반까지 생산관리에 주된 관심을 보이다 인적자원의 중요성을 깨닫고 인적자원관리에 대해 높은 관심을 보이기 시작했다. 20세기 중반에 들어서는 기업 규모의 확대와 더불어 자본의 조달 및 운용을 주된 관심으로 하는 재무관리 분야의 이론적 발전이 이루어졌으며, 생산성 증대 등으로 잉여생산물이 발생하자 다시 마케팅 분야에 대한 관심이 고조되었다. 20세기 후반에 들어서면서 초국적인 거대기업의 탄생 등과 맞물려 비로소 기업전략에 대한 논의가 활발하게 전개되기 시작한 것이다.

비록 경영전략이 상대적으로 늦은 출발을 보이고 있으나 세부기능 면에서 낮은

우선순위를 갖는다고 생각하면 큰 오산이다. 왜냐하면 경영전략은 기업 전체의 지향점을 결정하기 위해 다른 세부 분야를 모두 아우르고 있는 상위개념이기 때문이다. 경영전략 혹은 전략경영을 짧게 정의하자면 경쟁에서 이기기 위한 일관성 있는 의사결정이라 할 수 있다. 비유하자면 경영전략의 수립 여부는 기업경영을 위해 목적지를 정해 놓은 지도 혹은 내비게이션 시스템을 지니고 있느냐 그렇지 못하느냐를 의미한다고 할 수 있다. 목적지를 모르는 채 아무리 좋은 교통수단을 지니고 있다 한들 경주에서 승리하기 어려운 것과 마찬가지로, 구성원들 사이에 공유된 효율적인 전략 없이 경쟁에서 승리하기란 불가능하다.

한편 이러한 정의가 경영전략이 불변의 것임을 의미하지는 않는다. 오히려 환경변화에 대한 내외부 정보를 바탕으로 한 끊임없는 수정이 경영전략의 수립 및 실천에 반드시 필요하다. 이 장의 나머지 부분에서는 경영계획의 일환으로 경영전략의 수립에 대한 내용을 중심으로 그 실천과 평가에 대한 내용을 다룬다.

2) 계획의 종류와 수립과정

(1) 계획의 종류

표 3-1 계획의 분류

구분	내용
범위 분류	전략적 계획, 전술적 계획, 운영적 계획
기간 분류	장기계획, 중기계획, 단기계획

계획의 종류를 구분하는 데 있어 가장 빈번히 사용되는 기준은 계획의 범위(breadth)와 기간(time frame)이다. 계획은 범위에 따라 전략적 계획 · 전술적 계획 · 운영적 계획으로 나뉘며 그 기간에 따라서는 장기 · 중기 · 단기계획으로 나뉜다. 이 두 가지 기준에는 높은 상관관계가 존재하는데, 주로 전략적 계획은 장기계획과 관련되며 운영적 계획은 주로 단기계획과 관련된다는 점이다. 또한 계획을 수립하는 의사결정의 주체를 계층과 관련해 볼 때, 전략적 계획과 장기계획은 주로 최고경영층에서 담당하는 반면, 운영적 계획과 단기계획은 주로 하위경영층에서 담당한다.

그러나 이러한 구분은 기업의 규모와도 밀접한 관련이 있다. 중소기업 혹은 개인사업자가 운영하는 형태가 많은 외식기업의 경우, 모든 종류의 계획화 과정에 관리계층 전체가 참여하거나 개인이 모든 계획을 수립해야 하는 경우도 빈번하다.

① 전략적 · 전술적 · 운영적 계획

전략적 계획(strategic plan)은 기업의 궁극적인 사명(mission)을 달성하기 위한 매우 포괄적이고 장기적인 계획이다. 예를 들어, '어떠한 사업 분야에 진출할 것인가?' 또는 '신규 기업 혹은 인수합병 중 어떠한 형태로 사업 분야에 진입할 것인가?'와 같은 계획 등이 있다.

전술적 계획(tactical plan)은 전략적 계획에 비해 보다 좁은 범위, 그리고 단기간에 해당하는 의사결정으로, 다음에 설명하는 운영적 계획과 전략적 계획의 중간 형태라 할 수 있다. 예를 들어 '신규 사업 분야에 언제 진출하는 것이 적합한가?', '지리적 시장은 어디가 바람직한가?', '인수합병을 위한 지분확보는 언제 그리고 어떻게 이루어지는 것이 바람직한가?'와 같은 계획들이 전술적 계획에 해당한다.

운영적 계획(operational plan)은 전술적 계획을 성공적으로 이행하기 위해 주로 하위경영계층에 의해 수립되는 단기적인 계획을 의미한다. 마케팅, 인적자원관리, 생산 및 운영관리에 관한 사항 등 기업운영의 세부기능에 대한 매우 구체적인 계획들이 운영적 계획에 해당한다.

② 장기 · 중기 · 단기계획

계획은 그 기간에 따라 장기 · 중기 · 단기계획으로 구분된다. 보통 장기계획은 5~10년, 중기계획은 1~5년, 단기계획은 1년 혹은 그 이하의 기간에 해당한다는 것이 전통적인 견해이다. 그러나 최근 경영환경의 변화속도가 빨라짐에 따라 장기계획은 3~5년, 중기계획은 1~3년, 단기계획은 1년 이하로 보는 견해가 증가하는 추세이다.

(2) 계획의 수립과정

일반적으로 기업의 계획수립과정은 [그림 3-2]와 같다.

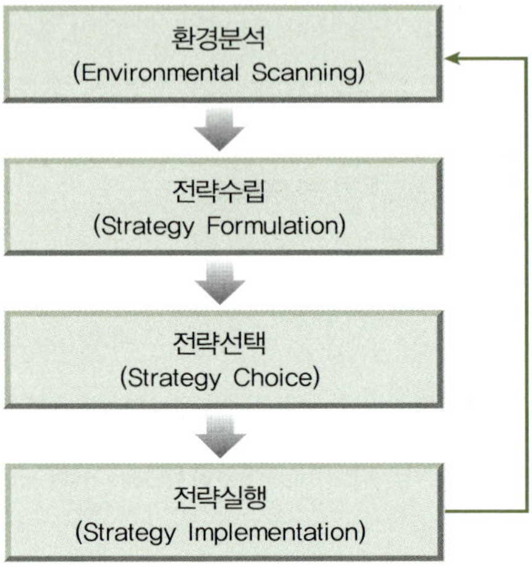

▌그림 3-2▐ 계획수립과정

① 환경분석

이 단계는 기업이 당면하고 있는 현실의 특징을 파악하는 단계로 전략수립을 위한 첫 번째 단계이다. 기업이 처해 있는 환경의 구성은 다음 [그림 3-3]과 같다.

▌그림 3-3▐ 기업의 환경변수

가. 일반환경

우선 기업 외적인 환경변수들은 일반환경으로 분류할 수 있는데, 여기에는 사회문화적 환경, 거시경제적 환경, 정치/법률적 환경, 기술적 환경이 포함된다. 사회문화적 환경은 인구통계적 특성의 변화, 소비자의 트렌드 및 가치관, 라이프스타일 등이 포함된다. 거시경제적 환경은 소비자 물가지수, 국민총생산(GNP) 및 국내총생산(GDP), 환율, 국제유가, 실업률 등의 지표가 포함된다. 정치/법률적 환경은 기업이 반드시 이행해야 하는 행동 및 특정 사회에서 수용 가능한 행동범위를 규제하게 되는데 규제완화, 독과점방지법 등이 이에 해당한다. 마지막으로 기술적 환경은 기업활동을 위해 실용화된 혹은 곧 실용화될 기술의 총체를 의미하며, 최근 스마트폰의 보급에 따라 이를 통해 음식의 주문이 가능하게 된 것은 외식업에서의 기술환경 변수의 영향을 보여 주는 좋은 예라 하겠다. 위의 내용들에 대한 분석을 통해 기업은 사회전반의 흐름과 동향을 파악하고 이러한 흐름 밑 동향에 내재되어 있거나 이들로부터 파생되는 기업의 잠재적인 기회와 위협을 파악하는 것이 일반환경분석의 주 목적이다.

나. 산업환경

산업환경을 구성하는 주주, 정부, 경쟁자, 공급자, 소비자, 지역사회, 투자자 등을 포함하여 이해관계자 집단(stakeholder)이라 일컫는다. 이러한 다양한 이해관계자 집단으로 둘러싸인 특정 산업의 환경을 분석하기 위해 가장 광범위하게 사용되는 도구는 다섯 개의 요인을 고려한 포터(Michael Porter)의 산업구조분석 모형이다. 산업구조분석 모형은 기업이 처한 환경을 체계적으로 분석하고 이해하는 모형으로 평가받고 있는데, 모형에 따르면 기업의 수익성은 기업이 속해 있는 산업의 구조적인 특성에 의해 결정된다.

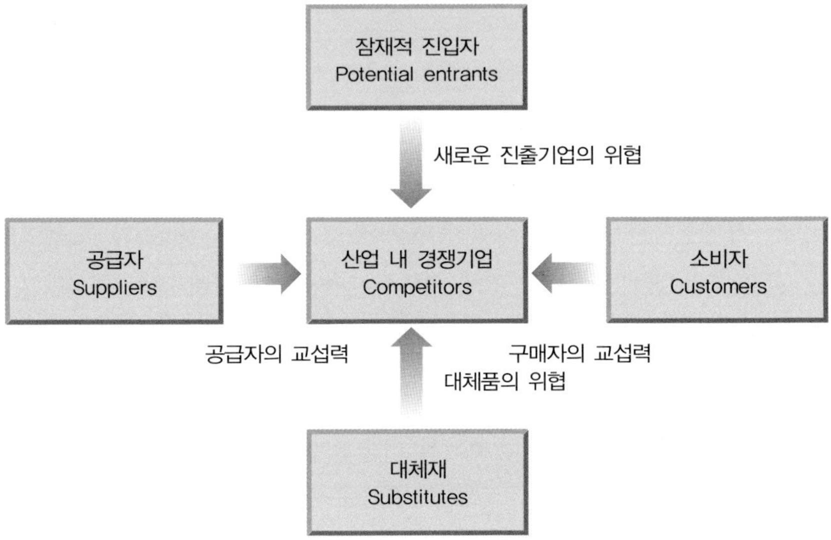

그림 3-4 포터의 산업구조 분석모형

다. 기업환경

환경분석의 마지막 단계는 해당기업의 환경분석이다. 앞서 설명한 일반환경과 산업환경에 대한 분석은 기업의 외부환경에 대한 분석에 해당하고, 여기에서 설명하고 있는 기업의 환경분석은 내부환경분석에 해당한다. 모든 환경은 기업에게 약이 될 수도 있고 독이 될 수도 있다. 즉, 모든 상황은 장점과 단점을 동시에 지니고 있다는 뜻이다. 좀더 자세히 설명하면, 경기가 호황인 경우에도 모든 기업이 그 혜택을 누리는 것은 아니며, 불황인 경우에도 오히려 더욱 성장하는 기업들이 있다. 예를 들어, 저가 화장품 브랜드의 경우 불황기에 크게 성장하는 것을 볼 수 있으며, 외식산업 분야에서도 경기가 좋지 않을 때 분식점 프랜차이즈와 같은 경우 크게 성장하기도 하였다.

통상적으로 기업은 사회 전체와 관련된 일반환경이나 해당 기업이 속해 있는 산업환경에 영향을 끼치거나 그 환경을 변화시키는 것은 매우 어려운 일이다. 따라서 기업은 외부 환경분석 이후 내부환경분석을 통해 기업의 능력을 외부 환경과 조화(matching)시켜 외부 환경으로부터 발생하는 기회를 활용하기 위한 노력이 필요하다.

내부환경분석에 있어 반드시 포함되어야 하는 사항들로는 첫째, 자금조달 능력,

기업의 규모 · 입지 · 설비와 같은 유형자산, 둘째, 브랜드 인지도 및 이미지, 특허 및 인증, 문화 등과 같은 무형자산, 셋째, 기업이 보유한 전문인력과 그들의 능력 및 동기부여 등을 포함하는 인적자산이 필수적으로 포함되어야 한다.

이러한 내용들에 대한 분석을 통해 기업이 궁극적으로 고려해야 하는 것은 자신이 보유한 자원 및 능력을 산업 내 경쟁기업들과 비교해서 자신의 강점과 약점을 명확히 진단하고 경쟁우위도를 평가해야 하는 것이다. 이러한 분석을 토대로 기업은 자신이 보유한 유형 · 무형 및 인적자산을 활용해 어떻게 경쟁우위를 갖출 것인지에 대한 방법을 찾아야 한다.

기업이 내외부 환경분석을 마친 후에는 일반적으로 이러한 결과를 표 혹은 그림으로 작성하는데, 이를 SWOT(Strengths, Weaknesses, Opportunities, and Threats) 매트릭스라고 한다. 이러한 이유로 환경분석(environmental scanning)을 종종 SWOT분석이라 부르기도 한다. 이 매트릭스의 제목 때문인지 외식 분야의 많은 컨설턴트들이 SWOT 매트릭스를 작성할 때 강점과 약점(Strengths and Weaknesses)부터 나열한 후 기회와 위협(Opportunities and Threats)을 나열하고는 하는데, 이는 적절한 방법이라 볼 수 없다. 기업의 강점과 약점은 외부환경의 기회와 위협을 먼저 살핀 후 파악할 수 있으므로, 다음과 같이 기회와 위협을 먼저(혹은 윗부분에) 작성하는 것이 바람직하다.

표 3-2 디저트뷔페 브랜드의 SWOT 매트릭스

기 회	위 협
• 디저트문화 정착 • 트렌드를 즐기는 여성고객에게 어필 • 스트레스가 많은 현대인의 해소수단 • 대구지역의 디저트뷔페 부재 • 새로운 외식문화 선도	• 카페, 레스토랑 과포화 지역 • 식사대체 메뉴로서의 인식 부족 • 백화점 내 푸드코트, 커피전문점 • 대중성 부족과 여성에 편중된 선호도
강 점	**약 점**
• 디저트뷔페라는 차별화된 아이템 • 식사 메뉴 추가로 뷔페고객 흡수 • 눈과 입이 즐거운 오감만족 메뉴 • 여성이 주 고객인 백화점 내 위치 • 식자재 수급, 원가관리 용이	• 디저트 가격으로는 다소 높은 가격 • 고급인력채용으로 인건비 증가 • 뷔페 운영으로 남은 음식, 재고 부담 • 높은 칼로리로 인한 거부감 우려

② 전략수립

환경분석 다음 단계는 전략의 수립이다. 이 단계는 기업이 실행한 내외부 환경분석을 토대로 기업이 궁극적으로 지향하는 방향, 즉 기업의 사명(mission)을 결정하고 이에 따른 전략과 전술을 개발하는 단계이다. 최근 인기를 누리고 있는 페이스북(Facebook)의 경우 사람들에게 세계를 공유하고 개방하며 연결할 수 있는 힘을 주는 것(Facebook's mission is to give people the power to share and make the world more open and connected)을 사명으로 하고 있으며, 세계적인 패스트푸드 체인인 맥도날드(Mcdonald's)는 고객이 취식하는 데 가장 좋아하는 장소와 방법을 제공하는 것(McDonald's brand mission is to be our customers' favorite place and way to eat)을 그들의 사명으로 하고 있다.

이러한 기업의 궁극적인 목적인 사명은 다소 추상적으로 느껴질 수 있으나 해당 기업이 수행하는 모든 활동은 이러한 사명을 수행하기 위한 것이라 볼 수 있다. 바꾸어 말하면, 기업이 어떠한 활동을 수행하는 데 있어 수행 여부, 수행의 우선순위 등의 결정에 가장 우선하는 하나의 기준은 바로 기업의 사명이 되는 것이다. 따라서 기업은 이러한 사명을 구체적인 하나의 문장으로 작성해 문서화할 필요가 있다. 상대적으로 서구 기업들에 비해 직설적이며 단순한 표현을 회피하려는 한국문화의 특성으로 인해 이러한 명문화된 기업사명을 가지고 있는 기업 혹은 기타 조직들이 한국 사회에 많지 않은 것은 사실이다. 그러나 최근 많은 기업 및 기타 조직들이 경영방식의 현대화와 더불어 이러한 사명을 결정하여 구성원과 공유하고 대외적으로 알리는 경우를 종종 볼 수 있는데, 이는 매우 바람직한 현상이라 사료된다. 한편, 명문화된 기업사명이 기업조직과 활동 전반에 미치는 영향력을 감안할 때, 외부인이 특정 기업에 대한 정보를 검색할 때 가장 먼저 찾아보아야 할 정보도 바로 명문화된 기업의 사명(mission statement)이다.

기업의 사명을 결정한 후 기업은 전략(strategy)과 전술(tactic)을 수립하게 된다. 이 두 가지 용어는 군사용어에서 비롯된 것으로 전략이 상대적으로 장기적이고 근본적인 계획을 의미하는 반면 전술은 전략을 성공시키기 위한 하위개념을 의미한다.

▌표 3-3▌ 전략과 전술 개념

구분	내용
전략(strategy)	상대적으로 장기적이고 근본적인 계획을 의미
전술(tactic)	전략을 성공시키기 위한 하위개념

비유하자면, 전략은 전투가 아닌 전쟁에서 승리하기 위한 계략이며 전술은 소규모 전투에서 승리하기 위해 수립하는 작전이라 하겠다. 주로 기업에서는 전략이 사명을 달성하기 위해 여러 가지 경영자원의 배분하는 것에 관한 전반적인 계획과 관련되며 전술은 특정한 시장 혹은 특정한 분야에서 성과를 달성하기 위한 계획과 관련된다.

③ 전략선택

기업이 전략을 선택하는 데 있어서 가장 우선시되어야 하는 기준은 외부 환경의 기회를 최대한 활용하고 내부환경의 강점을 극대화하는 전략을 선택하는 것이다. 전략의 선택단계에서 기업은 하나의 전략을 대상으로 평가하는 것이 아니라 여러 개의 대안들(alternatives)을 고려한 후 각 대안의 장점과 단점 및 파급효과에 대해 평가한 후 결정하는 것이 바람직하다. 이러한 의사결정은 기업의 존폐를 결정하는 매우 중요한 의사결정으로, 이를 위해서 기업에게 풍부한 지식과 경험을 지닌 유능한 인적자원의 확보가 매우 중요한 과제로 대두하게 되었다. 또한 최근 조직구성원 개개인이 지니고 있는 정보와 노하우(know-how)를 체계적으로 축적하고 공유하려는 지식경영(knowledge management)이 각광을 받게 된 배경에는, 기업의 의사결정과정에서 정보의 중요성에 대한 인식이 광범위하게 확산되었기 때문이다.

④ 전략실행 및 평가

전략선택 다음 단계는 전략의 실행으로 이는 유형, 무형, 인적자산 등 기업의 자원을 활용해 전략을 실행하고 사명달성을 위해 행동하는 단계이다. 선택된 전략과 전술은 보다 구체적으로 세분화되어 방침(policy)까지 설정된 후 실행되어야 하며, 필요한 경우 기업조직의 재정비가 수반될 수도 있다. 또한 이 단계에서 매우 중요한 것은 기업이 수행하는 활동에 대한 구성원들의 동의와 적극적인 참여이다. 실질적인 전략수행의 주체가 되는 구성원들의 적극적인 참여 없이 성공적인 전략의 수행은 불가능하기 때문이다. 따라서 기업의 사명과 전략 및 전술을 구성원들에게 알리고 이들과 공유하는 것은 전략의 실행에 반드시 선행되어야 하는 과제이다.

마지막으로, 모든 경영활동의 마지막 단계가 그러하듯 기업전략의 수립과 관련한 마지막 단계도 평가(evaluation)를 통한 피드백(feedback)이다. 이를 통해 기업은 전략의 수립 및 실행과정에서 세부사항에 대한 성패를 객관적으로 판단하여 다음 의사결정과정에 활용한다. 또한 한 번 수립된 기업의 사명, 전략, 전술 등은 기업의 지속적인 환경분석을 통해 변경될 수 있다. 이 장 앞부분의 기사에서 살펴본 베니건스의 경우 패밀리레스토랑에서 '건강하고 맛있는 요리'라는 콘셉트로 전환을 시도하고 있는 것을 알 수 있는데, 이는 소비자들의 변화에 따른 기업 전체의 운영방향의 변화로 이 기업의 사명이 바뀌었음을 알 수 있는 기사이다.

3) 계획의 한계점 및 관련 이슈

'계획은 바뀌라고 있는 것이다.'라는 우스갯소리가 있다. 이는 그만큼 계획대로 일을 진행하기가 수월치 않음을 내포하고 있는 말일 것이다. 이러한 어려움은 기업의 계획화 과정에도 고스란히 묻어나는데, 경영전략에 대한 논의가 시작된 1900년대 중반부터 이의 한계에 대한 지적이 있었으며, 한계점들을 요약하면 다음과 같다.

① 변화하는 환경을 계획하는 것 자체가 불가능하다.
② 계획수립과 동시에 기업의 유연성이 사라진다.
③ 계획을 통한 전략·전술·방침 등과 같은 기업의 시스템은 인간의 직관과 창의성을 대체할 수 없다.
④ 계획은 과거의 자료를 토대로 오늘 수립되지만, 실질적으로 기업은 미래의 경쟁환경에서 기업활동을 수행해야 한다.

이 내용들은 모두 정확한 지적이다. 하지만 이러한 지적이 계획화를 통한 전략의 수립과 실행의 불필요성을 역설하고 있는 것은 아니다. 오히려 이러한 내용들을 충분히 고심한 후 계획화에 임해야 한다고 판단하는 것이 바람직하다. 실질적으로 기업들은 이와 같은 내용 때문이 아니라 규모나 가용자원의 제한을 이유로 계획화를 실행하지 않는 경우가 대부분이다. 이를 직설법으로 옮기면, "우리는 아직 거기까지 할 정도는 아니다."가 계획화에 대한 많은 경영자들의 반응이다. 그러나 직시해야 하는 사실은 처음 설립할 때부터 큰 규모의 회사는 없었으며 큰 규모의 회사 중에는 명문화된 기업의 사명이 없는 회사가 없다는 것이다. 즉, 명확한 기업의 목적이 있고 이를 구성원들과 공유한다면 큰 기업이 될 수도 있지만, 그렇지 않다면 큰 기업이 될 수 없다고 해석해도 좋을 것이다.

2 • 외식경영전략

기업의 전략은 상황, 시대, 해당 기업의 특성에 따라 매우 다른 모양으로 만들어진다. 또한 이러한 전략들은 끊임없이 만들어지고 사라지기를 반복하고 있다. 몇몇은 효과가 입증되어 장수하기도 하지만, 또 몇몇은 만들어지고 금방 사라지는 단명의 운명에 처하기도 한다. 계속 만들어지고 사라지는 전략의 특성으로 인해 세상에는 수많은 전략들이 소개되었으며, 이들의 종류를 특정한 기준에 따라 명확하게 구분하기도 어려운 것이 사실이다.

이 책에서는 개론서인 취지에 부합하도록, 경영전략에 대한 여러 가지 가능한 구분 가운데 전략수립의 수준(혹은 단위)에 따른 구분을 중심으로 간략히 소개하겠다. 경영전략의 수준은 전사적 전략(corporate strategy), 사업부 전략(business strategy), 기능별 전략(functional strategy)으로 나뉜다.

먼저 전사적 전략은 기업 전체를 총괄하는 가장 상위의 전략으로 최고경영층에 의해 의사결정이 이루어진다. 이에 해당하는 내용은 어떠한 사업 분야에 진출하는가와 같이 광범위한 내용을 포함하는데 신규사업 진출 및 기존사업의 철수, 목표 시장의 선택 등의 내용이 해당된다.

사업부 전략은 중범위의 전략으로서 한 기업 내의 특정한 사업 분야에 대해 경쟁자들과 비교하여 경쟁우위를 확보하고 유지하기 위한 전략이다. 신제품 개발, 취급하는 상품의 종류, 유통경로나 점포입지 선정 등이 이에 해당한다.

마지막으로 기능별 전략은 가장 하위개념으로서 마케팅, 인적자원관리, 생산 및 운영관리, 회계, 재무관리, 연구개발 등에 관한 내용에 해당된다. 위에 언급된 분야는 모든 기업체에서 일반적인 경영관리 기능으로 구분되는 분야들로, 기능별 전략은 한정된 자원의 효율적인 배분을 통해 경영활동을 조정하는 것을 주목적으로 한다.

또한 이러한 구분 역시 절대적인 기준은 아님을 유념할 필요가 있다. 왜냐하면 기업의 규모나 조직구조에 따라서 같은 전략이더라도 전사적 혹은 사업부 전략으로 다르게 구분될 수 있기 때문이다. 예를 들어 같은 패밀리레스토랑이라 하더라도 아웃백 스테이크하우스(Outback Steakhouse)의 전략은 가장 상위개념인 전사적 전략(corporate strategy)이 되지만, VIPs에 관한 전략은 CJ그룹의 외식사업부에 해당하는 사업부 전략(business strategy)이 된다.

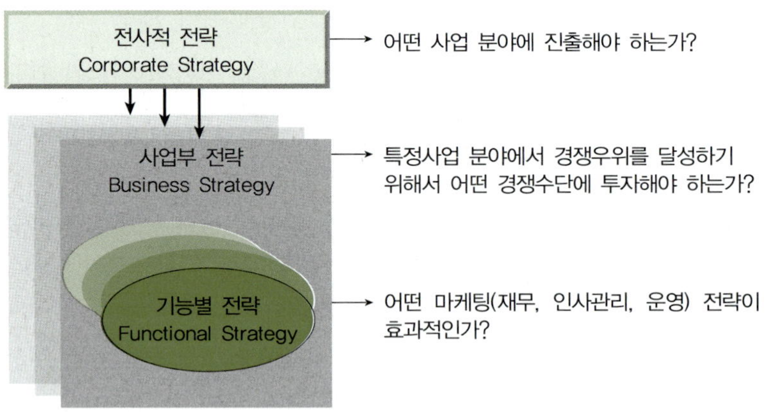

그림 3-5 경영전략의 수준

1) 전사적 전략

전술한 바와 같이 기업 전체를 총괄하는 가장 상위의 전략이 전사적 전략이다. 이러한 전략의 수립에는 범위의 경제(enocomy of scope) 실현을 통한 시너지효과를 창출하기 위한 노력이 동반된다. 범위의 경제란 한 개의 기업이 두 종류의 상품을 모두 생산하는 것이 두 개의 기업이 각각 한 개의 상품 생산에 특화할 때보다 더 저렴하게 생산할 수 있는 현상을 의미한다. 즉, 기존에 진출해 있는 산업 분야와 연관된 산업으로 영역을 확장한다면 기존의 기술과 축적된 지식은 물론 시설이나 기자재의 활용이 가능하다. 이러한 사실은 인수합병을 통한 기업의 확장전략에 이론적 근거가 된다. 한편, 이러한 내용을 부적절하게 적용하면 사회적인 비판을 받고 있는 우리나라 대기업의 문어발식 확장이나 내부거래와 같은 문제를 야기할 수 있으므로 주의가 필요한 부분이다.

(1) 다각화(diversification) 전략

다각화란 기업이 여러 사업 분야에 진출하는 것을 의미한다. 상품이나 판매시장과 관련해 관련된 사업 분야에 집중하는 경우 관련다각화(related diversification)라 하며, 서로 관련되지 않은 사업 분야에 진출하는 것을 비관련다각화(unrelated diversification)라 한다. 파리바게뜨, 베스킨라빈스, 던킨도너츠 등과 같이 식품 분야의 다양한 브랜드를 가지고 있는 SPC그룹의 경우 관련다각화의 좋은 예이며, 우리나라 대부분의 대기업들은 비관련다각화의 예이다.

한 기업이 완제품과 부품생산을 동시에 취급하는 수직적 통합(vertical integration)도 다각화라고 할 수 있다. 예로 SPC그룹이 빵공장을 인수하거나, 순대제조공장을 보유한 기업이 순대국 프랜차이즈 사업을 시작하는 것이 있다.

다각화 전략을 수립하는 데 있어 고심해야 하는 부분은 효율적인 포트폴리오(portfolio)의 구성이다. 포트폴리오란 다수 종목으로 이루어진 자산 집단을 의미하는 것으로, 기업이 위험을 회피하고 가치를 창출하기 위해 시너지효과를 일으키는 사업 분야들에 참여했는지에 대한 점검이 필요하다. 이를 위해 보스턴컨설팅그룹(Boston Consulting Group)이 제시한 BCG 매트릭스, GE(General Electronics)가 제시한 GE 매트릭스 등이 주로 활용된다.

BCG 매트릭스는 X축을 상대적 시장점유율로 Y축을 시장성장률로 하여 점유율과 성장성이 모두 좋은 사업을 스타(Star), 성장률은 높으나 점유율이 낮아 미래가 불투명한 사업을 물음표(Question Mark), 성장률은 낮으나 점유율이 높은 사업을 캐시카우(Cash Cow), 점유율과 성장률이 둘 다 낮은 사업을 도그(Dog)로 분류한다.

▌그림 3-6▐ BCG 매트릭스

이들에 대한 대응전략으로는 우선 스타는 수익성과 성장성이 크기 때문에 계속적인 투자가 필요한 사업이라 할 수 있다. 물음표의 경우 신규사업 분야인 경우가 빈번한데, 스타가 되거나 도그가 될 수 있는 위치라고 할 수 있어 추세를 지켜보며 의사결정을 해야 한다. 만약 투자를 지속하기로 한다면 큰 금액의 초기 투자비용이 소요된다는 점을 유념해야 한다. 캐시카우는 기존의 투자에 의해 지속적인 현금유입이 이루어지므로 현상유지가 바람직하다. 마지막으로 도그는 사양사업으로 이 사업으로부터 철수하는 것이 바람직하다. 이때 기업은 이미 투자된 금액을 생각하며 쉽게 철수하지 못하는 경우가 있는데, 이러한 매몰원가(sunk cost)는 의사결정과정에서 과감히 제거되어야 한다.

(2) 성장 · 유지 · 철수

기업의 전사적 전략을 구분하는 또 다른 기준은 기업의 성장과 관련한 전략이다. 얼핏 생각하면 기업이 항상 성장을 추구하는 것은 당연한 것이라는 생각이 들지도 모른다. 그러나 기업은 추구하는 전략은 일반환경의 변화와 상품의 수명주기 등과 밀접하게 관련되어 있으므로 기업은 늘 성장을 추구할 수 없다. 오히려 현상유지를 위해 노력하거나 과감히 기존의 사업 분야를 포기하는 것이 보다 기업의 가치창출에 기여할 때도 있다.

① 성장전략(growth strategy)

한 기업의 영업담당자가 새해를 맞으며 올 해의 계획을 발표하고 있는 모습을 상상해 보자. 발표자가 그래프와 더불어 발표를 하고 있다면 우리는 우상향의 그래프를 상상하고 있는가? 아니면 우하향의 그래프를 상상하고 있는가? 아마 대부분의 경우 우상향의 그래프를 상상하고 있을 것이다.

기업은 살아 있는 유기체이다. 따라서 다른 모든 생명체처럼 개체의 보전 및 성장을 위해 노력하려는 습성을 지니고 있다. 이에 성장전략은 가장 흔히 볼 수 있는 전략이다. 성장전략은 기업이 매출액 및 이윤 증가를 통해 기업의 조직 규모의 성장 및 시장에 대한 장악력을 확대하려는 전략이다. 이러한 전략은 조직 내부 구성원에게도 인센티브와 승진 기회를 제공하기에 환영받는 전략이다. 최근에는 기업의 성장을 통해 퇴사한 직원에게 창업을 하게 한 후 퇴사한 직원의 회사로부터 물건을 구매함으로써 직원의 퇴직 이후까지 경제력을 갖추도록 하는 기업들이 늘고 있어 내부 구성원 역시 성장전략을 대대적으로 환영하고 있다.

기업은 이러한 성장전략을 추구함에 있어 다양한 방법들을 사용하고 있는데, 다각화와 기업의 인수합병이 대표적인 예이다. 또한 신제품 개발 및 신시장 개발 역시 성장전략의 좋은 예이다. 이 장의 앞서 제시된 기사에서는 베트남 시장에서의 한국 외식브랜드의 성장에 대해 다루고 있는데, 이는 신시장 개발을 보여 주는 기사이다.

② 유지전략(stability)

유지전략은 현재 기업의 활동과 방향에 큰 변화 없이 기존의 활동을 지속하는 전략이다. 이러한 전략은 경영환경이 매우 확실하게 예측되는 상황에서 적합한 방법이다. 또한 작은 규모의 틈새시장에서 성공한 중소경영자들이 많이 사용하는 방법이기도 하다. 유지전략은 단기적으로는 유용한 전략이 될 수 있으나 장기적으로는 매우 위험한 전략이다. 예를 들어 골목 상권에 성업하던 개인 베이커리점들과 작은 규모의 식당들은 프랜차이즈화된 베이커리 브랜드와 속속들이 등장하는 대형마트와 그 내부의 푸드코트가 들어서자, 본인들이 자신의 성취에 취해 너무 오랜 기간 동안 방심하고 있었음을 깨달았다.

③ 철수전략(retrenchment)

기업은 성장이 아닌 유지전략을 선택하는 경우도 있으며 때로는 사업철수를 결정하기도 한다. 사업철수를 결정하는 경우는 기업이 특정 분야에서 경쟁자들에 비해 열위에 있다고 판단하여 즉, 시장점유율이 낮아 수익을 실현할 수 없거나 매우 낮은 수익만을 달성하고 있는 경우이다. 사업 분야에서 기업의 실패가 심각하지 않은 경우 기업은 해당 사업 분야를 축소하거나 해당 분야에서 경쟁력 있는 아주 작은 분야에만 집중하는 동시에 비용을 절감하려는 노력을 할 수 있다. 그러나 심각한 경우 법정관리, 매각, 파산 등을 면할 수 없다.

2) 사업부 전략

(1) 포터의 본원적 경쟁우위

앞서 포터의 산업구조분석 모형을 살펴보았는데, 이에 더하여 그는 경쟁우위 확보를 위한 전략을 제시하였다. 포터는 경쟁우위(competitive advantage)를 확보하기 위해 기업이 실행하는 세 가지의 본원적 전략으로 원가우위(cost leadership) 전략, 차별화(differentiation) 전략, 집중화(focus) 전략을 제시하였다.

경쟁사보다 낮은 원가를 달성함으로써 경쟁우위를 달성하고자 하는 전략을 원가우위 전략이라 하고, 상품차별화를 통해 산업 내에서 특이하다고 여겨지는 무언가를 창조하고자 하는 전략을 차별화 전략이라 한다. 한편 목표로 하는 시장의 크기에 따라 전략이 구분될 수 있는데, 원가우위 전략과 차별화 전략은 산업 전체를 목표시장으로 하는 반면, 전체가 아닌 특정 세분시장을 목표시장으로 하는 전략은 집중화 전략(focus strategy)이라 한다. 집중화 전략의 경우 다시 원가우위를 통한 집중화 전략과 차별화 우위를 통한 집중화 전략으로 세분될 수 있다. 이 내용을 요약하면 다음 [그림 3-7]과 같다.

이를 외식 분야에 적용한다면 저가의 분식점은 원가우위 전략을 추구하고 있다고 볼 수 있으며, 이색음식인 에스닉푸드(ethnic food)를 취급하는 외식업체들은 집중화 전략을 추구한다고 볼 수 있다. 반면 고급 한정식당이나 이태리음식점 등은 차별화 전략을 택하고 있는 것이다.

		경쟁우위	
		낮은 원가	차별화
경쟁범위	전체시장(넓음)	원가우위	차별화
	세분시장(좁음)	집중화 (원가우위 집중화)	집중화 (차별화 우위 집중화)

▮그림 3-7▮ 포터의 경쟁우위 유형

(2) 외식기업의 경쟁우위 전략

호텔경영 및 외식경영 분야에서 세계적인 대가로 꼽히는 마이클 올센(Michael D. Olsen)은 그의 저서에서 외식사업 분야는 경쟁이 매우 치열한 분야로 이러한 추세가 앞으로도 지속될 것이라 예측하였다. 이러한 특성에 기인하여 경쟁우위를 확보하기 위한 전략이 매우 중요하다고 역설하였다. 그는 경쟁우위 확보를 위해 외식기업이 빈번히 사용하는 방법들을 마케팅 분야와 운영 분야로 나누어 다음 표와 같이 제시하였다.

▮표 3-4▮ 외식기업의 경쟁우위 전략

마케팅 분야	운영 분야
• 경쟁력 있는 가격(Competitive pricing) • 혁신적인 마케팅기법(Innovative marketing techniques) • 세분시장에 초점 맞추기(Focusing upon a limited market) • 신제품/서비스의 개발(Developing new products or services) • 혁신적인 기구와 설비의 이용(Using innovative equipment and facility design) • 다양한 메뉴개발(Developing a broad menu) • 브랜드 정체성 개발 및 강조(Building and stressing brand identification) • 특별한 제품과 서비스의 개발(Developing specialty products and services) • 특화된 시장을 대상으로 한 신제품/서비스의 개발(Developing new products or services for a specialized market) • 광고(Advertising)	• 운영효율성에 집중하기(Concentrating on operational efficiency) • 대고객서비스에 초점 맞추기(Focusing on customer service) • 품질통제 강조(Emphasizing quality control) • 자재 구입원가 낮추기(Bargaining with suppliers for the lowest price) • 기존의 제품 및 서비스 개선(Improving existing products and services) • 표준화를 통한 관리기능의 최소화(Minimizing overhead through standardization) • 품질통제를 위해 프랜차이즈보다 직영점 선호(Unit ownership rather than franchising to insure quality control) • 매출액 및 시장성장률 예측(Forecasting sales and market growth)

• 혁신적인 메뉴개발(Developing innovative menus) • 명성유지(Developing and maintaining reputation in the industry)

먼저 마케팅 분야를 살펴보면, 경쟁력 있는 가격, 혁신적인 마케팅기법, 세분시장에 초점 맞추기, 신제품/서비스의 개발, 혁신적인 기구와 설비의 이용, 다양한 메뉴개발, 브랜드 정체성 개발 및 강조, 특별한 제품과 서비스의 개발, 특화된 시장을 대상으로 한 신제품/서비스의 개발, 광고, 혁신적인 메뉴개발, 명성유지를 중요한 방법들로 제시하였다.

운영과 관련해서는 운영효율성에 집중하기, 대고객서비스에 초점 맞추기, 품질통제 강조, 자재 구입원가 낮추기, 기존의 제품 및 서비스 개선, 표준화를 통한 관리기능의 최소화, 품질통제를 위해 프랜차이즈보다 직영점 선호, 매출액 및 시장성장률 예측을 외식기업의 경쟁력 확보를 위한 방법으로 제시하였다.

이에 더하여, 현대화된 기업의 경영을 위해서는 구입 · 재고관리 · 생산관리 · 메뉴계획 등을 판매시점관리(point of sale: POS) 시스템 등과 같은 전산시스템의 활용이 경쟁력 확보에 도움이 된다고 하였다.

3) 기능별 전략

기능별 전략은 일반적인 경영관리 기능으로 구분되는 분야들, 즉 마케팅, 인적자원관리, 생산 및 운영관리, 회계/재무관리, 연구개발 등에 관한 전략을 포함하며 각 기능에 대한 주요 내용들은 다음과 같다.

(1) 마케팅

마케팅(marketing)은 시장에서의 교환을 촉진하기 위한 모든 행위로 정의된다. 즉, 기업이 판매를 위해 수행하는 모든 활동이 마케팅의 범주에 포함된다. 이를 위해 기업은 '어떻게 고객 및 잠재고객의 욕구를 파악할 것인가?', '이들의 욕구를 충족시키기 위해 어떠한 상품을 판매할 것인가?', '판매하는 상품을 어떻게 고객에게 알릴 것인가?'와 같은 문제들을 해결해야 한다. 이러한 질문들에 답하기 위해 기업은 시장의 현황을 파악한 후 상품, 가격, 입지 및 유통, 판매촉진 등과 같은 마케팅 믹스(marketing mix)를 이용하여 마케팅활동을 수행한다. 마케팅에 대한 기능별 전략은 이러한 내용들에 대한 지침을 포함한다.

(2) 인적자원관리

기업은 사람에 의해 움직인다. 따라서 조직 목표달성에 필요한 인적자원을 확보하는 것은 기업의 주요한 과제이다. 인적자원관리에 대한 전략은 이러한 인적자원의 확보, 교육, 배치, 동기부여, 평가 및 유지 하는 것과 관련된 내용이다.

(3) 생산 및 운영관리

생산 및 운영관리는 제품과 서비스의 효율적이고 효과적인 생산과 전달에 필요한 절차를 관리하는 것이다. 이를 위해 필요한 기기 및 자재의 구매, 생산 및 운영에 필요한 인적자원의 확보, 생산성 및 운영효율성 증대, 입지의 선정, 재고관리 및 품질관리 등이 필수적으로 포함된다.

(4) 회계/재무관리

회계와 재무관리는 분명 서로 다른 별개의 영역이지만 두 가지 모두 기업의 중요한 자원인 자금과 관련이 깊다는 점에서 함께 소개한다. 회계는 기업의 자금과 관련된 정확한 정보를 경영 의사결정자에게 시의적절하게 제공하는 것이 주목적이다. 이를 위해 활용하는 시스템, 작성되는 보고서의 종류 및 보고서의 작성 주기 등이 결정되어야 한다.

반면 재무관리는 기업활동을 위해 필요한 재원을 어떻게 조달하고 조달된 재원은 어떻게 배분할 것인가와 관련된다. 자본구조의 결정, 자산관리, 부채관리, 배당정책 등이 이에 해당된다.

(5) 연구개발

연구개발은 기업이 새로운 제품이나 서비스, 그리고 제품과 서비스를 생산하고 판매할 수 있는 새로운 기술을 개발하기 위한 활동을 말한다.

3 • 경영전략의 실행 및 평가

경영전략을 실질적으로 수행하는 사람들은 조직의 모든 구성원이다. 이들은 경영전략을 수립하는 최고경영층에 비해 매우 다른 개성을 지닌 다양한 개인들로 구성되어 있다. 그리고 이들의 대부분은 전사적 전략이나 사업부 전략의 수립에 관여하지 않는다. 따라서 전반적인 경영전략의 흐름이나 맥락을 파악하고 있다고 보기 어렵다. 이러한 이유로 가급적 많은 사람들이 전략의 수립에 참여하는 것이 가장 바람직한 해답이 되겠으나, 현실적으로는 불가능한 일에 가깝다.

이와 같은 이유로 각 부문의 책임자들은 전략수립과 관련된 회의에는 후임자와 동행하는 것이 좋은 방법이다. 그러나 이 또한 지키기 어려운 경우가 많다. 무엇보다 전략의 실질적 수행을 책임지는 사람은 모든 구성원이라는 점을 상기할 때, 모든 구성원들이 일사불란하게 움직일 수 있는 지침이 반드시 필요하다. 이를 위해 각 부문의 책임자들이 개발하는 것이 프로그램, 그에 따른 예산편성, 그리고 표준운영절차의 수립이다.

1) 프로그램(program)

프로그램은 수립된 경영전략들을 즉시 행동 가능하도록 작성해야 한다. 예를 들어 A라는 외식기업이 B를 인수했을 경우, 기존의 보고체계와 절차를 대체하는 새로운 보고체계 및 절차에 대한 명확한 지침, 정확한 문구를 포함하는 광고프로그램(B는 A와 함께 더 나은 외식기업이 될 것입니다), 직원들에 대한 교육프로그램, 기존 B외식업체의 간판 및 시설물 등을 교체하는 프로그램 등에 대한 내용이 포함되어야 한다.

2) 예산(budget)

각 프로그램이 결정되면 예산의 배분이 이루어져야 한다. 예산의 배분을 계획하는 과정은 수립된 경영전략이 현실적으로 가능한가를 평가하는 기준이 될 수 있다. 뛰어난 전략이라고 판단되던 전략도 실질적으로 소요되는 예산을 작성한 후 현실성이 없는 전략으로 새롭게 평가될 수 있다.

3) 절차(prodedure)

프로그램과 예산이 확정되면 표준운영절차(standard operating procedure: SOP)가 작성되어야 한다. 흔히 매뉴얼(manual)로 불리는 표준운영절차 프로그램을 실행하기 위한 자세한 행동지침으로 상세하게 기술되어야 한다. 작성된 표준운영절차는 경영전략과 마찬가지로 환경의 변화에 따라 지속적으로 수정되고 업데이트되어야 한다.

4) 평가(evaluation)

마지막은 평가단계로 경영전략의 수립 및 실행에 이르기까지의 모든 과정들이 대상이 된다. 이러한 평가를 수행할 때에는 각 단계별로, 또 전체적으로도 이루어져야 한다. 또한 성공과 실패의 명확한 원인을 규명하며 차기 의사결정에 활용해야 한다.

요 · 약

1. 기업이 변화하는 환경에 능동적으로 대처하고 보유자원을 효율적으로 활용해 성공적으로 운영되기 위해서 경영전략의 수립은 필수적이다. 경영전략수립은 환경분석, 전략수립, 전략선택, 전략의 실행 및 평가의 순서로 이루어진다. 이러한 과정을 통해 기업은 환경에 내재된 기회와 자신의 강점을 최대한 부각시킬 수 있는 동시에 환경의 위협을 회피하고 약점을 상쇄하여 성공적인 기업이 될 수 있다.

2. 기업의 전략은 전략수립의 수준 혹은 단위에 따라 전사적 전략(corporate strategy), 사업부 전략(business strategy), 기능별 전략(functional strategy)으로 나뉜다. 전사적 전략은 기업 전체를 총괄하는 가장 상위의 전략이며, 사업부 전략은 중범위의 전략으로서 한 기업 내의 특정한 사업 분야에 대해 경쟁자들과 비교하여 경쟁우위를 확보하고 유지하기 위한 전략이다. 가장 하위개념인 기능별 전략은 마케팅, 인적자원관리, 생산 및 운영관리, 회계, 재무관리, 연구개발 등에 관한 내용에 해당된다.

3. 경영전략을 실질적으로 수행하는 사람들은 조직의 모든 구성원이므로 이들이 즉각적으로 활용할 수 있는 형태로 전달되어야 하는데, 이를 위해 프로그램의 개발, 그에 따른 예산편성, 그리고 표준운영절차의 수립이 이루어져야 한다.

4. 수립된 경영전략은 불변의 진리가 아니며, 오히려 변화하는 경영환경에 따라 능동적으로 변해야 한다. 전략의 수립 및 실행 이후에는 성공요인과 실패요인에 대한 객관적인 분석을 통해 차기 전략수립과 관련한 의사결정에 반영해야 한다.

연 · 습 · 문 · 제

1. 향후 외식기업의 전략수립을 위해 주요하게 고려되어야 하는 환경요인은 무엇인가?

2. 경영전략수립과 관련해 외식기업이 주저하는 현실적인 이유는 무엇이며, 이를 극복하기 위한 방법에는 어떠한 것들이 있는가?

3. 표준운영절차(SOP)의 작성이 외식기업에게 유리한 이유는 무엇인가?

4. 세계 시장으로 진출하는 한국 외식기업의 전략수립에 필수적인 요소는 무엇인가?

4 Chapter 서비스운영관리

1. 서비스운영관리의 정의
2. 서비스프로세스의 분류
3. 서비스운영관리방법
4. 생산성의 측정과 활용
5. 21세기 서비스운영관리의 도전

Chapter **Foodservice Management**

4 서비스운영관리

도입사례 외식산업의 서비스운영관리 사례: Chevy's Mexican Restaurant

미국 New York 주의 Ithaca에 위치한 Chevy's 레스토랑은 피크타임에 항상 바빠 보이며 대기하는 고객이 줄을 서 있는 반면, 다이닝룸에는 빈 좌석이 많이 눈에 띄는 상황을 자주 겪게 되었다. 이러한 문제를 인식한 경영팀은 서비스운영관리 측면에서 프로세스를 분석하고 개선하여 피크타임에 더 큰 수익을 얻는 성공을 거두었다.

Chevy's의 경영팀은 첫째, 현재의 성과를 정확히 파악하기 위해 데이터를 수집하였다. POS 시스템으로부터 고객의 수요를 시간별과 그룹사이즈별로 파악하고 평균객단가를 산출하고 고객의 평균 이용시간에 대한 정보를 수집하였다. 특히 관찰을 하고 실제로 시간을 측정을 해 본 결과, 낮은 좌석이용률과 긴 대기시간을 확인하였고, 고객이용시간의 변동이 아주 심한 것을 알아내었다. 여기서 고객이용시간이라는 것은 고객이 자리에 앉는 순간부터 나가는 순간까지의 시간으로 고객이 좌석을 차지하고 있는 시간을 말한다.

둘째, 현재성과의 문제를 파악한 후 그 원인을 분석하기 위하여 각종 도구를 이용하였다. 예를 들면 서비스블루프린트라는 것을 이용하여 고객이 도착해서 서비스를 받고 나가는 일련의 모든 프로세스를 도식화하였다. 이러한 프로세스의 도식화를 통해 고객과의 접점이 일어나는 곳을 파악하고 서비스제공자의 작업을 모두 파악하였다. 또한 경영팀원들의 의견을 물어 서비스 비효율의 문제를 일으키는 가능한 원인을 찾고자 노력하였다. 흔하게 일어나는 비효율적인 서비스 중에 하나는 피크타임에 고객에게 마진이 낮은 디저트나 음료를 제안하는 것이었다. 또한 종업원 간의 소통이 신속히 이뤄지지 않아 이러한 비효율적인 프로세스로 인해 고객은 의도하지 않게 더 오래 레스토랑을 이용하고 있다는 것이다.

셋째, 문제파악을 바탕으로 서비스프로세스에 대한 전략을 세웠다. 특히, 피크타임에는 공급력에 있어서 불필요한 서비스를 없애고 좀더 효율적인 서비스를 제공하는 프로세스를 디자인하는 것을 제안하였다. 또한 메뉴를 재정비하여 불필요한 서비스를 요구하거나 너무 오랜 시간이 소요되는 메뉴를 없애고 메뉴 간의 조리시간의 격차를 줄이도록 제안하였다. 또한 최신기술을 도입하여 좀더 신속하고 정확한 커뮤니케이션이 이뤄지도록 제안하였다.

넷째, 제안된 전략을 바탕으로 실제 레스토랑에 전략을 실행하였다. 다섯째, 그 결과와 변화를 모니터하였다. 결과적으로 서비스프로세스의 개선으로 인해 Chevy's의 좌석이용률이 증가되었고, 고객의 이용시간에 대한 변동이 감소했으며, 더 많은 고객을 수용할 수 있게 되면서 연 매출도 5% 증가하였고 연 이윤은 45%가 증가하였다.

출처: Kimes, S. E. (2004). Restaurant Revenue Management.

1 • 서비스운영관리의 정의

사업체나 기업을 운영 또는 경영하기 위해서 필요한 세 가지 주요 기능이 있다. 첫째는 마케팅 기능으로서 고객을 유치하여 판매를 증진하는 기능이 있고, 둘째는 재무 기능으로서 수익창출을 위해 자본을 획득하고 그 자본의 흐름을 추적하는 것이다. 이 두 가지 기능에 대해서는 다른 장에서 다루어졌다. 이 장에서 다룰 나머지의 주요 기능은 생산운영관리의 기능으로서, 물건이나 사람을 투입하여 상품 또는 서비스를 생산하여 이를 고객에게 전달하는 일련의 프로세스를 체계적으로 설계·지휘·통제하는 행위를 일컫는다. 예전에 제조업이 주를 이룬 시대에는 '생산운영관리'라는 영역으로 일컬었으나, 최근과 같이 서비스업이 경제의 주축이 되면서 그 용어를 '서비스운영관리'라고 쓰기 시작하였다. 앞서 언급한 세 가지 주요 기능 이외에 보조 및 지원 기능으로서는 정보관리, 회계, 인사관리 등이 있다.

서비스산업은 고객에게 제공하는 상품과 서비스는 다르지만 무엇인가를 투입하여 일련의 처리과정을 거쳐 산출물의 결과를 가져오는 프로세스로 볼 수 있다. 서비스산업에서 '투입'은 매우 다양할 수 있는데 이는 인적자원(근로자와 관리자), 자본(장비와 설비), 구매자재와 서비스, 토지 그리고 에너지 등으로 크게 나눌 수 있다. 제조업의 예를 들면, 자동차 공장에서는 물건의 투입으로 건물, 장비, 철이나 각종 원료 등이고 인적자원의 투입은 근로자이다. 완성된 자동차는 산출물이 된다. 외식산업에서는 투입으로 식자재와 연료, 조리기기뿐만 아니라, 조리사와 매니저와 같은 사람이 투입될 수 있다. 산출물로는 완성된 요리와 좋은 품질의 서비스와 만족하는 고객이 될 수 있다. 좋은 품질의 서비스는 무형적 결과물로 구분될 수 있고, 완성된 요리는 유형적 결과물로 구분된다. 결국 서비스운영관리는 사람이나 물건을 투입하여 일련의 처리과정을 통해 유형적 또는 무형적 결과를 가져오는 프로세스의 개념으로 이해할 수 있다.

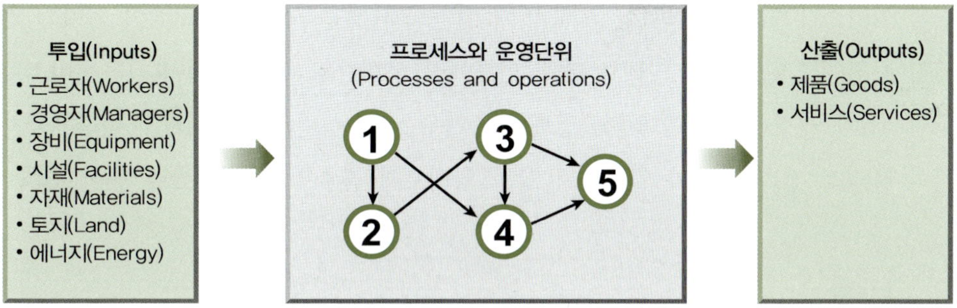

▌그림 4-1▌ 프로세스 관점에서의 서비스운영관리

출처: Krajewski, Ritzman, Malhotra (2012). Operations Managemnet: Processes and Supply Chains. p. 24.

2 • 서비스프로세스의 분류

서비스프로세스는 고객과의 접촉의 유형과 정도에 따라 다양해진다. 고객과의 접촉은 서비스제공 과정에서 고객이 관여하는 정도에 따라 다양하다. 파인다이닝(fine-dining) 레스토랑에서의 고객접촉은 패스트푸드 레스토랑에 비해 고객과 종업원의 대면 접촉이 더 오랫동안 많이 이루어진다. 지금까지 고객과의 접촉 정도 이외에도 다양한 기준으로 서비스프로세스를 분류하려는 노력이 이루어졌다. 이렇게 서비스프로세스를 분류하는 노력은 서비스프로세스를 더욱 효율적으로 관리하려는 동기에 기반한 것이다. 서비스프로세스의 분류에 대해 좀더 자세히 살펴보면 다음과 같다.

1) 고객접촉도와 고객화에 따른 서비스프로세스의 분류

(1) 고객접촉도

서비스 접점에서 벌어지는 고객과 서비스제공자와의 접촉도가 많고 적음에 따라 접촉도 높은 서비스와 접촉도 낮은 서비스로 분류할 수 있다. 접촉도가 높은 서비스는 주로 고객이 서비스를 받는 데 많이 관여하여 서비스 전 과정에 참여하며, 프로세스를 다 볼 수 있고, 개인적 관심을 많이 받게 된다. 학교교육이나 미용 및 의료 등의 서비스가 여기에 속한다. 그에 비해 접촉도가 낮은 서비스는 고객이 서비스 전 과정에 참여하지는 않는 형태로 대개 최초에만 고객과의 접촉이 일어나는 서비스로 보험가입과 재정자문 등이 있다. 접촉도가 매우 낮은 서비스로 고객과 서비스제공자 간의 물리적 접촉이 거의 일어나지 않는 형태로서 홈쇼핑, 온라인쇼핑 등이 있다.

(2) 고객화

고객화는 그 정도에 따라 표준화된 서비스나 고객화된 서비스로 구분된다. 표준화된 서비스는 고객에게 제공되는 서비스의 다양성이 낮고 한정된 것으로, 주로 대량 서비스 생산을 위해 쓰인다. 표준화된 서비스에서는 서비스의 형태가 제한적이고 반복되는 속성을 가지고 있으며 서비스제공자로부터 낮은 기능을 요구한다. 고객화된 서비스는 제공되는 서비스의 종류가 다양하고 높은 유연성을 제공한다. 고객화된 서비스를 위해서는 서비스제공자가 스킬과 능력을 갖추어야 한다. 다양한 고객 요구를 만족시키기 위해 서비스프로세스가 유연성이 있어야 하므로 서비스제공자도 마찬가지로 다양한 서비스를 수행할 능력을 갖추어야 하는 것이다.

2) 전반 영업장(Front office)과 후반 영업장(Back office) 프로세스

모든 서비스업은 고객이 만족할 만한 서비스상품을 생산하는 프로세스를 거치는데, 서비스상품이 서비스 생산 프로세스와 얼마나 밀접하게 연관되느냐에 따라 여러 단계의 프로세스 구조를 가질 수 있다. 첫째는 전반 영업장(front office)이라 하여 고객을 직접적으로 응대하는 현장을 가리킨다. 전반 영업장에서는 고객과 서비스제공자 간의 직접적인 상호작용이 발생하며 고객의 요구에 따라 서비스의 다양한 고객화가 일어날 수 있다. 전반 영업장에서는 주로 최고 수준의 품질과 고객화를 강조한다. 둘째는 후방 영업장(back office)이라 하여 고객들의 눈에는 보이는 않으나 실제로 고객에게 서비스를 가능케 하도록 지원하는 현장을 가리킨다. 후반 영업장에서는 직접적인 고객과의 상호작용이 일어나지 않고 서비스고객화도 거의 일어나지 않는다. 여기서 일어나는 작업은 표준화되는 경향이 있다. 후반 영업장에서는 저비용의 운영과 일관된 품질 등을 강조하는 경향이 있다.

서비스업은 앞의 두 가지의 부서 중에서 하나에만 속하는 것일 수도 있지만, 이 둘의 성격을 모두 띄는 중간 형태인 하이브리드 영업장(hybrid office)의 형태로도 존재하여 어느 정도의 접촉이 일어나고 서비스의 표준화도 이루어지고 있다.

외식업의 경우 전반 영업장과 후반 영업장을 모두 필요로 하는 서비스업이다. 레스토랑을 보면, 고객들이 음식을 소비하고 서비스를 제공받는 다이닝 영역을 전반 영업장이라 하고, 고객이 소비하는 음식을 생산하는 주방공간을 후반 영업장이라 할 수 있다.

3) 외식산업에서의 서비스프로세스와 사례

일반적으로 프로세스는 어떠한 목표를 달성하기 위해 이루어지는 일련의 작은 작업 활동으로 구성된다. 외식업 중에서 햄버거를 만들어 판매하는 레스토랑의 예를 들어 보자. 전통적으로 가정에서 배가 고파 햄버거를 만들어 먹을 경우에는 냉장고에서 재료를 꺼내 고기를 다져 패티를 굽고, 빵을 토스팅하여 토마토와 상추 등을 토핑하여 먹는다. 그러나 외식의 경우, 예전의 전통적 맥도날드의 생산과정을 보면 고객이 주문하기 전에 미리 패티를 구워 놓고 빵에 패티와 다른 재료들을 토핑하여 보관해 놓았다가 고객이 주문을 하면 보관된 햄버거를 꺼내어 준다. 그러나 최근의 맥도날드는 미리 햄버거를 완성하지 않고, 패티 정도만 구워 놓고, 고객이 주문하면 고객의 취향을 반영하여 넣을 것과 넣지 않을 것을 구분하여 빵과 함께 포장하여 내어 놓는다. 심지어 크라제버거에서는 고객이 주문한 후에야 고기를 굽기 시작하여 가정에서와 비슷한 과정을 거쳐 햄버거를 내어 놓는다. 이렇게 햄버거를 생산 판매하는 과정도 사업체에 따라 다양하다.

요컨대 예전의 전통적 맥도날드에서는 제조업에 쓰이는 방법으로 상품을 미리 만들어 보관하였다가 판매하는 것으로 아주 높은 수준의 표준화가 이루어진다. 이 과정에서는 고객의 다양한 선호도가 반영되지 않아 고객화의 수준이 낮다. 그러나, 아주 빠른 시간 내에 고객에게 햄버거를 제공할 수 있다. 반면 크라제버거에서는 햄버거를 제공하는 시간은 더 길지만, 고객이 신선한 고품질의 햄버거를 맛볼 수 있고 고객의 선호도를 반영하여 다양한 햄버거를 생산할 수 있다.

전통적 맥도날드에서 쓰인 프로세스를 재고생산(make-to-stock) 프로세스라고 하고, 크라제버거에서 쓰인 프로세스를 주문생산(make-to-order) 프로세스라고 한다. 두 프로세스 모두 경쟁우위를 가질 수 있게 한다. 즉, 재고생산 프로세스는 고객에게 더 빠른 서비스를 제공하고 표준화에 의해 생산비용이 적게 든다. 반면, 주문생산 프로세스는 고품질의 고유연성을 제공하는 장점이 있다. 이렇듯, 기업은 그들의 시장에서의 경쟁우위 전략에 따라 두 프로세스 중 하나를 선택하거나 중간 형태를 선택할 수 있는 것이다.

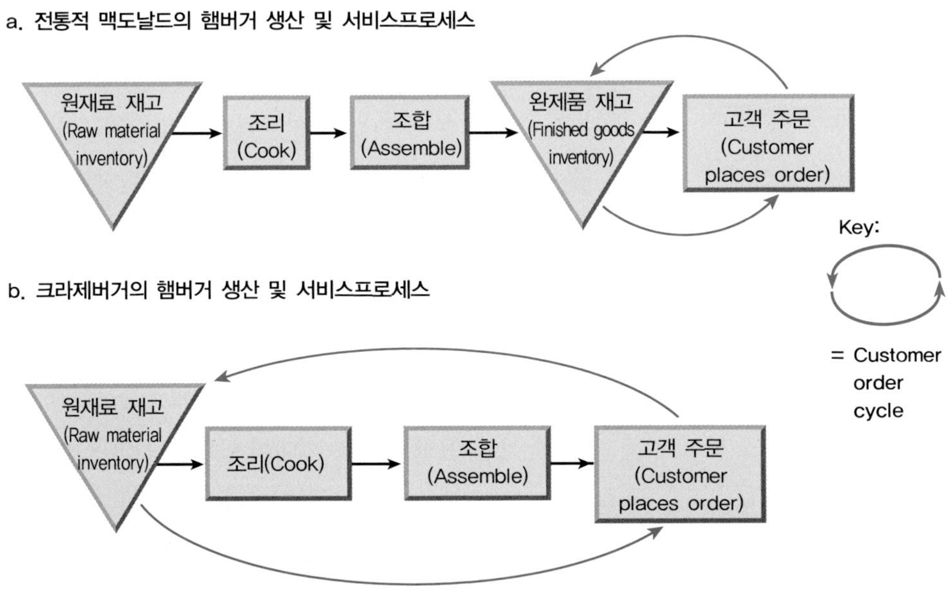

▮그림 4-2▮ 외식산업에서 서비스프로세스의 예

출처: Davis, Aquilano, & Chase (2003). Fundamentals of Operations Management. p. 151.

3 • 서비스운영관리방법

서비스업의 매니저들은 프로세스의 향상에 대한 책임을 가진다. 프로세스의 향상은 각 프로세스를 구성하는 작업활동뿐만 아니라 프로세스 간의 연결성을 체계적으로 이해하여 연구해야 이루어질 수 있는 것이다. 서비스 운영자들은 좀더 낮은 비용으로 좀더 좋은 품질의 서비스를 효율적으로 제공하는 데 대한 기대를 받고 있다. 서비스업의 프로세스를 향상시키기 위해 프로세스의 분석은 선행돼야 하는데, 분석에는 많은 도구 및 방법이 쓰인다. 여기에서 소개되는 다양한 도구 및 방법들은 전반적인 프로세스를 이해하고 각각의 프로세스를 구성하는 작업들을 좀더 효율적이고 안전하게 수행하여 결국 고객만족을 향상시키기 위해 쓰이는 것들이다.

1) 서비스운영관리를 위한 프로세스 분석과정

서비스프로세스 분석은 프로세스를 구성하는 작업에 대한 자세한 이해를 바탕으로 각각의 작업활동이 어떻게 재디자인되었는지를 문서화하는 것이다. 프로세스 분석은 먼저 프로세스 향상에 대한 기회를 파악하는 데서 시작한다. 이 단계에서 관심을 가지는 것은 개선의 여지가 있는가이다. 주요 관심 질문은 다음과 같다. 서비스 상품을 통해 고객이 만족을 했는가? 고객의 기대와 실제 퍼포먼스가 일치하는가? 경쟁우위의 전략과 현재 경쟁력이 일치하는가? 그렇지 않다면 향상의 기회는 어디에 있는 것인가? 비용 측면, 품질 측면, 전달속도 측면에서 고객의 기대보다 나은 서비스를 제공하는가?

프로세스 분석의 두 번째 단계는 향상을 위한 프로세스의 영역과 경계를 설정하는 것이다. 프로세스의 영역이 분명해야 이에 투자하는 자원도 적절하게 배치할 수 있다. 즉, 알맞은 종류와 수준의 자원을 매치시킬 수 있게 되는 것이다. 예를 들면, 향상시키려는 프로세스의 규모에 따라 한 명의 인원이 배치될 수도 있고 여러 팀의 인원이 배치될 수 있는 것이다.

세 번째 단계는 범위가 결정된 프로세스에 대해 문서화하는 것이다. 프로세스의 투입과 공급자들, 산출물, 내부 및 외부고객들에 대해 자세한 정보를 기록하는 것이다. 또한 프로세스를 작은 단위의 단계로 나누어 각 단계에서 고객과의 접촉의 형태와 정도를 파악해야 한다. 또한 고객에게 가시화되는 프로세스와 그렇지 않은 프로세스를 구분해서 파악한다.

네 번째 단계로는 다양한 평가지표를 기준으로 프로세스의 퍼포먼스를 측정한다. 즉, 품질과 고객만족, 대기시간, 비용, 에러율, 적시배달 여부, 유연성 등을 기준으로 각 단계의 프로세스가 얼마나 잘 실행되고 있는지 평가한다.

다섯 번째, 주의 깊은 평가 이후에는 바람직한 목표치와 실제 퍼포먼스에서 차이가 있는 경우, 그 차이의 원인을 파악하여 차이를 줄이도록 프로세스를 재디자인한다. 실제로 다양한 구성원들이 참여하여 분석적이고 논리적인 사고를 바탕으로 향상의 가능성이 있는 영역을 찾아내도록 아이디어를 모아야 한다. 프로세스 재디자인을 실행하기 전과 후가 뚜렷하게 차이가 나는 것을 볼 수 있게 이 모든 일련의 과정을 문서화해야 한다. 재디자인된 프로세스가 어떻게 실행될 것이며 기대치를 어떻게 만족할 것인지 앞에서 쓰인 다양한 지표를 이용하여 분명하게 제안되어야 한다.

마지막으로, 앞 단계에서 제안된 프로세스를 실제로 실행시킨다. 이 단계에서 가장 힘든 일은 조직 내에서의 저항이나 거부이다. 가끔 당사자의 의견이 아니거나 실행이 어렵게 이루어질 때 그 저항은 더 거세질 수 있다. 새로운 기술의 사용해야 되거나 훈련과 교육이 필요할 경우도 생길 수 있기 때문에 구성원들을 이해시키고 협조를 구하는 과정이 필요하다.

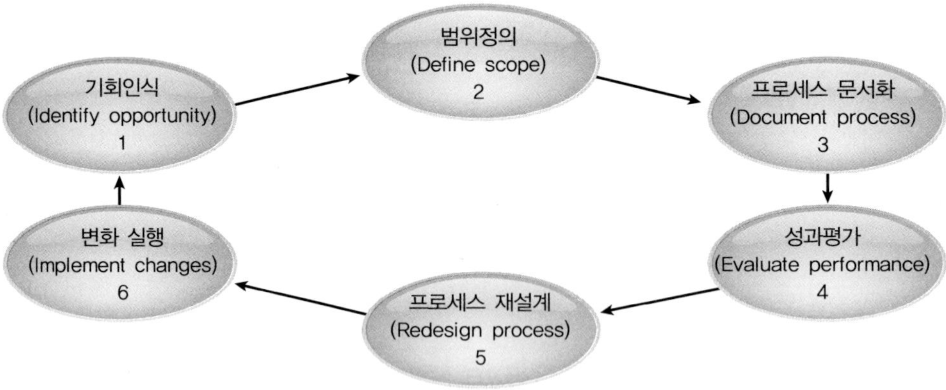

▌그림 4-3▐ 프로세스 분석과정

출처: Krajewski, Ritzman, Malhotra (2012). Operations Management: Processes and Supply Chains. p. 24.

2) 서비스운영관리에 쓰이는 도구

효율적인 프로세스 향상을 위한 문서화와 분석에 쓰이는 도구에는 여러 가지가 있는데, 대표적으로는 흐름도(flowchart), 서비스블루프린트(service blueprint), 작업측정기법(work measurement techniques) 등이 있다.

(1) 흐름도

흐름도(flowchart)는 정보와 고객, 기기, 또는 재료들이 여러 단계의 다양한 프로세스를 거치는 흐름을 나타낸다. 특정의 정확한 형식은 없지만 대개 네모상자에 각각의 작업을 기술하고 화살표가 순서를 나타낸다. 다양한 기능을 나타내기 위해 동그라미(운영, operation), 역삼각형(저장, store), 다이아몬드(선택, yes or no decision) 등의 모양을 쓰기도 한다. 주의를 요하는 작업에는 색깔을 넣어 표시하기도 한다. 이러한 흐름도는 조직의 구성원 간의 효율적이고 효과적인 커뮤니케이션을 가능하게 한다.

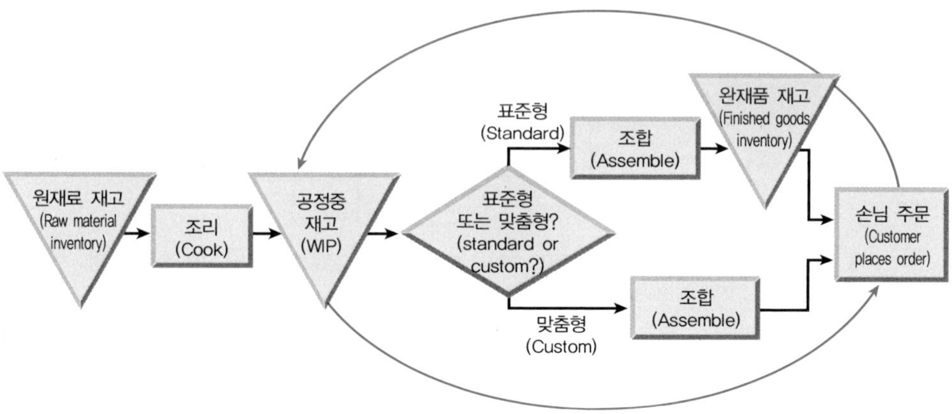

▌그림 4-4▐ 흐름도 예: 햄버거 생산 및 서비스 과정에 대한 흐름도

출처: Davis, Aquilano, & Chase (2003). Fundamentals of Operations Management. p. 151.

(2) 서비스블루프린트(Service Blueprint)

서비스블루프린트는 흐름도의 특수 형태로서 서비스프로세스를 나타내어 어디에서 고객과의 접촉과 상호작용이 일어나는지를 도식화한다. 이것은 서비스블루프린트의 아래와 위를 나누는 수평선인 가시선(line of visibility)이라는 것을 두어 고객에게 보이는 프로세스(front-office process)와 고객에게 보이지 않는 프로세스(back office process)를 구분한다. 또한 내부고객인 종업원 간의 접촉과 상호작용이 일어나는 것을 추적한다. 왼쪽에서 오른쪽으로의 흐름은 시간에 따라 일어나는 프로세스를 나타낸다.

이러한 서비스블루프린트의 장점은 어떤 스텝에서 서비스제공자의 주의를 요하며 우선적으로 자원이 배치되어야 하는가를 나타낸다. 또한 가장 실수가 일어나기 쉬운 스텝을 파악하기 용이하게 하며, 가장 비용이 많이 든다거나 가장 시간이 많이 소요되는 스텝을 나타낸다. 흐름도와 마찬가지로 조직의 구성원간의 소통을 더욱 더 효율적으로 만든다.

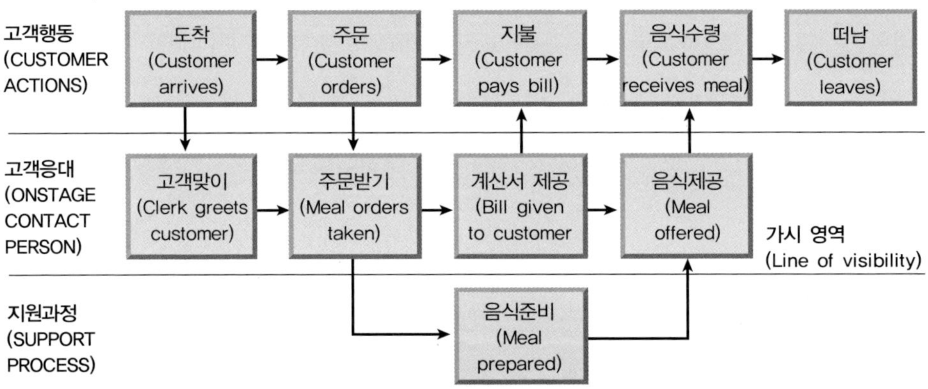

▌그림 4-5▐ 서비스블루프린트: 패스트푸드 레스토랑의 서비스프로세스 예

(3) 작업측정기법

프로세스의 향상을 위해서는 단지 도식화하는 것뿐만이 아니라 각 단계의 프로세스가 얼마의 시간이 걸리는지를 측정하는 것이 중요하다. 이것은 효율적인 자원의 배분을 가능하게 하고, 지연이 되는 서비스 단계를 파악하게 하며, 효과적인 스케줄링을 가능하게 한다. 작업측정기법에는 여러 가지가 있으나 가장 기본적이고 흔하게 쓰이는 것이 시간연구방법(Time Study)이며, 이것은 프로세스의 시간기준을 설정하기 위해 쓰인다. 이것은 네 단계를 거쳐 이루어지는 것으로, 첫째는 프로세스를 구성하는 각 단계의 작업요소들을 선정하고, 둘째는 각 작업요소들의 시간을 측정하며, 셋째는 표본크기를 결정하며(몇 개의 샘플을 책정할지), 넷째는 시간기준을 설정하는 것이다. 즉, 분석자는 각 작업에 걸리는 시간을 측정하고, 반복되는 이 작업의 시간을 여러 번 측정하여 평균을 낸다. 분석자의 판단에 따라 각 작업이 얼마나 빨리 또는 천천히 수행될 수 있는지를 판단하여 이것을 마지막에 도출되는 작업시간 기준에 반영한다.

4 • 생산성의 측정과 활용

프로세스가 얼마나 효율적으로 운영되는가는 다양한 성과지표로 나타낼 수 있다. 성과지표로는 프로세스에 걸리는 시간, 자원의 이용률, 고객의 대기시간, 운영비용, 작업오류율, 고객만족 등이 있다.

앞서 서비스운영관리라는 것은 사람이나 물건을 투입하여 일련의 처리과정을 통해 유형적 또는 무형적 결과를 가져오는 프로세스를 체계적으로 설계・지휘・통제하는 행위를 일컫는다고 하였다. 서비스운영관리 매니저들은 항상 이러한 프로세스가 얼마나 생산적으로 조직의 자원을 활용하는가에 대해 책임이 있다. 여기서 말하는 생산적으로 조직의 자원을 활용하는 정도를 생산성이라고 하며, 투입대비 산출의 비로 나타낸다. 즉, 생산된 산출의 가치를 투입자원의 가치로 나눈 값이며, 다음과 같은 식이 성립된다.

$$\text{생산성(Productivity)} = \frac{\text{산출(Output)}}{\text{투입(Input)}}$$

1) 생산성 측정

생산성의 측정은 한 가지 투입요소를 이용하여 측정(single factor productivity)할 수 있고, 여러 개의 투입요소를 방영하여 측정(multifactor productivity)할 수 있다. 이에 대한 선택은 생산성 측정의 목적에 따라 달라진다. 만약에 노동생산성의 향상이 목적이면 노동이 유일한 투입요소로 계산되면 된다. 예를 들면 외식업에서는 조리사의 생산성을 나타낼 때 노동시간당 생산한 음식의 수 또는 투입된 노동비용에 대한 판매된 음식의 매출액으로 노동생산성을 나타낼 수 있다. 이렇게 투입되는 가치는 비용이나 시간으로 측정되며, 산출되는 것의 가치는 고객이 지불하는 비용이나 생산되는 물건의 수량으로 측정된다.

여러 투입요소를 고려한 종합생산성의 계산은 다음과 같은 식을 이용할 수 있다.

$$\text{종합생산성(Multifactor Productivity)} = \frac{\text{생산량}}{\text{노무비} + \text{재료비} + \text{간접비}}$$

생산성 계산 예제

Jo's 레스토랑에 네 명의 조리사가 일하고 있고, 각각의 조리사는 하루에 8시간을 일한다. 이들 네 명에 대한 임금은 하루에 320,000원이며 간접비는 하루에 200,000원이다. 이 네 명의 조리사는 하루에 160접시의 주요리를 만들어 낸다. 최근에 Jo's 레스토랑은 자동기기를 구매하였고 이 기기를 가동한 결과 하루에 250접시의 주요리를 만들어 낸다. 기기설비로 인해 간접비는 400,000으로 증가했지만 조리사의 수나 그들이 일하는 시간에는 변화가 없다.

위의 상황을 바탕으로 자동기기 도입이 있기 전과 후의 노동생산성과 종합생산성을 각각 구하여라.

풀이)

	기기도입 이전	기기도입 이후
노동생산성	$\frac{160}{320{,}000}=0.0005$	$\frac{250}{320{,}000}=0.000781$
종합생산성	$\frac{160}{320{,}000+200{,}000}=0.000308$	$\frac{250}{320{,}000+400{,}000}=0.000347$

$$\text{노동생산성 증가율} = \frac{0.000781-0.0005}{0.0005}\times 100 = 56.2\%$$

$$\text{종합생산성 증가율} = \frac{0.000347-0.000308}{0.000308}\times 100 = 12.66\%$$

자동기기 도입으로 인해 노동생산성은 56.2% 증가하였으며, 종합생산성은 12.66% 증가하였다.

2) 생산성의 활용

생산성의 활용은 다양하다. 첫째, 한 조직이 시간에 따른 생산성이 얼마나 향상되었는가를 파악할 때 쓰일 수 있다. 매니저들이 생산성을 추적하여 언제 생산성이 떨어졌는지를 파악하여 그 요인을 찾아서 생산성 향상을 위한 노력을 기울일 수 있는 것이다. 정부도 매 분기 생산성의 추이를 보고하고 있고, 산업별로 크게 제조업과 서비스업을 나누어 노동생산성을 공시하고 있다. 둘째, 새로운 시스템의 구축으로 인한 생산성의 향상을 시스템의 구축 전과 비교해서 나타낼 수 있다. 셋째, 한 조직이 여러 개의 점포를 가지고 있을 때, 여러 개의 점포들 간의 퍼포먼스를 비교하기 위해 생산성을 비교하고, 가장 생산성이 높은 점포를 구분하여 이러한 점포를 나머지 점포들이 벤치마킹하는 데 생산성이 활용될 수 있다. 넷째, 한 조직과 그의 경쟁조직의 생산성을 비교하거나 그 조직이 속한 산업의 평균 생산성과 비교하여 그 조직의 현재 퍼포먼스를 파악할 수 있을 것이다.

(단위: 2008 = 100.0)

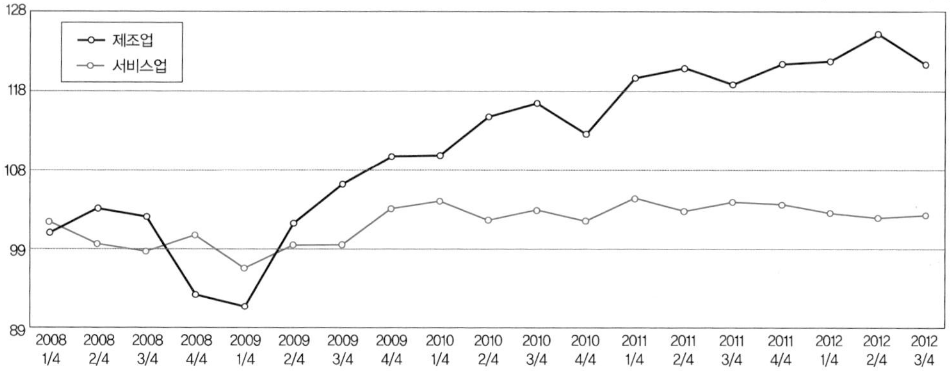

▌그림 4-6▐ 한국의 제조업과 서비스업의 노동생산성 추이

※ 노동생산성지수(2008 = 100, KSIC9 2008년 이후)
조회기간(분기): 2008. 1. 4~2012. 3. 4.

3) 생산성에 영향을 주는 요인

수많은 요소들이 생산성에 영향을 준다. 주로 기술, 자본, 품질, 경영 등이다. 일반적으로 생각하기에 기술 발달이 생산성 향상을 보장한다고 생각하지만 그것만이 유일한 방법은 아닐 뿐만 아니라 기술이 적절히 현명하게 쓰여질 때 진정한 생산성 향상이 이루어지는 것이다. 실제로 새로운 기술은 그만큼 비용을 동반하므로 생산성을 낮출 수도 있는 것이다. 생산성에 영향을 주는 요인에는 표준화, 품질향상, 인터넷의 사용, 컴퓨터 기술의 발달, 에러율, 새로운 노동자의 고용과 해고, 안전, 정보, 작업공간의 디자인, 보상 등이 있다.

생산성을 향상시키기 위해서는 먼저 생산성을 측정하는 것을 시스템적으로 도입하여 누구나 생산성의 측정을 이해하고 영향을 주는 요소를 이해하도록 시스템을 구축한다. 또한 생산성을 향상시키기 위한 방안을 모든 구성원으로부터 의견을 듣도록 한다. 향상을 위한 합리적 목표를 설정하여 구성원이 이해하고 경영자가 이를 지원하는 시스템을 구축하여 생산성이 향상될 때는 구성원에게 보상을 하는 시스템을 마련해야 한다.

서비스산업에서의 생산성 측정과 관리는 제조업에 비해 더 어려운 것이 현실이다. 서비스업에 투입되거나 산출되는 요소들은 상당히 유동적이고 지적인 활동을 요구하기도 한다. 실제로 법률 또는 의료서비스에서의 생산성 측정이 제조업에서의 생산성 측정보다 더 어려운 것이다. 그럼에도 불구하고 서비스는 우리 경제의 큰 부분을 차지하고 있으므로 서비스산업의 생산성을 향상시키는 것은 우리의 과제이다.

5 • 21세기 서비스운영관리의 도전

서비스운영관리자들은 고객에게 최상의 제품과 서비스를 제공하기 위해 끊임없는 노력을 하며 수없는 의사결정을 내린다. 운영관리자들은 조직 내에서 일어나는 모든 부문의 프로세스를 파악해야 하며 프로세스 간의 연계성도 이해해야 한다. 이러한 이해를 바탕으로 프로세스의 문제를 파악하고 새로운 프로세스를 설계할 수 있어야 한다. 프로세스 개선과 설계는 조직의 전략을 지원하는 차원에서 이루어져야 한다.

최근의 기업들은 글로벌화로 인한 경쟁의 도전을 맞고 있고, 다양한 환경문제에 대한 이슈에 직면해 있다. 글로벌화로 인하여 고객과 공급자, 설비입지, 경쟁 등의 문제를 세계적인 시각에서 다루어야 한다. 제품이나 서비스 품질에 대한 목표도 세계적인 시각에 맞추어야 한다. 이러한 도전은 새로운 프로세스를 만드는 기회를 제공한다. 환경문제로 인하여 기업들은 친환경적인 업무 방식을 만들 책임이 있게 되었고, 기업의 사회적 책임을 실천하는 것이 필요하게 되었다. 따라서 기업은 서비스 시스템의 프로세스를 관리하고 운영할 때, 이러한 글로벌화와 환경문제에 대한 이슈들에 대한 도전에 잘 응전하여 시장에서 경쟁력을 극대화해야 한다.

요 · 약

1. 서비스운영관리는 마케팅 및 재무와 더불어 사업이나 기업을 경영하기 위해서 필요한 주요 기능의 하나이다. 이는 물건이나 사람을 투입하여 상품 또는 서비스를 생산하여 이를 고객에게 전달하는 일련의 프로세스를 체계적으로 설계·지휘·통제하는 행위이다.

2. 외식산업의 서비스프로세스는 고객접촉도, 고객화, 생산 프로세스와의 연관성 등의 기준으로 다양하게 분류할 수 있다. 이러한 분류는 서비스프로세스를 더욱 효율적으로 관리하려는 데 그 동기를 둔다. 또한 각 기업의 경쟁우위 전략에 따라 서비스프로세스는 차별화될 수 있다.

3. 서비스프로세스를 관리하게 위해서는 프로세스 분석이 선행되어야 한다. 그에 쓰이는 아주 다양하고 기본적인 기법으로는 흐름도, 서비스블루프린트, 작업측정기법 등이 있다.

4. 서비스시스템이 얼마나 잘 운영되는가는 생산성의 지표로 판단할 수 있는데 생산성은 생산된 산출의 가치를 투입자원의 가치로 나눈 값으로 나타낸다. 기업은 주로 노동생산성과 종합생산성에 관심을 두고 그 추이를 보며 기업의 퍼포먼스를 진단하기도 한다.

연 · 습 · 문 · 제

1. 맥도날드와 크라제버거의 햄버거 생산 및 서비스프로세스들은 어떤 차이가 있는가?

2. 외식산업에서 고객접촉도가 높은 서비스프로세스에는 어떠한 것이 있는가?

3. 인근의 한 패스트푸드 레스토랑은 드라이브스루를 추가로 운영하여 고객들이 차에서 내리지 않고 햄버거를 살 수 있다. 직접 매장에 들어와 햄버거를 주문하고 먹고 가는 고객들도 응대해야 하면서 동시에 이 드라이브스루를 통해 주문을 하는 고객들도 응대해야 한다. 그러나 드라이브스루를 통해 주문하는 고객들은 꽤 오래 기다려야 하는 불편이 있어 햄버거를 살까 하던 고객들도 줄 선 자동차들을 보고 다시 발길을 돌리게 된다.
   1) 고객이 드라이브스루를 이용하여 햄버거를 구매하는 과정을 서비스블루프린트로 작성하여 보자.
   2) 이 레스토랑은 운영을 어떻게 수정해야 경쟁우위를 확보할 수 있는가?

4. Jo's 티하우스는 녹차, 홍차, 보이차를 판매한다. 이 매장의 현재 하루 노무비용은 30만 원, 장비비용은 15만 원, 간접비용은 20만 원이다. 이 매장은 점장은 대만식 버블티를 메뉴에 추가하려고 고민한다. 버블티를 추가하면 새로운 수요를 창출할 것이라 기대되는 반면, 추가비용이 발생하므로 과연 버블티를 추가할 것인가를 결정해야 한다. 새 장비의 가격은 20만 원이고 추가되는 간접비용은 35만 원이다. 생산성을 기준으로 버블티를 추가할 것인가? 다음 표는 하루 수요, 가격, 원료비를 정리한 것이고, 버블티를 추가할 때 자료를 포함한 것이다.

	기존 메뉴			추가 메뉴
	녹차	홍차	보이차	버블티
수요	300	150	150	75
가격	2,500원	2,500원	4,000원	5,000원
식재료비	500원	500원	1,000원	1,500원

5. 서비스운영관리가 당면한 글로벌 추세와 도전은 무엇이며, 그것이 어떠한 영향을 줄 것인가?

3
Part

외식경영을 위한 자원관리

5 Chapter 메뉴관리

Chapter Foodservice Management

5 메뉴관리

"The menu is the spokesperson.
It communicates the brand position, the brand personality and the brand story."
— *Aaron Allen, Restaurant Consultant, Speaker & Industry Analyst*

"메뉴는 대변인이다.
메뉴는 브랜드의 포지션, 개성, 그리고 이야기를 전달한다."
— *아론 알렌, 레스토랑 컨설턴트 & 분석가*

도입사례 ≫ 커피전문점, 먹거리 사업에 주력

스타벅스는 지난해 커피와 음식을 함께 즐길 수 있는 '푸드 콘셉트' 매장을 선보였다. 이 매장에선 기존 스타벅스 매장과 달리 라자냐, 수프, 샐러드 등 40여 종의 요리를 먹을 수 있다. 스타벅스는 올해 푸드 전문매장을 늘릴 계획이다. 국내 최대 커피전문점 카페베네도 올해 사이드메뉴 강화에 나섰다. 베이커리 사업도 진행할 예정으로 알려졌다. 현재 카페베네에서 와플, 젤라또 등 사이드메뉴가 차지하는 매출 비중은 20% 선이다. 엔제리너스는 '디저트메뉴' 비중을 높이고 있다. 지난해 와플과 허니브래드 등 디저트메뉴의 매출이 전년 대비 46%나 늘었기 때문이다.

16일 관련 업계에 따르면 커피전문점들은 불황 타개책으로 먹거리 사업에 주력하고 있다. 사이드메뉴를 통해 객단가(고객 1인당 평균 매입액)를 높인다는 전략이다. 이런 것들을 입증하듯 세계 최대 커피체인전문점인 스타벅스가 메뉴 사냥에 나서 다음 먹거리로 '제빵' 시장에 눈을 돌리고 있다. 스타벅스는 4일(현지시간) 미국 샌프란시스코 내 제빵업체인 '베이브레드 LLC'와 베이커리 매장 브랜드 '라 블랑제'를 현금 1억 달러(약 1,180억 원)에 인수하기로 결정했다고 밝혔다. 라 블랑제는 샌프란시스코 전역에 19개의 체인을 지닌 제과전문점으로 질 좋은 프랑스식 제과류와 신선한 샐러드, 샌드위치 등을 고급 레스토랑과 호텔에 판매・공급하고 있다. 스타벅스는 이들 매장들을 이르면 3분기 안으로 개인투자업체 넥스트월드그룹을 통해 인수절차를 마무리한다는 계획이다. 하워드 슐츠 스타벅스 최고경영자(CEO)는 "향후 40년이 지난 뒤엔 사람들이 스타벅스를 '커피점'이 아닌 '제과점'이라고도 부르게 될 것"이라며 "이번 기회를 통해 프랑스 빵집의 맛을 대중화시킬 수 있기를 기대한다."고 말했다.

하지만 제빵업계는 스타벅스의 진입방식을 두고 우려의 목소리를 나타내고 있다. 성장할 수 있는 시장 규모는 적은데 거대 커피체인점까지 합류하면 동종업계 매출 하락은 불 보듯 뻔하다는 것이다. 한 제빵업계 관계자는 "눈치 빠른 스타벅스가 베이커리 치즈를 찾았다."면서 "막대한 자금력과 매장 운영권 등을 고려할 때 인수 후 발빠른 행보를 보일 가능성이 크다."고 전망했다. 현재 스타벅스는 미국 내 1만여 개 매장을 포함, 전세계 1만 7,000여 개의 체인점을

> 관리하는 거대 공룡기업이다.
> 이처럼 먹거리 사냥에 나서는 이유는 여러 가지 이유가 있다. 커피전문점에서 일하거나 공부하는 '코스피족'이 늘어나면서 사이드메뉴를 찾는 고객이 늘었기 때문이다. 이정희 중앙대 경제학과 교수는 "새로운 시도를 해서 소비자의 반응이 생기면, 좋은 것은 취해 나가는 것이 시장경제 논리"라며 "기업은 어차피 경쟁을 해야 하기 때문에 고객을 끌어들일 수 있으면 무엇이든지 한다."고 설명했다. 이어 "앞으로 더욱더 '영역파괴적'인 형태로 진화할 것"이라며 "카페형 편의점이나 기존 외식업소에 편의점이 숍인숍(Shop in shop) 형태로 입점하는 등 새로운 시도도 이어질 것"으로 내다봤다.

출처: 한국경제 (2013. 1. 16). 정혁현 기자.

1 • 메뉴의 개념과 역할

1) 메뉴의 정의와 유래

오늘날 전세계적으로 널리 사용되는 용어인 메뉴(menu)는 요리의 품목, 명칭, 형태 등을 체계적으로 알기 쉽게 설명해 놓은 상세한 목록이나 차림표를 뜻한다. 원래 메뉴라는 말은 '작은 목록 또는 상세히 기록하다.'라는 의미의 프랑스어 'minuite'이 변형된 것이나 라틴어 'minutus(축소하다)'를 기원으로 한다. 〈옥스퍼드 사전〉에서는 레스토랑에서 판매하는 식사의 목록이라고 정의하고 있으며, 〈네이버 국어사전〉에서는 식사의 요리 종류 또는 식당이나 음식점 따위에서 파는 음식의 종류와 가격을 적은 판으로서, 한글로는 식단·차림·차림표라고 표현하고 있다. 외식경영에 있어서 메뉴는 외식기업 또는 점포에서 고객을 대상으로 판매를 목적으로 하여, 준비한 음식의 종류 또는 업소에서 판매되고 있는 음식을 고객들이 쉽게 선택할 수 있도록 자세히 소개하는 안내서이다.

초창기의 레스토랑에서는 오직 종업원의 기억에 의존하였으므로 메뉴가 사용되지 않았다. 그러나 판매되는 음식의 품목이 많아지고 단순히 기억에 의하여 판매되는 것이 어렵게 되자 품목을 기록한 메뉴가 생기기 시작했다. 15세기에는 프랑스 귀족의 연회에서 제공되는 음식의 종류가 다양하고 복잡하여 그 불편함을 해소하고자 조리사와 하인들이 음식을 시간과 순서에 맞추어 제공할 수 있도록 도와주는 일종의 지침서였으나, 1541년 프랑스 앙리 8세 때 브랑위그 공작이 개최한 만찬에서 사용한 목록이 오늘날 메뉴의 시초라고 알려진다. 그후 19세기 프랑스의 파리에 있는 팰리스 로열(Palace Loyal)이라는 식당에서 이를 일반화시켜 사용하였다.

2) 메뉴의 역할과 기능

메뉴는 고객과 외식기업의 경영자를 연결하는 최초의 의사소통 수단으로서, 제공하는 음식의 종류와 가격뿐만 아니라 고객으로 하여금 구매가치를 판단하게 하는 중요한 정보를 제공한다.

외식업체의 관점에서 메뉴 품목의 결정은 구매할 식재료의 종류와 품질, 분량을 결정하는 중요한 단서가 될 뿐만 아니라 종업원의 수, 숙련도, 서비스의 정도 등 필요한 인력자원과 주방에 요구되는 시설과 기기를 결정하는 데 아이디어를 제공한다. 또한 종업원들이 해야 할 작업활동에 대한 정보를 주어 생산 · 판매 · 서비스 · 마케팅 등의 운영시스템을 효율적이고 경제적으로 관리하는 내부통제 수단으로 이용되며, 매장의 외관 · 실내장식 · 공간구조 등 물리적인 환경을 결정하는 데에도 중요한 요인으로 작용한다.

고객의 측면에서는, 제공되는 품목과 서비스에 대한 정보를 구매 전에 제공하여 고객의 방문과 구매동기를 유발하고 레스토랑의 이미지를 전달하는 중요한 도구이다. 따라서 최근 외식업계의 경쟁이 치열해짐에 따라 고객의 요구를 반영한 메뉴의 차별화에 대한 관심이 높으며, 생산적 측면에서보다 마케팅 측면에서의 메뉴의 역할이 강조되는 등 메뉴의 중요성이 더욱 높아지고 있다.

2 • 메뉴의 종류

1) 메뉴 구성에 따른 분류

(1) 정식메뉴(Table d'hote Menu)

호텔이나 대규모 레스토랑에서 많이 사용하는 메뉴 형태로서 음식의 종류와 순서가 미리 결정되어 있는 메뉴이며 타블도트 메뉴(Table d'hote Menu) 또는 코스메뉴(course menu)라고도 한다. 메인요리에 몇 가지 단일품목을 합하여 제공되며, 가격은 구성에 따라 일정하게 정해지거나 주요 음식을 무엇으로 결정하느냐에 따라 달라지기도 한다.

이 메뉴의 장점은 일품메뉴를 조합한 것에 비교하여 가격이 저렴하며, 제공하는 메뉴의 종류가 제한되어 식자재관리가 용이하므로 원가가 절감되고 서비스가 신속하고 능률적이다. 따라서 객석회전율이 높고 인력과 인건비의 감소에도 기여한다. 또한 고객은 품목에 대한 지식이 없이도 쉽게 주문할 수 있다. 그러나 경영자의 입장에서는 식재료의 가격변화에 적시에 대처할 수 있는 유연성이 부족할 수 있으며, 창의적인 메뉴와 서비스 개발이 부족해져 종업원의 능력 개발 기회가 적어진다. 고객의 입장에서는 품목 선택의 폭이 제한되므로 메뉴의 종류와 가격에 대한 불만을 초래할 수 있으므로, 정식메뉴를 구성할 때에는 대체메뉴를 준비할 수 있도록 한다.

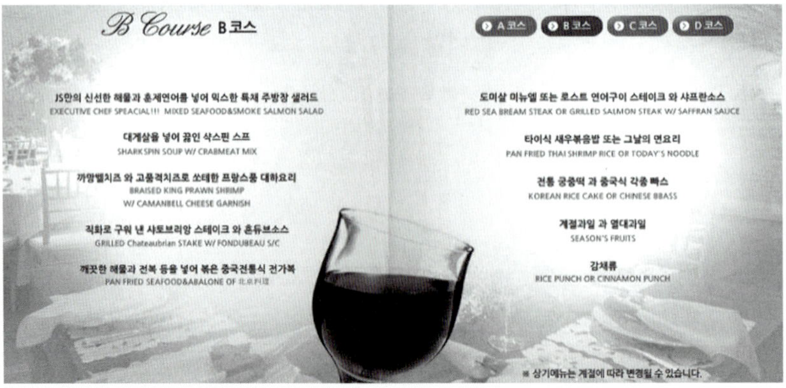

그림 5-1 타블도트 메뉴의 예

출처: SJ 웨딩컨벤션.

(2) 일품메뉴(À la carte Menu)

개개의 품목마다 가격이 책정된 일품요리 메뉴 형태로서 아라카르트 메뉴라고도 한다. 정식메뉴와는 달리 고객이 원하는 음식을 자유롭게 선택할 수 있어 고객은 자신이 선택한 품목에 대해서만 지불하면 된다. 오늘날 대부분의 레스토랑에서 사용하고 있는 메뉴 형태이다.

이 메뉴 형태는 고객의 선택 폭이 넓고 객단가를 높일 수 있다는 장점이 있으며 메뉴의 종류 변화와 개발에 유연하다. 그러나 경영자 입장에서는 다양한 메뉴를 관리해야 하므로 지속적인 개발에 대한 부담이 있으며 종업원의 전문화가 요구되어 인건비가 높아진다. 고객의 입장에서는 정식메뉴와 비교하여 상대적으로 가격이 비싸며 해당 메뉴에 대한 지식이 없을 경우 선택에 어려움이 있다.

그란구스또소개 | 메뉴소개 | 갤러리 | 고객센터 | 공지사항 | 예약문의

MENU SET MENU

PASTA/RISOTTO

• PASTA

1. Spaghetti "Gran gusto"
Spaghetti with special fresh Seafood
엄선한 해산물로 맛을 낸 스파게티(2인분)

2. Squid ink Spaghetti ai Frutti di Mare
Squid ink Spaghetti with fresh seafood,Cream sauce
여러가지 해산물로 맛을 낸 크림소스 먹물 스파게티

3. Spaghetti ai Frutti di Mare
Spaghetti with fresh seafood,tomato sauce
여러가지 해산물로 맛을 낸 토마토 소스 스파게티

4. Spaghetti di Panna con Salsa all Grancchio
Spaghetti with crab meat white wine cream sauce
게살소스에 버무려낸 스파게티

5. Ravioloni Magro
Pork, parmasan cheese in tomato sauce
돈육, 치즈로 속을 채운 라비올리 <국내산>

• RISOTTO [국내산]

1. Risotto al Mare con Salsa di Pomodori
Risotto with seafood tomato sauce
해산물 토마토소스 리조또

2. Risotto allo Zafferano con Scampone
Saffran risotto with king prawn
왕새우를 곁들인 샤프란 리조또

3. Risotto con Pollo e Funghi
Parmasan cheese risotto with grilled chicken & mushroom
닭가슴살과 버섯의 크림 소스 리조또 <국내산>

PIZZE

• PIZZE

1. Furutti di Mare
Pizza with seafood
해산물 피자

2. Prosciutto e Funghi
Pizza with Italian parma ham & mushroom
프로슈토햄과 버섯 피자

3. Quattro Formaggi
Pizza with 4 kinds of cheese
4가지 치즈를 올린 피자

4. Napoletana
Pizza with anchovy,rocket leaves
엔초비와 루꼴라를 올려구운 피자

5. Margherita
Pizza with fresh tomato & basil
마르게리따 피자

• ※ 10% V.A.T. will be added. (10%의 세금이 가산 됩니다.)

▌그림 5-2▐ 아라카르트 메뉴의 예

출처: 그란구스또 이탈리안 레스토랑.

(3) 특별메뉴(Carte de jour)

특선요리 또는 오늘의 요리 등으로 불린다. 원칙적으로는 매일 시장에서 구매하는 재료를 사용하여 주방장의 기술과 아이디어를 발휘해 고객에게 제공하는 그날의 특별한 메뉴이다. 따라서 양질의 재료를 사용하여 조리한 음식을 적절한 가격으로 고객에게 서비스할 수 있다. 특히 명절, 기념일 또는 계절에 걸맞은 그날의 신선한 요리를 제공할 수 있으며, 재료의 재고품을 활용할 수 있다는 장점이 있다. 또한 새로운 별미로 제공되면 고정 고객의 선택에 변화를 주고, 고객의 메뉴 선택을 쉽게 하여 판매 증진의 효과를 볼 수 있다.

2) 메뉴품목의 변화에 따른 분류

(1) 고정메뉴(Fixed Menu)

메뉴의 품질을 표준화하여 동일한 메뉴를 지속적으로 제공하는 형태로, 일반 레스토랑에서 널리 사용된다. 정식메뉴, 일품메뉴를 모두 포함한다. 고정메뉴는 보통 기간이나 계절에 구애받지 않고 동일한 메뉴를 고정적으로 제공함으로써 메뉴에 대한 인지도를 높이고 레스토랑의 이미지를 구축할 수 있으므로 고객확보에 기여할 수 있다. 또한 원가가 절감되고 생산성이 높아지며, 메뉴관리가 용이하여 신속한 생산과 서비스로 객석회전율을 높일 수 있다. 그러나 고객은 메뉴에 쉽게 싫증을 느낄 수 있으며 계절에 따른 메뉴 변동이 쉽지 않다.

(2) 순환메뉴(Cycle Menu)

주별, 월별 또는 계절별 등의 일정한 주기로 메뉴를 반복적으로 순환시켜 제공하는 메뉴 형태이며, 학교・병원・회사 등의 단체급식소에서 많이 이용된다. 따라서 같은 식단이 주기적으로 반복되므로 주기가 짧으면 고객들의 불만이 커진다. 예를 들어, 일주일에 5일의 점심식사를 제공하는 대학급식소에서 10일 주기의 순환메뉴를 사용함으로써 고객을 지루함을 감소시킬 수 있다.

(3) 변동메뉴(Changing Menu)

외식업체의 식자재 수급상황이나 가격 변동, 고객의 요구 등의 여건에 따라 메뉴 구성 시마다 새로운 메뉴를 계획하여 제공하는 형태이다. 동일한 고객을 대상으로 하는 단체급식에서 주로 이용된다. 메뉴가 계속 변동되므로 메뉴의 단조로움을 줄일 수 있으며 변화하는 시장상황에 대처하기가 쉽다는 특징을 갖는다. 그러나 매번 새로운 메뉴를 계획하는 데 어려움이 크고 다양한 메뉴에 대처할 수 있는 숙련도가 요구되므로 인건비 지출이 크다.

3) 식사시간에 따른 분류

사람은 보통 하루에 세끼를 먹는 식사 형태를 취하는데, 식사시간에 따라 메뉴가 달라지며 각 시간대별로 독특한 메뉴가 있는가 하면 겹치는 메뉴도 상당히 있다. 그러나 식사 형태의 현대화에 따라 전통적인 식사대별 분류의 경계는 점점 약해지고 있다.

(1) 아침메뉴(Breakfast Menu)

하루를 시작하는 바쁜 시간에 제공되므로 신속·간단하며 저렴하다는 특징이 있다. 최근에는 바쁜 직원들을 위해 아침식사를 제공하는 직장이 증가하고 있으며 호텔에서는 주로 조식뷔페의 형태로 제공된다.

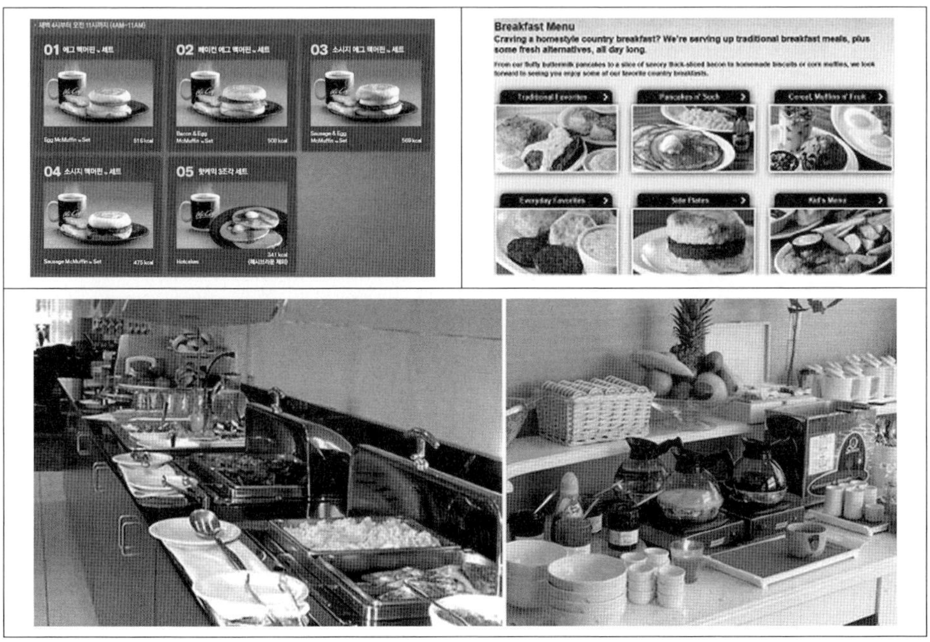

▌그림 5-3▐ 아침메뉴의 예

출처: The Hotel at Auburn University & Dixon Conference; 맥도날드 코리아; Craker Barrel 미국.

서양의 일반적인 아침식사의 형태는 대륙식, 미국식, 영국식으로 크게 구분된다. 대륙식(continental breakfast)에는 달걀과 시리얼이 포함되지 않고 주로 주스, 커피, 우유와 같은 음료와 토스트, 빵 정도로 간단히 제공된다. 미국식(American breakfast)은 대륙식과 마찬가지로 음료와 토스트, 빵이 기본적으로 제공되나 팬케이크, 머핀, 토스트, 베이글, 패스트리 등보다 다양한 빵과 시리얼을 포함하며 소시지와 베이컨 등과 함께 달걀이 제공된다는 특징이 있다. 영국식(English breakfast)은 미국식과 같은 구성을 가지나 생선요리가 포함된다는 점에서 차이가 있다. 최근에는 패스트푸드 레스토랑에서도 잉글리시 머핀 또는 팬케이크를 이용한 다양한 아침식사 메뉴를 제공하고 있다. 동양의 아침식사 메뉴는 점심과 크게 구별 없이 제공되는 경우가 많으나 우리나라에서는 죽 종류가 조식으로 제공되기도 한다.

(2) 브런치메뉴(Brunch Menu)

아침식사(breakfast)와 점식식사(lunch)의 합성어로 아침과 점심의 중간에 먹는 식사이며, 주로 주말이나 휴일에 인기가 있다. 특별히 정해진 메뉴는 없으나 아침메뉴보다는 푸짐하고 저녁메뉴보다는 덜 푸짐하게 구성된다. 시간에 구애받지 않고 여유롭게 식사를 즐기고자 하는 사람들을 위한 메뉴이다. 최근에는 전문 브런치카페가 등장하여 성장세를 보이고 있으며, 일반 패스트푸드 레스토랑과 커피전문점 등에서도 다양한 브런치메뉴를 제공하고 있다.

▌그림 5-4▐ 브런치메뉴의 예

출처: The Place; 스타벅스 코리아.

(3) 점심메뉴(Lunch Menu)

직장인들을 주요 고객으로 하는 경우가 많으므로 저녁메뉴보다는 가볍고 저렴한 가격으로 제공되는 경우가 많다. 레스토랑에서는 특별히 할인된 가격에 점심특선 또는 세트메뉴 형태로 제공하기도 한다. 최근에는 점심시간에 자리를 오래 비우지 못하는 직장인들이 포장판매(take-out)를 이용하여 간편하고 빠르게 식사를 해결하고자 하는 경향을 보이고 있다.

(4) 저녁메뉴(Dinner Menu)

하루 중 마지막에 제공되는 식사로서 식사구성 면에서 가장 다양하고 완성된 형식을 갖추어 제공되는 경우가 많으므로 비교적 가격이 높다. 대부분 레스토랑의 저녁메뉴는 주로 친구 또는 가족단위, 단체고객들을 대상으로 한다.

(5) 서퍼메뉴(Supper Menu)

저녁메뉴와 혼용되기도 하나, 전통적으로는 정찬으로 제공되었다. 현재는 늦은 저녁식사 또는 저녁식사 이후 간단하게 즐기는 식사 형태로 이용되는 경우가 많다. 각종 저녁행사 이후에 제공되는 메뉴이므로 소화가 쉬운 식재료와 조리법을 선택하여 가볍게 구성하는 것이 좋다. 일반적으로 서퍼메뉴는 식사 분류에 있어서 비공식적인 성격을 띤다.

4) 선택성에 따른 분류

(1) 단일메뉴(Non-selective Menu)

흔히 1~2가지 메뉴만을 한정적으로 제공하는 레스토랑의 메뉴로 전문화된 음식의 맛이 요구된다. 칼국수전문점, 파스타전문점, 설렁탕전문점 등 전문점에서 제공되는 메뉴로서 업소의 성격을 가장 잘 나타내는 메뉴이다. 단체급식에서 단일메뉴가 사용될 경우 고객의 불만을 야기할 수 있다.

(2) 부분선택식 메뉴(Partially Selective Menu)

코스메뉴 중 메인요리 또는 사이드요리, 후식 등의 일부 품목을 선택할 수 있게 제공되는 메뉴 형태이다. 단체급식에서는 부식의 일부를 선택할 수 있는 형태로 널리 이용되고 있다. 예를 들면, 주메뉴는 일괄적으로 제공하고 다섯 가지 부식을 제공하여 선택권을 준다. 그러나 많이 선택되지 않은 음식은 버려져야 하는 문제가 있다.

(3) 선택식 메뉴(Selective Menu)

고객이 원하는 음식을 자유롭게 선택할 수 있는 메뉴 형태이며 일품메뉴, 카페테리아 메뉴, 뷔페메뉴, 단체급식의 복수메뉴 등이 이에 속한다.

3 • 메뉴계획 및 개발

1) 메뉴계획과 개발의 의의

좁은 의미에서 정의되는 메뉴계획은 표적시장에 대한 최적의 상품을 개발하는 과정으로서 어떠한 상품을 무슨 재료를 사용하여 어떻게 만들어 어떠한 가격에 판매할 것인가를 기획하는 일이다. 그러나 궁극적인 의미에서 메뉴계획이란, 외식기업이 메뉴의 종류와 수, 가격 및 관련 사항을 결정하여 메뉴를 통한 고객만족을 창출하고, 결국에는 경영목표를 달성할 수 있도록 준비하는 일련의 과정을 말한다. 따라서 메뉴계획에는 경영자의 경영철학, 사업방향, 사회변화, 타깃고객, 시장환경 등 경영 전반에 대한 내용이 고려되어야 하며, 재무 및 회계, 구매, 마케팅, 주방 및 홀 등 운영에 관련된 모든 부서가 참여하여 진행하는 것이 올바르다.

메뉴계획이란 앞으로 상품화될 메뉴의 종류, 가격, 재료, 제공량, 디자인, 마케팅 방법 등 관련 내용을 결정하는 행위를 말하며, 메뉴개발은 메뉴를 보다 쓸모 있게 향상시켜 상품성 있는 상태로 만드는 것을 말한다. 따라서 메뉴를 계획 또는 개발할 때에는 두 가지 경우를 고려하게 된다.

맥도날드, 새 메뉴개발이 살길

패스트푸드 체인점 맥도날드가 새로운 메뉴를 개발해야 성장할 수 있다고 블룸버그통신이 30일(현지시간) 보도했다. 앞서 맥도날드는 이번 달 초 처음으로 글로벌 매출이 9년 만에 감소했다고 발표했다. 새 고객을 끌 색다른 메뉴를 개발하지 못했기 때문이다. 맥도날드는 최근 맥카페를 통해 커피 등의 음료를 판매하면서 새 고객층을 끌어모으려 노력하고 있다. 반면 다른 패스트푸드 체인점인 버거킹은 가족메뉴를 소개하면서 맥도날드를 바짝 따라잡고 있다고 통신은 전했다. 맥도날드는 지난 15일 잰 필즈 사장을 실적 부진 등을 이유로 해고했고 매출 증가를 위해 달러메뉴(1달러로 살 수 있는 세트메뉴)의 광고를 강화하겠다고 밝혔다. 버거킹은 수년간 스낵랩과 진저브레드 아이스크림 등 새 메뉴를 선보이면서 성공적인 전략을 펴고 있다고 통신은 설명했다. 마이클 켈터 골드만삭스그룹 애널리스트는 "맥도날드는 핵심을 잃고 있다."면서 "고객들은 맥도날드 대신 다른 곳을 찾고 있다."고 말했다. 돈 톰슨 맥도날드 CEO는 주가가 올 들어 14% 하락하면서 실적 개선의 부담이 커지고 있는 상황이다. 톰슨 CEO는 지난 10월 발표한 순이익이 예상치를 밑돌면서 매출 증대를 위해 달러메뉴에 대한 광고를 늘린다고 강조했다. 맥도날드는 고객서비스도 강화할 방침이다. 헤더 올대니 맥도날드 대변인은 "우리는 고객이 매장을 방문할 때마다 좋은 경험을 제공하는 데 초점을 맞출 것"이라고 말했다. 일각에서는 맥도날드의 달러메뉴 광고전략이 실적 개선에는 부족하다고 지적했다. 고객들이 달러메뉴를 선호할 경우 지출이 줄고 마진폭이 줄어들기 때문이라고 통신은 전했다. 맥도날드의 지난 9월 마감한 3분기 마진폭은 19.8%로 전년 동기의 21.1%에서 감소했다.

출처: 이투데이 (2012. 11. 30). 조정은 기자.

첫째, 기업의 새로운 기술과 생산방법의 적용 또는 새로운 시장의 창출을 목적으로 하여 새로운 메뉴를 계획하거나 개발하는 경우이다. 이 경우에는 고객의 관점에서 볼 때 새로운 메뉴임을 인식시키는 것이 중요하다.

둘째, 기존의 메뉴를 분석하여 더 나은 제품으로 계획하거나 개발하는 경우이다. 기존의 메뉴를 수정하는 경우는 상품의 수명주기에 있어서 성숙기 또는 쇠퇴기에 들어선 상품에 적용되므로 식재료 변화 등의 품질 개선, 편의성 및 안전성 등의 기능 개선, 또는 트렌드를 반영한 디자인 개선이 요구된다.

메뉴 변화와 새로운 메뉴의 계획과 개발은 기존 고객을 유지하면서 타 기업에 대한 경쟁력을 확보하고 새로운 시장을 개척할 수 있는 기회를 제공한다는 면에서 중요하다. 오늘날 고객들은 미디어의 발달로 인해 지식의 폭이 넓고 사회변화에 민감하여 메뉴의 변화와 개발에 대한 요구가 높다. 따라서 메뉴의 교체주기가 짧아지고 있으며 새로운 메뉴의 개발비가 환수되기도 전에 메뉴의 수명이 다하는 경우가 많아 메뉴개발자의 어려움이 크다. 이는 시장의 세분화 현상과 함께 외식경영을 더욱 어렵게 하는 요인이 되고 있다.

2) 메뉴계획과 개발의 영향요인

메뉴를 계획하거나 개발하는 일은 외식기업의 중요한 업무로서 메뉴전략에 의해 성패가 좌우된다고 하여도 과언이 아니다. 메뉴계획은 콘셉트의 결정에서 시작된다. 메뉴의 콘셉트를 결정하기 위해서는 먼저 입지와 상권을 분석하여 이를 바탕으로 사업의 방향을 명확히 하여야 한다. 사업의 방향, 즉 업태와 업종을 결정하기 위해서는 경영자의 운영능력, 타깃고객, 서비스 수준, 인력자원의 능력 등을 신중히 고려해야 하는데, 이것이 목표로 하는 외식시장의 경향에 부합할 때에 경쟁력 있는 메뉴전략을 수립할 수 있다. 메뉴전략이 확정된다고 할지라도 메뉴 자체의 경쟁력이 없다면 고객만족에 이를 수가 없으므로, 사업의 방향과 조화를 이루는 메뉴의 항목 수와 다양성을 결정하고 품질수준을 표준화하는 메뉴관리시스템을 갖추어야 한다. 그러나 모든 고객을 만족시키면서 동시에 모든 상황에 적용될 수 있는 메뉴를 계획하는 것은 불가능하므로 고객의 측면과 기업의 경영 측면에 관련된 다양한 요인들을 충분히 고려하고 분석한 후 메뉴전략을 기획하여야 한다.

① 고객의 측면

메뉴계획에 있어서 고객의 요구는 가장 중요한 요인이므로 타깃고객의 인구통계학적 특성, 선호도, 식습관 등 잠재시장에 대한 조사와 분석이 선행되어야 한다. 고객의 특성을 분석한 결과는 타깃고객들의 식생활과 선호도를 이해하여 만족도가 높은 메뉴를 계획하는 데 중요한 정보를 제공한다. 특히 미디어의 발달과 해외여행의 일반화, 외식의 증가는 음식의 다양성, 품질, 관능적 특성에 대한 고객의 기대치를 높이는 데 큰 역할을 하고 있다.

사회트렌드와 이에 따른 고객의 관심도 또한 큰 영향요인으로 작용하는데, 최근에는 지난 몇 년간 붐을 일으켰던 웰빙의 개념과 함께 환경친화적인 먹거리에 대한 관심이 높으며 잦은 외식과 가공식품의 발달로 인한 식품안전에 대한 우려가 높다. 이러한 이유 등으로 2008년 7월에는 음식점에서 판매하는 쇠고기에 대해 원산지표시가 의무화되었으며, 2013년 6월에는 음식점의 표시대상 품목의 범위가 점차 확대되어 기존 12개 품목에서 16개로 확대되었다. 최근에는 건강에 대한 관심이 영양정보의 필요성으로 이어져, 2010년부터 제과・제빵류, 아이스크림류, 햄버거, 피자 등 어린이 기호식품에 대한 영양성분표시가 의무화되었으며 2013년부터는 패밀리레스토랑, 커피전문점, 고속도로휴게소, 대형영화관, 백화점 내 푸드코트 등에서도 자율영양표시에 참여하고 있다.

고속도로 휴게소, 자율영양표시 전면 확대하여 조리음식 열량・나트륨 함량 등 상시 제공

식품의약품안전청은 이번 달부터 국민의 건강한 식품선택권 보장과 건강한 식생활 환경조성을 위해 전국에 소재한 한국도로공사 관할 고속도로 휴게소 170곳에서 자율영양표시를 전면 확대 시행한다. 고속도로 휴게소의 자율영양표시 시범사업은 지난 2010년 3월 경기 용인 소재 죽전휴게소(상행)를 시작으로 2010년 40곳, 2011년 129곳으로 점차 확대 시행해 왔다.

이번에 시행되는 자율영양표시는 휴게소 내 판매 조리음식을 대상으로 하며 열량, 당류, 단백질, 포화지방, 나트륨의 함량 및 하루에 필요한 영양소기준치 비율 등과 같은 각종 영양정보를 상시 제공하게 된다. 식약청과 한국도로공사는 2009년 고속도로 휴게소의 식품안전 및 영양 품질 향상을 위한 업무협약을 체결하고 올바른 건강기능식품의 선택법, 영양표시 바로 알기, 식중독 예방 등 공동캠페인을 추진해 왔다.

식약청은 앞으로도 관련 업체들의 자율적인 영양표시 참여를 유도하고 나트륨을 줄인 건강메뉴 개발・제공 등을 통해 건강한 식생활 실천문화를 확산해 나가는 데 앞장선다.

식약청은 커피전문점(2008년 7월~), 패밀리레스토랑(2010년 12월~), 어린이 놀이동산(2012년 5월)으로 자율영양표시를 확대해 왔으며 올해는 영화관 휴게음식점의 자율영양표시 참여를 추진할 계획이다.

출처: 식품의약품안전청 영양정책과 (2012. 10. 30).

② 경영 측면

메뉴를 계획할 때에는 기업의 경영적인 측면에서의 조직의 목적과 목표, 입지환경, 식재료 수급상황, 인력, 예산, 시설 및 기기, 서비스 방식, 경쟁자 등 다양한 요인을 고려해야 한다. 점포의 입지조건을 파악하기 위해서는 인구 구성도, 상권의 규모와 변화, 경쟁점포, 교통조건, 통행인구 등이 고려되어야 한다. 식재료를 원활히 공급받기 위해서는 메뉴에 이용되는 식재료 구입 가능성, 수급동향, 물가변동 등에 대한 시장정보를 조사하여야 하며, 식재료 원가와 예산에 따라 수익 목표가 달라진다. 또한 조리인력의 수, 음식의 종류와 가짓수, 조리설비 및 기기의 크기와 종류 등을 결정하기 위해서는 주방의 수용능력에 대해 파악할 필요가 있다. 특히 음식의 종류와 가짓수는 조리인력과 홀 종업원의 수, 주방의 크기에 영향을 받는데, 조리인력과 홀 종업원의 수가 적고 주방이 작은 경우에는 조리방법을 간단히 하거나 음식의 수가 제한된 메뉴를 계획하는 것이 효과적이다. 또한 경쟁업체의 메뉴분석을 통해 차별화된 메뉴계획이 필요하다.

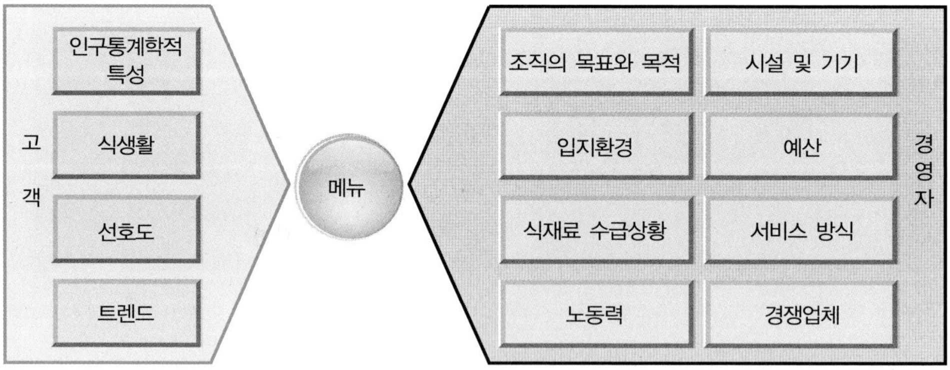

▌그림 5-5▐ 메뉴계획에 영향을 미치는 요인의 예

3) 메뉴계획 및 개발단계

메뉴계획의 단계는 외식기업마다 다르게 진행될 수 있으나 다음은 기본적인 메뉴의 계획 및 개발단계의 예를 보여 준다.

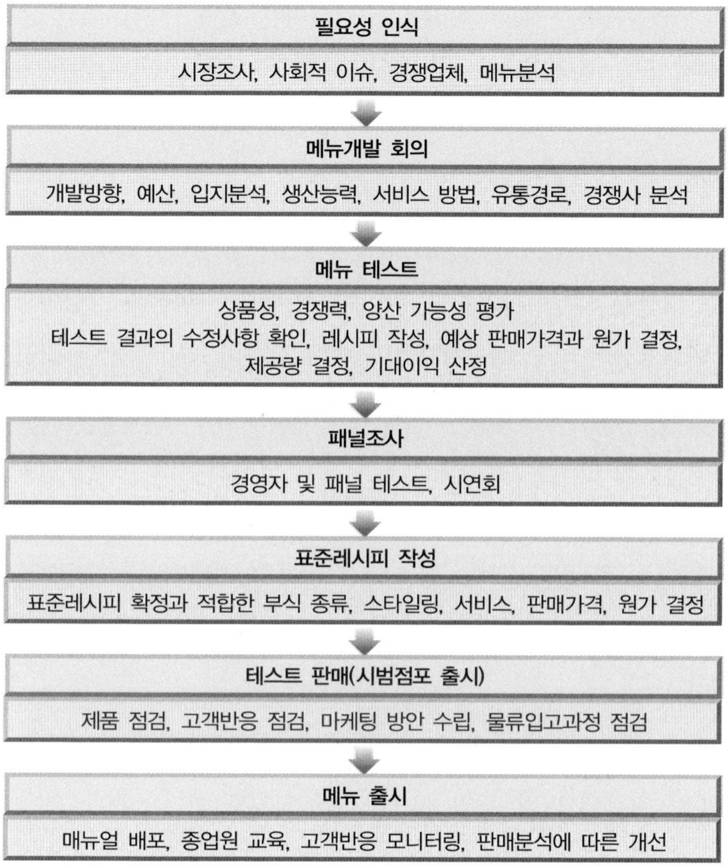

그림 5-6 메뉴계획 및 개발의 단계

(1) 필요성 인식

메뉴를 계획하거나 개발하고자 하는 첫 단계는 필요성을 인식하는 데에서 시작되며, 사회적인 이슈나 트렌드, 경쟁업체의 성장, 고객 또는 실무자의 의견, 메뉴분석 결과 등이 직·간접적인 동기부여를 한다. 광우병 문제는 고객들로 하여금 호주산 쇠고기를 사용하는 레스토랑으로 발길을 돌리게 하였으며, 일본 대지진으로 인한 방사능 노출에 대한 우려로 인해 2011년 우리나라 해산물 소비가 급감하였다.

(2) 메뉴개발 회의

필요성 인식에 따른 자료조사가 완료되면 메뉴개발 회의가 진행된다. 이때 개발방향과 입지조건 등에 따른 전략을 협의하여 콘셉트를 결정하게 되며, 경쟁업체의 메뉴를 비교·분석하여 차별화 방안을 구상하여야 한다. 예산 확인이 필수적이며 인력자원, 주방시설, 유통경로, 서비스시스템 등의 생산능력을 검토하게 된다.

(3) 메뉴 테스트

개발한 메뉴를 테스트한다. 상품성, 경쟁력 등을 평가하기 위해 맛과 질감, 향미, 색 등에 대한 관능평가가 이루어지며 경쟁메뉴에 대해 차별화된 장점이 있는지 확인한다. 또한 대량생산의 가능성을 판단하기 위해 식자재 수급과정, 협력업체 상황 등을 점검한다. 1차 테스트를 통과한 메뉴에 대해 레시피를 보완한 후 2차 테스트가 진행되며, 1차 테스트에서 지적받은 사항에 대한 점검이 이루어진다. 메뉴는 일반적으로 여러 차례의 테스트를 거쳐 통과되며, 통과된 메뉴에 대해서는 레시피를 확정하고 예상 판매가격, 제조원가, 제공량 등을 결정하여 기대이익을 산정하게 된다.

(4) 패널조사

경영자, 직원, 일부 고객, 외부 전문가 등 패널을 초청하여 시제품 시연회를 실시한다. 패널조사 결과에 따라 도입 여부가 결정되기도 한다.

(5) 표준레시피 작성

동일한 품질의 메뉴를 대량생산하기 위해 표준레시피를 작성한다. 표준레시피에는 식재료의 이름과 분량, 조리법, 사용되는 기기 및 기구, 총생산량 및 1인 분량, 제공 시 온도와 식기의 종류, 담는 방법, 장식 등을 정확하고 자세하게 기록한다. 표준레시피가 확정되면 함께 제공할 부식, 스타일링 및 서비스 방법, 판매가격과 원가가 결정된다.

(6) 테스트 판매

시범점포를 통해 테스트 판매를 한다. 현장에서 제품, 제공과정, 고객의 반응을 확인할 수 있으므로 개선사항을 점검하고 구체적인 마케팅 방안을 수립한다. 또한 실제 물류 입고과정을 점검하여 개선점을 찾는다.

(7) 메뉴 출시

개발된 메뉴에 대한 매뉴얼을 배포하고 시범조리교육을 실시한다. 또한 종업원에게 서비스 방법, 제품지식, 판매활동에 대한 교육을 실시하고 점검한다.

4 • 메뉴가격결정

고객이 구매하게 될 상품이나 서비스에 대한 대가로 지불하게 되는 가치교환의 수단인 가격은 외식기업의 이윤창출 근원이다. 또한 고객에게 기대치를 부여하고 구매의도에 직접적으로 영향을 미칠 뿐만 아니라 동종업체 간의 경쟁수단으로 이용되는 중요한 요소이다. 그러나 경영자에게 이윤을 창출하면서 동시에 고객으로 하여금 기꺼이 지불하게 하는 접점을 찾는 것은 쉽지 않으므로 고객이 지불한 의사가 있는 최대가격과 경영자가 받아야 하는 최소의 가격범위 내에서 협의를 이루어 내는 과정이 필요하다.

1) 가격결정 시 고려요소

메뉴의 가격은 식재료비, 인건비, 일반관리비, 마케팅비, 기대이윤 등의 합으로 결정되며 이외에도 상황에 따른 요소들을 고려하여 결정된다. 일반적으로 원가, 고객, 경쟁사는 가격결정의 기본요소이다.

첫째, 원가는 가격결정에 있어서 최소가격을 결정하는 기준이 된다. 따라서 메뉴의 가격은 구매, 생산, 서비스, 마케팅 등에 사용된 모든 비용에 적절한 정도의 기대이윤이 포함된 수준에서 결정되어야 한다. 하지만 원가를 절감하고자 하는 노력이 뒷받침되어야만 고객과 시장에서 받아들여질 수 있는 가격대가 형성될 수 있다.

둘째, 해당 메뉴가 타깃으로 하는 고객층에 따라 가격이 달라져야 하므로 타깃고객의 특성과 메뉴에 대한 고객의 가치인식도를 파악하여 적절한 방법으로 접근하여야 가격결정의 성공률이 높다. 예를 들면, 가격에 민감한 고객층의 경우 무엇을 사든지 가격이 가장 중요한 선택기준이 되므로 경쟁사와 비교하여 적정한 수준을 정하는 것이 중요한 반면, 높은 가격이 만족감을 주는 품질과 서비스를 보장한다면 고가품이라도 기꺼이 구매하고자 하는 고객층이 있다. 그러나 이는 단순히 가격뿐만이 아니라 브랜드이미지, 서비스 수준과 같은 외적인 요인에 의해서도 영향받는다.

셋째, 다른 외식업체의 동종메뉴 또는 유사메뉴의 가격이 고려되어야 하며, 특히 비교하고자 하는 메뉴의 일정한 양에 대한 가격비교가 이루어져야 한다. 예를 들어 100g당 가격 또는 1인분 가격을 기준으로 비교하여야 하며 주식뿐만 아니라 부식의 종류나 양의 수준도 동일하게 하여 기준을 삼는 것이 바람직하다.

2) 가격결정방법

(1) 원가중심의 메뉴가격결정

① 가격요소(factor)에 의한 계산법

메뉴가격 계산이 간편하여 외식업체에서 널리 이용되는 방법이다. 과거의 영업실적이 있는 외식업체의 경우 식재료의 비율을 결정하기가 쉬우므로 많이 사용된다. 가격요소를 이용한 메뉴가격을 산출하기 위해서는, 가장 먼저 판매가를 100%로 하였을 때 그에 대한 식재료원가의 비율을 정한 후 가격요소(factor)를 계산하고, 이 가격요소에 식재료원가를 곱하여 메뉴가격을 결정한다. 그러나 이 방법은 식재료원가만을 고려했기 때문에 다른 비용에 대한 정확한 산정이 어렵다는 단점이 있다.

$$\text{메뉴가격} = \text{식재료원가} \times \text{계수(factor)}$$

$$\text{계수(factor)} = \frac{100}{\text{식재료원가율(\%)}}$$

예제] A레스토랑에서 판매할 치즈돈까스의 식재료 비율은 25%로 정하였고 식재료원가는 3,000원이다. 가격요소 계산법을 이용한 치즈돈까스의 가격은 얼마인가?

$$\text{계수(factor)} = \frac{100\%}{25\%} = 4$$

$$\text{메뉴가격} = 3{,}000\text{원} \times 4 = 12{,}000\text{원}$$

② 주요원가(prime cost)에 의한 계산법

주요원가는 주로 생산에 직접적으로 관여하는 종사원들에 대한 직접인건비에 식재료비를 합한 것을 말한다. 따라서 주요원가에 의한 계산법은 가격요소 계산법에 직접인건비를 추가하여 판매가격을 결정하는 방법이다. 이 방법을 사용하기 위해서는 주요원가인 식재료비와 직접인건비가 판매가에서 차지하는 비율을 미리 설정해야 한다. 메뉴가격은 설정된 식재료비와 직접인건비의 비율을 이용하여 계산된 계수에 메뉴의 주요원가를 곱하여 결정한다. 이 방법의 단점은 조리사의 숙련도에 따른 인건비 차이와 메뉴생산에 소요되는 시간을 고려하지 않는다는 점이다.

메뉴가격 = 주요원가 × 계수(factor)

$$\text{계수(factor)} = \frac{100}{\text{운영상의 수익률(\%)}}$$

예제] B레스토랑에서는 새로운 웰빙메뉴를 런칭하고자 한다. 이 메뉴에 사용된 식재료비의 원가는 2,500원이고 판매가에 대한 비율은 40%이며, 직접인건비는 1,100원이고 그 비율은 10%이다. 주요원가 계산법을 이용한 이 웰빙메뉴의 가격은 얼마인가?

주요원가 = 2,500원 + 1,100원 = 3,600원

주요원가 비율(%) = 100% − (40% + 10%) = 50%

$$\text{계수(factor)} = \frac{100\%}{50\%} = 2$$

판매가격 = 3,600원 × 2 = 7,200원

③ 실제원가에 의한 계산법

메뉴의 생산부터 운영까지 소요되는 모든 제반비용에 기대하는 이윤까지 포함하여 가격을 결정하는 방법으로, 보다 합리적인 방법이라 할 수 있다. 식재료비, 생산과 운영에 요구되는 인건비, 변동비율과 고정비율, 이익률을 판매가에 대한 비율로 산정한다. 판매가에 기대하는 이윤을 포함하지 않고 계산할 경우 물가상승으로 인해 이윤이 운영비에 잠식될 수 있다. 따라서 실제원가 계산법은 판매가에 모든 비용과 이윤을 포함한다는 장점이 있으나, 계산에 이용되는 정보가 정확해야만 정확한 판매가격이 결정된다.

메뉴가격=식재료비+총 인건비 +(변동비율(%)+고정비율(%) +이윤비율(%))

$$계수(factor) = \frac{100}{직접비율(\%)}$$

예제] 다음은 C레스토랑에서 제공하는 볶음밥을 생산하고 운영하는 데 소요되는 비용을 보여 준다. 주어진 정보를 이용하여 판매가격을 결정하시오.

식재료원가: 6,000원, 총 인건비: 3,000원
변동비: 10%, 고정비: 12%, 기대하는 이윤율: 15%

주요원가의 비율=100%−(변동비(%)+고정비(%)+이윤율(%))
=100%−(10% +12%+15%)=63%

주요원가=6,000+3,000=9,000원

$$계수(factor) = \frac{100\%}{63\%} ≒ 1.58$$

판매가격=9,000원×1.58≒14,000원

(2) 구매자중심의 메뉴가격 결정

① 홀수–짝수 가격결정법

이 방법은 고객의 심리적 작용을 이용한 가격결정법으로, 기준이 되는 가격보다 조금 낮은 가격을 책정함으로써 고객으로 하여금 저렴하다고 느끼게 하는 방법이다. 가격의 숫자로 고객의 구매충동을 자극하는 것으로, 우리나라에서는 100원 또는 10원단위의 숫자를 많이 이용한다. 예를 들면, 5,000원짜리 식품을 4,950원으로, 1,000원보다는 900원에 판매하는 것 등이다. 지하철을 거점으로 한 테이크아웃 전문 카페인 마노핀 익스프레스는 아메리카노 커피를 990원에 판매하여 고객들의 큰 호응을 얻고 있다.

② 중량기준 가격결정법

포장판매 또는 샐러드바를 이용하는 외식점포에서 많이 사용되는 방법이다. 고객들이 원하는 음식의 종류와 양을 스스로 정하여 무게를 잰 후 무게당 정해진 가격에 따라 계산한다. 이는 고객이 직접 선택한 분량에 대해서 비용을 지불하는 방식이므로 가격에 대한 불평이 감소하고 만족도가 높아진다.

③ 복합가격결정법

세트메뉴 가격결정법으로도 불리는 방법으로, 두 개 이상의 메뉴를 함께 묶어 제공함으로써 고객으로 하여금 각각의 메뉴를 따로 주문할 때보다 가격이 저렴하다고 인식하게 한다. 경영자의 입장에서는 인기 없는 메뉴를 인기 있는 메뉴와 세트로 제공하여 판매량 증가를 도모할 수 있다.

④ 유인가격결정법

메뉴가 지닌 상품가치의 최저가를 선택하여 고객으로 하여금 해당 메뉴의 낮은 가격에 유도되어 방문하게 하는 방법이다. 저렴한 가격의 메뉴를 보고 방문한 고객에게 다른 메뉴의 판매를 유도하여 수익을 낼 수 있다.

(3) 경쟁중심의 메뉴가격결정

① 상대적 고가격결정법

상품의 품질수준은 비슷하나 시장에서 자사제품의 명성 및 인지도가 높은 경우에 사용될 수 있다. 상품의 품질을 평가하기 위해서 상당한 지식 또는 정보가 요구되는 경우, 가격이 품질을 평가하는 경향이 강한 경우, 또는 고객의 사회적 지위를 보여줄 수 있는 경우에 주로 사용된다. 예를 들면, 품종에 대한 정보가 충분하지 않은 채로 와인을 구매하는 고객의 경우 가격에 의존하여 품질을 평가하는 경향이 있다.

② 상대적 저가격결정법

경쟁기업보다 저렴하게 메뉴가격을 결정하는 방법으로 원가구조상 우위에 있을 때 사용 가능하다. 저가격결정법을 사용하는 경우 판매량 증대, 차별화, 시장점유율 확대 등을 기대할 수 있으나, 물가변동에 따른 가격상승 시 고객의 거부감이 크며 경쟁업체가 저가격전략으로 대응할 경우 가격차별화를 유지하기가 어렵다는 단점이 있다.

③ 경쟁자 가격결정법

경쟁기업의 메뉴가격과 같거나 비슷한 수준에서 가격을 결정하는 방법으로, 고객이 경쟁기업에서 책정한 가격에 만족한다는 전제하에 이용될 수 있다. 이는 해당 가격에 대한 고객의 인지도가 높은 경우 고가격 또는 가격인하 전략의 효과를 기대할 수 없으므로 사용되는 경우가 많다. 그러나 원가에 대한 정확한 정보가 없는 단순한 모방은 바람직하지 않다.

동네를 지나다가 아메리카노 커피 한 잔에 990원이라고 써 붙인 카페를 보았다. 나는 길을 계속 걸었고, 망막에서 그 장면은 사라졌다. 그런데 잠시 후 머리꼭지가 화끈해서 잠시 어지러웠다. 그 커피 값에 '착한 커피'라고 적혀 있었기 때문이다.

'착하다'는 건 원래 값이나 숫자로 계량할 수 있는 표현이 아니다. 그러나 사람은 감정적이고, 간성적이라 종종 그렇게 이치에 맞지 않는 표현을 쓴다. 광고문구이니 더구나 그럴 수 있다. 착하다는 저변에는, 세상이 얼마나 악하기에 반사적 표현이 나오는가 싶어 우울해졌다. 하긴, 몸매도 착하다고 쓰고 있으니 세상은 정말 악한 것 투성이인 모양이다. 그러고 보면, 그 표현의 이면에는 몸매가 나쁜 것도 악한 것이니깐. 달의 뒤편을 보게 되었을 때, 우리는 아마 이런 기분일 것이다. '좋고 착하다'는 이미지의 뒷면은 생각지도 못한 파장을 불러오는 경우가 있는 것이다. 착한 가게의 주인 말고는 모두 악덕업주이거나 예비적 악덕업주로 생각하게 만든다. 자, 짜장면 한 그릇에 1,000원을 하는 착한 가게가 있다 치자. 그런 가격을 산출하는 건, 자유다. 마진을 적게 하고 가게를 굴릴 수 있다는 요량일 것이다. 짜장면은 고기와 채소를 조금 쓰면 값을 맞추는 데 불가능한 일이 아닐 수도 있다. 백반처럼 반찬을 많이 주는 것도 아니고(단무지 몇 쪽이라면 까짓) 밀가루는 아무래도 싸다. 그럼 그렇게 영업하면 된다. 그러나 착하니 뭐니 이런 표현을 쓴다는 것은 상당히 부담스럽고 슬픈 일이다. 그 가게 주변업소들은 싼 가격의 착한 식당 때문에 모골이 송연해지는 일을 겪게 될 수도 있다. 이런 생각을 소비자들이 왜 하지 않겠는가? "아니, 그렇다면 이제까지 짜장면 한 그릇에 4,000원 받는 집들은 4배까지 폭리를 취한 거야?"

짜장면 얘기를 해서 안됐지만, 짜장면 4,000원을 받아도 망해 가는 가게들이 부지기수다. 칼국수 5,000원을 받아서, 착한 가게 인증을 못 받는 '악덕업주'들이 떼돈을 벌었냐 하면 그것도 아니다.

커피 한 잔에 990원은 가능하다. 커피란 원가부담이 적은 품목에 속하기 때문이다. 원두 kg당 2만 원 정도를 쓰면 가능한 액수다. 한 잔에 원두 10g 정도를 넣는다고 치면, 종이컵과 기타 원료비를 합쳐 30% 정도면 가능하다는 계산을 했을 것이다. 그러나 그 커피는 테이크아웃이다. 허나 소비자들은 그런 생각을 안 한다. 내가 카페에서 5,000원을 내고 마신 커피가 아까워지기 시작한다. 높은 임대료와 자릿값, 서비스비용은 고려하지 않는다. 회전만 잘하면 불가능한 액수가 아니라고 생각하는 업주가 나올 수 있다. 그건 자유로운 시장 흐름에 따라 성공할 수도 실패할 수도 있다.

가격을 책정하는 건 시장의 자유시장체제의 자유다. 그렇지만 제발 그걸 '착한 가게'라 부르지 말자. '세상이 얼마나 착하지 않으면 음식값도 착하기 원하는 것인가.' 그렇게 슬퍼해할 사람 많다.

출처: 쿠켄 (2012. 11). 박찬일의 칼럼 중에서.

5 • 메뉴평가

1) 메뉴평가의 의의와 목적

메뉴평가의 목적은 기존의 메뉴가 이윤창출에 있어 어느 정도 기여하고 있는지를 분석하여 고객만족을 높이고 기업의 매출량과 순이익을 증가시키는 방향으로 메뉴를 수정・보완하고자 함이다. 이러한 이유로 많은 연구자들이 메뉴분석방법을 개발하였으며 다양한 분석방법이 메뉴평가의 도구로 이용되어 왔다.

객관적으로 올바르게 분석된 메뉴는 메뉴의 구성, 수익성, 고객선호도 면에서 평가될 수 있으며 평가결과는 메뉴 정책에 반영되어 매출증대, 고객만족, 메뉴개발 등 판매전략을 수립하는 데 결정적인 역할을 한다.

2) 메뉴분석방법

(1) 인기계수(Popularity Index) 분석방법

단순히 판매량의 수치만으로 메뉴를 분석하는 방법으로서, 메뉴판매량을 기준으로 인기 있는 메뉴를 선정하여 품목별로 메뉴의 가치를 평가하는 방법이다. 인기계수는 인기지수를 평균 기대 인기지수로 나누어 산출한다. 이 방법은 최소 1개월 이상의 자료를 바탕으로 실시하여야 요일, 날씨, 이벤트 등에 의한 변동사항을 고려할 수 있다.

표 5-1 인기계수 평가방법의 예

메뉴품목	판매량	인기지수(%)	인기계수
A	45	30	1.00
B	19	13	0.43
C	50	33	1.10
D	21	14	0.47
E	15	10	0.33
총판매량	150	100	

※ 평균 기대 인기지수 = 30%

인기계수법은 메뉴 내 모든 품목의 경쟁력은 같다라는 가정하에 사용되며 인기계수가 1보다 크면 경쟁력이 있고 1보다 작으면 경쟁력이 낮은 것으로 평가한다.

(2) ABC분석방법

메뉴의 20%가 전체 매출의 80%를 차지한다는 20:80의 법칙을 적용하는 분석기법으로서, 파레토분석(Pareto Analysis)이라고도 불린다. 고객의 선호도가 높은 메뉴에 집중하여 보다 많은 판매율을 올리고자 할 때 사용될 수 있다. 고객에게 인기가 많은 메뉴가 어느 정도 분명한 패스트푸드 레스토랑에 적합한 분석방법이다. ABC분석법은 메뉴의 판매상태를 보여 주므로 고객이 선호하는 메뉴의 성향을 파악하여 제공시간을 단축하거나 새로운 메뉴를 계획하는 데 아이디어를 준다는 장점이 있다. 그러나 판매 수와 판매금액만을 기준으로 분석되므로 인건비를 포함하지 않아 정확한 분석결과를 기대하기 어렵다.

ABC분석방법은 다음과 같다.

① 일정기간 판매된 메뉴 수와 매출액을 계산한다.

② 매출액이 많이 발생한 순서로 나열한다. 하나도 판매되지 않은 메뉴도 포함한다.

③ 매출의 총액을 합산한다.

④ 메뉴 각각의 매출액을 총매출액으로 나누어 전체에서 차지하는 비율을 계산한다.

⑤ 비율의 누계를 계산한다.

⑥ 나열된 메뉴의 순서대로 누계수치의 75~80%까지를 A, 85~90%까지를 B, 100%까지를 C로 분류한다.

▌표 5-2▌ ABC분석의 예

순위	상품명	매출(십만 원)	매출구성비(%)	누계	평가
1	A	3,200	32.0	32.0	A
2	B	2,400	24.0	56.0	A
3	C	1,900	19.0	75.0	A
4	D	700	7.0	82.0	B
5	E	500	5.0	87.0	B
6	F	400	4.0	91.0	C
7	G	250	2.5	93.5	C
8	H	150	1.5	95.0	C
9	I	140	1.4	96.4	C
10	J	100	1.0	97.4	C
11	K	80	0.8	98.2	C
12	L	60	0.6	98.8	C
13	M	50	0.5	99.3	C
14	N	40	0.4	99.7	C
15	O	30	0.3	100.0	C
		10,000	100.0		

(3) 허스트(Hurst)의 분석방법

미국 플로리다주립대학의 마이클 허스트(Michael Hurst)가 1960년에 개발한 방법으로 메뉴스코어링(Menu Scoring) 방법으로도 불린다. 이 방법은 가격의 변화, 원가, 인기도, 공헌이익 등이 판매에 미치는 영향을 계산하여 분석한다.

허스트 분석방법은 다음과 같다.

① 평가기간을 정하고 총매출액에 공헌도가 높은 품목들을 평가대상으로 선정한다.

② 선정된 품목들의 판매수량을 계산한다.

③ 선정되지 않은 품목들의 판매량까지 모두 합하여 총판매수량을 계산한다.

④ 선정된 각 품목의 매출액과 식자재원가를 계산한다.

⑤ 선정품목의 평균객단가를 계산한다.

(선정품목 총매출액 / 선정품목 총판매량)

⑥ 선정품목의 총수익을 계산한다.

(선정품목 총매출액－선정품목 총식자재원가)

⑦ 선정품목의 총매출액에 대비한 총수익률을 계산한다.

(선정품목 총판매수 / 선정품목 총매출액)

⑧ 선정된 각 품목의 평균수익을 계산한다.

(평균객단가⑤×총수익률⑦)

⑨ 점포의 총메뉴품목 판매수에 대한 선정품목 각각의 판매율을 계산한다.

(선정품목의 판매수량② / 점포 전체 품목들의 판매수량③)

⑩ 메뉴스코어(menu score)를 산출한다.

(선정품목들의 평균수익⑧×선정품목들의 판매율⑨)

허스트 분석방법의 특징은 다음과 같다.

- 메뉴의 추가, 삭제 또는 가격조정과 같이 메뉴에 변화를 주었을 때 변화의 결과를 지속적으로 평가하는 데 사용된다.
- 메뉴스코어(menu score)가 높을수록 수익성이 높은 것을 의미하며 지속적으로 낮을 경우 판매가가 낮음을 의미한다.
- 메뉴스코어 자체만으로는 메뉴를 평가하기보다는 원가, 판매량, 객단가, 메뉴변화 등의 다른 요소들과의 상호작용을 파악하여야 하며, 평가기간을 달리하여 계산된 스코어들을 비교·분석하는 과정이 포함되어야 정확한 분석이 가능하다. 예를 들면 객단가가 높지만 메뉴스코어가 낮다면 원가가 높음을 나타낸다.

(4) 헤이즈와 허프만(Hayes & Huffman)의 평가방법

식재료원가율, 공헌이익, 인기도를 이용하여 메뉴에 대한 수익성과 인기도를 분석하는 방법이다. 순이익을 기준으로 메뉴의 수익성을 평가하므로 식자재원가뿐만 아니라 각 메뉴마다 고정비용과 변동비용을 고려하여 손익계산서를 만들고 각 메뉴에 대한 순수익이 높은 순서로 정리한다. 순수익을 이용하여 계산된 수익률을 근거로 각 메뉴를 목표이익과 비교·분석한다. 이것을 목표가치분석(goal value analysis)이라고 하는데, (1－식료원가 백분율)×평균 판매량×[평균 판매가×{1－(변동비 백분율＋식료원가 백분율)}]로 나타낸다.

이 방법은 뒤에서 설명되는 카사바나와 스미스(Kasavana & Smith) 분석방법의 단점을 보완하기 위해 고정비용과 변동비용을 고려한 새로운 방법을 제시하였다. 그러나 순이익에만 중점을 두기 때문에 원가와 수익성 등과의 상관관계를 알기 어렵고, 고정비와 변동비를 어떠한 방법으로 각 메뉴에 분배하는가에 대한 방법을 제시하지 못하였다는 한계를 지닌다. 이 방법은 순이익이 높은 메뉴에 기준을 두는 뷔페레스토랑의 메뉴분석에 적합하다.

(5) 밀러(Miller)의 평가방법

일정기간 동안 모든 메뉴의 식재료 비율과 인기도의 상관관계를 계산하는 평가방법이다. 식재료원가의 비율이 낮고 인기도가 높은 메뉴가 수익성이 높은 메뉴들(winners)이며, 식재료원가의 비율은 높고 인기도는 낮은 메뉴는 가장 수익성이 낮은 메뉴들(losers)로 분류한다. 식재료원가의 비율과 인기도가 둘 다 높거나 낮은 품목은 marginals로 분류된다. 이 방법은 식재료원가가 낮은 메뉴와 판매량이 높은 메뉴를 보여 준다는 장점이 있으나, 실제 매출액과 공헌이익을 나타내지 못한다는 한계가 있다. 예를 들어, 식재료원가 비율이 낮은 메뉴는 일반적으로 판매가가 낮아 수익성이 떨어지는 경우가 많으며 이러한 메뉴의 수익성을 올리기 위해 판매가를 높이면 판매량이 감소할 수 있다.

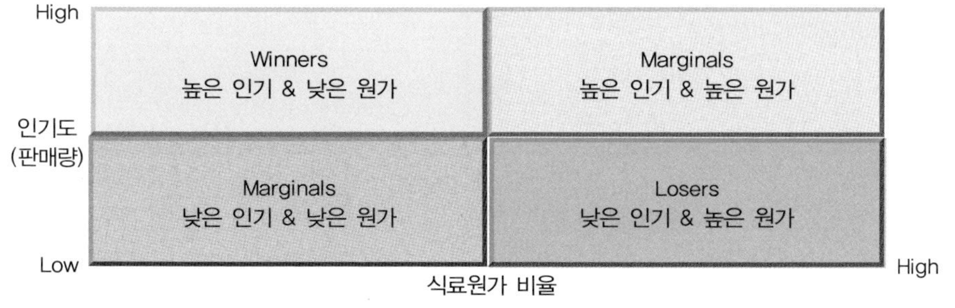

▌그림 5-7▐ 밀러평가법 매트릭스

(6) 파베직(Pavesic)의 분석방법

카사바나와 스미스 방법과 밀러 방법의 단점을 보완하고자 개발된 방법으로, Cost Margin Analysis(CMA)라고도 불린다. 파베직은 식재료원가율이 낮으면 판매가를 낮게 잡을 수밖에 없는 밀러 방법의 단점을 지적하면서 메뉴의 가중된 식재료원가 비율과 가중평균 공헌이익을 기준으로 메뉴를 분석하는 방법을 제안하였다. 따라서 가중된 식재료원가율이 낮고 가중평균 공헌이익이 높은 품목을 최고품목인 primes로, 식재료원가율은 높고 가중공헌이익이 낮은 품목을 problems로 정의한다. 즉, 높은 매출량과 높은 총수익의 상관관계를 가지는 메뉴가 가장 수익성이 높다는 것이다. 여기서 공헌이익은 전체 공헌이익을 총 메뉴의 수로 나눈 평균 공헌이익(average contribution margin)을 사용하며, 한 품목의 공헌이익은 판매가와 직접비용의 차익을 의미한다. 그러나 선호도, 수익성 및 식재료원가율 계산에 평균개념을 도입하였다는 점에서 정확성이 떨어지는 단점이 있다.

- 가중된 식재료원가 비율(%) $= \dfrac{\text{품목의 식자재원가} \times \text{판매량}}{\text{품목의 판매가격} \times \text{판매량}} \times 100$
- 가중평균 공헌이익 = (품목의 판매가격 × 판매량) − (품목의 식자재원가 × 판매량)

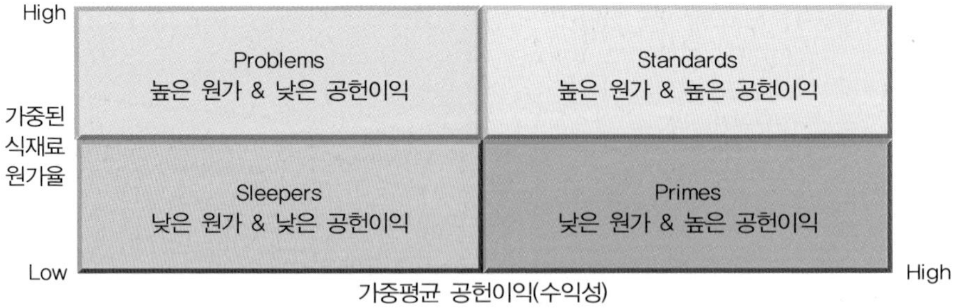

▌그림 5-8▌ 파베직평가법 매트릭스

(7) 카사바나와 스미스(Kasavana & Smith)의 평가방법

수익성과 인기도의 상관관계를 파악하는 평가방법으로, 메뉴엔지니어링(Menu Engineering)이란 이름으로 잘 알려져 있다. 메뉴상에 제공된 각 메뉴의 수익성(공헌이익)과 인기도(판매량)가 차지하는 비율(메뉴믹스)을 중심으로 분석하는 방법으로서,

수익성과 인기도를 높고 낮음으로 구분하여 메뉴의 효율성을 평가하는 방식이다. 수익성과 인기도가 모두 높은 것을 최고의 품목인 stars, 수익성이 낮고 인기도가 높은 것을 plowhorses, 수익성이 높고 인기도가 낮은 것을 puzzles, 수익성과 인기도가 모두 낮은 것을 dogs로 분류한다.

그러나 식재료원가를 제외한 다른 비용을 고려하지 않는다는 단점이 있으며, 가격이 높은 메뉴에 집중하여 수익성을 높이려는 전략을 택할 경우 고객 수 감소와 그로 인한 이익감소를 초래할 수 있다.

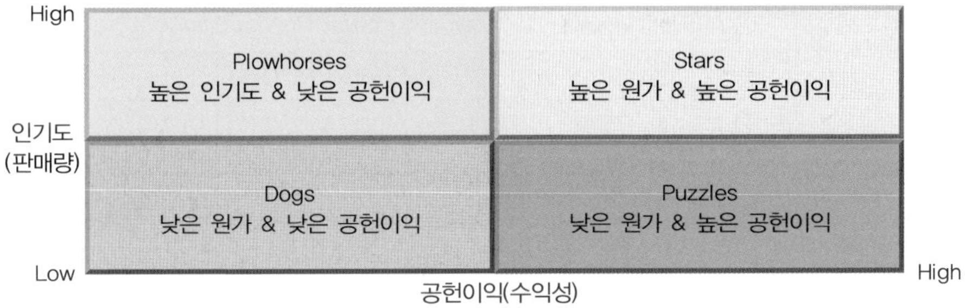

▌그림 5-9▌ 메뉴엔지니어링 매트릭스

메뉴엔지니어링 분석방법은 다음과 같다.

① 메뉴명(A), 판매량(B), 원가(D), 판매가(E)를 적는다.

② 각 메뉴별 판매량의 합계(N)를 내어 메뉴믹스비율(C)을 계산한다.

③ 공헌이익(F), 메뉴비용(G), 메뉴수익(H), 메뉴공헌이익(L)을 계산한다.

④ 총비용(I), 총수익(J), 총공헌이익(M)을 계산한다.

⑤ 총비용비율(K), 평균 공헌이익(O), 70% rule 메뉴믹스비율(Q)을 계산한다. 70% rule 메뉴믹스비율이란 메뉴믹스비율이 전체 판매량의 70%를 넘어선 경우에 판매량이 높다고 판정하는 기준이다.

⑥ 70% rule 메뉴믹스비율(Q)을 기준으로 메뉴믹스비율(C)을 판정하여 메뉴믹스비율을 분류(P)한다.

⑦ 평균 공헌이익(O)을 기준으로 공헌이익(F)을 판정하여 공헌이익을 분류(R)한다.

⑧ 메뉴믹스비율 분류결과(P)와 공헌이익 분류결과(R)에 따라 메뉴를 평가(S)한다.

▌표 5-3▌ 메뉴엔지니어링 분석의 예

메뉴명	판매량	메뉴믹스 비율	원가	판매가	공헌이익	메뉴비용	메뉴수익	메뉴 공헌이익	메뉴믹스 비율분류	공헌이익 분류	분석결과
A	B	C=B/N×100	D	E	F=E-D	G=D×B	H=E×B	L=F×B	P	R	S
해물리조또	211	6.8	2,500	8,000	5,500	527,500	1,688,000	1,160,500	High	Low	Plowhorse
버섯크림리조또	154	5.0	2,100	7,000	4,900	323,400	1,078,000	754,600	Low	Low	Dog
미트소스파스타	352	11.3	2,100	7,000	4,900	739,200	2,464,000	1,724,800	High	Low	Plowhorse
엔쵸비피자	158	5.1	3,600	12,000	8,400	568,800	1,896,000	1,327,200	Low	High	Puzzle
까르보나라	296	9.5	2,700	8,000	5,300	799,200	2,368,000	1,568,800	High	Low	Plowhorse
봉골레스파게티	389	12.5	2,600	8,000	5,400	1,011,400	3,112,000	2,100,600	High	Low	Plowhorse
해물파스타	320	10.3	2,500	8,000	5,500	800,000	2,560,000	1,760,000	High	Low	Plowhorse
4치즈피자	305	9.8	3,800	12,000	8,200	1,159,000	3,660,000	2,501,000	High	High	Star
라비올리	107	3.4	5,000	16,000	11,000	535,000	1,712,000	1,177,000	Low	High	Puzzle
고등어스파게티	401	12.9	3,600	12,000	8,400	1,443,600	4,812,000	3,368,400	High	High	Star
알리오올리오	171	5.5	3,000	10,000	7,000	513,000	1,710,000	1,197,000	Low	High	Puzzle
스페셜피자	245	7.9	5,000	15,000	10,000	1,225,000	3,675,000	2,450,000	High	High	Star
	총판매량					총비용	총수익	총공헌이익			
	N					I	J	M			
	3,109					9,645,100	30,735,000	21,089,900			

※ 메뉴 수: 12
총비용비율(K=I/J): 0.31
평균 공헌이익(O=M/N): 6,783
70% rule 메뉴믹스비율(Q=(100/메뉴 수)×0.7): 5.8
P=F값들을 O값과 비교한 결과
R=C값들을 Q값과 비교한 결과

메뉴엔지니어링 분석결과에 대해 다음과 같은 전략을 세울 수 있다.

① Stars

- 선호도와 수익성이 모두 높은 최고의 메뉴이다.
- 현재 품질, 양, 서비스 등의 수준을 잘 유지하는 것이 가장 중요하다.
- Star메뉴를 메뉴판 상단에 위치하여 눈에 잘 띄게 하면 수익성 높은 메뉴의 판매를 증가시킬 수 있다. 그러나 star메뉴의 경우 메뉴의 위치에 관계없이 고객의 선호도가 높으므로 메뉴판의 가장자리에 배치하여 고객이 다른 메뉴에도 시선

을 줄 수 있도록 조치할 수도 있다.

- 가격인상은 고객에게 가장 민감한 사항이므로 신중하게 고려할 사항이다. Star 메뉴가 된 원인이 적정한 가격이라면 가격인상은 바람직하지 않다. 그러나 고객의 선호도가 매우 높다면 고객이 수용할 만한 범위 내에서 가격인상을 시도해 볼 수 있다.

② Plowhorse

- 선호도는 높으나 수익성이 낮은 메뉴이므로 수익성만 높이면 stars가 될 수 있다. 따라서 수익성을 높이는 전략이 요구되나 선호도가 높으므로 가격변화에 민감한 메뉴이다.
- 선호도가 높으므로 가격인상을 고려해 본다. 특히 경쟁업체에 없는 메뉴라면 조금의 가격인상을 통해 높은 수익을 얻을 수 있다.
- 원가를 낮추기 위해 제공량(portion size)을 조금 줄인다.
- 함께 제공되는 가니쉬의 재료를 원가가 낮은 것으로 바꾸거나 제공량을 줄인다.
- 원가가 낮은 품목과 세트메뉴를 구성하여 공헌이익을 높인다.
- 선호도가 높으므로 메뉴판에서 고객의 시선이 덜 집중되는 곳에 배치한다.

③ Puzzles

- 수익률은 높으나 인기도가 낮아 판매량이 적은 메뉴들로, 이 그룹에 속하는 메뉴의 수는 최소화하는 것이 바람직하다. 인기도만 높이면 stars에 속할 수 있는 메뉴들이므로 고객의 선호도를 높이는 방향으로 전략을 세운다.
- 메뉴판에서 고객의 눈에 잘 띄는 위치에 배열한다.
- 메뉴의 이름을 바꾸어 고객의 흥미를 유도한다.
- 가격인하를 시도하여 선호도를 높인다.
- 권유판매(suggestive selling)나 테이블텐트(table tent) 등과 같은 판매촉진 전략을 통하여 선택을 유도한다.
- 생산하는 데 특별한 기술 또는 기기가 필요하거나 많은 노동력이 요구될 경우 과감히 삭제한다. 메뉴에서는 삭제하고 원하는 고객을 대상으로 예약제로만 판

매할 수도 있다.

④ Dogs

- 수익성과 인기도가 모두 낮은 메뉴들로 가장 바람직하지 않은 그룹이다.
- 선호도 또는 수익성을 높일 수 있는 방법이 없는 경우가 많으므로 이 경우 과감히 삭제한다. 단, 메뉴에서는 삭제하고 원하는 고객을 대상으로 예약제로만 판매할 수 있다.
- 인기도는 여전히 낮으나 수익성은 높은 puzzles그룹을 만들기 위해 원가를 낮추거나 가격인상을 고려한다.
- 다양한 이벤트를 시도하여 고객의 흥미를 끌 수 있는 방법을 시도해 본다.
- 그러나 평가 결과, 같은 그룹에 속하는 메뉴일지라도 인기도와 수익성 정도에 차이가 있으므로 모두 동일한 전략을 사용하여 수익을 올리지는 못한다. 따라서 메뉴엔지니어링 매트릭스를 작성하여 각 메뉴의 현재 상황을 정확하게 포지셔닝한다면, 더욱 실질적인 전략을 세울 수 있다.

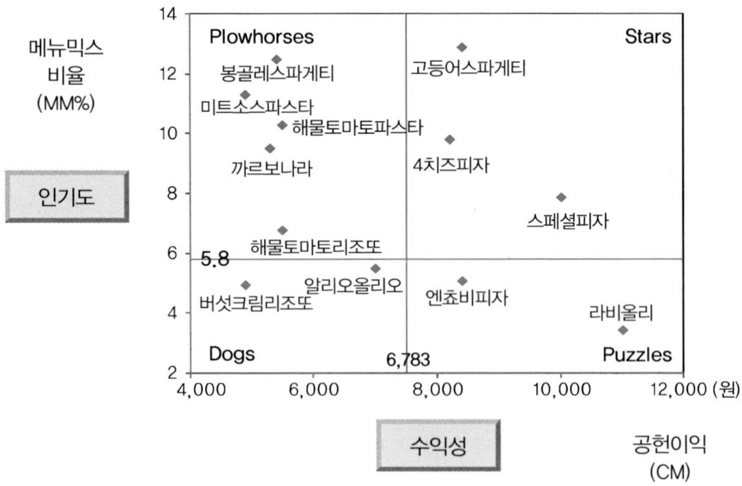

▮그림 5-10▮ 메뉴엔지니어링 매트릭스

요 · 약

❶ 메뉴는 고객과 외식기업의 경영자를 연결하는 최초의 의사소통 수단으로서, 제공하는 음식의 종류와 가격뿐만 아니라 고객으로 하여금 구매가치를 판단하게 하는 중요한 정보를 제공한다.

❷ 메뉴의 종류는 구성방법, 품목의 변화, 식사시간, 선택성에 따라 분류될 수 있으며 메뉴품목을 결정하고 타깃고객을 선정하는 데 영향을 준다.

❸ 메뉴계획이란 앞으로 상품화될 메뉴의 종류, 가격, 재료, 제공량, 디자인, 마케팅 방법 등 관련 내용을 결정하는 행위를 말하며, 메뉴개발은 메뉴를 보다 쓸모 있게 향상시켜 상품성 있는 상태로 만드는 것을 말한다. 따라서 메뉴를 개발 또는 계획할 때에는 새로운 기술과 생산방법의 적용 또는 새로운 시장창출을 목적으로 하는 신메뉴를 창출할 것인지 아니면 기존의 메뉴를 분석하여 더 나은 제품으로 개발하거나 계획할 것인지를 결정하여야 한다.

❹ 메뉴개발은 필요성을 인식하여 조사한 자료를 바탕으로 메뉴 콘셉트, 생산능력 검토, 경쟁사 분석 등에 대한 메뉴개발 회의를 진행하여 후보 메뉴들을 선정한 뒤 여러 차례의 테스트와 패널조사를 통과되면 표준레시피를 작성하여 테스트 판매를 하는 과정을 따른다. 시범점포를 통해 구체적인 마케팅 방안이 수립되면 출시하게 된다.

❺ 고객이 구매하게 될 상품이나 서비스에 대한 대가로 지불하게 되는 가치교환의 수단인 가격은 외식기업의 중요한 이윤창출의 요인이다. 또한 고객에게 기대치를 부여하고 구매의도에 직접적으로 영향을 미칠 뿐만 아니라 동종업체 간의 경쟁수단으로 이용되는 중요한 요소이다. 따라서 적정한 메뉴가격은 수요를 자극하여 이윤을 창출하는 데 결정적인 역할을 하므로 신중하게 계획하여야 한다.

❻ 메뉴평가의 목적은 기존의 메뉴가 이윤창출에 있어 어느 정도 기여하고 있는지를 분석하여 고객만족을 높이고 기업의 매출량과 순이익을 증가시키는 방향으로 메뉴를 수정·보완하고자 함이다. 이러한 이유로 많은 연구자들이 메뉴분석방법을 개발하였으며 다양한 분석방법이 메뉴평가의 도구로 이용되어 왔다. 객관적으로 올바르게 분석된 메뉴는 메뉴의 구성, 수익성, 고객선호도 면에서 평가될 수 있으며 평가결과는 메뉴 정책에 반영되어 매출증대, 고객만족, 메뉴개발 등 판매전략을 수립하는 데 결정적인 역할을 한다.

연·습·문·제

1. 메뉴의 다양한 정의와 종류를 조사해 보고 각각의 정의와 특성을 정리해 보자.

2. 메뉴를 계획 또는 개발하고자 할 때 먼저 고려해야 할 두 가지 경우의 목적을 생각해 보고, 사례를 들어 설명해 보자.

3. 메뉴를 계획할 때에는 고객과 경영자의 측면에 관련된 다양한 요인들을 충분히 고려하고 분석한 후 진행되어야 한다. 현재 새로운 메뉴를 개발하고자 할 때 생각해 보아야 할 사회적·경제적·문화적 이슈에는 어떠한 것이 있는지 조사해 보자.

4. 관심 있는 메뉴 리스트를 구하여 교과서에 제시된 가격결정방법을 사용해 가격을 결정해 보자. 각각의 방법으로 정한 가격에는 차이가 있는가? 어떠한 방법을 사용한 가격결정방법이 가장 합리적이라 생각하는가? 그 이유를 논의해 보자.

5. 관심 있는 메뉴품목에 대한 원가와 판매가 자료를 수집하여 엑셀을 이용해 메뉴 엔지니어링 분석을 해보자. 메뉴 엔지니어링 매트릭스를 만들어 합리적인 전략을 논의해 보자.

6 Chapter 위생 및 품질관리

Chapter Foodservice Management

6 위생 및 품질관리

도입사례 ≫ **외식업소 해썹(HACCP) 인증 사례**

SPC그룹이 운영하는 '던킨도너츠' 강남본점과 홍대점이 식약처로부터 매장단위 식품접객업소 최초로 해썹인증을 획득했다. 이번 해썹인증은 고객과의 접점에 있는 매장단위로는 국내 최초라는 데 큰 의의를 지닌다. 던킨도너츠는 약 2년 전부터 해썹인증을 준비했다. 첫 사례인 만큼 기준을 새로 만드는 것이 쉽지 않았지만, 식품의약품안전처의 적극적인 컨설팅 및 지원을 바탕으로 약 6개월여의 전사적인 준비 끝에 시범운영에 들어갔으며, 드디어 2012년 1월 해썹인증 획득 매장 타이틀을 얻게 됐다. 해썹의 핵심은 체계적인 계획을 통해 중요 위해요소를 차단하고 자율적인 자체관리시스템을 만드는 것으로 다양한 실험데이터를 통해 위해요소를 차단하는 것이 중요하다. 던킨도너츠는 3단계의 교차 점검을 통해 보다 체계적이고 안정적인 위생관리를 진행한 것이 인증획득에 유효했다. 1단계는 영업팀을 통한 점포별 자체 위생진단, 2단계는 품질경영팀의 매장환경과 미생물에 대한 분기별 위생진단이며 마지막 3단계로 SPC 안전센터를 통해 그룹 차원의 위생관리를 함께 진행해 체계적인 관리가 이루어지고 있다. 비알코리아는 식품접객업소 해썹인증 이전에도 이미 1998년부터 식약처에서 실시한 해썹 시험사업체(유제품)로 참여한 이후, 2003년 비알코리아 음성공장이 업계 최초로 아이스크림류 부문 해썹 적용 사업장으로 지정받은 바 있다.

출처: 월간식당 (2012. 3).

1 • 외식업소 위생관리

1) 외식업소 위생관리의 중요성

최근 고객들의 식품안전에 대한 관심이 높아지면서 외식업소 선택 시에도 '음식의 질'이 최우선 고려사항이 되고 있고, 그중에서 '음식의 위생'이 중요한 선택기준이 되고 있다. 따라서 외식업소는 고객의 만족도를 향상시키고 고객의 지속적인 재방문을 통한 매출 증대를 모색하기 위해서 업장과 종사원의 위생관리를 위해 노력하고 있다.

효과적이고 체계적인 위생관리를 위해서는 업소의 특성과 환경을 고려한 위생관리 매뉴얼이 마련되어 있어야 하며, 기본적인 위생시설·설비가 구비되어 있어야 하고, 종사원은 위생관리 매뉴얼의 내용을 준수하여 작업을 수행해야 하며, 외식업소 매니저는 종사원들을 대상으로 위생관리 매뉴얼에 대해 교육하고 위생관리 수행 여부를 실시간 관리·감독해야 한다.

2) 식중독의 분류

외식업소 위생관리의 목적은 식중독을 예방하는 것이다. 식중독은 식품위생법 제2조 제14호에 식품의 섭취로 인하여 인체에 유해한 미생물 또는 유독물질에 의하여 발생하였거나 발생한 것으로 판단되는 감염성 또는 독소형 질환이라고 규정되어 있다. 식중독의 종류에는 살모넬라균, 황색포도상구균, 장염비브리오균 등의 세균성 식중독과 노로바이러스, 노워크바이러스, 로타바이러스 등의 바이러스 식중독, 복어독·버섯독·마비성 패독·기억사실성 패독 등의 자연독 식중독, 수은·납 등의 중금속류와 농약 등에 의한 화학성 식중독이 있다(〈표 6-1〉).

▮표 6-1▮ 식중독의 분류

대분류	중분류	소분류	원인균 및 물질
미생물	세균성	감염형	살모넬라, 장염비브리오균, 병원성대장균, 캠필로박터, 여시니아, 리스테리아 모노사이토제네스, 클로스트리디움 퍼프린젠스, 바실러스 세레우스
		독소형	황색포도상구균, 클로스트리디움 보툴리눔 등
	바이러스성	공기, 접촉 물 등의 경로로 전염	노로바이러스, 로타바이러스, 아스트로바이러스, 장관아데노바이러스, 간염A바이러스, 간염E바이러스 등
화학물질	자연독	동물성 자연독에 의한 중독	복어독, 시가테라독
		식물성 자연독에 의한 중독	감자독, 버섯독
		곰팡이 독소에 의한 중독	황변미독, 맥가독, 아플라톡신 등

	화학적	고의 또는 오용으로 첨가되는 유해물질	식품첨가물
		본의 아니게 잔류, 혼입되는 유해물질	잔류농약, 유해성 금속화합물
		제조·가공·저장 중에 생성되는 유해물질	지질의 산화생성물, 니트로소아민
		기타 물질에 의한 중독	메탄올 등
		조리기구·포장에 의한 중독	녹청(구리), 납, 비소 등

출처: 식품의약품안전처 (2012).

3) 외식업소 식중독 발생 통계

집단식중독이란 역학조사 결과 식품 또는 물이 질병의 원인으로 확인된 경우로 동일한 식품이나 동일한 공급원의 물을 섭취한 후 2인 이상이 유사한 질병을 경험한 사건을 말한다.

식중독의 주요 증상은 복통, 설사, 오심, 구토, 발열 등이며 여러 가지 증상이 동시에 발생한다. 식중독 발생 통계에 의하면 2011년 기준으로 전체 식중독 발생 건수는 249건, 식중독 발생환자 수는 7,105명이었고 이중 음식점(외식업소)에서 발생한 건수는 총 117건, 발생환자 수는 1,753명으로 전체 식중독 발생 중 외식업소에서 발생한 건수는 전체의 47.0%, 발생환자 수는 전체의 24.7%였다(〈표 6-2〉). 식중독은 외식 인구의 증가, 국제무역의 활성화, 해외여행 인구의 증가뿐만 아니라 지구온난화 및 실내온도 상승 등의 사회적·경제적·환경적 변화로 인해 연중 지속적으로 발생하고 있다.

▌표 6-2▐ 외식업소의 연도별 식중독 발생 현황

원인 시설	구분	2002년	2003년	2004년	2005년	2006년	2007년	2008년	2009년	2010년	2011년
음식점	발생 건수	30	46	34	53	108	289	208	98	133	117
	환자 수	583	1,441	1,049	1,021	1,971	3,476	2,392	1,132	1,704	1,753

출처: 식품의약품안전처 (2012).

위생적이고 안전한 환경에서 외식을 즐기고 싶은 고객의 욕구가 점차 증가함에 따라 범정부 차원에서의 위생관리의 필요성이 강조되었고, 이에 식품의약품안전처에서는 2010년부터 식품접객업 HACCP시범사업을 추진하여 2011년 6월에 일반음식점, 휴게음식점, 제과점에서 HACCP을 적용할 수 있도록 관련 고시를 개정하였다.

외식업소 경영자, 매니저, 종사원 모두 위생관리의 중요성과 관리항목, 관리방법 등을 올바로 숙지하고 적합하게 실행하여 제공되는 음식에 대해 고객에게 신뢰받을 수 있는 위생품질을 확보하는 것은 외식업소의 성공적인 경영을 위한 선결과제이다.

4) 외식업소 위생관리 영역

외식업소에서 사용하는 식재료에는 다양한 미생물들이 부착되어 있으나 이들을 육안으로 확인할 수는 없고 또한 식품 속의 위해 미생물이 최종적으로 고객이 섭취하는 단계에서 모두 위험(risk)을 유발하지는 않는다. 다시 말하면 외식업소관리자와 종사원이 식품 속에 내재되어 있는 미생물이 위험한 수준으로 증식되지 않도록 저장·보관·조리·서빙하는 과정에서 위생관리와 품질관리를 올바르게 수행할 수 있다면, 최종적으로 고객에게 서빙되는 음식의 안전성을 확보할 수 있다. 외식업소 위생관리를 효과적으로 수행하기 위해서는 온도-시간관리, 교차오염관리, 종사원 개인위생관리 항목을 잘 준수해야 한다.

(1) 온도-시간관리

① 온도관리

온도관리는 외식업소 식중독 예방을 위한 위생관리 시 가장 중요하게 관리해야 할 항목이다. 왜냐하면 온도는 미생물의 성장에 가장 중요한 영향을 미치는 인자이기 때문이다. 대부분의 미생물은 5~57℃ 범위에서 잘 증식하며 이 온도범위를 위험온도범위(danger zone)라고 한다. 따라서 외식업소에서 전처리한 식재료나 조리된 음식, 특히 식품의 pH가 4.6~7.5 정도이고, 수분활성도가 0.85 이상인 식품, 예를 들어 육류, 가금류, 어패류, 조리된 곡류와 감자류, 콩류 및 콩가공품, 종자발아식품, 조리된 채소류와 절단된 과일류 등의 잠재적 위해식품(Potentially hazard foods: PHF)을 위험온도범위에서 장시간 보관할 경우 식중독균의 증식 가능성이 증가하므로 음식 생산 전 과정에서 온도관리를 잘 계획하고 수행해야 한다.

외식업소에서 쉽게 볼 수 있는 부적절한 온도관리 사례는 계란이나 두부, 어묵 등의 냉장보관식품을 실온에 보관하는 경우, 전처리된 식재료나 양념류를 실온에 장시간 보관하는 경우, 가열조리음식을 식중독균이 사멸될 수 있을 정도의 온도로 충분히 가열하지 않는 경우, 육수 등을 가열한 후 부적절하게 냉각했을 때, 가열조리 후 냉장·냉동보관하였던 음식의 재가열이 적절하게 수행되지 않았을 때 등이다.

② 시간관리

외식업소 위생관리 시 시간관리가 중요한 이유는 미생물은 부적절한 환경조건에서 10~12시간 안에 1개의 균체가 백만 개로 기하급수적으로 증식하여 문제를 발생할 수 있기 때문이다. 따라서 외식업소에서는 식품취급 시 위험온도범위에서의 노출시간을 최소화하여 식중독균 증식을 예방해야 한다. 고객이 메뉴를 주문한 후 바로 조리를 시작하는 것이 이상적이나 일반적으로 외식업소에서는 운영여건상 사전에 식재료를 전처리해 두거나 일부 조리 후 냉장보관하였다가 주문이 들어오면 조리사가 가열 혹은 재가열 후 고객에게 제공하고 있다. 이때 전처리한 식재료나 조리한 음식을 실온에서 장시간 보관하지 않도록 관리해야 한다.

③ 메뉴조리과정별 온도–시간관리

외식업소 메뉴 조리과정별 온도–시간관리 항목을 살펴보면, 식재료 입고 시에는 냉장·냉동식품의 품온과 유통기한(혹은 품질유지기한)을 검사해야 하며, 냉동식품의 경우 녹은 흔적이 있으면 반품처리해야 한다. 또한 식재료를 저장하는 냉장·냉동고(실)의 온도를 정기적으로 체크해야 한다.

전처리 시 냉동식품의 해동은 5℃ 이하의 냉장온도에서 해동하거나 21℃의 흐르는 물에서 4시간 이내에 해동해야 하며, 한 번 해동한 식품은 재해동하지 않는다. 그리고 전처리한 식재료나 파, 마늘 등의 양념류는 사용 전까지 냉장온도에서 보관해야 하며, 가열조리 시에는 식품의 내부중심온도를 74℃에서 15초 이상 유지되도록 관리해야 한다.

조리 완료 후 서빙 전까지 보관온도와 시간은 5℃ 이하의 냉장온도에서는 24시간 이내에, 57℃ 이상의 보온온도에서는 5시간 이내에 서빙을 완료하도록 하고, 보온·보냉고가 없어서 조리 완료 후 실온에서 보관했다가 서빙하는 경우에는 조리 완료 후 2~3시간 이내에 서빙을 완료하도록 한다.

가열조리 후 냉장보관을 위해 냉각하는 과정에서는 위험온도범위에서 6시간 이상 방치하지 않도록 한다. 즉, 냉각 시 식품온도는 57℃에서 21℃로 낮추는 데 2시간 이내, 57℃에서 5℃로 이하로 낮추는 데 4시간 이내로 관리하도록 하고, 이를 사용하기 전 재가열하는 경우에도 가열조리 시와 동일한 온도 기준으로 식품의 내부중심온도가 74℃에서 15초 이상 유지되는지를 확인하고 사용한다. 또한 재가열한 음식은 재차 가열하여 배식하지 않도록 한다.

냉장식품을 절단하거나 적은 양으로 나누어 담아서 보관하고자 할 때에는 식품의 온도가 가능한 한 15℃를 넘지 아니하도록 한 번에 소량씩 취급하고 처리 후 냉장고에 보관한다. 식품을 냉장 혹은 냉동저장하는 경우에는 식품 내의 미생물의 성장을 지연시키고 저장수명을 어느 정도 증가시켜 줄 수는 있으나 식품 내의 미생물이 완전히 사멸되는 것은 아니다. 특히 리스테리아균이나 여시니아, 세균의 포자 등은 저온에서도 생육이 가능하므로 냉장·냉동저장 시의 유통기한관리나 냉장·냉동고(실)의 위생관리에 유의해야 한다.

또한 포자를 형성하는 식중독균인 클로스트리디움 보툴리눔(Clostridium botulinum),

클로스트리디움 퍼프린젠스(Clostridium perfringens), 바실러스 세레우스(Bacillus cereus) 등은 일반적인 가열온도와 시간으로 사멸되지 않으므로 완전조리식품이나 가공식품 구매 시 HACCP 지정제품 등을 구매하여 사용하는 것이 안전하다.

외식관리자는 조리종사원들에게 외식업소 조리과정 중 온도–시간관리의 중요성에 대해서 위생교육을 실시하고 각 조리과정에서 식품의 온도–시간을 관리할 담당자를 정하고 각 과정 담당 종사원이 정확하게 온도 혹은 시간을 측정할 수 있도록 교육・훈련시켜야 한다.

(2) 교차오염관리

교차오염(cross-contamination)이란 생식재료나 오염된 식품과 접촉한 작업자의 손, 작업대, 스폰지, 행주, 조리기구 등에 의해 조리된 음식으로 유해물질이나 질병을 유발하는 미생물이 전달되는 것을 말한다. 교차오염은 생식재료와 조리된 음식이 접촉했을 때에도 발생할 수 있다. 외식업소 조리과정 중 교차오염이 발생할 수 있는 예를 살펴보면, 살모넬라균에 오염된 생닭을 손질한 도마와 칼을 세척・소독하지 않고 바로 양배추나 오이 등의 채소류를 절단하는 데 사용하였을 때, 생닭의 살모넬라균이 도마와 칼을 통해 채소류로 교차오염될 수 있다. 이때 생닭의 살모넬라균은 적절한 가열조리를 수행할 경우 사멸될 수 있으나 양배추나 오이 등으로 샐러드를 만들었다면 샐러드는 고객에게 서빙되기까지 별도의 가열조리과정을 거치지 않으므로 샐러드 속의 살모넬라균은 그대로 고객이 섭취하여 식중독을 유발할 수 있는 것이다.

이와 같은 조리과정에서의 교차오염을 방지하기 위해서는 식재료별로, 생식재료와 조리된 음식을 다루는 칼・도마 등의 조리도구를 구분하여 사용하고, 조리도구를 사용 후 세척・소독・건조하여 위생적으로 보관해야 한다. 또한 식재료 구입 후에는 원재료와 전처리한 식재료, 조리완료한 음식을 구분하여 보관하고, 같은 구획의 저온저장 공간에 조리한 음식과 생식재료를 함께 보관할 경우에는 조리한 음식을 생식재료의 위 칸에 보관하도록 한다.

그리고 조리종사원은 개인위생관리 수칙을 준수하고 조리작업 전후 손 세척과 소독을 반드시 실시하도록 한다. 그리고 조리 시 맨손으로 작업하지 말고 반드시 소독한 조리용 장갑을 사용하고 조리용 장갑도 전처리용과 조리용으로 구분하여 사용하도록 한다. 또한 식품 취급 등의 작업은 바닥으로부터 60cm 이상의 높이에서 실시하여 바닥으로부터의 오염을 방지해야 한다. 이를 위해서 작업장 내 충분한 작업대를 구비해야 한다.

식재료의 입고부터 서빙에 이르는 전 과정에서 교차오염을 방지하기 위해서는 식품과 작업자의 이동동선을 구분하고, 전체 작업과정에서 교행을 하지 않도록 관리해야 한다. 종사원의 작업배치 시에도 청결구역(예: 조리실, 서빙준비실, 식기보관실 등)과 일반구역(식재료저장실, 전처리실, 세정실 등)으로 구분하여 각 구역 내에서 작업하도록 계획하고, 부득이하게 동일인이 두 구역에서 교대로 작업해야 할 때에는 다른 구역으로 이동 시 각 구역의 복장규정을 준수하고, 출입 시 손 세척·소독을 반드시 실시하도록 한다.

또한 종사원 탈의실에는 신발을 포함하여 외출복장과 위생복장 간에 교차오염이 발생하지 않도록 구분하여 보관할 수 있는 사물함 등을 구비하고 위생적으로 관리해야 한다.

(3) 종사원 개인위생관리

① 종사원 개인위생관리방법

철저한 개인위생관리는 본인의 건강유지뿐만 아니라 식품의 안전과도 밀접한 관련이 있다. 조리종사원은 청결한 상태로 외식업소에 출근해야 하며 식품을 취급하기 전에는 반드시 손을 세척·소독해야 한다. 또한 가능하면 작업 중 머리를 긁거나 입과 코 등 신체의 일부를 만지거나 흡연이나 전화기나 지폐 등을 만지는 행동을 하지 말고, 조리 중 오염된 식재료를 만졌을 때, 화장실을 다녀왔을 때 등은 손을 꼭 세척·소독해야 한다.

종사원이 손 세척·소독을 잘 수행할 수 있도록 하기 위해서는 조리장 각 구역별로 손 세척·소독시설을 잘 구비해 두는 것이 필요하다([그림 6-1]).

외식종사원으로부터 오염될 수 있는 또 다른 원인은 땀이므로 종사원의 땀이 음식이나 조리기기에 떨어지지 않도록 주의해야 한다. 이를 위해서는 식품 취급용 장갑을 자주 교체하여 사용하고 행주로 땀을 닦는 행위는 금지해야 한다. 부득이한 경우에는 일회용 타월을 사용하여 땀을 닦고 바로 손 세척·소독 후 조리작업을 수행

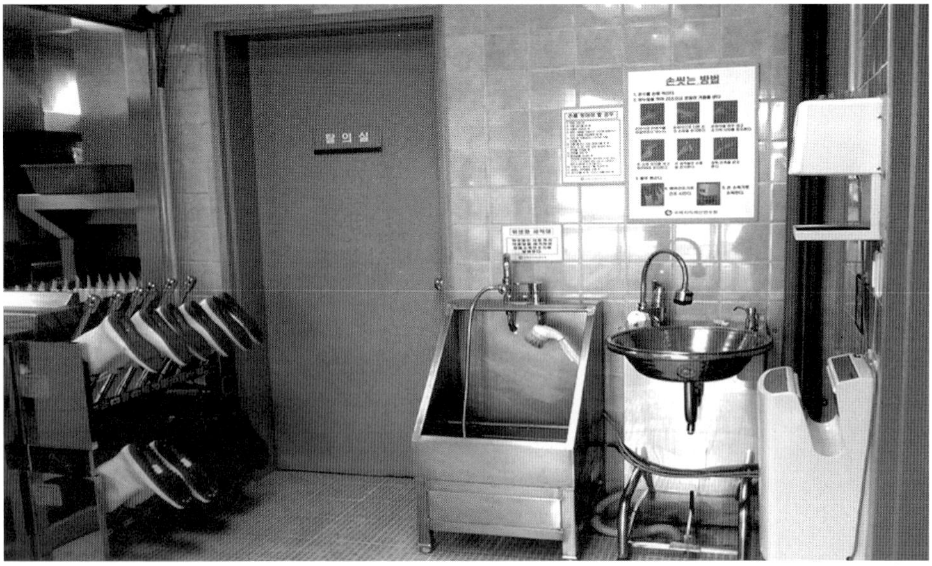

▌그림 6–1▌ HACCP 지정업소 손 세척 · 소독시설의 예

출처: 김지혜 (2011).

해야 한다.

조리종사원은 조리작업을 시작하기 전 개인위생점검표([그림 6–2])를 이용하여 건강상태(열, 설사 등), 청결한 위생복 · 위생모 · 위생화 · 앞치마 착용 여부, 손톱 위생상태 등을 점검하고, 작업 중 음식에 유입될 수도 있는 반지 · 귀걸이 등의 장신구나 약, 열쇠, 필기류 등의 소지품은 탈의실에 보관하도록 한다. 위생모 착용 시 머리카락의 탈락을 방지할 수 있도록 머리망을 착용하는 것이 좋고, 작업 전 손 세척 · 소독 후에는 손에 향이 있는 로션을 바르지 않도록 한다.

전염성질환의 증상이 있거나 보균자인 종사원은 질병을 전염시킬 수 있으므로 절대 음식을 취급해서는 안 된다. 종사원은 설사, 발열, 메스꺼움이나 피부질환 등의 증상이 있을 때에는 외식관리자에게 보고하고 관리자는 이들을 조리작업에서 제외하는 등의 조치를 취해야 한다. 또한 조리종사원의 채용 전 건강검진을 반드시 실시하고, 건강진단서는 연 1회 갱신해야 한다.

② 종사원 위생교육방법

외식산업은 노동집약적인 산업으로 생산과 서빙과정에서 종사원의 손을 거치는

개인위생점검표

확인	실무 담당자	팀장

날짜: 20 년 월 일 요일 업장명:

조리원 성명	건강상태	복장 위생상태				손 위생상태			반지, 귀걸이, 시계 등 부착물	조리원 서명
	심한 감기, 열, 설사	위생복	위생모	위생화	앞치마	손의 상처	수세/소독	손톱/매니큐어		

*확인방법: 조회 후 주방에 들어가기 전 조리원 개별 점검
*확인여부: 양호 ○, 불량 ×

▌그림 6-2▐ 종사원 개인위생점검표의 예

출처: 배현주 외 (2012).

작업이 대부분이므로 이들의 위생개념과 태도가 최종적으로 서빙되는 음식의 위생상태에 많은 영향을 미친다. 따라서 종사원 개인의 식품 취급습관이 고객의 건강과 밀접한 관련이 있음을 종사원 스스로 인식하게 하고 위생관리를 적극적으로 실천하도록 유도하는 것이 중요하다.

이를 위해서는 지속적이고 단계적인 위생교육·훈련이 필요하나 각 외식업소 단위로 위생교육자료를 제작하는 것은 쉽지 않다. 따라서 식품의약품안전처 식품안전

정보원이 운영하는 식품나라(www.foodnarn.go.kr)나 한국보건산업진흥원 HACCP 지원사업단 홈페이지(www.haccphub.or.kr)에 업로드되어 있는 동영상, 애니메이션, 파워포인트로 제작된 위생교육자료를 적극적으로 활용하는 것이 좋다. TV 프로그램 중 외식업소 위생관리 불량사례를 적발한 내용 등을 편집하여 위생교육자료로 활용하는 것도 효과적이다. 또한 최근에 사용이 급증하고 있는 스마트폰 애플리케이션을 활용하면 시간과 공간의 제약을 받지 않고 종사원 위생교육을 실시할 수 있다. 대표적인 위생교육 애플리케이션으로는 식약처에서 개발·운영하고 있는 식중독 예방정보 모바일 앱(http://m.kfda.go.kr/fm)이 있다.

2 • 외식업소 위생관리시스템

1) 외식업소의 HACCP 적용 절차

전세계적으로 과학적이고 체계적인 위생관리시스템으로 평가받고 있는 식품위해요소중점관리기준(Hazard Analysis and Critical Control Point: HACCP)이란 식품의 원료관리, 제조·가공·조리·소분·유통의 모든 과정에서 위해한 물질이 식품에 섞이거나 식품이 오염되는 것을 방지하기 위하여 각 과정의 위해요소를 확인·평가하여 중점적으로 관리하는 기준이다. 1995년 12월 식품위생법 제32조 제2항의 규정이 신설되면서 HACCP이 적용된 이후로 식품제조·가공업체, 단체급식소는 물론 외식업소에 이르기까지 HACCP이 활발히 적용되고 있다.

외식업소 HACCP 적용 현황을 살펴보면, 2012년 초 SPC그룹의 '던킨도너츠' 매장이 식품접객업소 최초로 해썹인증을 획득한 이후 2012년 12월 기준으로 총 17곳의 외식업소에서 HACCP 지정을 받았다. 외식업소의 경우 선행요건 관리기준과 HACCP 관리기준을 간소화하여 적용 가능하므로 향후 외식업소를 중심으로 HACCP 적용이 더욱 활성화될 수 있을 것으로 기대된다. 더불어 최근에는 주 5일제 근무 확산으로 인해 사용인구가 더욱 증가할 것으로 예상되는 고속도로 휴게소의 HACCP 지정도 활발히 진행되고 있다. 2013년 상반기 기준으로 전국의 고속도로 휴게소 총 204곳 중 판매음식이나 휴게소 식당이 HACCP 지정을 받은 곳은 총 12개소이다.

외식업소에 HACCP을 적용하고자 할 때에는 국제식품규격위원회에서 정한 HACCP 7원칙 12절차를 기준으로 한다[(그림 6-3]). 이와 같은 HACCP 원칙과 절차를 업소에 적용할 때는 그 본래의 목적을 고려하면서 각 업소의 현실에 맞게 도입한 후 지속적으로 개선해 나가야 한다.

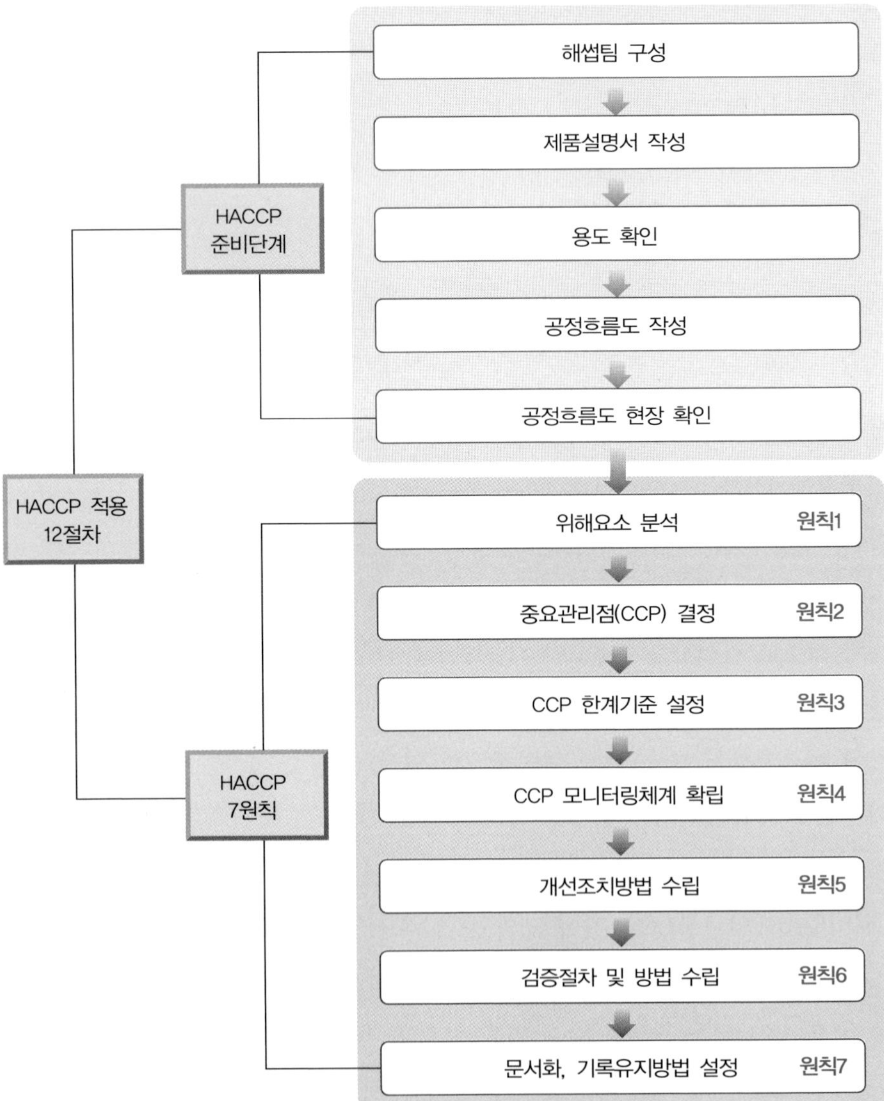

그림 6-3 HACCP 적용 7원칙 12절차

① 절차 1: HACCP 실시를 위한 준비팀을 편성한다

HACCP 도입은 HACCP 계획의 작성 책임자와 HACCP에 대해 전문적인 지식과 기술 및 경험을 가진 인력이 참여하는 팀을 편성하는 것에서부터 시작한다. HACCP 팀은 HACCP의 구축 및 유지관리, HACCP 계획의 개정 등이 주된 업무가 된다. HACCP 팀장과 팀원은 모두 일정시간의 위생교육을 받아야 한다. 팀 구성 후에는 팀원의 수행 업무와 책임 및 권한을 명시하는 조직도를 작성하고 업무 인수・인계 체계를 마련하도록 한다. HACCP을 수행하는 부서별, 종사원 개인별 책임과 권한은 서로 중복되거나 누락되지 않도록 작성하고, 비상시 인력을 대체하고자 할 때는 HACCP 교육을 받은 인력을 배치할 수 있도록 계획한다.

② 절차 2: 제품의 특징을 기술한다

HACCP 적용 시 생산음식에 대하여 종류, 원재료, 조리공정, 특성, 포장 형태 등을 분명히 기재하여야 한다. HACCP 계획의 작성 시 원재료 및 음식에 관한 고유의 정보는 위해분석의 기초자료로 활용되므로 상세히 기재해야 한다.

③ 절차 3: 제품의 사용방법을 명확히 한다

제품의 용도 및 용법을 확인하는 절차이다. 최종 완성된 음식이 어떻게, 누구에게 서빙되는가를 예측하는 것이 필요하다. 특히 위해 원인물질에 대하여 감수성이 있는 특정 집단, 예를 들면 노인이나 영유아 등 특정 계층에게 제공하는지 여부 등을 명확히 하는 것 등은 효과적인 HACCP 계획 작성을 위해 매우 중요하다.

④ 절차 4: 제조(조리)공정흐름도, 시설의 도면 및 표준작업서를 작성한다

식재료의 입고부터 음식의 최종 서빙까지의 공정에 대하여 그 흐름을 알 수 있는 제조(조리)공정흐름도(flow diagram)와 조리시설 내의 시설・설비의 구조 및 음식과 작업자의 이동경로 등을 기재한 시설의 도면, 조리에 이용하는 기기의 성능과 조리작업의 절차, 조리과정의 중요한 기준에 대하여 기재한 표준작업절차서를 작성한다.

⑤ 절차 5: 제조(조리)공정흐름도를 현장에서 확인한다

전 단계에서 작성한 제조(조리)공정흐름도, 외식시설의 도면 및 표준작업절차서에 대하여 음식조리현장에서 실제의 작업내용과 일치하고 있는지를 확인하여 작성내용에 잘못이나 부족함이 없는지 여부를 충분히 검토한다.

⑥ 절차 6: 위해분석(Hazard Analysis: HA)을 실시한다(원칙 1)

위해요소 자체에 대한 정보 또는 위해요소가 발생할 수 있는 환경, 원재료, 조리과정 등과 관련된 정보를 수집하고, 수집된 정보를 평가하여 최종 서빙되는 음식에 내재할 수 있는 위해요소를 규명한다. 위해요소 중 생물학적 위해에는 병원성 세균, 바이러스, 기생충, 진균류 등이 있고, 화학적 위해에는 중금속(수은, 납, 카드뮴, 비소 등), 천연독소(곰팡이 독소, 패류독, 버섯독, 복어독 등), 잔류농약, 남용되거나 오용된 식품첨가물, 환경호르몬, 알레르기 유발물질, 기타 생산공정에서 혼입될 수 있는 세척제나 소독제, 조리과정에서 생성될 수 있는 아크릴아마이드 등이 있다. 물리적 위해로는 인체에 상처를 줄 수 있는 뼈 조각, 유리파편, 금속조각, 플라스틱조각, 돌, 녹, 모발, 종사원 장신구, 스테이플러 심, 클립, 고무밴드, 기생충 알, 곤충(생체 혹은 파편), 설치류 분변 등의 이물질이 있다.

⑦ 절차 7: 중요관리점(Critical Control Point: CCP)을 결정한다(원칙 2)

위해요소분석을 통해 확인된 위해요소와 예방조치방법을 목록화한 후에 이들을 어떤 수준으로 관리할 것인지를 결정하기 위하여 중요관리점을 결정한다. 중요관리점이란 HACCP 적용과정에서 식품의 위해요소를 예방, 제거하거나 허용수준 이하로 감소시켜 업소에서 제공되는 음식의 안전성을 확보할 수 있는 중요한 단계 또는 공정이다. 위해분석에서 수집한 정보에 따라 가능하면 객관적이고 과학적인 방법으로 중요관리점을 결정한다. 김밥전문점에서 판매되는 김밥의 생산공정 중에서는 냉장식재료의 냉장보관, 가열조리중심온도 측정, 완제품으로 만들기 전 속재료의 냉장보관, 생산 직후 판매되지 않았을 때의 완제품의 냉장보관 등이, 도시락류의 경우 가열 시 내부중심온도 측정, 신속 냉각, 포장, 제품보관 및 운송단계가 CCP로 관리될 수 있다.

⑧ 절차 8: 각 CCP에 대한 한계기준(Critical Limit: CL)을 설정한다(원칙 3)

절차 7에서 결정된 중요관리점에 대하여 위해를 예방·배제 또는 허용범위 내로 관리하기 위한 기준을 작성한다. 한계기준은 관리항목과 해당 항목의 기준·규격으로 구성한다. 한계기준의 예는 냉장·냉동고 온도관리를 CCP로 설정했을 경우에는 냉장고 온도 5℃ 이하, 냉동고 온도 −18℃ 이하가 한계관리기준이 되며, 가열조리 음식의 내부중심온도 측정을 CCP로 설정했을 경우 한계관리기준은 74℃ 이상에서 1분 이상 등으로 설정한다.

⑨ 절차 9: 각 CCP에 대한 모니터링(Monitering) 방법을 정한다(원칙 4)

중요관리점에 대해서 각 관리기준에 적합하게 관리되고 있는지를 실시간 관찰, 측정 또는 검사하는 방법을 정한다. 외식업소에 HACCP을 적용할 때 외식관리자가 모든 CCP를 실시간 모니터링할 수는 없으므로 외식관리자는 해당 CCP의 작업을 수행하는 종사원에게 모니터링 업무를 위임하고 정확한 모니터링이 수행될 수 있도록 해당 종사원을 교육·훈련해야 한다. 또한 HACCP 관리기준서 작성 시 모니터링 담당자에 대한 적절한 자격요건과 책임 및 권한을 명확히 정해야 한다.

⑩ 절차 10: 모니터링 결과 CCP에 대한 CL 위반 시의 개선조치(Corrective Action)를 정한다(원칙 5)

개선조치는 안전성이 손상되어 있을 가능성이 있는 음식에 대하여 식품위생관리상 필요한 조치를 행함과 동시에 작업과정 중 관리기준에 위반되는 요인을 즉시 시정하고 작업공정의 관리상태를 HACCP 계획대로 되돌리기 위한 과정이다. 모니터링을 수행한 결과 CCP가 한계관리기준 범위 내로 관리되고 있지 않은 경우 개선조치를 취한다. 검수기준에 부적합한 식재료 입고 시 반품하거나 채소류를 소독하는 소독제의 농도가 기준치보다 낮을 때 농도를 조정하는 것 등이 개선조치의 예이다.

⑪ 절차 11: HACCP이 효과적으로 시행되는지를 검증(Verification)하는 방법을 정한다(원칙 6)

HACCP이 정확하고 효과적으로 시행되고 있는지에 대하여 계획 시부터 정기적으로 검증해야 하며, CCP 및 CL이 적절하게 설정되어 위해가 적절하게 관리되고 있는지를 보다 과학적인 방법으로 평가해야 한다. 검증은 HACCP 계획이 올바르게 수립되어 있는지 확인하는 유효성 평가(Validation)와 HACCP 계획이 설계된 대로 이행되고 있는지를 확인하는 실행성 검증으로 나뉜다. 자체 인력으로 검증을 수행하기 어려울 경우에는 외부의 검증 전문가에게 검증을 의뢰하도록 한다. 검증의 예로는 HACCP 계획 관련 자료의 검토 및 통계적 분석, 모니터링 측정장비의 검·교정, 음식 생산공정 각 단계에서 채취한 음식 샘플과 식품과 접촉하는 외식업소시설 표면에 대한 미생물검사 등이 있다.

⑫ 절차 12: 이들 원칙 및 그 적용에 관한 모든 기법에 관하여 기록을 유지·관리한다(원칙 7)

HACCP을 실시하고 있는 동안 계속적이고 신뢰성 있는 기록이 유지·관리되지 않는다면 HACCP은 성공적으로 정착될 수 없다. 체계적인 HACCP 적용을 위해서는 HACCP의 구축·운영·개선에 대한 절차와 방법 등을 문서화하고, 문서화된 규정에 따라 각종 양식과 점검표 등을 현장 종사원이 실시간 사실적으로 정확하게 기록하며, HACCP 팀장은 그 결과를 검토 후 최종 평가해야 한다. CCP 일지 등을 포함한 기록은 업소에서 위생사고 발생 시 원인규명 및 책임소재 판명을 위한 근거자료가 되면 제조물책임법 대비 등 법적 근거를 확보하는 차원에서도 중요하므로 각종 기록은 어디에 보관하고 누가 관리할 것인가를 명확히 규정하고 최소 2년 동안 보관해야 한다.

> **제조물책임법(Product Liability Act: PL법)**
> 제조물책임법은 제조물의 결함으로 발생한 손해에 대한 제조업자 등의 손해배상책임을 규정함으로써 피해자 보호를 도모하고 국민생활의 안전 향상과 국민경제의 건전한 발전에 이바지함을 목적으로 한다. 제조업자 입장에서 가장 효과적인 PL대책은 결함이 있는 상품을 시장에 유통시키지 않는 것이므로 HACCP의 적용은 제조물 책임의 발생을 차단하는 예방차원의 효과적인 사전대책이라고 할 수 있다.

2) 외식업소 유형별 HACCP 적용방법

외식업소의 위생품질 개선을 위해서 HACCP을 적용하고자 할 때 우선적으로 각 외식업소의 운영 특성을 고려하여 적절한 HACCP 선행요건 관리기준을 작성하여 종사원이 준수할 수 있도록 교육·훈련을 잘 진행하고 관리항목별 수행도를 향상시켜야 한다.

2011년 6월부터 관련 규정이 개정되어 일반음식점, 휴게음식점, 제과점 등의 외식업소의 경우 HACCP 지정심사가 간소화되었으므로 외식업소의 HACCP 적용이 더욱 활성화될 것으로 예상된다.

외식업소가 HACCP 지정을 받고자 할 때에는 선행요건 관리항목 15항목, HACCP 관리 5항목에 대해서 적합 혹은 부적합을 평가하여 HACCP 지정심사를 한다(〈표 6-3〉). 각 항목에 대한 적합 항목의 개수가 17개 이상일 경우에는 적합, 15개에서 16개 이하이면 보완, 14개 이하이면 부적합으로 판정한다. 다만, 평가제외 항목이 있을 경우 평가제외 항목을 제외한 총 항목 대비 준수 항목을 백분율로 환산하여 85%(소수 첫째 자리 반올림 처리) 이상일 경우에는 적합, 71%에서 84% 이하는 보완, 70% 이하이면 부적합으로 판정한다.

다양한 메뉴를 제공하는 레스토랑에 HACCP을 적용할 때 중요관리점(CCP)은 위생적인 식재료 구매, 생채소류·과일류의 세척과 소독, 가열조리 시 내부중심온도관리, 음식 보관시간-온도관리, 식기 세척·소독관리 등이 될 것이다. 한식당, 양식당, 일식당, 중식당 등 특정 메뉴가 제공되는 전문레스토랑의 경우에는 제공 메뉴 공정별로 조리공정흐름도를 정확하게 파악한 후 각 공정별로 위해분석을 실시해야 한다. 그리고 위해평가결과 위해도가 높은 위해요소를 관리하기 위한 중요관리점을 설정하고 이에 대해서 구체적인 모니터링·검증·문서화 계획을 수립해야 한다. 여러 업종의 외식업소 중 고객이용 빈도나 위해발생 빈도가 높은 메뉴를 조리·판매하는 뷔페레스토랑, 배달음식전문점, 피자레스토랑, 김밥전문점 등에 대한 HACCP 적용방법을 구체적으로 살펴보면 다음과 같다.

▌표 6-3▌ 외식업소의 HACCP 지정 평가 항목

□ 선행요건 관리
1. 조리장은 외부의 오염물질이나 해충・설치류 등의 유입을 차단할 수 있도록 밀폐 또는 위생적으로 관리하는 등 식품위생법에서 정한 시설기준에 적합하게 관리하여야 한다.
2. 포충등, 쥐덫, 바퀴벌레 포획도구 등에 포획된 개체 수를 정해진 주기에 따라 확인하여야 한다.
3. 종업원은 조리장 출입 시 이물제거도구 등을 이용하여 이물을 제거하여야 하고, 개인장신구 등 휴대품을 소지하여서는 안 된다.
4. 종업원은 조리장 출입시 손・위생화 등을 세척・소독하여야 하며, 청결한 위생복장을 착용하여야 한다.
5. 종업원을 대상으로 정해진 주기에 따라 위생교육을 실시하여야 한다.
6. 작업장 내부는 정해진 주기에 따라 청소하여야 한다.
7. 조리시설의 식품과 직접 닿는 부분, 식품과 직접 접촉되는 조리도구 등은 정해진 주기에 따라 청소・소독을 실시하여야 한다.
8. 파손되거나 정상적으로 작동하지 않는 조리시설을 사용하여서는 안 된다.
9. 냉장・냉동창고의 온도를 적절히 관리하여야 한다.
10. 냉장・냉동창고의 온도계는 정해진 주기에 따라 검・교정을 실시하여야 한다.
11. 저수조는 정해진 주기에 따라 청소・소독을 철저히 하고 화장실은 영업장에 영향을 주지 않도록 위생적으로 관리하여야 한다.
12. 식품과 직접 접촉되는 모니터링 도구(온도계 등)는 사용 전후 세척・소독을 실시하여야 한다.
13. 조리하는 원・부재료 입고 시 시험성적서를 확인하거나 검사를 실시하여야 한다 .
14. 음식물을 조리 및 보관과정 중에 교차오염 및 미생물 증식을 방지하기 위하여 적절한 관리를 하여야 한다.
15. 식품안전과 관련된 소비자 불만, 이물 혼입 등 발생 시 개선조치를 실시하고, 그 결과를 기록・유지하는 등 식품위생법에서 정하는 준수사항을 지켜야 한다.
□ HACCP 관리
16. 중요관리점(CCP)을 결정하고, 한계기준을 설정하여 관리하여야 한다.
17. 모니터링을 정해진 주기에 따라 실시하고, 그 결과를 기록・유지하여야 한다.
18. 모니터링 기구・장비 등은 매년 유지・보수하거나 검・교정을 실시하여야 한다.
19. 한계기준 이탈 시 개선조치를 실시하고, 그 결과를 기록・유지하여야 한다.
20. 중요관리점(CCP)에 대한 관리상황을 정해진 주기에 따라 검증하고, 그 결과를 기록・유지하여야 한다.

(1) 뷔페레스토랑의 HACCP 적용

뷔페레스토랑은 메뉴가 다양하고 규모가 크므로 종사원 수도 많고, 이용고객 수도 많다. 따라서 작은 규모의 외식업소에 비해 더 많은 위해가 존재할 수 있다. 특히 웰빙 트렌드에 부합하여 인기가 높아지고 있는 샐러드 뷔페나 해산물 뷔페 등도 셀프서비스 방식으로 운영되므로 고객 개인이 오염을 유발하는 주원인이 될 수도 있다. 따라서 각 라인에 교육·훈련받은 종업원을 배치하여 뷔페 라인 전체의 위생을 실시간 관리해야 한다.

뷔페 음식 생산 시에는 고객들의 메뉴선호도와 섭취량 등을 고려하여 적정량을 계획·생산하고, 가능하면 예약제로 운영하여 생산량을 사전에 계획하고 조정할 수 있도록 한다. 원칙적으로는 고객들이 소비하는 양을 실시간 체크하면서 주방에서는 이를 충족할 수 있는 양을 그때그때 생산하고 세팅하는 것이 바람직하다. 부득이하게 가열조리 후 냉장·냉동보관하였다가 재가열 후 세팅하는 경우에는 가열조리 후 냉각규정, 재가열 온도관리규정을 준수하도록 하고, 재가열한 음식은 다시 냉장·냉동 보관하였다가 배식하는 일이 없도록 한다.

예를 들어 여름철 인기 메뉴인 냉면, 콩국수, 냉국 등을 제공할 때에는 냉면육수, 콩국수의 콩물, 냉국 등을 가열조리 후 냉장보관할 때 위험온도범위를 신속하게 통과하도록 관리한다. 급속냉각기를 이용하여 급속냉각하거나 급속냉각기가 없는 경우에는 냉각하고자 하는 식품을 적은 양으로 나눈 후 용기에 담아 얼음물에 담가 빠르게 식히도록 한다. 냉각과정에서 위험온도에서 6시간 이상 방치하지 않도록 관리해야 한다. 더 빠르게 냉각하기 위해 차게 보관한 플라스틱 막대기 등의 조리기구로 균일하게 저어 준다. 이때 뜨거운 음식을 냉장고에서 냉각하지 않도록 하고(혹은 냉각 전용 냉장공간 확보), 선풍기로 냉각하는 것은 먼지로 인한 오염이 발생할 수 있으므로 삼간다. 냉각한 식품을 냉장고에 보관할 때에는 반드시 뚜껑을 덮고 24시간 이내에 소비될 수 있도록 계획하고, 전처리하지 않은 원재료와 함께 보관하여 교차오염이 발생하지 않도록 주의한다. 서빙 전 재가열할 때에는 음식의 내부중심온도가 74℃에서 15초 이상 유지되도록 관리해야 한다.

치킨샐러드나 햄샐러드 등은 치킨이나 햄의 조리와 샐러드 재료의 준비를 분리하여 실시하고, 샐러드 재료는 세척·소독 후 냉장보관하였다가 서빙 직전에 동물성 식품과 드레싱류와 혼합하거나 재료를 각각 별도로 세팅한 후 고객이 직접 각 재료를 혼합하고 드레싱도 선택할 수 있도록 계획한다.

육류, 가금류, 어패류 및 난류 등을 가열조리할 때 식품의 내부중심까지 완전히 조리되었는지를 확인한다. 이를 위해 탐침온도계를 조리음식의 내부 중심에서 3군

데 이상 측정하여 그 중심온도가 가열온도 기준 이상인지 확인하고 각각의 중심온도를 기록·관리한다.

식품별 최저 내부중심온도 기준은 각 식품별로 차이가 있으나 외식업소에서 가열 중심온도에 대한 관리기준 적용 시 식품별로 각각 다른 기준으로 모니터링을 실시한다는 것은 현실적으로 어렵다. 그러므로 일반적으로 업소에서 조리되는 전체 메뉴를 대상으로 하여 공통적으로 적용 가능한 74℃ 이상에서 30초 이상을 관리기준으로 설정한다. 최근 노로바이러스에 의한 식중독이 다수 발생하고 있으므로 식품의약품안전처에서는 노로바이러스 예방방안으로 가열조리 시 85℃에서 1분 이상 가열할 것을 권고하고 있다.

쇠고기나 양고기 스테이크의 굽는 정도에 따른 내부온도는 '약간 익힌 것(rare)'이 54.4~60℃, '중간 정도 익힌 것(medium)'이 71.1℃, '완전히 익힌 것(rare)'이 76.7℃ 정도이다. 따라서 스테이크를 약간 익힌 것(rare)은 개인의 기호에 따라 맛이 더 좋다고 평가될 수는 있으나 위생적으로 안전하다고 할 수는 없다. 가열조리온도 측정 시 기준에 도달하지 않았을 때는 계속 가열하여 기준 이상이 된 후에 조리를 완료한다.

뷔페레스토랑의 특성상 음식을 만든 후 즉시 서빙하지 않고 위험온도범위에서 2시간 이상 보관하면서 서빙하게 된다면 반드시 보관온도를 5℃ 이하(24시간 이내)나 57℃ 이상(5시간 이내)으로 관리해야 한다. 조리음식 보관온도의 관리를 위한 별도의 시설이 없다면 고객이 소비하기 직전까지 식재료를 전처리 후 냉장보관하였다가 고객이 주문하면 즉석조리하여 세팅하거나 서빙하며 조리 완료 후 2시간 이내에 고객이 전량 섭취할 수 있도록 관리한다.

뷔페레스토랑 서빙관리 시에는 고객들이 자신이 사용하던 접시를 다시 사용하지 않도록 하고, 셀프서비스 바 사용과 관련된 에티켓을 사전에 제시하는 것도 좋다. 또한 음식을 오염으로부터 예방하기 위해 셀프서비스 바에 스니즈가드(sneeze guard)를 설치하거나 음식 제공은 반드시 뚜껑이 있는 용기에 세팅하도록 한다.

모든 음식에 이름표를 붙이고, 음식을 더는 서빙도구는 음식의 종류별로 준비하고 손잡이가 긴 것을 이용해 음식이 닿는 부위에 고객의 손이 닿지 않도록 한다. 그리고 음식 진열 후 각 메뉴별로 메뉴의 특성에 따라 2시간 이내에 서빙이 종료될 수 있도록 관리하고 관리기준에 정해져 있는 시간이 경과한 경우에는 폐기한다. 또한 용기에 음식을 보충할 때는 남아있던 음식과 새로 보충하는 음식이 섞이지 않도록 하고 새로운 음식을 보충할 때는 서빙도구도 함께 교체하도록 한다.

(2) 배달음식전문점의 HACCP 적용

우리나라는 일상식뿐만 아니라 최근 환자식에 이르기까지 배달음식전문업체가 성업하고 있으며 한꺼번에 많은 인원의 음식을 서빙하는 케이터링(출장연회) 서비스까지 음식의 조리와 서빙이 분리된 형태의 외식업소 유형이 많다. 이 경우에는 조리와 서빙이 같은 장소에서 동일 시간 내에 이루어지는 일반적인 외식업소에 비해 추가적인 위해의 노출 위험이 높다.

배달의 경우 배달시간이 길어지고 거리가 멀어질수록 식품이 오염에 노출되거나 온도-시간관리가 부적절하게 이루어질 가능성이 높아진다. 따라서 배달음식전문점은 각 업소에서 배달 가능한 영역을 우선 설정하고, 매뉴얼에 따라 일정한 시간에 정확하게 배달이 진행될 수 있도록 계획해야 한다. 그리고 고객에게 배달되는 시간까지를 포함하여 위해분석과 중요관리점 설정 등 HACCP 관리계획이 수립되어야 한다.

또한 배달음식을 담는 용기는 위생적이며 구획이 이루어져 있어 음식이 서로 섞이지 않아야 하고, 차가운 메뉴와 뜨거운 메뉴를 구분하여 음식 온도 유지가 용이하도록 조절해야 한다. 배달 차량 역시 음식의 온도를 잘 유지할 수 있는 기능이 장착되어 있어야 하며 청소가 용이하여 항상 청결하게 유지되어야 한다. 고객에게 안전한 배달음식의 섭취방법과 재가열 및 보관방법 등에 대한 설명을 사전에 제공하는 것도 필요하다.

케이터링서비스 역시 일반적인 외식업소와 같은 위생관리기준을 적용해야 하며 특히 서비스가 제공되어야 할 시설에 조리와 세척을 할 수 있는 깨끗한 식수가 공급되는지를 사전에 확인해야 한다. 위생적인 조리와 보관 및 음식 세팅 등을 위한 시설・설비가 충분하지 않은 경우에는 업체에서 이동이 가능한 형태로 사전에 준비하여 위생적인 환경에서 케이터링서비스를 제공할 수 있도록 계획해야 한다.

(3) 피자전문점의 HACCP 적용

피자전문점에 HACCP을 적용하고자 할 때 일반적으로 중요관리점은 검수단계, 토핑단계, 베이킹단계 등으로 설정된다. 피자의 미생물학적 품질관리를 위해서는 신선하고 품질이 우수한 원재료를 구입하고, 원재료 운송 시 온도관리가 적절하였는지 검수 시 반드시 확인해야 한다. 토핑 전에 90분간 실온에서 방치하는 과정에서 병원균의 증식이 우려되므로 실온방치시간을 최소화하고, 토핑 시에 조리사 손에 의한 교차오염 방지를 위해 위생장갑과 위생적인 조리기구를 사용해야 한다. 조리사는 항상 손의 세척·소독을 철저히 실천해야 한다.

베이킹단계에서는 병원균이 살아남지 않도록 오븐 내의 온도는 230℃에서 5분 이상 준비하고, 피자의 내부중심온도를 실시간 체크하면서 관리해야 한다. 식품의약품안전처에서는 전국 피자업체의 직영점 및 가맹점에 대해 시설 규모에 따라 HACCP 적용이 가능하도록 관리기준을 제시하여 HACCP 인증 확대를 추진하고 있다.

피자전문점 HACCP 적용 사례

피자업계 프랜차이즈 최초로 도미노피자 서초점이 HACCP 지정을 받았다. 현재 도미노피자는 자체 위생 감사제도인 OER(Operate Evaluation Report)시스템을 운영, 제품별 유통기한 준수, 냉장·냉동고 규정온도 준수 등 식자재별 신선도 및 위생관리를 하고 있다. 또 각 매장별 개인위생·집기점검 등 체계적이고 철저한 안전관리를 진행하고 있다. 특히 지난 2009년에는 국내 외식피자업계 최초로 식품안전경영시스템인 'ISO22000' 인증도 획득했다. 피자의 제조·가공 및 부가서비스 전반에 걸친 업계의 위생시스템을 선도하고, 소비자들에게 안전한 먹을거리를 제공하고 있음을 공식적으로 인정받은 바 있다.

출처: 식품의약품안전처 (2012).

(4) 김밥전문점의 HACCP 적용

김밥류는 우리나라 국민이 가장 선호하는 메뉴이다. 섭취가 간편하고 가격도 비싸지 않으므로 일상식사용이나 여행이나 각종 행사 시 도시락용으로 많이 이용된다. 그러나 김밥은 가열조리하거나 가열조리하지 않은 다양한 동물성·식물성 재료를 사용하여 제조하므로 조리공정상에 여러 가지 위해가 존재할 수 있다.

매년 시중에 유통되고 있는 김밥류에서 대장균, 황색포도상구균, 살모넬라균 등이 검출되었다고 보고되고 있다. 실제 김밥류는 구매 후 즉시 섭취하는 것이 가장 좋으나 일부 고객은 포장하여 구매 후 부적절한 온도에서 일정시간 보관하였다가 최종 소비하므로, 그 과정에서 김밥류에 혼입된 병원성 세균이 문제가 되는 수준으로 증식하여 식중독을 유발할 가능성이 높아진다.

김밥전문점의 HACCP 적용 시 중요관리점으로는 냉장식품 보관 시 냉장온도관리, 조리 시 가열조리온도관리, 후처리단계의 보관온도관리 등을 설정하고 있다. HACCP 적용 업소의 운영 여건에 따라 중요관리점은 일부 달라질 수 있으나 최종적으로 조리 완료된 김밥의 미생물관리기준은 대장균, 살모넬라균, 장염비브리오균은 음성, 황색포도상구균은 2 log CFU/g 이하, 바실러스 세레우스는 3 log CFU/g 이하, 클로스트리디움 퍼프리젠스는 2 log CFU/g 이하로 관리되어야 한다.

이 관리기준에 적합하게 생산하고 소비되기 위해서는 김밥 생산 시에는 원부재료의 위생관리, 가열조리온도, 식재료와 조리된 음식의 보관 시 냉장온도 등을 실시간 모니터링하고 문제가 있을 때에는 즉각적으로 개선조치해야 한다. 또한 김밥 판매 시에는 냉장온도로 보관하거나 실온보관 시에는 김밥을 만든 후 2시간 이내에 판매하고 고객에게 구입 후 즉시 섭취하도록 공지해야 한다. 관리시간이 경과된 김밥은 폐기하도록 한다.

횟집 식중독 예방 수칙

〈기본 수칙〉
- 모든 어패류 및 기구 · 도마 등은 수돗물로 충분히 세척할 것
- 칼 · 도마 등 조리기구는 조리용과 횟감용을 구분하여 사용할 것
- 독감이나 화농성질환이 있는 경우 조리 업무에 종사하지 말 것
- 유통기한이 지났거나 무표시 제품, 남은 음식은 사용하지 말 것

〈조리위생관리 수칙〉
- 어패류 등은 5℃ 이하로 냉장보관할 것
- 냉동보관이 필요한 경우 깨끗한 용기에 담아 −18℃ 이하로 보관할 것
- 지느러미 등 생선 · 어패류 표면은 철저히 세척한 후 절단 · 조리할 것
- 가열조리하는 온도와 시간을 준수할 것

〈기타사항〉
- 수족관 물은 자주 교체하고 내 · 외부를 청결히 할 것

- 한 번 사용한 무채·천사채 등은 다시 사용하지 말 것
- 6~10월에는 비브리오 식중독 발생에 특별히 주의할 것
- 날 음식과 익힌 음식은 구분하여 보관 제공할 것
- 행주, 도마·칼 등은 항상 소독을 철저히 하고 깨끗한 상태를 유지할 것

출처: 식품의약품안전처 (2008).

3 • 외식업소 품질관리

외식업소의 품질관리란 외식업소 경영상 제일 유리하다고 생각되는 품질을 보장하고 이것을 가장 경제적으로 생산하는 방법을 말한다. 다시 말하면 외식업소의 품질관리활동은 고객의 수요에 적합한 품질의 제품을 경제성을 고려하여 계획하고, 이것을 기준으로 작업 매뉴얼을 정하여 음식을 생산하고, 이 제품이 정해진 수준으로 생산되고 서비스되었는지를 검사하고 판매하며, 음식과 서비스가 고객을 만족시키는 수준인지 혹은 고객의 새로운 요구가 있는지 등을 조사하여 고객에게 서비스를 행하는 일련의 활동을 의미한다.

고객에게 최종 서빙되는 음식의 품질을 계획한 수준으로 관리하기 위해서는 음식의 크기, 형태, 색깔, 냄새, 맛, 질감 등 관능적 품질을 잘 관리해야 할 뿐만 아니라 영양소의 적정한 구성과 효율 등을 고려하는 영양학적 품질, 그리고 이물질, 독성물질 혹은 식중독균의 혼입 등을 방지할 수 있는 미생물학적 품질관리가 필요하다.

음식의 품질을 우수하게 관리하기 위해서 음식의 안전성을 확보하는 것은 필수적인 전제조건이며, 음식의 안전성을 확보하려는 노력을 통해 우수한 품질의 음식이 만들어질 수 있다. 따라서 외식업소에서는 음식의 안전성 확보와 우수한 품질보증을 위한 노력을 동시에 수행하고 있다.

이 노력의 일환으로 여러 외식업소에서는 정부나 지자체, 세계 기구에서 부여하는 품질인증제도를 적극 획득하여 국제기준에 적합한 품질경영시스템의 정비와 경영수법의 확립을 통해 브랜드 이미지를 제고하고 고객신뢰 확보를 통한 매출 증대를 모색하고 있다. 또한 품질인증제도 획득을 통해 국제시장 진출에도 용이하고 제조물책

입법 시행에 대한 대응 기반도 마련할 수 있다.

1) 국제품질인증제도

외식업소에서 도입하고 있는 대표적인 국제품질인증제도에는 품질경영시스템(ISO 9000 시리즈), 환경경영시스템(ISO 14001), 식품안전경영시스템(ISO 22000), 안전보건경영시스템(KOSHA 18001) 등이 있다.

이중 ISO 9001은 국제표준화기구(International Organization for Standardization: ISO)가 제정한 품질경영시스템에 관한 국제표준으로서 고객에게 제공되는 제품이나 서비스 실현 체계가 규정된 요구사항을 만족하고 있음을 제삼자 인증기관에서 객관적으로 평가하여 인증해 주는 제도이다. 주요 내용은 품질경영시스템의 수립과 문서화, 실행유지 및 효과성의 지속적인 개선에 관한 사항을 규정한 일반 요구사항 및 품질 방침과 목표, 매뉴얼 및 규격요구절차서, 문서관리, 기록관리, 내부감사, 부적합품 관리, 시정조치, 예방조치 및 프로세스의 기획, 운영 및 관리 관련 절차서와 같은 문서화 요구사항 등이다.

ISO 14001은 기업활동의 전 과정에 걸쳐 지속적 경영성과를 개선하는 일련의 경영활동을 위해 ISO에서 제정한 환경경영시스템에 관한 국제표준으로, 환경법규나 규제기준의 준수 차원을 넘어 환경방침, 추진계획, 실행 및 운영, 점검 및 시정조치, 경영 검토, 지속적 개선 등의 포괄적인 환경경영이 적합하게 구축되었는지를 제삼자 인증기관에서 객관적으로 평가하여 인증해 주는 제도이다.

ISO 22000은 Codex의 HACCP 원칙과 ISO 경영시스템을 통합한 인증표준으로, 식품안전 위해요소관리를 실증하기 위한 식품안전경영시스템의 요구사항을 규정한 제도이다. ISO 22000은 ISO 9001을 기본 틀로 하고 있으면서 ISO 9001 구성요건 제7항의 '제품 실현' 대신 ISO 22000에서는 HACCP의 7원칙 12단계를 모두 포함한 '안전한 제품의 기획 및 실현'에 대한 요구사항을 규정하고 있다. 따라서 ISO 22000 인증심사과정에서 HACCP의 타당성 검증도 가능하다.

이외에 KOSHA 18001 인증은 한국인증원이 국내 기업의 안전보건시스템 도입을 촉진하고 작업장 안전보건경영의 효율성을 제고시키고자 표준을 제정하여 인증제도로 운영하는 것으로, 이를 통해 사업장의 위험을 정량적으로 평가할 수 있어 합리적 경영이 실현 가능하며 재해률, 작업손실률 등의 감소로 생산성 향상과 근로자 복지 개선을 도모할 수 있다.

2) 모범음식점 지정

시・군・구청장이 선정하는 모범음식점은 음식문화 개선 및 좋은 식단제의 조기 정착과 일반음식점의 수준 향상을 유도하기 위해 식품위생법 제47조, 식품위생법 시행규칙 제61조에 의해 지정하고 있다. 모범음식점으로 지정되면 2년간 출입・검사 면제, 시설개선자금과 운영자금을 우선 융자받을 수 있으며 업소의 내・외부에 모범음식점 표시판을 붙이고 홍보할 수 있다.

일반음식점 모범업소 지정기준(식품위생법 시행규칙 제61조 제2항 관련)

• 건물의 구조 및 환경
- 청결을 유지할 수 있는 환경을 갖추고 내구력이 있는 건물이어야 한다.
- 마시기에 적합한 물이 공급되며, 배수가 잘되어야 한다.
- 업소 안에는 방충시설, 쥐막이시설 및 환기시설을 갖추고 있어야 한다.

• 주방
- 주방은 공개되어야 한다.
- 입식조리대가 설치되어 있어야 한다.
- 냉장시설, 냉동시설이 정상적으로 가동되어야 한다.
- 항상 청결을 유지하여야 하며, 식품의 원료 등을 보관할 수 있는 창고가 있어야 한다.
- 식기 등을 소독할 수 있는 설비가 있어야 한다.

• 객실 및 객석
- 손님이 이용하기에 불편하지 아니한 구조 및 넓이이어야 한다.
- 항상 청결을 유지하여야 한다.

• 화장실
- 정화조를 갖춘 수세식이어야 한다.
- 손 씻는 시설이 설치되어야 한다.
- 벽 및 바닥은 타일 등으로 내수처리되어 있어야 한다.
- 1회용 위생종이 또는 에어타월이 비치되어 있어야 한다.

• 종업원
- 청결한 위생복을 입고 있어야 한다.

- 개인위생을 지키고 있어야 한다.
- 친절하고 예의 바른 태도를 가져야 한다.

• 기타
- 1회용 물컵, 1회용 숟가락, 1회용 젓가락 등을 사용하지 아니하여야 한다.
- 그밖에 모범업소의 지정기준 등과 관련한 세부사항은 보건복지부 장관이 정하는 바에 의한다.

3) 자랑스러운 한국음식점 지정

▮그림 6-4▮
자랑스러운 한국음식점 현장사인

서울시는 우리의 음식문화를 전승·보존하고 친환경적인 음식재료와 고유한 조리방법을 지닌 우수한 한국음식점을 육성하고 한국의 맛을 알리기 위해 2003년부터 '서울의 자랑스러운 한국음식점'을 지정·발표해 오고 있다. 지정심사는 외부 전문가들로 구성된 식품위생정책자문위원회에 의해 현장실사 등의 엄격한 심사로 진행되며 $100m^3$ 이상인 업소를 대상으로 하며 2012년 기준으로 총 230개소가 지정되어 있다. 서울시는 자랑스러운 한국음식점으로 지정된 업소에 대한 홍보책자와 e-book 등을 외국인 관광객을 위해 영어, 중어, 일어를 병기하여 배부하고 있다.

자랑스러운 한국음식점 외 '서울 안심 먹을거리' 인증 항목으로는 원산지 자율확대 표시제를 충실히 이행하고 업소 면적이 $100m^3$ 이상이며, 최근 1년간 원산지표시 관련 위반사항이 없는 외식업소를 대상으로 지정되는 '원산지표시 우수 음식점'과 식빵, 단과자, 패스츄리, 쿠키, 케이크 중 3품목 이상에 대해 NO 트랜스지방 유지를 사용하는 제과점에 대해 인증이 부여되는 '트랜스지방 안심 제과점' 등이 있다.

요 · 약

1. 외식업소 위생관리의 목적은 식중독을 예방하는 것이며, 식중독이란 식품의 섭취로 인하여 인체에 유해한 미생물 또는 유독물질에 의하여 발생하였거나 발생한 것으로 판단되는 감염성 또는 독소형 질환이다.

2. 외식업소의 효과적인 위생관리를 위해서는 전체 조리과정 중 온도-시간관리, 교차오염관리, 종사원 개인위생관리가 잘 수행되어야 한다.

3. 식품위해요소중점관리기준(HACCP)이란 식품의 원료관리, 제조 · 가공 · 조리 · 소분 · 유통의 모든 과정에서 위해한 물질이 식품에 섞이거나 식품이 오염되는 것을 방지하기 위하여 각 과정의 위해요소를 확인 · 평가하여 중점적으로 관리하는 기준이다.

4. HACCP은 HACCP팀 구성, 제품설명서 작성, 용도 확인, 공정흐름도 작성, 공정흐름도 현장확인, 위해요소분석, 중요관리점 결정, 각 중요관리점별 한계기준 설정, 각 중요관리점에 대한 모니터링 체계 확립, 개선조치방법 수립, 검증 절차 및 방법 수립, 문서화 및 기록유지방법 설정 등 7원칙 12절차에 의해서 적용된다.

5. 외식업소 품질관리란 외식업소 경영상 제일 유리하다고 생각되는 품질을 보장하고 이것을 가장 경제적으로 생산하는 방법으로, 음식의 품질관리를 위해서는 관능적 품질관리, 영양학적 품질관리, 미생물학적 품질관리가 필요하다.

6. 외식업소 품질인증제도의 종류에는 ISO 9001, ISO 14001, ISO 22000, KOSHA 18001, 모범음식점, 서울의 자랑스러운 한국음식점 지정 등이 있다.

연·습·문·제

1. 외식업소 위생관리의 목적은 무엇인가?

2. 외식업소에서 발생될 수 있는 식중독의 종류에는 어떤 것이 있는가?

3. 외식업소 위생관리를 위해 외식관리자가 중점적으로 관리할 영역은 무엇인가?

4. HACCP의 정의는 무엇인가?

5. HACCP의 7원칙 12절차에 대해서 설명하여 보자.

6. 외식업소에 HACCP을 적용하고자 할 때 중요관리점(Critical Control Point)에는 어떤 항목이 있는가?

7. 외식업소의 품질관리 활동이란 무엇인가?

8. 외식업소가 품질인증을 획득했을 때의 효과는 무엇인가?

7 Chapter 재무관리

Chapter 7

Foodservice Management

재무관리

도입사례 불황의 그늘…… 지갑 닫은 고객, 문 닫는 음식점. 작년 5만 7,445곳 폐업 속출

불황에 소비자들이 외식을 줄이면서 문을 닫는 음식점이 늘고 있다.

서울 노원구에서 한식당을 운영하고 있는 황모(69) 씨는 올 들어 지금까지 매출이 18% 줄어들었다고 말했다. 그는 "손님들 호주머니 사정이 넉넉지 않다고 느낀 건 올해뿐만이 아니다."라면서 "지난해도 그렇고 점점 매출이 줄고 있고 옆 식당도 어렵다고 난리다."라고 털어놨다.

인근에서 치킨집을 운영 중인 방모(44) 씨는 "이 장사를 시작한 지 13년 됐는데 개업할 때가 제일 잘됐다."면서 "경기 체감은 지금이 외환위기 때보다 더 안 좋다."고 말했다. 5년 전부터 매출이 서서히 줄었지만 재료비는 올랐다. 반면 치킨값은 고객 눈치에 함부로 올리지도 못하고 있다. 방씨는 "가게를 어떻게 꾸려야 할지 모르겠다."고 했다.

21일 한국외식업중앙회에 따르면 2011년 폐업한 외식업 사업체는 5만 7,445개로 2010년(4만 7933개)보다 19.8% 늘었다. 반면 신규 사업체는 5만 6,192건에서 6만 1,155건으로 8.8% 증가에 그쳤다. 휴업까지 포함하면 상황은 더 심각하다. 지난해 휴·폐업 외식업체는 총 29만 8,223개로 신규 점포보다 약 5배 많다. 올 들어 5월까지 폐업 사업체 수는 1만 9,832개다. 경기 침체가 지속될 전망이라 폐업 사업체는 더욱 늘어날 것으로 예상된다.

음식점의 휴·폐업은 2010년부터 급증했다. 2009년에는 휴업 점포 14만 9,015개, 폐업 점포 2만 9,939개였으나 2010년에 휴업 25만 825개, 폐업 4만 7,933개로 늘어났다. 글로벌 금융위기 이후 그럭저럭 버텼으나 1년 이상은 무리였던 셈이다. 그해는 음식점 매출액이 관련 통계를 작성한 2001년 이후 처음 줄었다.

한국농수산식품유통공사(aT)가 최근 집계한 2010년 음식점 매출액은 67조 5,660억 원으로 전년(69조 8,650억 원)보다 3.3% 줄어들었다. 음식점 휴·폐업 현황으로 봤을 때 지난해도 음식점 매출이 줄어들었을 것으로 예상된다. 음식점은 저녁 장사가 전체 매출의 60~70%를 차지한다고 알려져 있다. 그러나 소비자들이 경기침체로 인한 소비심리 위축으로 지갑을 닫고 귀가를 서두르면서 저녁 매출이 부진하다. 전국 음식점의 38.2%가 경기변동에 민감한 서울·경기지역에 밀집한 것도 한 원인으로 지목된다.

외식업중앙회는 골목상권에 들어온 대기업 계열사의 횡포도 일정 부분 영향을 미쳤다고 보고 있다. 외식업중앙회 관계자는 "기업형 프랜차이즈점이 득세하고 있는 상황에서 소규모 외식업 종사자들이 점차 자리를 잃고 있는 상황"이라고 설명했다. 전체 음식점 중 종사자가 5인 미만인 음식점이 전체의 91.3%, 매출액이 한해 1억 원 미만인 사업체가 전체의 72.9% 등으로 음식점업은 아직 영세성을 벗어나지 못하고 있는 상황이다.

출처: 서울신문 (2012. 6. 22).

1 • 재무관리란

앞의 도입사례에서 나타난 것처럼, 많은 외식기업들이 불경기 또는 예기치 않은 경제적 상황에 의해 심각한 재무적 곤경에 처하여 도산하는 상황이 발생될 수 있다. 외식기업이 재무관리에 실패하는 이유는 크게 두 가지로 나누어 볼 수 있다.

표 7-1 재무관리 실패원인

첫 번째	• 경기불황과 같은 외부적 요인에 의한 매출감소로 인한 경영의 어려움
두 번째	• 자금부족과 현금흐름의 잘못된 관리 • 부적절한 비용통제 등의 내부적 요인에 의한 경영난

다른 산업들에 비하여 외식업은 상대적으로 외부적 요인에 민감한데, 그 이유는 외식 기업들이 손님들의 재량소득(discretionary income)에 의존하는 비율이 크기 때문이다.

일반적으로 기업이 이용할 수 있는 자원은 제한되어 있기 때문에 각 기업은 한정된 자원을 이용하여 기업의 경제적 가치 혹은 시장가치를 창출하고 유지하여야 하는데, 재무는 이러한 자원을 효율적으로 이용하고 합리적으로 배분하는 의사결정에 관한 학문이다. 이에 근거하여 재무관리(financial management)란 기업의 경영활동에 필요한 자금을 효율적으로 조달하고, 조달된 자금을 경영목표에 알맞게 합리적으로 운용하는 것을 뜻한다.

좀더 구체적으로 설명하자면, 재무관리는 투자결정(investment decision), 자본조달결정(investment decision), 그리고 배당결정(dividend decision)을 통하여 기업의 경영목표를 효과적으로 달성하고자 하는 일련의 의사결정의 과정이다. 기업의 재무관리자는 투자결정을 통하여 기업의 가치를 극대화하기 위해서 어떤 자산에 얼마만큼 투자할 것인가를 결정하고, 자본조달결정을 통하여 투자에 필요한 자금을 어떠한 원천으로부터 얼마만큼의 비용으로 얼마만큼을 조달할 것인지를 결정한다.

아울러 최적자본구조(optimal capital structure), 즉 가장 이상적인 자기자본과 타인자본의 조달비중을 결정한다. 또한, 기업이 자금을 운용한 결과로 창출한 순이익을 어떻게 분배할 것인가를 배당결정을 통하여 정한다. 이 과정에서 경영자는 기업의 경영성적과 미래의 투자기회를 감안하여 얼마만큼을 재투자하고 얼마만큼을 주주에게 배당으로 지급할지를 결정한다.

2 • 재무관리의 목표

재무관리의 목표는 재무관리자가 앞서 언급된 투자결정, 자본조달결정, 그리고 배당결정을 내릴 때 의사결정의 기준이 된다. 일반적으로 가장 많이 거론되는 것이 이익의 극대화(Profit Maximization)와 기업가치의 극대화(Maximization of Stockholder Wealth)이다.

1) 이익의 극대화(Profit Maximization)

이익의 극대화는 전통적인 기업의 목표로 널리 인식되어 왔으나 현재에 와서는 이에 대한 한계점이 여러 차례 제시되었다. 그중 가장 대표적인 한계점은 이 목표가 기업으로 하여금 단기적인 이익을 추구하도록 한다는 것이다. 만약 기업이 단기적인 이익만을 목표로 하여 경영활동을 수행하고 투자를 한다면 장기적으로는 오히려 기업 전체의 이익을 감소시킬 수 있다. 예를 들어 단기적으로 비용절감을 하기 위해 복리후생시설 투자와 R&D 투자를 줄인다면 생산성 및 신제품 개발에 영향을 미치어 장기적으로 기업에 손해를 끼칠 것이다.

2) 기업가치의 극대화(Maximization of Stockholder Wealth)

전통적인 이익의 극대화 목표는 앞에서 언급한 바와 같은 한계점을 가지고 있기에 현재의 기업들은 재무관리의 목표를 기업가치의 극대화에 두고 있다. 기업가치(firm value)는 기업이 특정 자산을 보유함으로써 얻게 될 미래현금흐름을, 그 현금흐름의 발생시기와 불확실성이 반영된 적절한 할인율로 할인한 현재가치로 구할 수 있다. 기업의 현재가치(present value) 계산방법은 다음과 같다.

기업의 현재가치(present value) 계산방법

$$PV = \sum_{t=1}^{n} \frac{CF_t}{(1+r_t)^t}$$

여기서 PV는 기업의 현재가치를, CF는 미래현금흐름을, 그리고 r은 현금흐름의 위험이 반영된 할인율을 나타낸다. 따라서 기업의 현재가치는 기업이 보유하고 있는 자산의 수익성(CF)이 높을수록 그리고 위험도(r)가 낮을수록 증가한다. 기업의 현재가치의 극대화는 재무관리의 궁극적인 목표이다. 상장된 기업의 경우 기업의 궁극적인 주인은 바로 주주이기에 기업가치의 극대화는 곧 주주 부의 극대화, 즉 주식가격의 극대화를 의미한다.

기업이 부를 창출하는 것은 자본시장으로부터 조달한 현금흐름(cash flow)을 효율적으로 운영하여 보다 많은 현금흐름을 창출하는 것이다. 기업이 현금흐름을 극대화하기 위하여 수행하는 이익창출활동은 다음과 같다.

표 7-2 기업의 이익창출활동

이익창출활동	세부활동
매출활동	시장개척, 고객활동, 마케팅 전략
투자활동	투자기회, 프로젝트 개발
생산활동	자원관리, 생산공정 및 일정관리

출처: 배동주 (1999). 호텔관광 재무관리. p. 16.

3 • 재무제표의 이해

재무제표(financial statements)는 기업이 회계기간 동안 수행한 경영활동의 결과를 간략하게 만든 회계보고서로서 기업의 경영성과(financial performance)와 재무상태(financial condition)가 기록된 성적표라고 할 수 있다.

> 재무제표(financial statements)
> 기업이 회계기간 동안 수행한 경영활동의 결과를 간략하게 만든 회계보고서

재무제표에 쓰여 있는 자료를 검토하고 측정함으로써 재무관리자는 그 시점까지의 경영에 대한 평가를 내리고, 앞으로의 방향을 설정하여 재무의사결정을 내린다. 또한 재무제표는 투자자 및 외부의 이해관계자들에게 기업에 관한 재무정보를 전달하게 된다.

우리나라의 기업회계기준은 대차대조표, 손익계산서, 현금흐름표, 그리고 자본변동표 등을 재무제표로 규정하고 있다. 이중 재무관리자가 가장 많이 이용하는 재무제표는 대차대조표, 손익계산서, 그리고 현금흐름표이다.

1) 대차대조표(Balance Sheet)

대차대조표 혹은 재무상태표(statement of financial position)는 회사의 재무상태(financial condition)를 일정시점에서 나타내는 정태적 재무제표로서, 결산일(예: 2012년 12월 31일 현재)에서의 기업의 재무상태, 즉 기업이 보유하고 있는 자산과 부채와 자본의 구성을 나타내는 표이다.

회계에서 기업이 소유하고 있는 경제적 가치가 있는 모든 자원을 '자산(assets)'이라 하고 자산의 구성상태를 대차대조표의 왼쪽(차변)에 나열한다. 이 자산을 구입하기 위하여 조달한 자금은 대차대조표의 오른쪽(대변)에 나타내는데, 조달된 자금은 크게 부채(liability)와 자기자본(equity)으로 구분된다. 부채는 타인자본이라 하며 특정한 기한 내에 갚아야 할 의무가 있지만 자기자본은 주식을 발행하여 조달한 자금과 과거의 기업활동에서 벌어들인 이익을 유보한 것으로 갚아야 할 의무가 없는 자금이다.

기업은 자기자본과 타인자본을 공장이나 기계설비와 같은 고정자산의 구입에 사용하거나 현금 및 예금 등 유동자산의 형태로 남겨 운영자금으로 사용한다. 따라서, 자산과 부채, 자본 간에는 다음과 같은 균형이 항상 성립한다.

회계등식(accounting formula)

자산=부채+자본

통상적으로 대차대조표에서 자산의 종류를 나열한 것은 왼쪽에 기재하고 부채를 나열한 것은 오른쪽에서 기재하여 서로 대비한다. 이를 계정식(account format) 대차대조표라고 한다. 계정식 외에 보고식(report format) 대차대조표가 있는데, 이는 자산과 부채 및 자본을 왼쪽과 오른쪽으로 나누지 않고 일렬 종으로 나열하는 형식을 말한다. 대차대조표의 기본항목은 다음과 같다.

(1) 자산(assets)

① 유동자산(current assets): 회전력이 빠른 자산으로 현금으로 전환되는 데 걸리는 시간이 1년 이내이다.

▮표 7-3▮ 유동자산(current assets)

당좌자산	현금 및 현금성 자산, 단기금융상품, 유가증권, 매출채권, 단기대여금, 미수금, 미수수익, 선급금, 선급비용 등
재고자산	상품, 제품, 재고품, 원재료, 저장품 등

② 고정자산(fixed assets): 기업이 장기간 보유하면서 영업활동에 사용하는 비유동자산으로 현금화하는 데 걸리는 기간이 1년 이상 소요된다.

▮표 7-4▮ 고정자산(fixed assets)

투자자산	장기금융상품, 투자유가증권, 장기성 매출채권, 투자부동산, 보증금 등
유형자산	토지, 건물, 구축물, 기계장치, 선박, 차량운반구, 건설 중인 자산 등
무형자산	영업권, 특허권, 산업재산권, 광업권, 창업비, 개발비 등

(2) 부채(liabilities)

① 유동부채(current liabilities): 1년 이내에 갚아야 되는 부채를 말한다(예: 매입채무, 단기차입금, 미지급금, 선수금, 예수금, 미지급비용, 선수수익, 유동성 장기부채 등).

② 비유동부채(long-term liabilities): 만기일 또는 상환기간이 1년 이상 되는 부채를 말한다(예: 회사채, 장기차입금, 장기성 매입채무, 장기부채성 충당금, 이연법인세부채 등).

(3) 자본금(owners' equity)

① 자본금: 기업의 출자액으로서 주식회사의 경우에는 주주들에게 발행한 주식의 주당 액면가액에 발행주식수를 곱한 금액을 말한다(예: 보통주자본금, 우선주자본금 등).

② 자본잉여금: 주주와의 거래에서 발생한 잉여금이다(예: 주식발행초과금, 감자차익, 자기주식처분이익 등).

③ 자본조정: 주주와의 거래에서 발생하는 자본의 변동항목으로서 자본금이나 자본잉여금에 속하지 않는 항목을 말한다(예: 주식할인발행차금, 자기주식, 감자차손, 자기주식처분손실 등).

④ 기타포괄손익누계액: 포괄손익 중에서 당기순손익에 포함되지 않는 것을 말한다(예: 매도가능증권평가손익, 해외사업환산손익 등).

⑤ 이익잉여금: 기업의 영업활동에서 발생한 이익 중 배당을 제외하고 남아 있는 누적된 잉여금이다(예: 법정적립금, 임의적립금, 미처분이익잉여금 등).

2) 손익계산서(Income Statement)

손익계산서란 일정기간(예: 2012년 1월 1일~2012년 12월 31일) 동안의 기업의 경영성과(financial performance)를 구체적으로 나타내는 동태적 재무제표로서, 그 기간 동안에 발생한 수익과 비용 그리고 해당 기간의 이익을 계산한 표이다. 기업의 수익과 비용, 그리고 이익 사이에는 다음과 같은 등식이 성립한다.

손익계산서 등식

수익－비용＝이익

손익계산서는 기업의 이익창출 능력에 관한 정보를 제공함과 동시에 경영자의 경영성과를 측정하는 주요 도구로도 사용되는데 기본양식은 다음과 같다.

손익계산서 기본양식

	매출액
(−)	매출원가
=	매출총이익
(−)	판매비와 일반관리비
=	영업이익(손실)
(+)	영업외수익
(−)	영업외비용
=	경상이익(손실)
(+)	특별이익
(−)	특별손실
=	법인세비용 차감 전 순이익
(−)	법인세비용
=	당기순이익(손실)

매출액이란 기업이 물품 혹은 서비스를 제공하고 고객으로부터 받는 대금이다. 이러한 매출과 같이 기업이 만들어 낸 가치의 금액을 '수익'이라 한다.

수익의 금액이 그대로 이익이 되는 것은 아니다. 인건비나 매출원가 등 여러 가지 비용이 수익창출을 위해 소요된다. 이러한 비용을 모두 지급한 후 남은 금액이 이익이 된다. 반면, 일정기간 동안 발생된 총비용이 매출액보다 많다면 손실이 된다. 보통 호텔사업에서 지출이 가장 큰 부분이 인건비라면, 외식사업에서는 매출원가라고 할 수 있다.

3) 현금흐름표(Statement of Cash Flows)

현금흐름표는 일정한 기간 동안 기업에서 발생한 현금의 원천, 즉 유입과 사용인 유출을 나타낸다. 즉, 기업이 필요로 하는 현금을 어떻게 조달하였으며 조달된 현금을 어떻게 사용했는가를 보여 주는 동태적 회계보고서이다.

현금흐름표에서는 현금흐름을 기업의 세 가지 주요활동인 영업활동(operating

activities), 투자활동(investing activities), 그리고 재무활동(financing activities)으로 분류하여 표시하고 그 결과인 당기의 현금증가에 기초현금을 더하여 기말현금을 산출하는 과정을 표시한다.

표 7-5 기업의 세 가지 주요활동

영업활동	영업(재화 및 서비스의 생산과 판매)의 수입과 지출
투자활동	고정자산이나 투자유가증권의 구입과 매각
재무활동	기업이 필요로 하는 자금의 조달 및 상환 활동

대차대조표와 손익계산서와 달리 현금흐름표는 비교적 최근에 기본적 재무제표의 하나로 포함되었다. 이는 기업을 평가하는 데 있어서 기업의 현금흐름에 대한 정보, 즉 자금조달 능력의 중요성이 매우 커졌기 때문이다.

4 • 재무비율분석

1) 재무비율분석의 정의와 종류

재무비율(financial ratio)은 재무제표상에 표기된 한 항목의 수치를 다른 항목의 수치로 나누어 계산한다. 재무비율분석(financial ratio analysis)은 구해진 재무비율을 적절한 표준비율과 비교하여 기업의 재무상태나 경영성과를 평가하고 분석하는 것이다. 재무비율은 분석목적에 따라 일반적으로 유동성 비율, 레버리지 비율, 활동성 비율, 수익성 비율과 성장성 비율 등으로 분류할 수 있다.

표 7-6 재무비율 계산과정을 위한 대차대조표

계정과목	2012.12.31		2011.12.31	
자산				
I. 유동자산		890,000		805,000
(1) 당좌자산		435,000		420,000

현금및현금성자산	13,000		10,000	
매출채권	410,000		390,000	
기타당좌자산	12,000		20,000	
(2) 재고자산		455,000		385,000
상품	140,000		113,000	
제품	230,000		205,000	
기타재고자산	85,000		67,000	
II. 비유동자산				
(1) 투자자산		125,000		112,000
(2) 유형자산		659,000		670,000
토지	250,000		250,000	
건물	225,000		250,000	
기계장치	136,000		130,000	
차량운반구	48,000		40,000	
(3) 무형자산		15,000		15,000
자산총계		1,689,000		1,602,000
부채				
I. 유동부채		597,000		655,000
매입채무	320,000		365,000	
미지급금	145,000		150,000	
기타유동부채	132,000		140,000	
II. 비유동부채		550,000		450,000
사채	350,000		250,000	
장기차입금	200,000		200,000	
부채총계		1,147,000		1,105,000
자본				
I. 자본금		200,000		200,000
II. 자본잉여금		165,000		165,000
주식발행초과금	140,000		140,000	
기타자본잉여금	25,000		25,000	
III. 이익잉여금		177,000		132,000
이익준비금	90,000		80,000	
기타적립금	37,000		30,000	
미처분이익잉여금	50,000		22,000	
자본총계		542,000		497,000
부채와 자본총계		1,689,000		1,602,000

▌표 7-7▐ 재무비율 계산과정을 위한 손익계산서

계정과목	2012		2011	
I. 매출액		1,482,000		1,365,000
II. 매출원가		1,185,000		1,120,000
III. 매출총이익		297,000		245,000
IV. 판매비와 관리비		172,000		166,000
급여및임금	78,000		74,000	
감가상각비	30,000		28,000	
기타	64,000		64,000	
V. 영업이익		125,000		79,000
VI. 영업외수익		3,000		5,000
이자수익	2,000		3,000	
기타	1,000		2,000	
VII. 영업외비용		30,000		22,000
이자비용	21,000		17,000	
기타	9,000		5,000	
VIII. 당기순이익		98,000		62,000

(1) 유동성 비율(Liquidity Ratios)

유동성(liquidity)이란 기업이 채무를 지급하기 위한 현금을 동원할 수 있는 능력을 의미한다. 유동성 비율은 기업의 단기채무지급능력을 측정하는 비율로서 기업에 신용으로 제품을 공급한 공급자와 단기자금을 대출한 금융기관과 같은 단기채권자들의 주요 관심사가 된다.

① 유동비율(current ratio)

유동비율은 유동자산을 유동부채로 나눈 것으로 기업의 유동성을 측정하는 데 가장 많이 사용되는 비율이다. 일반적으로 유동비율이 2 이상이면 양호하다고 보지만 동종 산업의 평균비율이나 경쟁기업의 비율과 비교하여 판단하는 것이 좀더 합리적이다. 지나치게 높은 유동비율은 유동자산의 비효율적인 운영을 나타내는 것일 수도 있다.

유동비율 등식

$$\text{유동비율 (2012)} = \frac{\text{유동자산}}{\text{유동부채}} = \frac{890,000}{597,000} = 1.49$$

② 당좌비율(quick ratio)

당좌비율은 산성시험비율(acid test ratio)이라고도 하며, 유동자산에서 재고자산을 제외한 부분을 유동부채로 나눈 것이다. 재고자산은 유동자산의 일부분이기는 하나 단기간 내에 현금화하기는 어려운 저유동성 자산이다. 그러므로 기업의 유동성을 보다 엄격하게 측정하기 위하여 유동자산에서 재고자산을 제외한 당좌자산만으로 평가한다.

당좌비율 등식

$$\text{당좌비율 (2012)} = \frac{\text{유동자산} - \text{재고자산}}{\text{유동부채}} = \frac{\text{당좌자산}}{\text{유동부채}} = \frac{890,000-455,000}{597,000} = 0.73$$

(2) 레버리지 비율(Leverage Ratios)

레버리지 비율은 안정성 비율(stability ratios)이라고도 하며, 기업이 타인자본에 의존하는 정도를 측정하는 데 사용된다. 즉 부채 사용 정도와 장기부채상환능력을 측정하는 비율이다.

① 부채비율(debt to equity ratio)

부채비율은 총자본을 구성하고 있는 자기자본과 타인자본의 비율을 측정한다. 즉 자기자본으로 부채를 어느 정도 지급할 수 있는가를 표시하는 비율이다. 일반적으로 낮은 부채비율은 재무적 안정성을 나타내며, 지나치게 높은 부채비율은 높은 이자비용을 발생시켜 기업의 운영자금을 압박하고 이는 기업을 도산의 위험에 이를 수 있게 한다. 기업의 재무비율 중 가장 중요시되는 비율 중 하나이다.

부채비율 등식

$$부채비율\,(2012) = \frac{부채총계}{자본총계} = \frac{1,147,000}{542,000} = 2.12$$

② 이자보상비율(times interest earned ratio)

이자보상비율은 영업이익을 이자비용으로 나눈 것으로 이자액이 기업의 영업활동에 어느 정도의 압박을 가져오는지를 측정한다. 이자비용은 타인자본의 사용으로 발생하는 금융비용이며 이자보상비율을 통하여 기업의 영업이익 대비 이자비용 지급능력을 나타낸다. 이 비율이 1보다 작으면 기업의 도산 가능성이 높아진다.

이자보상비율 등식

$$이자보상비율(2012) = \frac{영업이익}{이자비용} = \frac{125,000}{21,000} = 5.95회$$

(3) 활동성 비율(Activity Ratios)

활동성 비율은 기업이 보유하고 있는 자산들이 얼마나 효율적으로 활용되고 있는가를 측정한다. 효율성 비율(efficiency ratio)이라고도 한다.

① 매출채권회전율(accounts receivable turnover ratio)

매출채권회전율은 매출액을 매출채권으로 나눈 값으로 매출채권이 현금화되는 속도를 측정하는 비율이다. 즉 매출채권이 1년에 몇 번이나 현금으로 회수되는가를 나타내므로 매출채권회전율은 높을수록 좋다.

매출채권회전율 등식

$$매출채권회전율(2012) = \frac{매출액}{매출채권} = \frac{1,482,000}{410,000} = 3.61회$$

산출된 매출채권회전율을 이용하여 매출채권 평균회수기간을 구할 수 있는데, 이는 매출채권을 회수하는데 소요되는 평균기간을 나타낸다. 일반적으로 평균회수기간은 짧을수록 더 좋다.

매출채권 평균회수기간 등식

$$\text{매출채권 평균회수기간(2012)} = \frac{365\text{일}}{\text{매출채권회전율}} = \frac{365\text{일}}{3.61} = 101.11\text{일}$$

② **재고자산회전율**(inventory turnover ratio)

재고자산회전율은 매출원가를 재고자산으로 나눈 값으로 매출원가가 재고자산의 몇 배인가를 측정하는 비율이다. 낮은 재고자산회전율은 기업이 매출원가에 비하여 상대적으로 과다한 재고를 소유하고 있다는 것이며, 이는 과다한 재고자산으로 인한 자금의 사장과 필요 이상으로 높은 재고관리비용으로 이어질 수 있다.

재고자산회전율 등식

$$\text{재고자산회전율(2012)} = \frac{\text{매출원가}}{\text{재고자산}} = \frac{1,185,000}{455,000} = 2.60\text{회}$$

③ **총자산회전율**(total asset turnover ratio)

총자산회전율은 매출액을 총자산으로 나눈 것으로 기업의 총자산의 효율적인 이용도를 측정하는 비율이다. 따라서 매출총액에 비하여 총자산을 과도하게 보유하고 있는 경우에는 낮게 나타나고, 이는 자산이 효율적으로 이용되지 못하고 있음을 나타낸다. 반면에 높은 총자산회전율은 기업이 보유하고 있는 자산이 매출을 창출하는데 있어서 효율적으로 이용되었음을 의미한다.

총자산회전율 등식

$$\text{총자산회전율(2012)} = \frac{\text{매출액}}{\text{총자산}} = \frac{1,482,000}{1,689,000} = 0.88\text{회}$$

(4) 수익성 비율(Profitability Ratios)

수익성 비율은 회계기간 중 기업의 성과를 나타내는 지표로서 경영의 총괄적인 효율성을 나타낸다. 수익성 비율은 경영자는 물론이고, 기업의 소유주와 채권자들에게 기업의 가치에 대한 정보를 제공해 준다.

① 매출액총이익률(gross profit ratio)

매출액총이익률은 매출총이익과 매출액의 관계를 나타내는 비율로 이 비율이 높을수록 매출액 대비 총이익이 많이 발생하고 있음을 나타낸다. 여기서 매출총이익이란 매출총액에서 매출원가를 뺀 것이다.

매출액총이익률 등식

$$\text{매출액총이익률(2012)} = \frac{\text{매출총이익}}{\text{매출액}} \times 100 = \frac{297,000}{1,482,000} \times 100 = 20.04\%$$

② 매출액순이익률(profit margin ratio)

매출액순이익률은 순이익을 매출액으로 나눈 것으로 매출액 1원에 대해 순이익이 얼마인가를 나타낸다. 따라서 이 비율이 높을수록 수익성이 양호하다. 순손실이 발생했을 경우 매출액순이익률은 음수가 된다.

매출액순이익률 등식

$$\text{매출액순이익률(2012)} = \frac{\text{당기순이익}}{\text{매출액}} \times 100 = \frac{98,000}{1,482,000} \times 100 = 6.61\%$$

③ 총자산순이익률(return on assets: ROA)

총자산순이익률은 순이익을 총자산으로 나눈 것으로서, 기업이 보유하고 있는 총자산이 얼마나 효율적으로 순이익을 창출하는데 사용되고 있는가를 나타내는 비율이다.

총자산순이익률 등식

$$총자산순이익률(2012) = \frac{당기순이익}{총자산} \times 100 = \frac{98,000}{1,689,000} \times 100 = 5.80\%$$

④ 자기자본순이익률(return on equity: ROE)

자기자본순이익률은 자기자본에 대한 당기순이익을 나타낸 것으로서 기업의 주인인 주주들이 투자한 자본 1원에 대한 순이익이 얼마인가를 보여 준다. 이는 주주 입장에서의 진실된 수익성을 의미하기에 주주가 가장 관심을 갖는 비율이다.

자기자본순이익률 등식

$$자기자본순이익률(2012) = \frac{당기순이익}{자기자본} \times 100 = \frac{98,000}{542,000} \times 100 = 18.08\%$$

(5) 성장성 비율(Growth Ratios)

성장성 비율은 기업의 규모나 성과 등이 얼마나 증가하였는가를 측정하는 비율로 재무제표 각 항목에 대한 일정기간 동안의 증가율로 측정된다.

① 순이익증가율

순이익증가율은 전기 대비 순이익이 어느 정도 증가하였는가를 측정한 것이다.

순이익증가율 등식

$$순이익증가율(2012) = \frac{순이익증가액}{전기순이익} \times 100 = \frac{98,000 - 62,000}{62,000} \times 100 = 58.06\%$$

② 매출액증가율

매출액증가율은 전기 대비 매출액이 얼마나 증가하였는가를 나타낸다.

매출증가율 등식

$$매출액증가율(2012) = \frac{매출액증가액}{전기매출액} \times 100 = \frac{1{,}482{,}000 - 1{,}365{,}000}{1{,}365{,}000} \times 100 = 8.57\%$$

③ 총자산증가율

총자산증가율은 전기 대비 총자산이 얼마나 증가하였는지를 나타내는 비율로서 기업의 전체적인 성장 규모를 측정하는 지표이다.

총자산증가율 등식

$$총자산증가율(2012) = \frac{총자산증가액}{전기말총자산} \times 100 = \frac{1{,}689{,}000 - 1{,}602{,}000}{1{,}602{,}000} \times 100 = 5.43\%$$

2) 재무비율분석의 평가와 한계

(1) 재무비율분석의 평가

산출한 재무비율들을 평가하고 의미 있는 분석을 하기 위해서는 각각의 재무비율을 비교 및 평가할 수 있는 기준이 필요하다. 예를 들어 기업 ABC의 매출액순이익률이 10%라고 할 때, 이 비율이 좋으냐 나쁘냐를 알아보기 위해서는 판단기준이 필요하다. 이때 평가에 사용되는 비율을 표준비율(standard ratio)이라 한다. 표준비율을 산정하는 대표적인 방법은 다음과 같다.

- 비율분석의 대상이 되는 기업이 속해 있는 동종산업 평균비율(industry average)을 표준비율로 한다.
- 비율분석의 대상이 되는 기업이 속한 산업의 우수한 기업 혹은 경쟁기업의 재무비율을 표준비율로 한다. 이때 평가기업과 규모나 활동 면에서 유사한 기업을 선정하여야 한다.
- 비율분석의 대상이 되는 기업의 과거 비율을 표준비율로 한다. 지난해의 비율을 이용하거나 과거 수년간의 비율의 평균을 구하여 사용할 수 있다.
- 비율분석의 대상이 되는 기업이 정한 실현 가능한 목표비율을 표준비율로 한다.

(2) 재무비율분석의 한계

재무비율분석은 기업의 재무상태와 경영성과에 관한 유용한 정보를 제공하고 있으나, 다음과 같은 한계점을 지니고 있어 추가적인 분석을 병행하여 실시하는 것이 바람직하다.

- 분석에 사용되는 재무제표 등의 각종 자료는 과거의 자료이므로 이를 이용하여 기업의 미래상황을 예측한다는 것은 많은 한계점이 있다.
- 다양한 경영환경을 충분히 반영하지 못하고 있다. 동종산업에 속하는 기업들이라도 생산제품의 종류, 기업 규모, 경영방침 등에 따라 서로 다른 면이 있을 수 있는데 이를 충분히 반영하지 못하기에 상호비교가 어렵다.
- 회계처리방법과 회계연도가 다른 기업들의 경우 재무제표를 사용하여 기업을 분석하고 비교하는 데에는 한계가 있다.
- 특정 기업의 재무비율을 평가하기 위해서는 비교대상이 되는 표준비율이 필요한데, 현실적으로 평가기준이 되는 표준비율의 설정이 어렵다.

요 · 약

1. 재무관리(financial management)란 기업의 경영활동에 필요한 자금을 효율적으로 조달하고, 조달된 자금을 경영목표에 알맞게 합리적으로 운용하는 것을 뜻한다.

2. 재무관리는 투자결정(investment decision), 자본조달결정(investment decision), 그리고 배당결정(dividend decision)을 통하여 기업의 경영목표를 효과적으로 달성하고자 하는 일련의 의사결정의 과정이다.

3. 기업의 현재가치(present value)의 극대화는 재무관리의 궁극적인 목표이다. 상장된 기업의 경우 기업의 궁극적인 주인은 바로 주주이기에 기업가치의 극대화는 곧 주주 부의 극대화, 즉 주식가격의 극대화를 의미한다.

4. 재무제표(financial statements)는 기업이 회계기간 동안 수행한 경영활동의 결과를 간략하게 만든 회계보고서로서, 기업의 경영성과(financial performance)와 재무상태(financial condition)가 기록된 성적표라고 할 수 있다.

5. 우리나라의 기업회계기준은 대차대조표, 손익계산서, 현금흐름표, 그리고 자본변동표 등을 재무제표로 규정하고 있다. 이중 재무관리자가 가장 많이 이용하는 재무제표는 대차대조표, 손익계산서, 그리고 현금흐름표이다.

6. 대차대조표(Balance Sheet)는 회사의 재무상태(financial condition)를 특정시점에서 나타내는 정태적 재무제표로서 결산일 현재 기업의 재무상태, 즉 기업이 보유하고 있는 자산과 부채와 자본의 구성을 나타내는 표이다.

7. 손익계산서(Income Statement)란 일정기간 동안의 기업의 경영성과(financial performance)를 구체적으로 나타내는 동태적 재무제표로서, 그 기간 동안에 발생한 수익과 비용 그리고 해당 기간의 이익을 계산한 표이다.

8. 현금흐름표(Statement of Cash Flows)는 일정한 기간 동안 기업에서 발생한 현금의 원천, 즉 유입과 사용인 유출을 나타낸다. 즉, 기업이 필요로 하는 현금을 어떻게 조달하였으며 조달된 현금을 어떻게 사용했는가를 보여 주는 동태적 회계보고서이다.

9 재무비율분석(financial ratio analysis)은 구해진 재무비율을 적절한 표준비율과 비교하여 기업의 재무상태나 경영성과를 평가하고 분석하는 것이다.

10 재무비율(financial ratios)은 분석목적에 따라 일반적으로 유동성 비율, 레버리지 비율, 활동성 비율, 수익성 비율과 성장성 비율 등으로 분류할 수 있다.

11 유동성 비율(liquidity ratios)은 기업의 단기채무지급능력을 평가하는 비율로서 기업에 신용으로 제품을 공급한 공급자와 단기자금을 대출한 금융기관과 같은 단기채권자들의 주요 관심사가 된다.

12 레버리지 비율(leverage ratios)은 기업이 타인자본에 의존하는 정도를 측정하는 데 사용된다. 즉, 부채 사용 정도와 장기부채상환능력을 측정하는 비율이다.

13 활동성 비율(activity ratios)은 기업이 보유하고 있는 자산들이 얼마나 효율적으로 활용되고 있는가를 측정한다.

14 수익성 비율(profitability ratios)은 회계기간 중 기업의 성과를 나타내는 지표로서 경영의 총괄적인 효율성을 나타낸다.

15 성장성 비율(growth ratios)은 기업의 규모나 성과 등이 얼마나 증가하였는가를 측정하는 비율로, 재무제표 각 항목에 대한 일정기간 동안의 증가율로 측정된다.

연 · 습 · 문 · 제

1 재무관리의 목적에 대해서 설명하여 보자.

2 이익의 극대화와 기업가치의 극대화의 차이점에 대해서 설명하여 보자.

3 〈표 7-6〉과 〈표 7-7〉에 있는 2011 자료를 사용하여 다음의 재무비율을 구하여 보자.

유동비율, 당좌비율, 부채비율, 이자보상비율, 재고자산회전율, 매출액순이익률, 총자산이익률

위에서 구한 답을 바탕으로 2011년도와 2012년도의 재무성과를 다양한 재무비율의 관점에서 비교 · 분석하여 보자.

4 재무비율분석의 한계점에 관하여 설명하여 보자.

5 재무비율분석을 위한 표준비율을 산정하는 대표적인 방법 세 가지를 제시하여 보자.

8 인적자원관리

Chapter

Chapter

Foodservice Management

8 인적자원관리

도입사례 모든 직원을 학습자인 동시에 교육자로 만드는 맥도날드

▸ 세계최대 햄버거체인 '맥도날드'

맥도날드는 햄버거의 대명사로 불릴 만큼 세계 최대 패스트푸드 체인업체로 자리를 굳게 지키고 있다. 맥도날드는 현재 전세계 116개국에 2만 5,000여 개의 체인점을 운영하고 있으며 종업원 수만 해도 150만 명에 달한다. 지난해에만 1,800개의 점포가 새로 문을 열었고 한국에서도 지난 88년 맥도날드 제1호점이 압구정에 개점한 이래 매장이 꾸준히 늘어나고 있다.

영국의 이코노미스트는 각국 화폐의 구매력을 비교하기 위해 맥도날드의 대표적인 햄버거로 꼽히는 '빅맥' 판매가격을 기준으로 해마다 '빅맥지수'를 발표하고 있을 정도로 맥도날드의 인지도는 타의 추종을 불허한다. 맥도날드는 세계 최대 자동차 회사인 제너럴모터스(GM), 세계 최대 항공기 제조업체인 보잉보다도 더 널리 알려져 있다. 이처럼 맥도날드가 세계인의 입맛을 사로잡을 수 있었던 배경은 무엇보다도 세계 어느 매장에서나 똑같은 메뉴와 맛을 제공하고 있기 때문이다.

맥도날드의 역사는 지난 55년으로 거슬러 올라간다. 당시 맥도날드의 창업자인 레이 크락은 조그만 햄버거 가게를 운영하던 맥도날드 형제로부터 프랜차이즈 사업권을 따냈다. 맥도날드 형제는 그후 나머지 사업권마저 크락에게 넘겨 크락의 신화가 시작됐다. 크락은 품질, 서비스, 청결 등 고객만족을 위해 모든 업무를 교육 책자로 만들어 사원들에게 이를 철저히 준수토록 지시했다.

맥도날드의 경영에는 햄버거를 만들어 파는 장사이기에 앞서 '사람에 의한 사업(People Business)'이라는 철학이 짙게 깔려 있다. 크락은 일찍부터 "직원교육은 하루도 거르지 않고 해야 한다."라고 강조했다. 맥도날드의 직원교육은 전세계 매장에서 똑같이 이뤄진다. 즉, 맥도날드의 유니폼을 입는 순간부터 모든 사람들은 학습자가 되는 셈이다. 시간제 직원에게는 비디오 교재를 사용한 기초교육을 실시하고 전담 트레이너를 붙여 한 달 동안 일대일 직무훈련을 실시한다. 매장사원들은 단순한 학습자의 위치에서 벗어나 조직 전체의 생산성을 높일 수 있도록 서로 코치를 해주는 교육자도 된다. 파이낸셜타임즈는 맥도날드의 직원교육 프로그램 규모가 미국 육군 수준을 능가할 정도라고 보도한 바 있다. 이러한 교육과정을 통해 경력을 쌓은 시간제 직원들에게는 정식사원으로 승진할 수 있는 기회가 주어진다. 실제로 시간제 직원들이 정식사원으로 올라서게 되는 경우가 50%가 넘을 정도다. 맥도날드의 상표를 빌려 매장을 개설하는 프랜차이즈 계약에서도 교육훈련은 예외 없이 적용된다. 보통 20년 정도의 장기계약으로 이뤄지는 프랜차이즈의 점주가 되려면 9개월의 교육과정을 거쳐야 한다. 이 기간 동안 점주는 청소에서 직원관리에 이르기까지 매장에서 일어날 수 있는 모든 일들을 직접 체험하는 교육을 받는다. 이런 교육훈련의 마지막 코스는 이른바 '햄버거대학'이다. 미국 일리노

> 이(Illinois)주에 있는 햄버거대학은 지난 61년 개설된 이래 전세계 맥도날드 직원들을 위한 최종 교육과정으로 운영돼 왔고 매년 15회에 걸쳐 약 3,000명의 졸업생을 배출한다. 햄버거대학의 교육은 매장운영, 인사관리, 품질 및 장비관리, 고객서비스 등에 관한 내용으로 이뤄진다. 실제매장과 똑같은 세트에서 시뮬레이션 위주로 진행된다.

출처: 매일경제 (2001). 장용승 기자.

1 • 인적자원관리의 정의 및 목적

관리자는 사람을 통해서 하고자 하는 일을 달성하는 능력이 있어야 한다. 인적자원관리는 관리자가 외식기업을 효율적으로 운영하는 데 매일같이 직면하는 가장 핵심적인 문제인 사람, 즉 직원들과의 문제를 다루게 된다. 특히, 외식산업은 노동집약적인 산업으로 기술의 발전으로 간편하게 조리할 수 있는 방법이 개발되고 있기는 하나 개발된 식재료와 장비가 사람을 대신할 수는 없어 외식산업에서 인력은 꼭 필요한 부분이다. 또한 최저인금제와 사회복지정책 증대로 인해 인건비가 지속적으로 상승되고 있는 반면 외식산업에서의 이직률은 매우 높아 외식기업의 경영자는 인사관리에 많은 어려움을 겪고 있다.

외식기업의 경영자는 인적자원의 관리를 통해서 인건비를 최소화하는 반면 기업 운영의 목표를 달성할 수 있는 환경을 만드는 것이 필요하다. 외식기업에서의 인적자원관리란 조직 및 직무에 필요한 인적자원을 확보・유지하고, 이들의 잠재력을 최대한으로 발휘할 수 있도록 조직 분위기를 최적으로 조성하고, 이를 활용하여 개인 만족은 물론 조직의 목표달성을 위해 계획하고, 조직하고, 통제하는 일련의 관리활동이라고 할 수 있다. 더 나아가서는 직원들의 동기부여와 조직원으로서의 단합, 그리고 리더십을 발휘할 수 있는 환경을 만들어 조직에 필요한 인재로 성장할 수 있는 환경을 만드는 것도 인적자원관리라고 할 수 있을 것이다.

인적자원의 관리에는 다음의 네 가지 목적이 있다.

첫째, 외식기업 구성원의 생산성 및 경쟁력 향상을 통한 기업의 목표달성에 공헌한다.

둘째, 조직 내 이해집단 간의 의사 조정을 통해서 외식기업과 구성원 간의 상호 이익을 추구한다.

셋째, 구성원의 개성 및 인격 존중을 통한 인간성 회복에 공헌한다.

넷째, 구성원의 창조적 능력과 혁신적 사고를 개발한다.

2 • 직무관리

인적자원의 의존도가 높은 외식기업에서 전문화와 분업화를 통하여 각 구성원에게 일정한 직무를 부여하고 그 직무들이 기업 전체의 목적을 잘 달성할 수 있도록 적절히 조정·통합되도록 하는 것이 직무관리이다. 직무는 기업이 성과창출을 목적으로 유사 업무를 묶은 단위로서 외식기업을 구성하는 사람이 어떤 일을 하며, 그 사람이 담당하고 있는 직무가 적합한지는 체계적으로 분석되고 평가되어야 할 필요가 있다. 따라서 직무관리에서는 직무분석, 직무평가, 직무설계의 단계를 통해 조직의 운영절차 표준화를 통하여 기본 토대를 만들어 관리하는 것이다.

1) 직무분석

직무분석은 인적자원관리의 가장 기초적인 단계로 각 직무별로 직무의 내용, 특징, 자격 요건을 설정하고, 직무를 수행하는 데 요구되는 지식과 능력, 숙련도, 책임 등과 같은 직무에 관련된 일을 분석하여 그 성질을 결정하고 명확화하는 것이다. 직무분석의 결과는 직무기술서와 직무명세서를 작성하는 기초가 되며 조직의 전반적인 직무평가와 직무설계의 기반이 된다.

직무분석의 절차로는 〈표 8-1〉에 나타난 것과 같이 분석의 목적을 설정하고 기초자료 및 배경정보를 수집한 뒤 분석대상 직무를 선정하고 적절한 직무분석방법을 통한 정보의 수집과 분석의 과정을 거쳐 직무기술서와 직무명세서를 작성하는 것이라 할 수 있다.

배경정보 수집	대상 직위 결정	직무정보 수집	직무정보 분석	직무기술서 작성	직무명세서 작성
조직도 업무분담 내역	효율성 위해 분석대상 직위를 선정함	면접법, 질문지법, 관찰법, 진술서작성법	직무상 필요한 모든 요건 분석	직무의 내용· 성격·수행방법 결과 정리	직무자의 교육· 지식·기능·기술 등 정리

▌그림 8-1▌ 직무분석의 절차도

▌표 8-1▌ 직무분석의 방법

종류	방법
관찰법	• 직무수행자를 집중적으로 관찰함으로써 정보를 수집하는 방법 • 대화형식, 체크리스트, 작업표로 자료 수집 • 육체적인 작업이나 표준화되거나 짧은 순환과정을 가진 활동을 하는 직무에 적합
면접법	• 조직도, 업무 흐름표, 업무 분담표 등을 자료로 담당자를 개별적 혹은 집단적으로 면접하여 직무에 관한 필요한 정보를 수집 • 분석자는 분석 전에 해당 업무에 대한 사항을 잘 이해하고 있어야 함
설문지법	• 직무 담당자가 직무에 관련된 항목을 체크하거나 평가하도록 함 • 다른 직무분석방법에 비해 시간과 비용이 절약되며 폭넓은 정보를 얻을 수 있음 • 설문지 개발에 시간과 노력이 많이 소요됨
작업일지법	• 횡단적으로 상이한 여러 직무 담당자의 직무활동을 동시에 기록함으로써 전체 직무의 모습을 그려 내기도 하고 종단적으로 한명 혹은 여러 명의 동일한 직무 활동을 관찰함 • 면접이나 토의에 의해 보완되어야 함
결정적 사건법	• 직무 행동 중에서 가치 있거나 중요한 면에 대한 정보를 수집하는 데 사용됨 • 감독자에 의해 수행되며 중요한 사건에 대하여 전체 직무에 대한 난이도, 빈도, 중요성 또는 기여도가 평가 • 효율적 혹은 비효율적 성과의 체크리스트 개발의 기초가 됨

① 직무기술서(job description)

직무기술서는 직무분석 결과에 의해 그 직무의 내용, 성격, 수행방법, 직무에 기대되는 결과 등을 간략하게 정리해 놓은 문서로 채용, 급여결정, 승진, 배치, 훈련 등의 인사관리의 기초가 된다. 문서화된 직무기술서는 구성원의 모집, 배치의 적정화, 직무의 능률화를 목적으로 개개인 직무의 책임, 의무, 활동의 정보 및 범위를 명확히 설명하여 직원 간의 직무에 대한 혼돈을 피할 수 있게 한다. 그러나 지속적인 환경의 변화로 직무의 내용에 변화가 있을 수 있으므로 직무기술서도 환경에 따라서 계속해서 수정해야 한다.

체계화되고 기업화된 외식기업의 경우에는 직무분석이 잘되어 있으나 조직적이지 못한 외식기업은 직무분석이 제대로 되고 있지 않고 경영자의 직무지식에 의존하는 경우가 대부분이라 할 수 있다. 그러나 인적자원의 의존도가 높은 외식기업에서 직무기술서 작성을 통해서 직무에 대한 기본적인 책임사항과 업무를 명확하게 전달하는 일은 매우 중요하다.

▮표 8-2▮ 직무기술서의 예

직무기술서
직무의 정의 1. 직무 명칭: 주방매니저 2. 직급: 시니어 마스터(Senior Master) 3. 월급: 250만 원~300만 원 보고체계: 총주방장에게 직접 보고 직무요약 주방매니저가 하는 가장 중요한 일은 주방 업무를 모두 실시하고 관리하는 일로서 회사의 지침에 적합한 품질의 음식을 생산하고 서비스 기준을 준수한다. 또한 식재료의 철저한 관리를 통해서 최상의 상태를 유지·보관하도록 하며 비용을 최소화하여 외식기업의 매출 상승을 목표로 일한다. 그리고 주방직원들의 관리 및 스케줄 조정뿐만 아니라 채용 등과 같은 인적자원관리를 한다. 과제 및 활동 1. 메뉴의 품질관리 2. 신메뉴 개발 및 연구 3. 정기적인 메뉴교육 및 주방 업무 지도 4. 식재료관리 및 원가관리 5. 음식과 주방시설의 품질 및 위생·청결관리 6. 주방의 안전관리 7. 주방직원의 유니폼 및 복장관리 8. 주방직원의 근태관리 10. 주방 업무의 계획과 목표관리 직무환경 외식업관리자 직무환경은 유동적인 근무시간으로 남는 시간을 자기 개발에 투자할 수 있고, 또한 기혼 여성들을 위해 육아휴직 등의 복지제도도 잘 갖추어져 있다. 그리고 고객을 상대로 하는 서비스직이므로 매일 새롭고 신선하다. 하지만 아직은 일부 서비스업을 폄하하는 분위기가 남아 있기 때문에 가끔은 인격적 대우를 받지 못하는 상황이 발생될 수 있다.

② 직무명세서(job specification)

직무명세서는 직무를 수행하는 데 필요한 작업자의 교육, 지식, 기능, 기술 및 기타 특성 등을 기술해 놓은 것으로 직무를 수행하는 사람의 자질과 같은 인적요인도 명시하도록 한다. 직무명세서는 신규인력 채용 시 직무에 대한 자세한 설명을 할 수 있는 정보의 원천으로 사용될 수 있으며, 직무수행을 위한 경력이나 특별교육규정을 정의하는 데 그 사용의 목적이 있다.

▌표 8-3 ▌ 직무명세서의 예

직무명세서
직무의 정의 1. 직무 명칭: 주방매니저 2. 직급: 시니어 마스터(Senior Master) 3. 월급: 250만 원~300만 원 4. 보고자: 총주방장 직무 개요 주방매니저가 하는 가장 중요한 일은 주방 업무를 모두 실시하고 관리하는 일로서 회사의 지침에 적합한 품질의 음식을 생산하고 서비스 기준을 준수한다. 또한 식재료의 철저한 관리를 통해서 최상의 상태를 유지 · 보관하도록 하며 비용을 최소화하여 외식기업의 매출 상승을 목표로 일한다. 그리고 주방직원들의 관리 및 스케줄 조정뿐만 아니라 채용 등과 같은 인적자원관리를 한다. 직무의 자격 요건 1. 학력: 전문대졸 이상 2. 전공: 조리 · 외식 관련 학과 전공자 3. 경력: 외식업체 주방 관리자급 경력 5년 이상자 4. 기타: – 한식, 일식 자격증 소지자로 한식과 일식에 대한 기술과 풍부한 지식, 그리고 경험이 있는 사람 – 회사방침, 규칙, 원리, Recipe에 대한 해박한 지식과 경력을 갖춘 사람 – 고객서비스 관련 친절서비스에 관한 지식을 갖춘 사람 – 중재능력 및 직원들을 발전시킬 수 있는 기술을 갖춘 사람 – 식재료에 대한 해박한 지식을 갖춘 사람 – 외식시장에 대한 예측할 수 있는 능력을 갖춘 사람 – 리더십으로 주방직원을 이끌 수 있는 능력을 갖춘 사람 – 논리적이고 수리적인 계산으로 의사결정을 내릴 수 있는 사람 – 식품위생(HACCP) 관련 자격증을 취득한 사람

2) 직무평가(job evaluation)

직무평가는 경영자가 인적관리를 하기 위해 필수적으로 선행되어야 할 조건으로 조직에 있어서 각 직무가 지니는 상대적인 가치를 결정하고 그 가치에 따라서 여러 직무에 서열을 부여하는 과정이다. 이와 같은 직무평가는 직무분석을 통해서 작성된 직무기술서와 직무명세서를 기초로 하여 이루어지는데, 직무의 상대적 가치가 크면 조직의 목표달성의 공헌도가 높다고 평가된다.

직무평가는 외식산업 내의 임금체계나 구조를 비교하여 사내 임금체계를 확립하고 인사관리 전반의 합리화를 기하는 데 그 목적이 있다. 이는 직원과 조직의 효율성에 영향을 미쳐 계층별 인금을 단순화하며 각 직무에 맞는 직원을 배치하고 조직 내의 인사이동과 승진을 결정하는 중요한 기준으로 사용된다.

3) 직무설계(job design)

직무설계는 조직 목표의 달성과 개인의 욕구충족을 극대화하기 위해서 구조적 및 인간관계 측면을 고려한 조직구성원의 직무 관련 활동을 설계하는 과정을 말한다. 이는 직무분석과 평가를 통해서 구체화된 직무와 직원을 연결시켜 기업의 효율성을 극대화시키고, 직장생활의 질 제고, 직무 불만족 등을 예방하여 높은 성과를 올리는 것을 목표로 한다.

3 • 인적자원 확보

인적자원 확보는 외식기업의 경영활동 수행에 있어서 필요한 사람, 즉 인적자원을 모집하고 선발하고 배치하는 과정을 말한다. 이를 위해서는 필요한 인적자원의 수 예측과 적합한 자질에 대한 판단 및 계획이 필요하다.

1) 인적자원 계획

인적자원의 계획이란 현재와 미래에 외식기업이 필요로 하는 수요와 기업이 보유하고 있는 공급을 파악하고 수요와 공급의 균형을 유지하는 것을 의미한다.

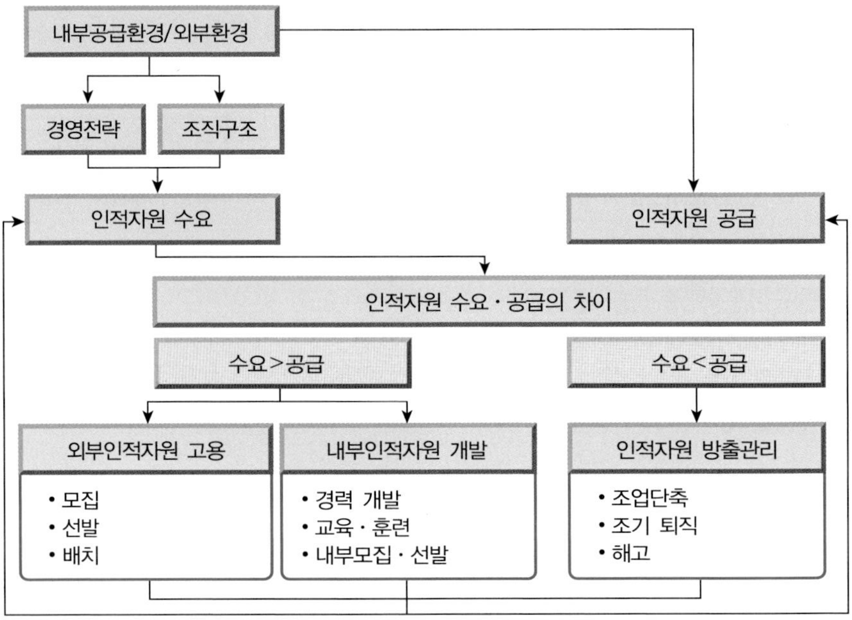

▮그림 8–2▮ 인적자원의 계획

인적자원의 계획 시에 고려해야 할 사항은 [그림 8–2]와 같다. 공급을 분석하기 위해서는 내부공급환경을 분석하여 내부에서 어떤 인원이 어떻게 공급 가능한지 파악할 필요가 있다. 또한 외부환경분석에는 경제적 환경, 사회문화적 환경, 인구통계학적 환경, 기술적 환경, 노동시장환경 등이 있는데 이는 수요와 공급에 모두 영향을 미친다. 그리고 경영전략은 인적자원 수요에 영향을 미치는데 특히, 기업 내부에서 서비스 차별화 전략을 구사할 때 영향을 미치며, 조직구조는 인적자원의 수요, 특히 질적 수요에 영향을 미친다.

① 수요예측은 미래에 특정한 시점에 어떤 자리에 몇 명의 직원이 필요할 것인가에 관한 예측으로, 양적 수요예측과 질적 수요예측이 있다. 양적 수요예측은 미래의 특정시점에서 요구되는 인적자원의 양에 관한 예측으로 영향요인으로

는 기업의 매출목표, 기술수준, 직원의 동기부여 정도, 직무의 특성, 직원의 직무수행 능력 및 의지와 같은 내・외부환경, 경영전략, 조직구조요인이 있다. 질적 수요예측은 미래의 특정한 시점에서 요구되는 인적자원의 능력, 태도 등 인적자원의 자격요건에 관한 예측으로 미래시점에서 요구되는 직무성과, 필요한 직무내용, 직무수행자의 자격요건 등이 영향을 준다.

② 공급예측은 미래에 특정한 시점에서 기업이 보유하게 될 인적자원의 양과 질에 관한 예측으로 양적 공급예측과 질적 공급예측이 있다. 양적 공급예측은 미래의 특정한 시점에 기업이 보유하게 될 인적자원의 양에 대한 예측으로 직군별, 직종별, 직급별, 부문별 예측이 있다. 질적 공급예측은 기업이 택하게 될 미래의 경쟁전략, 미래에 도입하게 될 기술의 종류와 다양성, 직원의 자기계발 등에 따라 질적 공급이 달라지기 때문에 측정이 쉽지 않다.

2) 인적자원의 모집

인적자원의 모집은 직무명세서에 명시된 요건에 적합한 자원을 확보하는 것으로서, 소규모의 외식기업에서는 주로 직원을 구하기 위해 가족과 친지를 비롯한 주위의 사람들을 통해 소개받는 비공식적인 절차를 따르는 경우가 대부분이다. 이와 같은 방법은 비용이 발생하지 않는 장점이 있기는 하나 기업이 원하는 인적자원을 선발하기 위해서는 보다 체계적인 방법을 갖추고 이에 맞추어 기업이 원하는 인재를 선발하는 것이 필요하다.

인적자원 모집의 방법은 크게 내부모집과 외부모집으로 나눌 수 있다. 첫째, 내부모집은 추가적으로 인적자원 수요가 발생할 경우 기존의 직원을 대상으로 지원자를 모으는 방법으로 그 예로는 사내공모제도, 전환배치(transfer), 승진(promotion)이 있다. 둘째, 외부모집은 기업 외부에서 지원자를 모으는 방법으로 광고를 통한 모집, 헤드헌터(head hunter)에 의한 모집, 인턴십(internship)에 의한 모집, 채용박람회 및 취업설명회 참여를 통한 후보자 모집, 기존 직원 또는 교육기관에 의한 추천 등이 있다.

▮표 8-4▮ 내부모집과 외부모집의 장점과 단점

	내부모집	외부모집
장점	• 승진자의 사기 앙양 • 동기유발 • 능력개발 강화 • 정확한 능력평가 • 비용절약	• 새로운 관점에서 조직업무 접근 • 인력개발비용 절약 • 새로운 정보, 지식의 제공
단점	• 모집범위의 제한 • 승진되지 않은 구성원의 좌절감 • 승진을 위한 과다경쟁 • 인력개발비용의 증대	• 부적격자 채용의 위험성 • 안정되기까지 적응기간 소요 • 내부인력의 사기 저하

3) 인적자원의 선발

인적자원의 선발은 유능한 인재를 선택하거나 직무에 부적합한 사람을 골라서 배제시키는 과정이라고 할 수 있는데, 이를 위해서는 기업에서 필요한 명확한 인재상의 확립이 선행되어야 한다. 특히 외식기업은 인적자원의 선발에 있어서 음식을 잘하고 서비스를 잘하는 것뿐만 아니라 조직 내에서 잘 어울릴 수 있는 팀플레이어로서의 자질이 있는지 파악하는 것이 매우 중요하다. 따라서 선발할 때에는 수습기간을 정하여 수습기간 내에 기술적인 능력뿐 아니라 내적인 조화를 이룰 수 있는 인재인지 판단한 후에 선발을 마무리하는 것이 좋다.

선발되지 못한 지원자의 경우에는 다음 기회에 적합한 자리가 생기면 후보자로 활용할 수 있으므로 지원서를 일정기간 동안 잘 보관하는 것이 필요하다. 이러한 방법은 인력채용으로 들어가는 시간과 비용을 감소시킬 수 있는 장점이 있다.

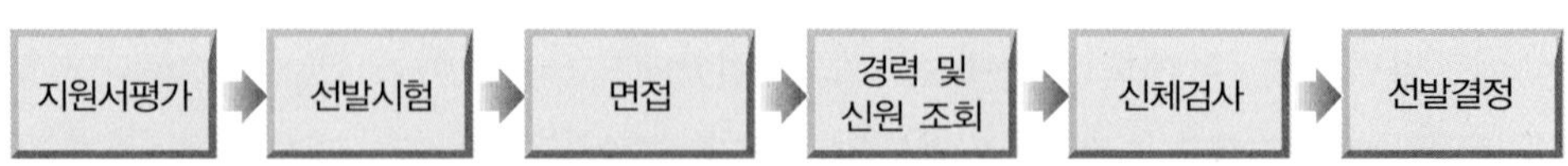

▮그림 8-3▮ 인적자원의 선발절차

인적자원의 선발절차는 [그림 8-3]에 나와 있듯이 총 여섯 개의 절차로 구분될 수 있다. 첫 번째는 서류전형으로 지원자가 제출한 지원서를 검토함으로써 지원자의 학력, 경력, 가족사항 등 기본적인 인적사항을 중심으로 지원자의 객관적인 질을 평가하는 과정이다. 이는 정보의 신뢰성(reliability)과 타당성(validity)의 중요성이 요구된다. 두 번째는 선발시험단계로 서류전형에서 파악할 수 없는 지원자의 자질이나 직무수행 능력을 평가하는 과정으로 지적능력검사, 성격검사, 취미검사, 성취도검사 등의 다양한 시험의 형태로 실시된다. 세 번째는 선발면접으로 지원자에 관한 정보를 수집할 목적으로 주로 대면으로 실시되는데, 지원자의 성격 · 외모 · 지원동기 등을 파악하는 중요한 단계라고 할 수 있다. 네 번째는 신원조회단계로 지원서 · 면접 등을 통해 드러난 지원자에 관한 자료를 중심으로 자료를 재확인하고 필요에 따라 추가적인 자료를 수집하는 과정이다. 전 직장 동료를 통한 정보수집과 공공기관에 전과기록 등을 조회하여 선발예정인 인재에 대한 확인과정을 거치게 되는 것이다. 다섯 번째로는 신체검사단계로서 직무를 수행할 육체적인 능력 및 건강상태를 판단하는 것은 물론, 건강보험 등 기업의 인적자원관리를 위한 실제적인 목적도 있다. 특히 외식기업은 고객이 먹는 음식을 조리하고 서비스를 하는 직원들의 철저한 신체검사가 필요하다. 이는 음식을 조리하고 조리된 음식을 서비스하는 과정에서 고객들에게 질병의 감염이 가능하기 때문으로 따라서 이 단계는 매우 중요하다고 할 수 있다. 마지막으로 신체검사를 통과한 지원자는 선발을 확정하게 되어 지원자에게 통보하게 된다.

4) 인적자원의 배치

인적자원의 배치는 채용된 직원이 조직의 직무수행에 적합한 자격을 갖추고 능력 및 적성에 맞는 직무에 배치되는 단계이다.

4 • 인적자원 개발 · 유지 · 관리

인적자원 개발·유지란 인적자원 선발과정을 통해 확보한 직원을 대상으로 성과창출의 의지 및 정신적 · 육체적 능력을 개발하고 이를 지속적으로 유지하도록 하여 기업의 목표를 달성할 수 있도록 하는 일련의 인적자원 관리활동이라 할 수 있다.

1) 교육 · 훈련

직원의 정신적 · 육체적 능력과 성과창출 의지 및 태도에 직접적인 자극을 가함으로써 정신적 · 육체적 능력과 성과창출 의지 및 태도를 향상시키는 모든 활동을 말한다. 외식기업에서는 방문한 고객을 만족시킬 수 있는 음식과 서비스 제공을 위한 적절한 방법을 알려 주고, 조직원의 일원으로 팀플레이를 할 수 있는 소양과 태도를 기를 수 있도록 하는 것이 필요하다. 교육은 이론을 위주로 직원의 지식, 소양, 태도를 육성 · 개발하는 것이며 훈련은 특정한 직무를 수행하는 데 필요한 실무지식과 기능습득 및 연마를 목적으로 한다.

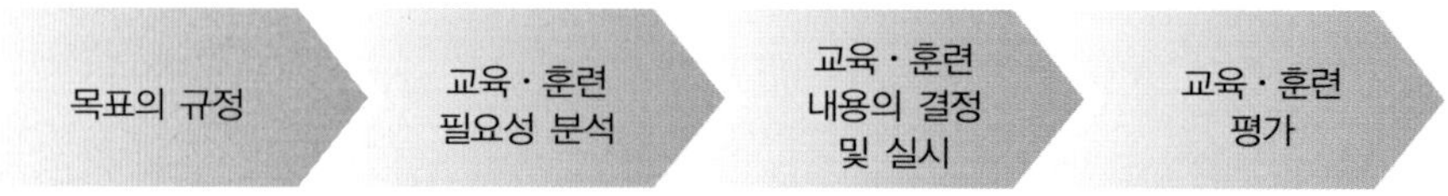

▌그림 8-4▐ 인적자원의 교육과 훈련의 과정

교육과 훈련을 잘 수행하기 위해서는 우선 이에 대한 정확한 목표를 규정하는 것이 필요하다. 두 번째로는 교육 · 훈련의 필요성을 분석하는 단계로 현재 직원의 능력과 태도의 차이를 규명하는 과정이라고 할 수 있다. 교육 · 훈련이 필요한 시점으로는 시장점유율의 저하, 불량률의 증가, 이직률의 증가, 중요한 환경의 변화, 새로운 직무의 출현, 직원의 사기 저하, 나태한 조직문화 등이 있을 수 있다. 세 번째로는 교육 · 훈련 내용을 결정하고 실시하는 단계로 직원의 능력개발과 의욕개발에 중점을 두고 실시하게 된다. 마지막으로 교육 · 훈련을 평가해야 하는데 이는 교육 · 훈련의 효과를 제고하기 위함이다.

2) 경력개발

경력개발의 광의의 개념을 한 개인이 일생에 걸쳐 일(work)과 관련하여 얻게 되는 총체적 경험이라고 한다면, 협의의 개념은 한 개인의 입사로부터 퇴직에 이르기까지의 일과 관련된 경험이라고 할 수 있다.

경력개발 원칙에는 기업 내 경력경로를 구성하는 모든 직무나 직위는 계층적인 경력경로로 형성되고 규정되어서 과학적인 체계를 가지고 있다는 경력경로의 원칙, 적성 · 지식 · 직무경험 등과 같은 직원의 직무수행과 관련된 자격 요건과 담당직무가 조화를 이루어야 한다는 적재적소의 원칙, 가능한 범위 내에서 내부충원을 우선으로 하여 직원이 양성되도록 해야 한다는 후진양성의 원칙이 있다.

과거에는 연공서열과 같은 평균적인 인사관리가 주를 이루었으나 현재는 실력과 능력위주의 인사가 주를 이루고 있어 개개인의 경력개발을 통한 경력의 관리가 매우 중요한 부분을 차지하게 되었다. 따라서 경력의 주인공인 본인뿐 아니라 기업에서도 경력경로를 잘 설계할 필요가 있다. 전통적인 경력경로는 수행한 또는 수행할 직무들이 조직도에서 수직도로 배열되어 있었다면, 네트워크 경력경로는 수행한 또는 수행할 직무들이 조직도상에서 수직적 그리고 수평적으로 배열됨으로써 다양한 직무를 경험하게 하여 직원의 만족감을 높이고 배치의 유연성을 높이는 방법이라 할 수 있다. 이중경력경로는 직무의 특성에 따라 구분되는 집단으로 나누고 각각 다른 경력경로를 설계하는 방법으로, 직군의 특성에 맞는 개별적인 경력경로의 설계가 가능하여 직원의 만족도가 상승할 수 있다. 관리직에서 영업직으로 직무를 이동하는 것이 이중경력경로의 한 예라고 할 수 있다.

기업의 규모가 확대되고 업무의 내용이 다양화될수록 직원들의 능력, 지식, 경험을 잘 파악하고 그에 적합한 직무에 배치하는 것이 인사관리에서 가장 중요하고 어려운 과제이다. 따라서 휴먼 인벤토리(human inventory)를 통하여 개개인의 직무경력을 기초로 한 기능, 능력 등을 분석하고 이러한 데이터를 효과적으로 관리하고 활용할 필요성이 높아지고 있다.

3) 인력관리

외식기업의 운영에서 가장 어려운 것은 인력관리이다. 잦은 이직과 그로 인한 기업의 비용출혈이 적지 않으므로 철저한 시스템적인 인력관리를 통해서 직원들의 근로환경 만족도를 관리해야 한다. 인력관리의 기본으로는 생산성 표준을 세운 생산성 관리와 근로시간, 즉 스케줄링의 관리라고 할 수 있다.

생산성 관리(productivity management)는 생산의 질과 양을 적절히 잘 조합하는 것으로 질에 해당하는 직무표준(performance standard)을 잘 지켜서 생산성 표준(productivity standard)인 합당한 만큼의 양을 채워 갈 수 있도록 관리하는 것이다.

생산성 표준을 결정하는 것은 직무표준에 따라서 특정한 일을 수행했을 때 얼마의 시간이 필요한가를 기준으로 한다. 질에 대한 기준이 너무 높으면 양이 기대한 것에 미치지 못할 수 있으며, 이는 즉시 고객의 만족도와 연결되어 있다는 것을 참고해야 한다. 또한 서비스의 방법, 메뉴 아이템, 서빙하는 시간대에 따라서 생산성이 달라서 업계 표준을 만드는 것은 쉽지 않으므로 외식기업의 경영자는 자신의 업장에서 여러 명의 잘 훈련된 직원들의 생산성을 먼저 체크한 후 표준을 결정하는 것이 필요하다. 예를 들어 음식점 서버의 생산성 표준을 위해서 고려해야 하는 요소들로는 서빙하는 고객의 수, 서버가 일한 시간의 양, 시간별로 서버가 서비스한 고객의 수, 직무표준에 따라서 서버가 일을 수행했을 때 고객들의 피드백이 있다.

〈표 8-5〉의 생산성 표준의 예에서 나타난 것과 같이 H 레스토랑 서버의 생산성 표준, 즉 8시간 근무를 기준으로 총 서빙할 수 있는 고객의 수는 68명이다. 따라서 이를 기준으로 직원들의 인력관리를 해야 할 것이다.

▌표 8-5▌ H 레스토랑의 생산성 표준의 예

step 1: 한 명의 고객을 서빙할 시 소요되는 시간		약 6분
step 2: 총 근무시간을 분으로 환산	8시간×60분	480분
step 3: 서빙할 수 있는 총 시간	total shift time	480
	shift 준비 소요시간	20
	아침 쉬는 시간	15
	점심 쉬는 시간	15
	shift 마무리 소요시간	20
	total 서빙 가능시간	410분

4) 스케줄관리

인적자원이 많이 필요한 외식기업의 스케줄관리는 매우 복잡하고 중요하다. 특히 이는 직무만족과 직결되어 있으므로 형평성과 타당성을 기반으로 운영되어야 한다.

스케줄을 결정할 때 고려사항은 다음과 같다.

① 스케줄은 1주간 노동시간을 모두 커버해야 한다.
② 1주간 노동시간은 토요일에 시작하여 금요일에 끝나는 것을 의미한다(외식사업장은 주말이 더 바쁘기 때문이다).
③ 스케줄은 관리자에게 승인을 받은 후 게시판에 게시하여 직원들이 확인할 수 있도록 해야 한다.
④ 스케줄은 적어도 한 주 시작 3일 전에는 게시되어야 한다.
⑤ 스케줄은 항상 같은 장소에 게시되어야 한다.
⑥ 스케줄은 영업장의 예상수치와 항상 비교 검증되어야 한다.
⑦ 스케줄의 변경은 항상 게시되어야 하며 잘 보이도록 해야 한다.
⑧ 스케줄 표는 직원들의 근태현황을 파악할 때 사용될 수 있다.

5 • 인적자원 평가

인적자원 평가는 인사고과라고도 불리며, 직원이 기업의 목적달성에 얼마나 기여하고 있는지 혹은 기여할 수 있는지에 대한 기업의 평가활동이라고 정의할 수 있다. 따라서 직무와 관련된 직무수행자, 즉 직무수행자의 성과・태도・능력 등을 평가하는 것인데 기존의 역량, 업적 평가 외에도 태도를 평가요소로 도입하여 조직 내에서 구성원의 태도 측면을 평가할 필요가 있다. 특히, 최근에는 역량 평가지를 재정립하여 팀별로 필요로 하는 능력에 기반을 두어 역량 평가를 차별화하고 세분화 하는 기업들도 늘고 있다. 노동집약적이며 팀플레이어로서의 능력이 중요한 요소로 작용되는 외식기업에서 팀별 능력평가제도는 도입이 필요할 것이다.

인사평가의 목적으로는 성과 측정을 통한 공정한 대우, 인적자원의 계획과 적재적소의 배치, 인력개발, 성과에 대한 피드백을 통한 조직개발 및 근로 의욕 증진과 인적자원의 데이터베이스화가 있다.

평가는 평가자의 주관이 매우 많이 반영될 수 있으므로 이를 방지하기 위하여 객관적인 기준을 정하는 것이 필요하며 이의 기준으로는 직무기술서가 있다. 평가자는 정해진 인사고과의 방법과 절차에 따라 피고과자를 평가함으로써 인사평가를 수행하는데, 평가의 시기는 통상 1년에 한 번 연말에 실시한다. 그러나 이상적인 평가시기는 성과평가를 위한 정기적인 인사평가와 병행하여 인사평가의 필요가 제기될 때마다 인사평가를 실시하는 것일 것이다. 보다 효과적인 인사평가를 위해서는 평가의 결과물을 가지고 평가자와 피평가자가 함께 이야기를 나누며 서로의 의견을 존중하고 인정하면서 진행해야 한다.

인사평가의 결과가 승진, 배치전환, 급여, 해직, 채용순위, 복직순위 등에 직접적으로 반영이 되기 때문에 공정한 평가를 통해서 직원들의 직장에 대한 충성도를 높일 수 있도록 〈표 8-6〉에 나온 오류를 주의하여 평가해야 한다.

▮표 8-6▮ 인사평가 시 주의해야 할 평가자의 오류

평가자 오류	내용
현혹효과	한 분야에 대한 호의적 또는 비호의적 인상이 다른 분야에 있어서의 그 사람의 평가에 영향을 주는 오류
이론적 오류	평가요소 간에 상관관계가 있는 경우에 상대적으로 높은 요소가 있으면 다른 요소도 높게 평가하는 오류
대비 오류	피평가자를 자기가 있는 특성과 비교하여 평가하는 오류
근접 오류	시간적 또는 공간적으로 근접하여 평가를 하는 경우 나타나는 오류 (유사한 평가요소가 배열되어 판단의 착오를 가져오는 오류)
관대화 경향	실제보다 관대 또는 과소평가하여 집단의 평가결과 분포가 한쪽으로 치우치는 오류
중심화 경향	평가가 보통 또는 척도상의 중심점에 집중하게 되는 오류

6 • 인적자원 보상

인적자원 보상이란 직원이 외식기업의 목적달성에 기여한 공헌의 대가로 직원에게 제공되는 경제적 및 비경제적 가치를 말한다. 이는 직접보상에 해당되는 임금과 수당, 그리고 간접보상에 해당되는 복리후생으로 나눌 수 있다. 인적자원의 보상은 직원들에게는 소득의 원천이며 동기부여의 요소이나 외식기업의 입장에서는 노동집약적인 산업의 특징으로 인한 많은 비용인 동시에 인적자원에 대한 투자이기도 이기도 하여 양면이 있다고 할 수 있다. 외식기업의 인건비는 식재료비용 다음으로 가장 큰 비중을 차지하여 철저한 관리가 매우 중요하다. 그러나 식재료비용과는 다르게 인적노동에 따른 보상으로 사람의 개성과 감정 등까지 관리해야 한다는 점이 어려운 점이라 할 수 있다.

1) 직접보상: 임금과 수당

임금이란 직원의 정상적인 노동력 제공에 대한 직접적인 대가로 기업이 지급하는 경제적 보상의 한 형태이다. 임금수준은 노동수요자인 외식기업의 지불능력, 노동공급자인 직원의 생계비 및 노동시장에서의 사회적 균형을 종합적으로 고려하여 결정하게 된다. 따라서 임금의 내적 공정성이 중요한데 이는 임금총액을 기업 내 직원들 간에 어떻게 배분하느냐 또는 어떻게 배분해야 직원들이 공정하다고 느껴 동기부여가 될 수 있느냐 하는 문제이다.

▌그림 8-5▐ 임금수준의 범위

임금을 결정할 때 고려해야 할 사항으로는 노동의 질과 양, 노동의 생산성, 노동의 안정성, 최저임금제에 따른 생계비 보장, 사회적 균형, 임금의 지급한도가 있을 수 있다. 중소규모의 외식기업은 임금에 대한 명확한 제도가 없을 수 있으나 직원을 어떻게 구성하고, 배치할 것이며, 목표인건비율을 어떻게 할 것인지 하는 임금제도를 확립하는 것이 필요하다. 임금제도가 없거나 불분명할 경우에는 임금제도의 불투명성으로 인하여 직원들 간의 불만의 소지를 남겨 두게 된다.

임금체계는 크게 기준 내 임금, 기준 외 임금, 상여금, 퇴직금으로 이루어진다. [그림 8-6]과 같이 기준 내 임금으로는 기본급과 경쟁종업원이 정규노동 이외의 노동력을 제공한 경우, 또는 직원의 생활을 보장하기 위해 기업이 자발적으로 지급하는 수당이 있다. 기준 외 임금으로는 초과근무수당, 특별수당이 있으며, 그밖에도 상여금과 퇴직금이 있다.

▌그림 8-6▐ 임금의 분류

2) 간접보상: 복리후생

복리후생은 임금이나 근로조건과 무관하게 직원의 편익을 제공하기 위하여 기업이 추가적으로 제공하는 보상을 말한다. 경제적인 목적으로는 직원의 사기진작, 성과 창출능력 제고, 인재확보 가능, 애사심, 조직 몰입 향상 등이 있을 수 있으며, 사회적 목적으로는 사회적·인간관계적 욕구충족, 직원 간의 사회적 통합 강화, 사회보장제도의 일익담당이 있다. 우수한 인적자원을 유지하기 위해서 외식기업은 다양한 복지후생제도를 통해서 직원들의 기업에 대한 만족도를 관리할 필요가 있다.

복리후생에는 법정복리후생인 의료, 연금, 산업재해보상, 고용 등의 보험료 지원 및 법정퇴직금제도 등과 비법정복리후생인 주택시설 지원, 급식시설 지원, 다양한 금융제도, 공제제도, 구매시설 지원, 보건위생시설 지원, 문화·체육·오락시설 지원 등이 있다.

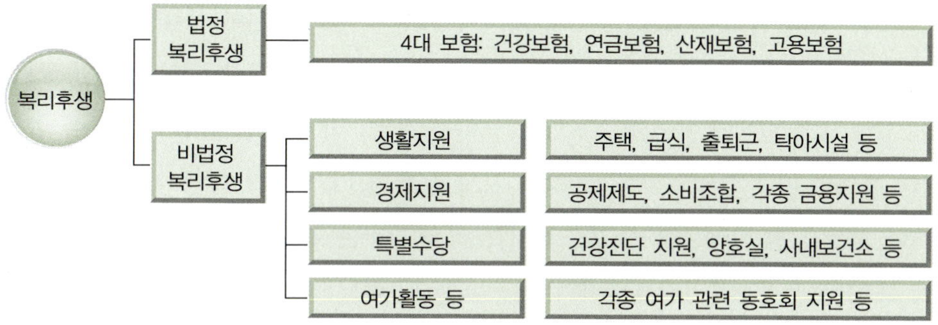

그림 8-7 복리후생의 분류

7 • 인적자원 방출

외식기업을 경영하다 보면 다양한 이유로 인적자원을 방출하게 된다. 특히, 외식산업은 직원들의 이직률이 높은 산업으로 이와 같이 높은 이직률은 기업에 높은 비용과 생산성 저하, 그리고 서비스 및 메뉴품질의 저하에 영향을 미친다. 따라서 많은 외식기업들은 이직률을 낮추고자 인적자원의 방출에도 정확히 이유를 파악하고 이를 관리하기 위해서 많은 노력을 기울이고 있다.

이직의 사유로는 직원의 자유의사에 의해 기업을 떠나는 자발적 이직과 정리해고, 징계에 의한 파면, 정년으로 인한 비자발적 이직이 있다. 이중에 외식기업에 가장 많은 영향을 미치는 것은 자발적 이직으로, 이를 위해 공급단계에서 대비책을 마련하는 것이 필요하다. 또한 비자발적 이직의 경우에는 분쟁의 소지가 있으므로 이를 최소화하기 위해 대비해야 한다.

표 8-7 자발적 이직의 긍정적인 측면과 부정적인 측면

자발적 이직의 긍적적인 측면	자발적 이직의 부정적인 측면
• 이직자에게 경력개발의 기회 및 소득을 향상시킬 수 있는 기회 제공 • 남아 있는 직원에게는 승진과 같은 직무이동을 통한 경력개발 기회 제공	• 남아 있는 직원에게 대체 직원이 확보되기 전까지 업무량 증가 • 대체 직원과의 새로운 인간관계와 의사소통 노력 및 이직비용
자발적 이직에 따른 긍정적 측면을 최대한 부각시키고 부정적 측면은 최소화하기 위해 적극적으로 자발적 이직을 관리할 필요가 있음	

외식기업의 이직 사유로는 첫째, 자격이 되지 못하고 신원이 불량한 적합하지 못한 직원의 채용이 있다. 이직률이 높은 외식기업에서는 부족한 직원을 빨리 공급받기 위해 성급한 채용이 있을 수 있으나 이는 서비스와 메뉴품질의 저하를 야기하고 결과적으로 매출에 악영향을 줄 수 있으므로 오랜 기간 동안 함께 일할 수 있는 자격이 되는 직원을 채용할 수 있도록 시스템을 갖추는 것이 필요하다. 둘째로는 직원의 능력에 맞지 않는 직무에 배치하는 것인데, 이는 같이 일하는 동료 직원들에게 부정적인 영향을 미칠 수 있다. 따라서 채용 시에 직무에 적합한 자질을 갖춘 직원을 채용하는 것이 중요하다. 셋째로는 직장상사와의 불화와 불만을 이유로 하는 이직으로, 리더십이 부족한 상사의 경우 직원들에게 부정적인 영향을 미칠 수 있으므로 직무배치를 효율적으로 하여 직원들의 만족도를 관리할 필요가 있다. 넷째는 적정하지 못한 급료체계로 인한 이직이 있을 수 있다. 따라서 외식기업은 급료체계뿐 아니라 인사고과에서도 공정하게 집행해야 한다. 그리고 교육프로그램의 결여, 직원 불평처리의 체계적이지 못한 시스템, 열악한 근무환경, 승진 기회의 결여와 불공정성 등이 있다.

이와 같이 이직은 새로운 직원의 채용과 교육 등으로 인한 비용 증가, 생산성 저하, 서비스질 저하, 메뉴품질의 저하 등과 같은 부정적인 영향을 기업에 미칠 수 있으므로 인적자원 방출을 체계적인 시스템을 갖추고 관리해야 할 것이다.

요 · 약

1. 외식기업에서의 인사관리란 조직 및 직무에 필요한 인적자원을 확보 · 유지하고 이들의 잠재력을 최대한으로 발휘할 수 있도록 조직 분위기를 최적으로 조성한 후, 이를 활용하여 개인 만족은 물론 조직의 목표달성을 위해 계획하고, 조직하고, 통제하는 일련의 관리활동을 말한다.

2. 인적자원의 의존도가 높은 외식기업에서 전문화와 분업화를 통하여 각 구성원에게 일정한 직무를 부여하고 그 직무들이 기업 전체의 목적을 잘 달성할 수 있도록 적절히 조정 · 통합되도록 하는 것이 직무관리이다.

3. 직무분석은 인적자원 관리의 가장 기초적인 단계로, 각 직무별로 직무의 내용 · 특징 · 자격요건을 설정하고 직무를 수행하는 데 요구되는 지식과 능력, 숙련도, 책임 등과 같은 직무에 관련된 일을 분석하여 그 성질을 결정하고 명확화하는 것이다.

4. 직무평가는 경영자가 인적관리를 하기 위해 필수적으로 선행되어야 할 조건으로 조직에 있어서 각 직무가 지니는 상대적인 가치를 결정하고 그 가치에 따라서 여러 직무에 서열을 부여하는 과정이다.

5. 직무설계는 조직 목표의 달성과 개인의 욕구충족을 극대화하기 위해서 구조적 및 인간관계적 측면을 고려한 조직구성원의 직무 관련 활동을 설계하는 과정이다.

6. 인적자원 확보는 외식기업의 경영활동 수행에 있어서 필요한 사람, 즉 인적자원을 모집하고 선발하고 배치하는 과정이다.

7. 인적자원 개발 · 유지란 인적자원 선발과정을 통해 확보한 직원을 대상으로 성과창출의 의지 및 정신적 · 육체적 능력을 개발하고 이를 지속적으로 유지하도록 하여 기업의 목표를 달성할 수 있도록 하는 일련의 인적자원 관리활동이라 할 수 있다.

8. 경력개발의 광의의 개념을 한 개인이 일생에 걸쳐 일(work)과 관련하여 얻게 되는 총체적 경험이라고 한다면, 협의의 개념은 한 개인의 입사로부터 퇴직에 이르기까지의 일과 관련된 경험이라고 할 수 있다.

9. 외식기업의 운영에서 가장 어려운 것은 인력관리이다. 잦은 이직과 그로 인한 기업의 비용출

혈이 적지 않으므로 철저한 시스템적인 인력관리를 통해서 직원들의 근로환경 만족도를 관리해야 한다. 인력관리의 기본으로는 생산성 표준을 세운 생산성 관리와 근로시간, 즉 스케줄링의 관리라고 할 수 있다.

10 인적자원 평가는 인사고과라고도 불리며, 직원이 기업의 목적달성에 얼마나 기여하고 있는지 혹은 기여할 수 있는지에 대한 기업의 평가활동이다.

11 인적자원 보상이란 직원이 외식기업의 목적달성에 기여한 공헌의 대가로 직원에게 제공되는 경제적 및 비경제적 가치를 말한다.

12 이직은 직원의 자유의사에 의해 기업을 떠나는 자발적 이직과 정리해고, 징계에 의한 파면, 정년으로 인한 비자발적 이직이 있다.

연·습·문·제

1 최저임금제와 사회복지정책 증대로 인해 인건비가 지속적으로 상승되고 있는 반면 외식산업에서의 이직률은 매우 높아 외식기업의 경영자는 인사관리에 많은 어려움을 겪고 있다. 이에 대한 방안이 무엇인지 생각하여 보자.

2 내가 하고 있는 일에 대한 직무기술서와 직무명세서를 작성하여 보자.

3 외식기업에서 필요한 교육이 무엇인지 계획하고 설계하여 보자.

4 나의 경력개발 지도를 그려 보고 그에 맞는 단계별 계획을 세워 보자.

4

Part

외식마케팅 및 디자인

Chapter 9

소비자행동

1. 외식업에 있어서 소비자행동의 개념과 중요성
2. 외식업 소비자의 문제해결과정
3. 외식업 소비자행동의 핵심개념들과 이론들
4. 외식업 소비자행동과 마케팅관리도구들의 관계

소비자행동

도입사례 ≫ 상품품질이 최고경쟁력

매일 60만 원 대박 문구점, "아이들 카드주며……"

[머니위크] 주택가 상권분석 / 포인트 적립 · 신상품 홍보문자로 서비스 차별화

보통 상권은 창업 초기 매장을 얻기 위한 조사로 한정되는데, 이는 상권과 입지가 매출에 미치는 영향을 과소평가한 것이다. 상권과 입지 데이터 속에는 고객정보, 경쟁자정보, 구매행동정보 등이 담겨 있어 경영과 마케팅 전략을 수립하는 데 유용하다.
특히 소매 · 외식업 창업에서 상권은 사업 성패를 좌우하며, 총 투자비의 50~70% 이상이 점포 구입에 투입돼 그 중요성은 더욱 높다.
최근 사업성 분석을 제대로 하지 않고 주먹구구식으로 매장을 구입해 실패하는 창업자가 많다. 이는 반대로 말하면 상권 특성을 잘 활용하면 성공할 확률도 높다는 방증이다.
상권은 크게 중심번화가(역세권), 오피스, 주택가, 대학가, 특수 상권 등으로 나뉘는데, 최근 구입 부담이 다소 낮은 주택가 상권에 대한 관심이 높아지고 있다. 주택가 상권의 경우 타깃 고객이 타 상권과 완전히 다르고, 적합한 업종과 경영전략도 판이하다.

▸ 동네 대형음식점, 상품력으로 승부

주택가 상권은 일반 주택가 상권과 아파트단지 상권, 복합 상권 등으로 나눌 수 있다. 아파트단지는 일반 주택단지보다 면적당 주거인구가 많다는 장점이 있다. 주택가에서는 시장 입구나 은행 등 관공서 밀집지역, 버스정류장 및 지하철과 연계된 역세권, 주택가를 잇는 동선 등이 A급지로 분류된다.
주택가 상권에서는 생활밀착형 업종이 유망하다. 예컨대 대형음식점, 슈퍼마켓, 반찬전문점, 세탁편의점, 유기농식품판매점, 중화요리배달전문점, 유아동 대상의 학원업, 피트니스클럽 등은 주택가 상권과 어울리는 대표적인 업종이다.

김혜현 씨(45)는 서울 외곽에 위치한 신내택지개발지구가 한창 개발되던 2006년부터 샤브샤브전문점 '채선당' 신내점을 운영하고 있다. 고객 유출입이 적은 전형적인 주택가 항아리 상권에 입점해 있다. 유동인구가 적은 것은 매출 부진의 이유일 수 있지만, 김씨의 '배려서비스'가 주부에게 어필해 월 평균 8,500만 원 이상 매출을 올리고 있다.
김씨 매장 인근에는 초 · 중 · 고교가 다수 존재하며, 서너 개의 대형교회가 있어 주부들의 각종 모임이 열린다. 또 한 가지는 건물 내 볼링, 골프, 사우나, 쇼핑시설 등 주부들의 편의시설이 있는 점도 시너지효과를 누리고 있다.

> 주택가 상권특성상 단골 중에는 주부가 많다. 고객을 가족처럼 반갑게 맞아 주는 독특한 인사법과 별도로 요구하지 않아도 고객 취향에 맞춰 군만두와 음료수, 아이스크림 등을 제공하는 김씨의 서비스가 어필한 덕분이다.
> 아파트 및 주택단지의 경우 주부가 핵심고객층이다. 평일 잦은 단체모임과 주말·공휴일 외식수요, 생활용품부터 식료품 구입까지 모든 구매가 주부의 손에서 결정된다. 주부들은 호기심이 많아 첫 방문은 쉽게 하는 편이다. 하지만 그들을 단골로 만들기는 힘이 든다. 따라서 주부를 단골로 확보하려면 값보다는 높은 가치를 제공해야 한다. 메스티지 전략으로 승부해야 하는 것이다. 외식업이라면 맛과 인테리어, 서비스 등 복합요소로 어필하고 판매업이라면 품질과 가격이 주부의 기준에 부합돼야 한다.
> 주부 대상 마케팅으로는 '입소문마케팅'이 주효하다. 상품력만 확보되면 특별한 마케팅 없이도 방문을 이끌 수 있다. 이외에도 매장의 청결과 정리·정돈, 화장실 위생상태 등에 세심함을 더한다면 성공할 확률은 더욱 높아진다.

출처: 머니투데이 (2012. 12. 9).

1 • 외식업에 있어서 소비자행동의 개념과 중요성

소비자행동(Consumer Behavior)이란 외식 소비자가 어떠한 생각을 하고 그들이 왜 음식을 구매하는지에 관한 전반전인 이론과 실무를 총칭해서 부르는 학술용어이다. 영어로 소비자(Consumer), 고객(Customer), 구매자(Buyer)란 다양한 용어들이 사용되고 있는데, 이들의 의미는 대부분 비슷하다. 고객이란 고객만족(Customer Satisfaction)에 주로 사용되고, 구매자행동(Buyer Behavior)이란 개인구매자가 아닌 기업체나 정부와 같은 조직구매자일 때 많이 사용된다. 개인소비자의 경우에는 소비자행동이란 용어가 정설화되어 있다.

미국의 마케팅연구에서 소비자행동은 가장 중요한 것으로 대두되고 있다. '물건을 구매하는 소비자에 대한 이해가 없이 어떻게 많은 물건을 팔 수 있겠느냐' 하는 의문에서 1950년대부터 폭발적으로 연구가 진행되고 있다.

외식업에 있어서도 외식을 구매하는 소비자가 하는 생각, 소비자가 하는 행동, 소비자가 하는 만족과 불만족에 대한 철저한 이해가 있어야 많은 외식을 판매할 수 있다.

떡볶이와 어묵을 팔던 어느 간편식의 여주인이 겨울에 번데기를 손님들에게 제공한 사례가 있다. 추운 겨울날 떡볶이와 어묵을 2천 원어치 주문하고 기다리는 짧은 시간 동안 손님들이 밖에서 추위에 떠는 모습을 본 주인은, 주문한 손님에게 번데기를 컵에 담아 주었다고 한다. 그러나 손님들은 컵에 담긴 번데기를 먹기 불편해하였고, 꾀를 낸 주인은 손님들에게 이쑤시개를 나누어주었다. 이에 재미를 느낀 손님들이 늘면서 매출이 폭발적으로 늘었다고 한다.

손님이 많은 점포에서는 소비자회전율(Consumer Turnover)을 높여야 한다. 소비자회전율을 높이기 위해서는 손님들이 빠른 시간 안에 식사해야 한다. 한 시간이면 충분한 식사를 두 명이 와서 서너 시간 있거나, 두 사람이 소주 한 병을 시키고서는 자리를 차지하고 있다면 소비자회전율이 떨어진다. 이럴 땐 어떻게 해야 하는 것인가? 여기에는 BGM(Background Music)을 이용하는 방법이 있다. 배경음악에 관한 소비자행동연구에 의하면 배경음악이 느리고 차분한 음악일 땐 손님의 움직임도 느려지고, 빠르고 경쾌한 음악일 땐 그에 맞춰 움직임이 빨라진다고 한다. 이를 이용해 소비자회전율을 높이기 위해서는 점심과 저녁 때의 붐비는 시간에는 빠른 음악을 트는 것이 좋으며, 비교적 손님이 적은 오후 시간대에는 차분한 음악을 트는 것이 효과적이다. 마감시간에는 "이제는 우리가 헤어져야 할 시간……"과 같은 음악을 활용하여 손님들이 퇴장하도록 하는 것도 효과적인 방법이다.

2 • 외식업 소비자의 문제해결과정

소비자행동에서 소비자들이 어떻게 음식을 선택하는 것인가에 대해 많은 연구자들의 연구가 있어 왔다. 여기에서 발견된 것이 소비자는 크게 다섯 가지의 과정들을 거치면서 외식선택을 한다는 것이다. 이것이 유명한 5단계 문제해결과정(Five Stage Consumer Problem Solving Process)이다. 사이먼(Simon)이 만든 인간행동 5단계를 소비자행동에 적용해서 소비자들이 다섯 가지의 과정을 거치면서 외식구매를 한다는 것을 이론화한 것이다.

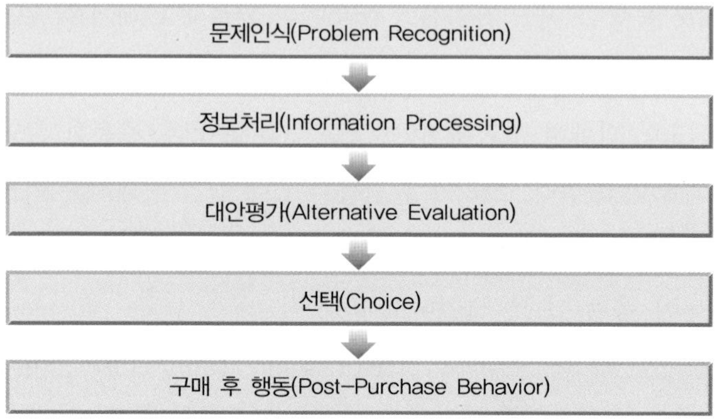

▌그림 9-1▌ 5단계 소비자 문제해결과정

전세계 대부분의 외식 소비자들이 이와 같은 5단계를 거쳐서 외식 선택을 한다는 것이다. 이 과정을 구체적으로 설명하면 다음과 같다.

1) 문제인식

문제인식이란 외식 소비자가 문제를 느끼는 상태이다. 여기에서의 문제란 쉽게 말해, 외식하고 싶은 상태를 말한다. 우선 외식하고 싶다는 것은 배가 고픈 상황일 것이다. 배가 고프나 집에서 먹는 것은 싫고, 외식을 하고 싶다고 느끼는 것이 바로 문제인식이다. 소비자가 외식을 하고 싶어 한다는 욕구가 있어야 그 다음 행동으로 나선다는 것이다. 물론 외식하고 싶지 않음에도 불구하고 외식을 하러 가는 경우도 있다.

오랫 동안 친하게 지내 온 사람이 추어탕 음식점을 개업하였다고 가정해 보자. 추어탕을 싫어한다고 하더라도 중학교 동창이므로 가보지 않을 수 없는 상황이다. 화환을 들고 음식점을 방문하여 인사만 하고 일어서는 경우도 외식이라고 할 수는 있다.

혹은 어느 음식점에 아주 좋아하는 연예인이 가끔 온다는 정보를 듣고, 그 사람을 보기 위해 가는 경우도 외식의 범주에 든다.

그러나 이와 같이 아주 특수한 경우를 제외하고는 소비자는 대부분 '외식하고 싶은 욕구'가 있어야 외식을 한다. 여기에서 문제란 외식을 끝낸 후 포만감을 느낄 때의 이상적인 상태와 현재 외식을 하고 싶은 배고픈 상태의 차이이다.

> 문제(Problem) = 이상적인 상태(Ideal State) – 현재 상태(Current State)

일 년에 한 번 할아버지 생신마다 유명한 맛집에서 온 가족이 모인다고 하였을 때, 맛집행사를 기대할 때의 이상적인 상태는 아주 높다. 그러나 일을 하다가 점심시간이 한참 지날 때까지도 식사를 하지 못해 지나가던 중 아무 음식점에나 들어가 3,000원짜리 라면 한 그릇을 사먹었다면, 이때의 이상적인 상태의 수준은 낮다.

2) 정보처리

정보처리란, 인식한 문제에 대해서 어떻게 해결할 것인가의 정보를 찾는 것이다. 정보처리는 크게 내부정보처리(Internal Information Search)와 외부정보처리(External Information Search), 두 가지가 있다. 내부정보처리란 외식 소비자가 자신의 머릿속에 있는 과거의 기억에서 문제해결방법을 찾는 것이다. 예전에 가본 적이 있는 음식점을 기억하는 것이 그 예이다. 여기에서 기억과 관련해서는 크게 두 가지 상황이 있는데, 하나는 회상(Recall)이고, 다른 하나는 재인(Recognition)이다. 회상이란 가본 적 있는 음식점에 대한 것을 정확하게 기억해 내는 것이다. 음식점 이름과 위치까지 정확하게 기억하는 것이 회상이다. 이와 대조적으로 재인이란 기억하고 싶지만 정확한 것이 떠오르지 않는 상태에서, 무엇인가를 보고 재확인하는 것이다. 예를 들어 2년 전에 가본 적 있는 어느 한식집을 기억하지 못한 채로 있다가, 옆 사람이 보는 〈한반도에서 가장 훌륭했던 지도자는? 이조 때의 지도자는?〉이라는 신문 기사 제목에서 힌트를 얻어 '이조'라는 음식점 이름을 기억해 낸다면, 이것이 재인이다.

회상은 어렵다. 정확하게 이름을 기억해야 하는데, 외식을 많이 하는 사람이 아닌 경우에는 우연히 가본 음식점을 정확하게 기억하기는 쉽지 않다. 그렇기 때문에 잡지에 음식점 광고를 자주하는 것은 이 회상을 유발하기 위한 것이라 할 수 있다. 재인은 회상보다 쉽지만, 생각이 나지 않을 때 이를 음식점이 도와줄 필요가 있다. 적절한 때에 '시장하실 때 잊지 마세요. 저희 이조를.'과 같은 문자 메시지를 고객에게 전송하는 것이다.

내부정보처리로 충분하면 기억나는 곳을 평가하면 된다. 손님이 단골음식점만 지속적으로 가는 점포충실형 소비자(Store-loyal Customer)인 경우에는 내부정보처리만 하여도 충분하다. 그러나 내부정보처리를 해서 기억이 난 외식업체들 중 만족한 음식점을 찾기가 힘든 경우에는 외부의 새로운 음식점을 찾게 된다. 또한 음식에 대한 새로운 취향을 원하는 소비자도 외부정보처리에 나서게 된다. 새로운 음식점을 찾는 것이다.

이때에는 보통 외부의 수많은 정보원들을 활용하게 된다. 가족이나 친구에게 물어보거나 인터넷 포탈에서 음식점을 서치하는 것이다. 혹은 카카오톡으로 지인들에게 문자를 돌려 음식점 추천을 요청하는 것도 외부정보처리의 하나의 방법이 될 수 있다.

3) 대안평가

문제를 인식한 후에는 내부정보처리를 하거나 외부정보처리를 통해 '갈 만한 음식점대체안을 찾는 것'이 중요하다. 예를 들어, 일식집으로 외식을 하기로 결정하였고, 가고 싶은 일식집이 세 곳으로 좁혀졌다면 이 세 개의 음식점이 대체안(Alternative)이 된다. 이들을 평가하는 과정을 거쳐야 하는 것이다.

그렇다면 어떠한 방식으로 음식점을 평가하는가? 음식점은 기본적으로 속성을 가지고 있다. 여기에서 속성(Attributes)이란 음식점들이 가지고 있는 다양한 평가기준을 말한다. 외식업체의 속성으로는 크게 가격, 메뉴, 위치, 서비스 등이 있다. 이때 일식집 세 곳의 속성을 비교해서 평가하는 것이다.

대안평가는 크게 두 가지 방법으로 진행된다. 첫째는 다속성평가모형(Multi-Attribute Attitude Model)이고, 둘째는 휴리스틱모형(Heuristic Model)이다. 우리는 음식점을 평가할 때 보통 이 두 가지 모델을 모두 사용하는데, 다속성평가모형은 외식을 하는 상황이 아주 중요하여 신중에 신중을 기할 때 사용되는 모형이다. 약혼식을 위한 음식점 선택이나, 회갑연을 위한 음식점 선택이 그러한 경우이다. 휴리스틱모형은 간단하게 가벼운 마음으로 식사하기 위해 사용하는 모형이다. 이를 구체적으로 설명하면 다음과 같다.

우선, 다속성평가모형은 아주 중요한 외식점을 선택할 때 쓰는 모형으로, 선정한 대안들을 전부 나열하고 그것들을 고려하고자 하는 속성으로 전부 비교해 보는 것이다. 일식집 세 곳을 네 개의 속성으로 동시에 평가하는 것이다. 평가 시에는 가장 널리 쓰이는 리커트 5점 척도(Likert Five-Point Scale)를 사용하는 것이 보통이다. 리커트 5점 척도란 우리가 많이 사용하는 것으로서 이는 다음과 같다.

1점	2점	3점	4점	5점
아주 싫다	약간 싫다	그저 그렇다	약간 좋다	아주 좋다

가격의 경우에는 1점이 '아주 비싸다'이고 5점이 '아주 저렴하다'이다. 메뉴의 경우에는 1점이 '아주 적다'이고 5점이 '아주 많다'가 되며, 위치는 1점이 '아주 멀다', 5점이 '아주 가깝다'가 된다. 서비스의 경우에는 1점이 '아주 나쁘다'이고 5점이 '아주 좋다'이다. 고려 중인 일식집 세 곳을 속성들로 평가한 것이 다음과 같다고 가정하여 보자.

	일식집 A	일식집 B	일식집 C
가격	2	3	3
메뉴	2	3	3
위치	5	3	1
서비스	4	3	2

또한 우리가 고려 중인 속성들이 각각의 비중을 가지고 있다고 가정해 보자. 예를 들어, 100점 만점에 가격이 50점의 비중이고, 메뉴는 30점, 위치와 서비스가 각각 10점이라고 가정해 보자. 이러한 비중을 앞서 제시한 표에 추가하면 다음과 같다.

	일식집 A	일식집 B	일식집 C
가격(50)	2	3	3
메뉴(30)	2	3	3
위치(10)	5	3	1
서비스(10)	4	3	2

그 후에는 각 속성들의 비중을 해당 일식집이 받은 점수에 곱해 전체 점수를 계산한다.

일식집 A=(50×2)+(30×2)+(10×5)+(10×4)=250
일식집 B=(50×3)+(30×3)+(10×3)+(10×3)=300
일식집 C=(50×3)+(30×3)+(10×1)+(10×2)=270

우리는 각 대안들을 평가했다.

또한 우리는 휴리스틱모형으로 평가할 수도 있다. 휴리스틱이란 쉽게 말해 아주 간단한 방식으로 결정하는 것이다. 가장 많이 쓰이는 것은, 한 가지 가장 중요한 기준으로 음식점을 선택하는 것이다. 위의 경우에는 가격이 가장 중요하므로 우리가 가격으로 일식집 세 개를 비교해서 가장 저렴한 곳을 고르고, 그 다음에는 가격 다음으로 중요한 메뉴로 가장 많은 메뉴가 있는 업체를 평가하는 것이다.

4) 선택

대안을 평가한 후에는 선택을 하게 된다.

앞서 다속성평가모형으로 비교한 결과는 일식집 A는 250, 일식집 B는 300, 일식집 C는 270이다. 이 방법으로는 가장 점수가 높은 일식집 B를 선택하게 된다.

휴리스틱모형으로 비교한다면 다음과 같은 결과를 얻을 수 있다.

가장 중요한 기준이 가격이라면 일식집 B와 일식집 C가 각각 3점으로 가장 좋다. 가격이 동등하여 다음으로 중요한 기준인 메뉴로 비교하여도 또다시 일식집 B와 C가 동일하다. 그래서 그 다음 기준인 위치와 서비스로 비교하면 일식집 B가 좋은 것으로 나왔다.

이 경우에는 다속성평가모형과 휴리스틱모형이 전부 동일한 결과에 이르렀다. 이와 같은 경우에는 쉽게 선택할 수 있다. 일식집 B를 고르면 되는 것이다. 그러나 경우에 따라서는 다속성평가모형과 휴리스틱모형이 다른 선택을 보일 수도 있다. 이럴 때에는 어떻게 결정해야 하는 것인가? 중요한 경우에는 다속성평가모형의 결과를 따르고, 가벼운 경우에는 휴리스틱모형의 결과를 따르도록 한다.

5) 구매 후 행동

좋은 외식업체를 선정한 후에는 그 업체를 방문하여, 식사를 하게 된다. 식사 후에는 만족할 수도 있고 혹은 불만족할 수도 있다. 물론 그저 그런 경우도 있다. '만족', '불만족', '그저 그런 것' 이 모두를 '구매 후 행동(Post-Purchase Behavior)'이라고 부른다.

외식 소비자가 자신이 선택한 것에 대해서 '만족', '불만족', '그저 그런 것'은 왜 일어나는 것인가? 더 쉽게 표현하면, 왜 특정 음식점에 만족하는 것인가? 미국의 소비자행동 연구자들이 가장 보편적으로 받아들이는 이론은 기대이론(Expectation Theory)이다. 기대이론이란 소비자가 외식업체에 대해 기대한 것과 실제 외식업체의 상황을 비교해서 기대와 실제가 비슷하면 만족하고, 기대에 비해서 실제가 차이가 크게 나면 불만족한다는 것이다.

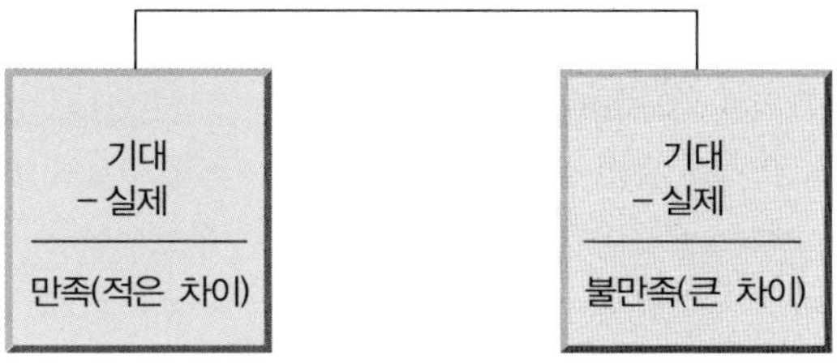

▌그림 9-2▌ 기대이론

다시 말해, 외식업체가 아주 좋으냐 나쁘냐하는 것과는 상관없이 소비자가 가진 기대치와 비슷하면 만족한다는 것이다.

이와 같은 사례는 현실에서도 많이 느낄 수 있다.

한 예로 일 인당 90만 원 정도인 대한민국 최고급 호텔의 중식당의 요리를 먹으러 갔는데, 동네에서 먹는 것보다 확연히 좋은 것이 없다고 한다면 불만족하게 되는 것이다. 반면, 산골의 허름한 농가 레스토랑에서 일 인당 6천 원짜리 식사를 하였는데, 의외로 괜찮았다면 만족하게 되는 것이다.

[맛난 집 맛난 얘기] 오리 박사의 맛있는 '오리고기학 총론'

오리고기는 단백질과 비타민, 필수아미노산이 풍부하고 불포화지방산 함량이 높아 예로부터 보신 음식재료로 사랑을 받았다. 얼마 전까지 미용과 건강을 위해 오리고기를 찾는 소비자가 많았다. 한때 폭발적으로 오리고기 수요가 늘어났으며 일부 성급한 업자들이 저질 훈제오리를 대량으로 만들어 공급했다. 황금알을 낳으려는 오리의 배를 째고 뱃속의 알을 미리 꺼내먹은 것이다. 저질의 싸구려 훈제오리가 오리 시장을 장악하자 오해가 생겼다. '오리고기는 원래 맛이 없고 싼 고기다'라는……. 고객들은 이내 외면했다. 다시 오리고기 시장은 싸늘해졌다. 그 바람에 애꿎은 정직한 업소들도 피해를 입었다. 그러나 업계의 성쇠나 부침과 관계없이 양질의 오리고기로 꾸준하게 사랑 받는 점포들도 적지 않다.

■ 바닥부터 탄탄히 다지고 올라온 오리고기 전문가

부산 해운대에 있는 '이솔 산오리'의 주인장 현경호 사장은 오리 박사다. 오리의 생리에서부터 특성과 조리법까지 요리에 관한 한 모든 것을 꿰뚫고 있다. 그는 실제로 부산여자대학교 겸임교수로 후학들을 가르치는 경영학 박사이기도 하다. 최근에는 외식업 점포 경영 지침서를 펴내기도 했다. 하지만 현씨가 처음부터 성공한 외식 전문가는 아니었다.

그는 고교시절에 무기정학이나 받는 골칫덩어리였다. 주변에선 그를 부정적으로 바라보았지만 스스로는 자신을 긍정하고 내면에 성취욕과 성공에 대한 의지를 키웠다. 고교를 졸업하고 고급 한정식집 사환으로 외식업계에 첫발을 디뎠다. 주인보다 더 주인처럼 일했다. 이후 여러 외식업소에서 직책은 달랐지만 주인의 입장에서 생각하고 판단하고 행동했다. 갈수록 점주의 신임은 두터워졌고 스스로는 점포 경영을 간접 체득했다.

1994년에 '주왕산 삼계탕'을, 2006년에 '이솔 산오리'를 창업하고 닭과 오리고기 연구와 조리개발에 나섰다. 국내외에 있는 유명 닭이나 오리 전문점은 빼놓지 않고 다니면서 벤치마킹을 했다. 체계적이고 깊이 있는 관련 지식 축적을 위해 정식으로 학교에도 들어갔다. 늦게 배운 도둑이 날 새는 줄 모르는 법. 내친 김에 석사, 박사과정까지 밟았다. 현씨는 오리고기의 이론과 실제 조리에서 세계 최고가 되고 싶어 한다.

■ 좋은 재료가 좋은 음식 만들어, 오리도 다르지 않아

모든 요리가 다 그렇듯 오리요리도 식재료가 좋아야 맛있고 훌륭한 요리를 만들 수 있다. 최고의 요리는 최고의 식재료가 전제된다. 현 사장은 삼계탕 전문점을 경영하면서 양계장과 도계장까지 운영한 경험이 있다. 좋은 가금류를 기르고 고르는 안목이 누구보다 높다.

'이솔 산오리'의 생오리는 말 그대로 냉동 오리고기가 아니다. 중국산이 아닌 100% 국내산 오

리를 사용한다. 경남 거창의 계약농장에서 유황을 먹여 기른 오리 가운데 1kg짜리만 골라 구매한다. 맛과 식감, 영양상태가 1kg일 때 최대치가 되기 때문이다. 너무 작으면 씹는 맛이 적고, 너무 크면 고기가 질기다.

이 집 오리고기는 모두 하루 전에 잡은 생오리를 쓴다. 도계장에서 가져온 고기는 냉동실에 보관할 이유가 없다. 오리를 잡으면 화이트와인에 6시간 숙성을 시킨다. 이 과정에서 잡내를 제거하고 오리 특유의 냄새를 제거한다. 또 이렇게 하면 육질도 한결 부드러워진다. 시중의 냉동오리 음식과 그 맛이 천양지차일 수밖에 없다.

밑반찬으로 나오는 찬류도 예사롭지 않다. 이 집은 식당 규모가 엄청나게 큰 데도 불구하고 주방장이나 찬모가 따로 없다. 콩나물 재래기와 샐러드무침 등에 들어가는 소스는 모두 안주인이 직접 만든 것이다. 재래기는 일반적인 콩나물무침과는 확실히 다르다. 고소한 콩나물 맛이 살아 있으면서 시원하고 단맛이 살짝 돈다.

특히 김치는 시중에서 자주 마주치는 중국산 김치와는 때깔부터가 다르다. 국내산 배추는 기본이다. 엄선한 국산 고추의 씨를 모두 빼내고 고춧가루로 빻아 쓰고 있다. 김치가 자극적으로 맵지 않고 구수한 고추 향이 나면서 달큰하고 아삭하다. 구이에 쓰는 소금도 직접 구워 불순물을 제거하고 짠맛을 순화했다.

■ 오리의 참맛 산오리생숯불구이 비롯, 입맛 따라 메뉴 다양

이 집의 간판메뉴는 산오리생숯불구이(1마리, 33,000원)다. 오리고기의 참맛을 가장 잘 느낄 수 있는 메뉴다. 별다른 양념 없이 전날 잡은 생오리에 소금을 술술 뿌려 참숯으로 피운 숯불에 얹어 구워 먹는다.

숯불의 불 맛 때문에 담백하고 감칠맛이 으뜸이다. 오리 냄새나 잡내도 전혀 없다. 구운 오리고기는 생콩을 쪄서 넣고 두부를 갈아 만든 된장소스에 찍어 먹는다. 또 콩나물무침인 재래기에 싸서 먹으면 콩나물의 아삭한 식감과 고기 씹는 맛이 잘 어우러진다. 간간이 김치를 곁들이면 그렇지 않아도 담백한 오리구이가 훨씬 더 제맛을 낸다.

산오리생숯불구이와 함께 산오리생불고기(200g, 12,000원)도 만만찮은 인기가 있다. 주인장 부부의 비법으로 만든 양념 맛이 뛰어나다. 몸에 좋은 오리 기름이 빠져나가지 않게 불고기 판을 이 집에서 특별히 주문해 만들었다. 영양이 풍부한 여러 가지 양념이 고소한 오리 기름과 조화를 이룬다. 오리고기를 씹을 때마다 양파와 대파가 그 맛을 더해 준다.

고기를 다 먹으면 남은 양념에 김가루, 콩나물, 참기름과 함께 밥을 넣어 볶아 먹는다. 양념에 고춧가루가 많이 들어갔는데도 그리 맵지 않다. 아이들이나 어르신을 동반한 식구들끼리의 외식메뉴로 좋다. 저녁시간에는 애주가들이 맛난 술안주로 주문해서 먹기도 한다.

이 집의 오래된 단골 가운데는 산오리약탕(4~5인분, 48,000원)을 찾는 사람이 많다. 닭으로 치자면 백숙에 해당된다. 몸에 좋은 각종 한약재로 만든 보양식이다. 십전대보탕에 들어가는 한약재를 중심으로 열 가지 재료를 넣었다. 엄나무 가시와 푸짐한 오리 백숙 아래 찹쌀밥이 넉넉히 들어찼다. 산오리약탕은 한 시간 전에 미리 예약해야 맛볼 수 있다.

이외에도 산오리훈제숯불구이, 오리탕, 양념오리숯불구이, 오리찜, 산오리쟁반훈제 등의 오리고기 메뉴가 있다. 메뉴 하나하나가 오리 박사, 현경호 씨의 연구와 노력의 산물이다.

■ 화목과 사랑의 모임에 잘 어울리는 오리고기

오리요리는 아무래도 평소에 상식하는 식사 메뉴는 아니다. 그러다 보니 자연스럽게 관공서,

학교 등 단체의 회식 손님이나 가족단위 식사가 많다. 국제적인 전시 컨벤션센터인 벡스코가 가까운 곳에 있다. 이곳의 행사 관계자들이 외국인 손님을 동반하고 온 경우도 눈에 띈다. 가끔씩은 누구나 색다른 걸 먹고 싶어 한다. 개별적으로 왔던 손님들이 오리고기를 먹어 보고 나서 자기 모임의 총무에게 권유하기도 한다고. 소고기나 돼지고기에서 가끔씩은 벗어나고 싶은 모양이다.
예로부터 부부의 사랑과 화목을 상징해 온 오리, 그 오리고기를 함께 나누는 가족들의 모습이 평화롭다. 시험을 앞둔 자녀에게 오리고기를 먹이면서 힘내라고 응원하는 가족들도 심심치 않게 찾아온다. 오리의 한자어 '압(鴨)'은 1등을 뜻하는 한자인 '갑(甲)'자와 통한다. 우리 민화에서 오리 그림은 장원급제를 기원하는 의미로 그렸다. 수험생 가족들이 이 사실을 알았다면 오리고기 맛이 더 좋았을 텐데…….

출처: 조선일보 (2012. 10. 26).

3 • 외식업 소비자행동의 핵심개념들과 이론들

외식업 소비자행동은 앞서 설명한 다섯 가지 과정으로 이루어지는 것이 보통이다. 그런데 이와 같은 다섯 가지 과정에 여러 가지 변수들이 영향을 미친다. 이는 크게 개인적인 변수와 사회적인 변수로 구분될 수 있다.

개인적인 변수란 개인의 동기와 태도 등을 말하고, 사회적인 변수란 준거집단과 사회계층과 같은 변수를 말한다. 미국의 소비자행동 이론가들은 개인적인 변수와 사회적인 변수들이 전부 소비자행동의 다섯 가지 과정에 많은 영향을 미친다고 주장한다. 이를 구체적으로 살펴보면 다음과 같다.

1) 개인적인 변수들

개인적인 변수들(Individual Variables)이란 외식 소비자의 동기(Motive)와 태도(Attitude)와 같이 소비자가 개인적으로 가지는 변수를 말한다. 외식 소비자가 가지는 동기는 크게 내적 동기와 외적 동기가 있을 수 있다. 내적 동기란 '내가 좋아하는 음식점에 가서 즐기면서 먹자.'와 같은 생각으로, 다른 사람들과는 상관없이 나 혼자서 즐기려는 외식동기이다. 주로 사색적이거나 내성적인 사람들은 혼자서 서울 삼청

동의 고즈넉한 음식점을 찾거나, 경기도 일산의 음식점을 찾기도 한다. 스스로 비용을 지불하고 편한 식사를 하는 것에 만족하는 것이다.

반대로 외적 동기란 외식을 하는 것이 자신의 입맛에 맞추기 위해서라기보다는 타인에게 보이기 위한 과시형의 형태이다. 외향적인 성격의 소유자나 과시하기 좋아하는 사람들은 자신이 비용을 지불하면서 많은 사람들에게 자신이 보여 주려는 곳으로 데리고 가는 경향이 강하다.

내적 동기의 사람은 점포의 내부 인테리어가 차분한 것을 좋아하고, 반대로 외적 동기의 사람은 음식점의 인테리어가 화려한 것을 좋아한다. 환경심리학의 연구결과에 의하면 녹색계통 색채의 인테리어는 사람을 차분하게 하면서, 오랫동안 천천히 친해지게 한다고 한다. 다시 말해, 녹색계통의 인테리어가 외식 소비자들을 확 끌어들이지는 않지만 꾸준히, 오래 찾게 한다는 것이다. 반대로 빨간색 계통의 인테리어는 사람을 확 끌어들이는 성향이 있으나 금방 싫증을 내게 만든다고 한다. 이를 활용하면 내적 동기의 외식 소비자들이 많이 찾는 점포는 녹색계통의 인테리어가, 외적 동기의 사람들이 많이 오는 곳은 붉은색 계통의 인테리어가 효과적이다.

외식 소비자가 가지는 태도(Attitude)는 아주 중요한 개인변수이다. 미국의 소비자행동 이론가들은 소비자행동에서 가장 중요한 개념으로 대부분 '태도'를 지목한다. 태도란 외식 소비자가 장기간 동안 특정 외식업체에 대해 지속적으로 가지는 선유경향(long-lasting pre-disposition)이라고 불린다. 이것은 쉽게 말해, 특정의 베트남 음식점에 대해 좋은 태도를 가진 소비자는 그 베트남 음식점을 장기적으로 좋아하며 거의 변하지 않는다는 것이다. 태도는 인간이 태어날 때부터 가지는 것이 아니라, 태어난 후에 학습을 통해서 가지게 되는 심적 상태이다.

단골음식점은 왜 생기는 것인가?

서울 시내의 어느 더덕전문점은 지하철역 근처 빌딩지하에 있다. 이 집은 더덕정식구이와 더덕떡갈비를 포함한 우리나라의 다른 곳에서는 쉽게 찾기 힘든 더덕의 무지개와 같은 다품종의 식사류를 제공하고 있다. 땅값이 비싼 지역에다 이러한 메뉴 구성이라면 가격도 꽤 나가야 함에도 불구하고 음식류의 평균가는 다른 곳들보다 더 저렴한 편이다. 이 더덕전문점에 대한 단골고객들은 강한 태도를 가지고 있다. 아주 오랜 기간 동안 형성된 외식 소비자들의 더덕전문점에 대한 태도는 거의 변하지 않고 있다.

단골음식점이란 자주 가고 또 가도, 가고 싶은 음식점이다. 똑같은 음식을 자주 먹으면 질리지 않느냐는 의문이 들 수도 있으나, 일 년 내내 시래기국만 먹는 사람도 있는가 하면 라면 마니아도 있다. 대한민국의 최고 재벌로 알려진 어느 그룹의 회장도 라면을 너무 좋아하여 아침, 점심, 저녁으로 라면을 먹는다고 한다. 한 끼에 일억 원짜리를 평생 먹어도 돈이 마르지 않을 것 같은 이 회장도 라면의 단골소비자인 셈이다.

이러한 현상은 왜 나타나는 것인가? 이는 태도 때문이라고 한다. 라면에 대한 좋아하는 감정이 한번 생기면 그것은 좀처럼 변하지 않는다는 것이다.

중국 음식점 단무지가 문제가 있다는 TV뉴스가 나가면 며칠 동안은 중국 음식점은 혼쭐이 난다. 그러나 며칠 지나면 소비자들은 다시 중국 음식점을 찾는다.

이러한 태도는 외식 소비자에게 어떻게 형성되는 것인가? 이것은 앞에서 설명한 바 있는 음식점의 속성들에 대한 소비자들의 개인적인 평가의 결과이다. 앞선 평가에서는 일식집 B가 가장 좋은 것으로 결론이 났다. 그리고 몇 번 방문한 후 실제로 어느 정도 만족했다. 위의 속성평가 과정이 태도형성의 핵심과정이 된 것이다. 이렇게 해서 한 번 형성된 태도는 좀체 변하지 않는다. 그렇게 형성된 태도는 단골을 만든다.

태도는 외식업체가 하는 판매촉진(Sales Promotion)과는 관계가 없다는 것이 소비자행동의 정설이다. 판매촉진이란 외식업체들이 손님을 끌기 위해 갑자기 시행하는 세일이나 원플러스원과 같은 판촉행사를 말한다. 판촉물을 받는 순간에는 소비자들이 그 음식점을 선택할 수 있으나 이것이 장기적인 태도형성에는 영향을 주지 못하는 것이다.

손님이 빠지면 외식업체들이 점포 앞에서 요란스러운 행사를 한다. '새단장, 새오픈'이라고 하며 요란스럽게 팸플릿을 나누어 주고, 점포 앞에서는 내레이터모델이 춤을 추며 시선을 끌기도 한다. 그러나 2~4주가 지나면 손님들이 줄어든다. 이처럼 판촉은 태도형성에 영향을 주지 못한다.

외식업체가 성공하기 위해서는 기본적인 외식업체의 속성들 중 가장 중요한 것들에 치중해야 한다.

외식업체에서 가장 중요한 것은 무엇인가?

바로 메뉴의 맛이다. 메뉴의 독특한 향취이다. 이것 이외에 다른 것은 태도형성에 영향을 주지 못한다고 대한민국의 많은 외식업체 사장들은 이구동성으로 이야기하고 또 이야기하며 강조한다.

2) 사회적인 변수들

소비자의 외식업체 선정에 영향을 주는 사회적인 변수들(Sociological Variables)에는 준거집단과 사회계층이 있다. 준거집단(Reference Group)이란 외식 소비자들이 자주 만나는 친구나 가까운 사람들을 말한다. 직장을 다니는 사람들이 '오늘 점심은 무엇을 먹지?'하고 함께 논의할 때는 준거집단의 전체적인 영향을 받는다. 어느 한 사람이 오늘은 이탈리안 음식이 먹고 싶다고 하여도 다른 사람들이 동의하지 않으면 평소에 가던 찌개집으로 발길을 향하게 된다.

준거집단은 소비자들에게 상당히 강한 영향을 미친다. 이유는 준거집단이 직접적으로 영향도 가하면서 비교의 기준이 되기도 하기 때문이다. 준거집단 중에서 외식 소비자에게 가장 강력한 영향을 미치는 집단은 '희망집단(Aspiration Group)'이다. 희망집단이란 외식 소비자들이 좋아하는 사람들로 구성된 집단이다. 주로 연예인이 이에 해당한다.

'강호동이 추천하는 맛집'이라는 푯말에 사람들이 우르르 몰려가는 것은 희망집단의 영향이다. 유명 연예인들은 자신의 이름을 내걸은 음식점을 많이 개업하곤 하는데 그것이 바로 준거집단의 강력한 영향력을 활용한 것이다.

사회계층(Social Class)이란 외식 소비자들이 속한 사회적인 등급을 말한다. 미국의 워너(Warner)가 1900년대 초반에 미국의 사회계층을 여섯 개로 구분한 것이 있다.

중산층이 대부분인 시절이었으나 미국에 신자유주의가 광폭적으로 휘몰아치면서 빈부격차가 심해져 중산층이 무너지고, 하층이 대폭적으로 늘었다. 미국 전 인구의 약 15%가 하층이다.

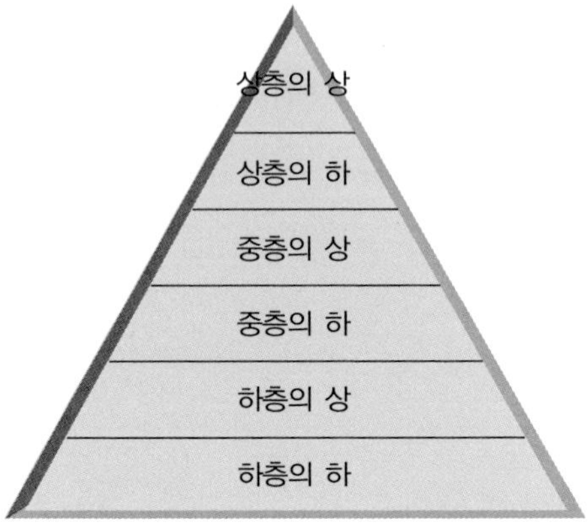

그림 9-3 미국의 사회계층 6단계

우리나라도 비슷하다. IMF와 금융위기가 하층을 늘렸다. 스스로를 하층이라고 인식하는 사람이 우리나라에 절반이 넘는다고 하며, 이들은 음식점을 선택할 때 영향을 받는다. "내 주제에 어떻게 비싼 음식을……"이라며 자조 섞인 짜증을 내며 저렴한 음식점을 찾는 사람이 대부분이라는 것이다.

미국의 백인들이 자주 찾는 고급 음식점에 우리나라 사람이 들어가면, 분위기가 가라앉는다. 그뿐만 아니라 음식점에서는 "저희는 타이를 매신 분만 받습니다.", "보우타이를 매신 분만 받습니다." 등과 같이 어떠한 핑계를 대서라도 손님을 받지 않으려고 한다.

우리나라에도 이러한 음식점들이 있다. 음식점의 입구가 서너 개 있으면서 유명인은 눈에 띄지 않기 위해 뒷문으로 출입하고, 일반인들은 큰문으로 출입하는 곳도 있다.

사회계층은 음식점의 직접적인 선택에도 영향을 미치며, 음식의 질에도 영향을 미친다. 높은 계층의 손님이 방문하였을 때에는 고급 한우스테이크를, 하층 계층의 손님이 방문하였을 때는 저급 한우스테이크를 내놓아, "이게 한우냐? 아프리카산 아니야?"하는 불평이 나오기도 한다.

4 • 외식 소비자행동과 마케팅관리도구들의 관계

외식 소비자행동을 이해하고 나면 외식마케터는 외식마케팅 활동들을 보다 더 잘 수행할 수 있게 된다. 제품·가격·유통·촉진·서비스, 크게 다섯 가지 분야의 외식마케팅 활동을 수행하는데, 이를 구체적으로 설명하면 다음과 같다.

1) 외식 소비자행동과 제품

외식 소비자들이 찾는 외식제품들은 독특함과 창조성을 갖추고 있어야 한다. 우리나라는 인구 천 명당 외식점포가 한 개 정도로 분포되어 있다. 다시 말해, 너무나 많은 외식점포들이 우리나라에 산재해 있다는 것이다. 많은 외식점포들은 대부분 비슷비슷한 메뉴들을 선보이고 있다.

다른 외식점포에서는 찾을 수 없는 메뉴가 있어야 손님을 끌 수 있다. 뱀가루를 갈아서 넣은 삼계탕은 아주 독특한 맛을 낸다. 입에 착착 붙는다. 산야초에서 찾은 천연소스는 음식에 특이한 향을 제공한다. 뒷맛이 아주 개운하다.

이처럼 외식 소비자들에게 독특한 외식브랜드로 각인되려면 아주 다르고 특색 있는 제품을 만들어야 한다. 외식브랜드는 우선 전국의 많은 소비자들이 알고 있어야 한다. 또한 아는 소비자들이 호의적인 이미지를 가지고 있어야 한다. 그래야 오래가는 외식브랜드자산으로 소비자들의 장기기억 속에 남게 된다. 가끔 외식 소비자의 기억인출구조가 잘못되어서(기억력 상실) 회상이 안 되는 경우가 있지만, 한 번 외식 소비자들의 장기기억 속에 입력된 외식브랜드는 대부분 절대로 잊혀지지 않는다고 한다. 외식브랜드의 유지광고(Maintenance Advertising)가 되면 장기기억 속에 숨어 있던 외식브랜드가 머릿속에 떠오르면서 "오늘은 그 집에 가자."라는 환호성이 나오는 것이다.

2) 외식 소비자행동과 가격

외식 소비자들은 외식가격-외식품질 연상관계를 가지고 있다. 다시 말해, 외식가격이 높으면 외식품질이 높을 것이라고 믿는 것이다. 실제로 가격이 높으면 외식품질이 높아지는 것은 사실이다. 그러나 가격이 무한정 올라간다고 해서 품질이 100배 혹은 그 이상 올라갈 수는 없다. 인간의 손으로 만든 음식의 품질은 제한되어 있다.

캄보디아에서 농사를 지어 찾은 천연재료나 아프리카 넓은 대지에 심은 알로에 농장에서 캐낸 것을 활용한다 하더라도 품질 향상에는 한계가 있다. 그러나 외식 소비자들은 가끔 가격이 높아지면 무한정 품질이 올라갈 것이라는 착각현상에 빠지곤 한다.

동네 중국음식점에서 3~4만 원이면 아주 괜찮은 중국식사를 할 수 있다. 물론 동네 중국음식점은 코스라는 개념이 별로 없어서 서너 명이 가서 십만 원어치를 먹으면 만족하며 먹을 수 있다. 국내 최고급 호텔 중 하나인 모 호텔의 일 인당 코스식사 최고급은 80~90만 원대이다. 동네와 최고급 호텔의 맛이 크게 다른가? 그렇지 않다는 것이 양쪽을 다 다녀 본 외식 소비자들의 거의 공통된 경험이다.

3) 외식 소비자행동과 유통

외식 소비자들은 화려한 외식매장에 흠뻑 빠지는 경향이 있다. 샹들리에가 늘어진 점포에서 한약을 먹여 키운 소의 가죽으로 만든 카펫을 밟는 외식 소비자는 극락에서 천상만찬을 한다는 쾌락에 순간적으로 빠진다.

화려한 외식매장에서 외식 소비자가 즐기는 것은 '점포 분위기(Store Atmosphere)'가 아니라 음식이다. 화려한 매장의 음식이 깨끗할 것이라는 것은 어느 정도 맞는 이야기이다. 그러나 궁궐 같은 매장의 음식은 영양가가 한없이 좋을 것이라는 것은 상당 부분 착각일 수 있다.

그렇게 화려하고 눈부신 매장을 만드는 데에 들어간 돈의 투자비용을 뽑기 위해 오히려 영양가가 떨어지는 눈속임 재료들을 쓰는 경우도 흔히 있다. 최고급 레스토랑에서 공업용 물질로 가공처리한 불량한 외국산 재료를 가지고 음식을 만든다는 것이 알려진 비밀이다.

4) 외식 소비자행동과 촉진

외식 소비자들에게 통합적 마케팅 커뮤니케이션(Integrated Marketing Communication)을 수행해야 소비자들은 외식브랜드를 기억하게 된다. 통합적 마케팅 커뮤니케이션이란 외식점포가 활용 가능한 모든 촉진수단들인 대중매체광고, 직접우송광고(Direct Mail), 인적판매, 판매촉진이나 홍보들을 모두 동원하여 사용하는 것을 말한다.

소비자들은 외식브랜드에 대해 일관성 있는 이미지를 구축하는 경향이 있다. 국내의 수많은 외식업체들이 프랜차이즈 매장을 전국에 내고 있다. 예를 들어 수원의 어느 프랜차이즈 점포에서 식사한 경험이 있는 소비자가 포항과 목포로 여행을 가 동일한 패턴의 프랜차이즈 점포에서 식사를 하였다고 가정해 보자.

이럴 때 수원에서의 경험과 다른 경험을 하게 되면 소비자혼란에 빠지게 된다. 수원에서는 가격이 17,000원이었는데 포항은 20,000원, 목포는 15,000원이라면 의문과 함께 신뢰를 하지 않게 된다. 따라서 어떠한 종류의 외식사업자라도 전국에 동일한 이미지를 제공할 수 있도록 모든 가능한 촉진수단들을 일관성 있게 활용해야 한다.

5) 외식 소비자행동과 서비스

외식 소비자행동에서 외식업체 종업원들의 서비스는 상당히 중요하다. 외식점포를 방문하기 전에는 외식경험을 하지 않았기 때문에 외식제품에 대한 경험이 형성되지 않았다. 과거에 방문해 본 경험이 있는 소비자의 전언(Word-Of-Mouth)으로 간접경험하는 것이 보통이다.

"예전에 방문해 보니 종업원들이 엄청 친절하더라."하는 것을 지인에게서 들으면 일단 친절한 음식점이라는 사전이미지만을 형성하게 된다. 그런데 마침 방문한 날 손님이 많아 종업원들의 일 인당 서비스대응 능력이 한계를 맞아 손님들의 모든 요구에 대응을 하지 못하게 되었다면 "내가 가보니까 친절하지 않더라."하는 수정이미지가 형성된다.

그 다음에 원래 소개했었던 지인의 강권으로 가게 되었을 때 보니까 종업원들이 통일된 유니폼에 친절한 환대를 하는 것이었다. "다시 와 보니까 괜찮네."라는 재수정이미지가 형성된다. 이와 같은 과정들을 통해서 외식 소비자의 기대에 대비한 서비스경험이 소비자의 만족과 불만족 여부를 결정하게 된다. 외식 소비자가 사전에 기대했었던 것만큼의 경험을 하면 만족하고, 반대로 사전에 기대한 것보다 못한 경험을 하면 불만족한다는 것이다.

요 · 약

1. 외식업을 구매하는 소비자들이 어떠한 생각을 하고, 어떻게 결정을 하는지를 이해하는 것은 상당히 중요하다. 외식메뉴를 잘 개발하였다고 해서 소비자들이 무작정 선택할 것이라고 생각하는 것보다는 소비자들을 명확하게 이해하며 그들의 생각과 그들이 원하는 것을 이해하는 것이 필요하다.

2. 외식 소비자들이 외식을 하려고 생각하는 것에서부터 외식 후 자신들이 외식에 만족하는지 혹은 불만족하는지를 이해하기 위해 외식 소비자행동의 다섯 가지 단계가 개발되었다. 이것은 외식 소비자들의 행동을 면밀하게 관찰하고 설문지를 돌려, 관찰한 것이 사실로 나타나는지를 오랫동안 분석하여 개발한 것이다. 외식 소비자가 외식의 필요성을 스스로 느끼는 첫 번째 단계를 외식 문제인식이라고 부른다. 외식에 대한 자신의 필요성을 느끼고 나서는 어떠한 외식을 할 것인지에 대한 정보를 스스로 수집하는 두 번째 단계를 외식 정보탐색이라고 부른다. 그후 여러 가지 외식대안들을 비교 · 검토하는 것이 세 번째 단계이다.
다양한 외식 소비자 나름대로의 평가기준을 거쳐 평가한 후, 그것 중 한 가지를 선택하는 것이 네 번째 단계이다. 그리고 선택한 것과 실제로 외식한 것을 비교해서 만족과 불만족을 스스로 판단하는 마지막 다섯 번째 단계를 거친다. 완전히 새로운 외식결정을 할 때는 이러한 다섯 가지 단계들을 모두 거치는 것이 보통이다. 그러나 자주 비슷한 외식결정을 할 때에는 다섯 가지 단계들 중 외식 소비자가 스스로 선택한 한두 가지의 단계만을 거치는 것이 보통이다.

3. 앞의 외식 소비자행동의 다섯 가지 단계를 거치는 과정과 관련해서 우리는 크게 두 가지의 변수군을 이해하도록 해야 한다. 그것은 개인적인 변수와 사회적인 변수이다. 개인적인 변수란 외식 소비자 개인의 동기와 태도와 관련된 것들이다. 그리고 사회적인 변수란 외식 소비자의 준거집단과 사회계층과 관련된 것들이다. 이러한 변수들이 외식 소비자행동의 많은 측면에 영향을 미치므로 우리는 이를 이해하도록 노력해야 한다.

4. 외식 소비자행동과 마케팅관리 변수들은 밀접하게 연결되어 있다.

연·습·문·제

1. 외식 소비자행동모델의 구성요소를 설명하여 보자.
2. 외식 소비자행동의 대안평가에 대해 상술하여 보자.
3. 외식 소비자행동에 영향을 미치는 개인적인 변수를 기술하여 보자.
4. 외식 소비자행동에 영향을 미치는 사회적인 변수를 설명하여 보자.
5. 외식 소비자행동과 제품의 관계를 설명하여 보자.
6. 외식 소비자행동에서 가격이 어떠한 역할을 하는지 기술하여 보자.
7. 외식 소비자행동에서 유통의 중요성을 설명하여 보자.
8. 외식 소비자행동을 촉진하는 것을 설명하여 보자.
9. 외식 소비자행동의 서비스행위들을 표현하여 보자.

10 Chapter

외식마케팅

1. 외식마케팅의 이해
2. 외식마케팅 믹스
3. 시장세분화, 표적시장, 상품 포지셔닝

Chapter 10 Foodservice Management

외식마케팅

도입사례 FC 서비스 품질 향상 전략: 물리적 증거와 리뉴얼

공정거래위원회는 최근 베이커리업종을 비롯한 치킨, 피자, 햄버거 등 12개 외식 프랜차이즈 업종에 대해 일정 범위 내 동일 브랜드의 출점거리 제한리뉴얼에 대한 가맹본부가 비용의 일부분을 부담하도록 하는 '모범거래기준'을 발표했다. 가맹점주들의 영업과 생존권을 보호하자는 취지에서 마련한 것이다.

가맹점의 리뉴얼에 대한 가맹본부의 비용부담은 가맹본부가 인테리어를 통해 많은 이득을 취하고 가맹점 사업자의 비용을 증가시킨다는 편견과 오해에서 비롯된 경향이 크다. 사실 인테리어를 포함한 물리적 증거는 소비자의 구매의사결정과 재구매, 구전은 물론이고 위생과 청결, 음식의 안전을 중요하게 여기는 소비자의 기대를 충족시키는 데 매우 중요한 요소라는 사실에 부정하는 사람은 없을 것이다. 특히 인테리어는 가맹사업에서 통일성과 일관성을 유지하는데(가맹사업법 제6조 제1항) 반드시 필요한 요소일 뿐만 아니라 고객의 구매의사결정에도 매우 큰 영향을 미친다. 따라서 가맹본부가 개발한 디자인의 동일성 유지를 위한 인테리어와 프랜차이즈 시스템의 변화, 고객의 위생과 청결, 안전을 확보하기 위한 리뉴얼은 가맹본부의 이득을 위한 것이 아니라 가맹점의 매출 증대를 위해서도 더 중요하다고 할 수 있다.

서비스는 고객이 눈으로 직접 볼 수 없는 특성이 있다. 그렇기 때문에 일반적으로 눈으로 확인할 수 있는 단서인 물리적 증거로 구매 전의 서비스제공물의 가치를 예측하고 소비기간이나 소비 후의 서비스 품질에 대한 만족을 평가한다.

물리적 증거(physical evidence)란 서비스가 제공되고 외식업체와 고객이 상호작용하는 환경을 말하며 서비스의 커뮤니케이션이나 서비스의 성과를 측정하는 유형재이기도 하다. 물리적 증거는 일반적으로 호텔, 병원, 테마파크에서 중요하게 다루어져 왔으나 조명, 음악, 유니폼, 테이블, 칼라, 그릇을 통해 많은 자극을 받는 외식업체에서도 매우 중요한 요소이며 고객의 체험에 깊은 영향을 미친다.

출처: 외식경영 (2013). 장재남의 투고 칼럼 중에서.

1 • 외식마케팅의 이해

외식산업이 발달함에 따라 소비자의 외식에 대한 니즈나 욕구가 다양해지고 또한 레스토랑을 선택하는 기준도 달라지고 있다. 이러한 상황에서 소비자들은 그들의 니즈나 욕구에 따라 어떤 레스토랑을 선택할지 또 설사 레스토랑을 어렵게 선택하였다 하더라도 어떤 메뉴를 선택할지 끊임없이 고민하는 상황에 직면하게 된다. 이러한 다양한 선택의 기로에서 소비자는 어떤 결정을 내리게 되는데, 과연 소비자는 왜 그 레스토랑을 선택하게 되었고 왜 그 메뉴를 선택하게 되었는가? 더 나아가 소비자는 그들의 선택에 만족하고 선택한 레스토랑을 재방문할 것인가? 이것들에 대한 답을 얻기 위하여 우리는 먼저 마케팅을 이해할 필요가 있다.

근대 공업사회에서 제품의 수요는 공급을 초과하였다. 기업은 과학적 관리기법을 통하여 대량생산을 함으로써 소비자의 소유를 맞추기만 하면 되었고 그러한 시대의 기업마케팅 관리 목표는 기업의 이익극대화에 초점이 맞추어질 수 있었다. 실제로 이때는 마케팅이라는 개념보다는 영업이라는 개념이 더 적절했던 시대이다. 그러나 기업들의 과다한 생산으로 인하여 수요에 비하여 공급이 과다해지면서, 기업 간의 경쟁이 치열해지게 되었다. 즉, 기업이 소비자의 욕구를 파악하고 그 욕구를 만족시킬 수 있는 상품을 생산하여 판매해야 하는 국면의 전환이 일어난 것이다.

기업들은 그들의 상품과 서비스를 판매하기 위하여 다양한 노력을 기울일 수밖에 없게 되었다. 무엇보다도 생산자중심의 사고에서 소비자중심의 사고로 상황이 전환되면서 기업들은 고객만족을 이루지 않고서는 기업의 수익성을 확보하기 어렵다는 것을 깨닫게 되었다. 이때 마케팅이라는 개념의 중요성이 크게 인식되었다.

외식산업의 관점에서 볼 때 과거 마케팅은 레스토랑을 운영하는 데 있어 하나의 옵션에 불과했지만 최근 외식기업들의 대거 등장에 따른 경쟁의 심화와 더불어 경쟁우위를 유지하고 이익을 도모하기 위해서 반드시 필요한 레스토랑의 핵심활동으로 발전하게 되었다.

1) 마케팅의 정의

마케팅은 오늘날 비즈니스와 일상생활에서 자주 사용되는 용어이다. 비록 쉽게 말하지만, 마케팅이라는 용어에 대한 정의를 내리는 것은 그리 쉬운 일이 아니다. 마케팅에 대한 정의는 시대와 연구자에 따라 다양하게 이루어지고 있다.

▌표 10-1▐ 마케팅 정의

한국마케팅학회	조직이나 개인이 자신의 목적을 달성하기 위한 교환을 창출하고 유지할 수 있도록 시장을 정의하고 관리하는 과정
미국마케팅학회	개인이나 조직의 목적을 충족시켜 주는 교환을 창조하기 위하여 아이디어, 제품, 서비스의 창안, 가격결정, 촉진, 유통을 계획하고 실행하는 과정

한국마케팅학회(Korean Marketing Association)에서는 "마케팅은 조직이나 개인이 자신의 목적을 달성하기 위한 교환을 창출하고 유지할 수 있도록 시장을 정의하고 관리하는 과정이다."라고 정의했으며, 미국마케팅학회(American Marketing Association)에서는 "개인이나 조직의 목적을 충족시켜 주는 교환을 창조하기 위하여 아이디어, 제품, 서비스의 창안, 가격결정, 촉진, 유통을 계획하고 실행하는 과정"이라고 정의하였다.

외식마케팅의 정의
외식기업이 시장에서 기업의 목표와 소비자의 목표를 충족시켜 주는 교환을 창출하기 위하여 상품, 가격, 유통, 촉진, 서비스 생산 과정, 사람, 물리적 환경을 계획하고 수행하는 과정

상기의 내용들을 토대로 외식마케팅에 대해 정의해 보면 외식마케팅이란 '외식기업이 시장에서 기업의 목표와 소비자의 목표를 충족시켜 주는 교환을 창출하기 위하여 상품, 가격, 유통, 촉진, 서비스 생산 과정, 사람, 물리적 환경을 계획하고 수행하는 과정'이라고 정의할 수 있다. 그리고 마케팅을 말할 때 무엇보다 명심해야 하는 것은 마케터는 항상 고객의 관점에서 이해하려고 노력해야 하고 고객의 만족을 마케팅의 최우선 목표로 설정해야 한다는 것이다.

2) 마케팅의 기본요소

비록 과거 마케팅의 정의를 바탕으로 하여 외식마케팅에 대한 정의를 내리기는 하였지만, 외식마케팅의 정의를 더 정확하고 깊이 있게 이해하기 위해서는 [그림 10-1]에서 보여 주는 마케팅의 기본요소(core concepts)인 소비자의 요구, 욕구, 그리고 수요, 그러한 소비자의 요구와 욕구를 충족시켜 줄 수 있는 상품, 그러한 상품에 대한 소비자가 지각하는 품질과 가치, 만족, 교환, 거래, 그리고 관계 등의 개념에 대한 명확한 이해가 선행되어야 한다.

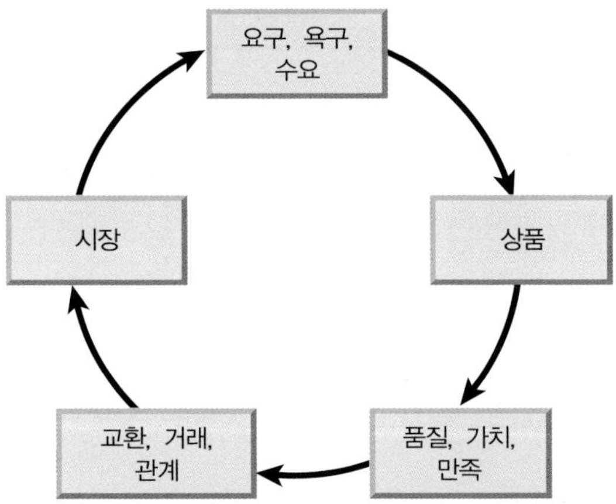

▌그림 10-1▐ 마케팅의 기본요소

(1) 요구(Needs), 욕구(Wants), 수요(Demands)

▌표 10-2▐ 요구(Needs), 욕구(Wants), 수요(Demands)

요구(Needs)	인간이 생존하고 생활하는 과정에서 무엇인가 결핍을 느끼는 상태
욕구(Wants)	니즈를 해결할 구체적인 대상
수요(Demands)	구체적 욕구에 구매력이 추가된 것

① 요구(Needs)

마케팅을 가능하게 만드는 힘의 원천은 인간의 요구라고 한다. 요구(Needs)란 인간이 생존하고 생활하는 과정에서 무엇인가 결핍을 느끼는 상태로 흔히 니즈, 1차적 욕구, 원초적 욕구 또는 본원적 욕구라고 말한다. 이러한 인간의 니즈는 외부의 자극에 의해서 발생되는 것이 아니라 인간 내부에서 자연스럽게 발생한다. 예를 들면 배가 고픈 사람은 무엇인가 먹고 싶다는 원초적인 욕구를 느끼게 되는데, 이를 니즈라고 할 수 있다.

② 욕구(Wants)

니즈가 구체적 대상을 지향하거나 일정한 형태를 취하게 되면 욕구(Wants)가 된다. 니즈는 대체로 자연스럽게 발생되지만, 욕구는 문화와 개개인의 성향과 가치관, 그리고 환경 등에 따라서 다르게 나타나는 특징을 갖는다. 예를 들어 배가 고파서 무엇인가 먹고 싶다는 니즈가 발생되면 개인의 특성에 따라 니즈인 배를 채우려는 방법은 다르게 나타날 수 있다. 어떤 사람은 빵이나 우유로 배를 채우려고 할 것이고 어떤 사람은 김밥이나 라면으로 배고픔이라는 니즈를 해결할 것이다. 이렇게 니즈를 해결할 구체적인 대상이 바로 욕구라고 할 수 있다.

마케팅의 출발점은 소비자의 요구(Needs)와 욕구(Wants)를 발견하는 것으로부터 시작된다고 할 수 있다. 즉, 충족되지 못한 니즈가 있다는 것은 무엇인가 결핍되어 있다는 것으로 이러한 결핍을 보충할 수 있는 것을 필요로 하는 상태로 표현할 수 있다. 따라서 마케팅의 시작은 충족되지 않은 요구와 욕구를 발견하여 이를 충족시켜 줄 수 있는 상품을 개발하는 것이라고 할 수 있다.

③ 수요(Demands)

구체적 욕구에 구매력이 추가되면 이때 수요(Demands)가 된다. 여기서 말하는 구매력이란 금전적 능력을 포함하여 시간·공간적 한계 등이 합쳐진 것을 말한다.

예를 들어 배가 고픈 사람이 라면이나 김밥을 먹고 싶어 한다면 이러한 라면이나 김밥이라는 구체적 욕구를 채울 수 있는 금전과 적합한 장소에 라면이나 김밥을 구매하러 갈 수 있는 시간이 충족된다면 그것은 수요가 된다.

참고로, 어린이가 돈이 없어도 부모를 설득하여 구매력을 확보한다면 수요가 있는 것이고, 반면 돈이 있는 소비자라도 구매할 의지가 없다면 수요가 없다고 볼 수 있다. 따라서 마케터는 세 가지의 욕구 중에서도 수요에 집중적인 관심을 보이기도 한다.

마케팅을 제대로 활용하기 위해서는 지금까지 살펴본 요구와 욕구, 그리고 수요를 정확하게 이해하는 것이 필수적이다. 소비자의 요구, 욕구, 그리고 수요를 정확히 알아내고 정확히 대응하는 경우에만 고객을 만족시킬 수 있기 때문이다.

예를 들어 직장인들이 점심식사를 하려고 레스토랑을 찾는 경우와 저녁시간에 회식을 위하여 레스토랑을 찾는 경우의 요구와 욕구, 그리고 수요를 동일하게 이해해서는 곤란하다. 가령, 점심시간에는 낮은 가격과 배고픔을 해결하려는 니즈 해결에 초점을 맞출 수도 있지만 저녁시간의 회식은 원초적 욕구인 니즈를 해결하기 위한 것보다는 친목도모와 같은 좀더 높은 차원의 니즈를 충족시키기 위해 레스토랑을 찾을 수 있다는 것을 이해해야 한다. 마케팅적인 측면에서 고객의 진정한 니즈와 욕구를 정확하게 파악하려는 노력은 끊임없이 이루어져야 한다.

(2) 상품(Product)

> 상품(Products)
> 소비자의 요구나 욕구를 충족시킬 수 있는 유형·무형의 충족물

일반적으로 상품(Products)이란 '소비자의 요구나 욕구를 충족시킬 수 있는 그 어떤 것'이라고 정의할 수 있다. 이때 요구나 욕구를 충족시켜 주는 것은 유형의(tangible) 것일 수도 있고 무형의(intangible) 것일 수도 있다. 다시 말해 상품이란 '소비자의 요구나 욕구를 충족시킬 수 있는 유형·무형의 충족물'이라고 정의할 수 있다. 일반적으로 상품은 유형적인 제품에 무형적인 서비스가 결합된 형태를 띠는 경우가 많다.

가령 외식업체에서의 경우, 유형적인 제품은 주문한 음식을 들 수 있고 무형적인 서비스는 웨이트리스가 제공하는 신속함이나 친절함을 예로 들 수 있다. 마케터는 소비자들이 상품에 대하여 더욱 만족할 수 있게 하려고 노력하는데, 결국 상품은 소비자의 니즈나 욕구를 충족시켜 주는 그 어떤 제공물을 의미한다고 할 수 있다. 마케터들은 끊임없이 고객의 니즈나 욕구를 이해하기 위하여 노력하여 이러한 요구나 욕구를 효과적으로 충족시킬 수 있는 상품을 개발하고 공급해야 할 것이다.

이때 주의해야 할 점은 많은 사람들이 상품과 서비스의 용어나 정의를 혼동하여 그 용어를 사용하고 있다는 것이다. 많은 사람들은 상품과 서비스를 구분하여 마치 각각의 독립적인 개념처럼 사용하고 있다. 하지만 엄밀히 말하면 앞서 언급했듯이 상품이란 무형적인 성격이 강한 서비스를 이미 내포하고 있는 말이기 때문에 우리가 상품이라고 일컬을 때 굳이 상품과 서비스라고 따로 서비스를 언급할 필요가 없는 것이다. 하지만 많은 사람들은 상품이란 유형적인 것이고 서비스란 무형적인 것이라고 잘못 이해하고 있어 이 점을 주의해서 이해할 필요가 있다.

(3) 서비스 품질(Service Quality)

소비자의 긍정적 경험을 유도하는 서비스의 품질을 개선하기 위한 많은 기술이 개발되어 왔지만 서비스 품질 자체를 측정하기 위한 기술개발에는 상대적으로 많은 노력을 기울이지 않았다. 1980년대 중반 파라슈라만(Parasuraman), 자이사믈(Zeithaml), 베리(Berry)의 연구에 기초하여 서비스 품질을 측정하는 SERVQUAL이라는 기술이 개발되었다. 이들은 서비스를 제공하는 동종 기업의 고객들이 일반적으로 기대하는 서비스와 이를 제공하는 특정 회사의 성과를 비교한 것을 바탕으로 하는, 특정 회사의 서비스 품질에 대한 고객의 인지도를 서비스 품질(Service Quality)이라고 정의하였다. 서비스 품질을 측정하는 대표적인 모형인 SERVQUAL은 개인 고객의 기대치와 인지도를 측정하기 위해 유형성(Tangibles), 신뢰성(Reliability), 반응성(Responsiveness), 확신성(Assurance), 공감성(Empathy)의 다섯 가지 척도를 이용한다.

표 10-3 SERVQUAL 척도

유형성	물리적 시설, 설비 및 비품, 직원의 외모
신뢰성	믿을 수 있도록 정확하게 서비스를 수행하는 능력
반응성	자발적으로 고객을 돕고 즉각적인 서비스를 제공하고자 하는 직원의 의지
확신성	서비스에 의한 지식과 공손함, 고객에게 신뢰와 확신을 주는 능력
공감성	고객들에게 제공하는 보살핌과 마음에서 우러나오는 관심 정도

SERVQUAL은 특별한 질문지를 통해 서비스 품질을 측정하는데, 보통 고객들이 직접 이 설문지에 기입을 한다. 설문지는 다섯 가지 서비스 척도를 반영하는 22개 항목으로 이루어졌다. 고객들은 '전혀 동의하지 않음(strongly disagree)', '매우 동의함(strongly agree)'이라는 라벨이 붙여진 7점 척도를 이용하여 22개 문항에 대한 그들의 기대치(expectation)와 실행도(performance)를 평가한다.

예를 들어, 유형성(tangibles) 척도의 경우 기대치 문장 중 하나는 "직원은 잘 차려입고 단정해야 한다."이다. 그리고 이와 대등한 인지도 진술문은 "ABC 기업의 직원은 잘 차려입고 단정해 보인다."이다. 다섯 가지 서비스 척도 각각의 진술문 모두에 대한 점수는 평균을 내고 나서, 인지도 평균 점수에서 기대치 점수를 뺀 것으로 인지된 품질점수(perceived quality score)를 계산한다. 간단히 말하면, 가령 레스토랑의 경우 고객이 인지하는 서비스 품질은 특정한 레스토랑에 의해 제공된 서비스 품질과 고객이 일반적으로 받고자 기대하는 서비스 품질 사이의 차이이다.

> 서비스 품질(Service Quality)
> 인지도(Perception) − 기대치(Expectation) = 서비스 품질(Service Quality)

(4) 고객가치

마케팅에 있어서 필수적인 요소는 소비자에게 아주 뛰어난 가치를 제공하는 것이다. 소비자가 상품에 대한 가치를 인식하지 못했을 경우 그러한 소비자가 상품에 대해 만족할 수 없다. 일반적으로 가치는 소비자가 얻을 수 있는 혜택과 해당 소비자가 지불하는 비용의 차이라고 정의할 수 있으나 가치에 대한 정의를 정확하게 내리는 것은 쉽지 않다. 그뿐만 아니라 다양한 소비자들이 인식하는 가치는 각기 다르고 항상 변화하기 때문에 각각의 다양한 소비자에게 그들만이 인식할 수 있는 최고의 가치를 제공하는 것은 결코 쉬운 일이 아니다.

> 고객가치
> 고객가치는 항상 낮은 가격만을 의미하는 것은 아니다.

가치는 항상 낮은 가격만을 의미하는 것은 아니다. 가령, 모든 소비자들이 레스토랑 선택 시 메뉴의 가격이 저렴하였을 때 가장 가치가 있다고 느낀다고 가정하여 보자. 어떤 레스토랑이 경쟁업체에 비해 가장 저렴한 가격을 제공한다면 모든 소비자들은 그 레스토랑을 선택할 것이다.

하지만 현실은 그렇지 않다. 어떤 소비자들은 메뉴의 가격이 저렴하면 가치를 느끼는 반면 어떤 소비자들은 레스토랑의 분위기나 직원들의 서비스 등 다른 다양한 것으로부터 가치를 인식할 수 있다. 설사 똑같은 레스토랑을 방문한 소비자들도 다양한 가치 때문에 그 레스토랑을 선택할 수 있다. 외식업체의 마케터들이 소비자들이 지각하는 가치를 정확하게 이해할 수 있다면 그 외식업체는 소비자의 니즈나 욕구를 충족시켜 줄 수 있어 분명 성공의 열쇠를 쥐고 있다고 볼 수 있다.

따라서 마케터들은 다양한 소비자들의 니즈와 욕구, 더 나아가 그들이 지각하는 가치를 이해하고 그러한 니즈와 욕구를 충족시켜 줄 수 있는 가치를 제공하는 것의 중요성을 잊지 말아야 한다. 레스토랑에서의 고객들은 레스토랑에서 제공하는 음식이나 서비스, 분위기, 가격 등을 통하여 "내가 지불한 돈만큼의 가치를 얻었다."라고 느꼈을 때 그 레스토랑 이용에 만족하게 될 것이다. 실제로 고객들은 가치를 얻었다고 느끼고 만족할 때만 해당 레스토랑을 재방문하거나 해당 레스토랑을 다른 사람들에게 알리려고 노력할 것이다.

(5) 고객만족

> 고객만족
> 고객이 구매를 하기 전에 기대하였던 성과와 구매 후에 얻은 성과 사이의 차이로 인한 기쁨과 실망에 대한 고객의 개인적 감정

고객만족은 고객이 구매를 하기 전에 기대하였던 성과와 구매 후에 얻은 성과 사이의 차이로 인한 기쁨과 실망에 대한 고객의 개인적 감정을 의미한다. 즉, 만족이란 기대와 인지된 성과 사이에 존재하는 차이라고 할 수 있다. 이때 고객이 지각하는 인지된 성과가 기대치보다 높거나 같다면 고객은 만족하게 될 것이고, 반대로 인지된 성과가 기대치보다 낮다면 고객은 제공된 상품에 대해 불만족하게 될 것이다.

고객만족도는 고객충성도에 영향을 미치게 된다. 그런데 종종 많은 사람들은 고객만족도와 고객충성도가 동일하거나 고객이 만족하면 고객은 그 상품에 대해 충성도가 생긴다고 잘못 이해를 한다. 고객만족은 고객충성도의 필수 전제조건이지만 고객이 레스토랑서비스에 만족한다고 하여 해당 고객이 그 레스토랑을 반드시 재방문하거나 그 레스토랑을 추천하지는 않는다는 것을 이해하여야 한다.

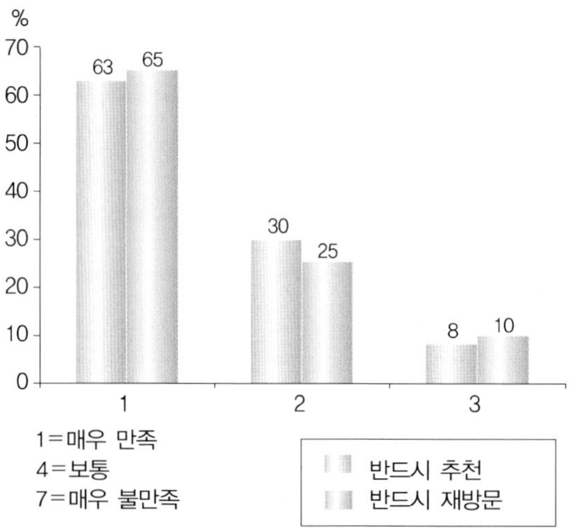

▌그림 10-2▐ 고객만족과 고객충성도의 차이점

[그림 10-2]는 고객만족(Customer Satisfaction)과 고객충성도(Customer Loyalty)의 차이점을 보여 준다. 설문지의 응답자가 1, 2, 3이라고 응답하면 그 응답자는 레스토랑서비스에 만족한 것을 의미한다. 하지만 만족 정도에 따라 고객의 충성도에는 큰 차이가 있다. 1(매우 만족)이라고 응답한 고객의 63%는 방문한 호텔 레스토랑을 추천하겠다고 응답하였고, 65%는 그 레스토랑을 재방문하겠다고 응답하였다.

하지만 2(만족)라고 응답한 고객은 30%의 고객만이 레스토랑을 추천하겠다고 응답하였고, 25%만이 재방문하겠다고 응답하였다. 3(약간 만족)이라고 응답한 고객은 오직 8%만이 레스토랑을 추천하겠다고 응답하였고, 오직 10%만이 재방문 의사를 밝혔다.

이 결과로 알 수 있듯이 고객이 어떤 서비스에 만족하였다고 하여 그것이 반드시 고객충성도로 이어지지는 않는다는 것을 알 수 있다. 그리고 무엇보다도 '매우 만족'

한 고객과 그냥 '만족' 그리고 '약간 만족'한 고객 간의 차이가 얼마나 고객충성도에 크게 영향을 미치는지 알 수 있다. 따라서 레스토랑의 마케터들은 고객들이 레스토랑 방문 시 레스토랑서비스에 아주 만족할 수 있도록 모든 노력을 기울여야 할 것이다.

(6) 교환(Exchange), 거래(Transactions), 관계(Relationships)

교환(Exchange)
- 자신이 원하는 혜택을 얻기 위해 어떠한 대가를 지불하고 서로 주고받는 것을 의미
- 단기적인 의미의 거래(Transaction)
- 장기적 의미의 관계(Relationship)

교환(Exchange)이란 자신이 원하는 혜택을 얻기 위해 어떠한 대가를 지불하고 서로 주고받는 것을 의미한다. 즉, 상대방과의 합의를 통하여 상호 유익한 가치를 제공하는 마케팅의 기본활동으로, 이러한 활동을 위해서는 상대방에게 서로 가치 있는 것을 소유하고 있어야 하고 최소한 2인 이상의 대상자가 있어야 하며 상대방의 제의를 자유롭게 승낙 및 거부할 수 있어야 한다.

마케팅활동의 목표는 교환 당사자 모두를 만족시키는 교환의 창출이다. 예를 들어 레스토랑의 경영자와 그 레스토랑을 방문하는 소비자 간의 교환관계를 살펴보자. 경영자는 자신이 제공하는 메뉴와 서비스의 원가보다 높은 가격을 받음으로써 최대의 이익을 얻고자 한다.

반면에 소비자는 자신이 지불하는 가격에 비하여 높은 가치를 얻으려고 노력한다. 이와 같은 교환과정에서 상호만족이라는 목표는 현실적으로 쉬운 목표가 아니지만 되도록 상호만족에 가까운 최적의 조건을 모색하는 것이 요구된다. 경영자만이 만족하는 교환관계는 소비자의 방문이 반복되지 않음으로써 교환관계가 종결될 것이며, 소비자만이 만족하는 교환관계는 레스토랑의 파산으로 이어지게 된다.

교환은 단기적인 의미의 거래(Transaction)와 장기적 의미의 관계(Relationship)를 모두 포함하는 의미로 사용될 수 있다. 현대의 마케팅은 단기적인 거래의 성격보다는 장기적인 관계 구축의 성격으로 변화하고 있기에 장기적인 관점에서 교환의 이익을 목표로 설정해 나가야 할 것이다.

3) 관계마케팅

(1) 관계마케팅의 개념

> 관계마케팅
> 우호적이면서 지속적인 관계를 창출하여 기업의 매출 및 이윤을 창출하고 소비자의 브랜드 충성도를 높이는 활동

기업과 소비자 간의 교환이 이루어져 가치가 창출됨으로써 계속적인 거래가 이루어지게 되면 기업과 소비자 사이의 우호적인 관계가 성립된다. 기업은 기존의 고객과 우호적 관계를 계속 유지함으로써 소비자와의 지속적인 거래를 유지하도록 노력한다. 이와 같이 우호적이면서 지속적인 관계를 창출하여 기업의 매출 및 이윤을 창출하고 소비자의 브랜드 충성도를 높이는 활동을 관계마케팅(Relationship Marketing)이라고 한다.

관계마케팅은 신규 고객의 창출보다는 기존에 있던 고객에 대한 유지와 관계 향상에 초점을 두는 전략적 마케팅으로 새로운 고객을 유인하는 것도 중요하지만 기존의 고객과의 관계를 지속적으로 유지하는 데 초점을 둔다.

(2) 관계마케팅 목표

관계마케팅의 목표는 "조직에 이로운 몰입된 고객기반을 구축하고 유지하는 것"을 전제로 한다. 관계마케팅의 근본적인 목적은 고객충성도의 제고로 모든 관계 마케팅 노력의 핵심 성과는 개인 고객이 특별하다고 느낄 수 있게 하고, 조직이 그들에게만 지대한 관심을 보인다고 믿게끔 하는 것이다.

과거에는 마케터들의 주된 관심이 새로운 고객창출이었으나, 최근에는 현재 그리고 과거 고객들과의 개인적인 관계 구축을 중요시하고 있다. 가령 최근 많은 기업들이 시행하는 충성도 프로그램의 운영은 관계지향성에서 중요하게 여기는 마케팅활동이다. 대부분의 마케터들은 새로운 고객을 유치하기보다는 기존 고객을 재방문하도록 유도하는 것이 비용 측면에서 적게 든다는 사실을 알고 있다.

기업 입장에서 관계마케팅을 사용할 때 이익 증가, 운영비 하락, 구전광고, 이직

률 감소 등의 긍정적인 효과를 얻을 수 있다. 이는 관계마케팅 혹은 고객과의 장기적 관계 구축 및 유지, 강화의 기본개념에서 출발하여 고객을 수적인 의미에서 보다 하나의 사람으로서 대하여야 한다는 것을 의미한다.

즉, 고객생애가치(Lifetime Value)라고 불리는 것으로, 개인 고객에게 장기간 관심을 가지면서 한 번의 구매로 끝나는 것이 아니라 평생 동안 고객 구매를 기업자산화한다. 이때 주의할 점은 이익이 되는 고객과의 관계는 구축・강화・활용하는 한편, 수익성이 낮은 고객과의 관계는 적절하게 해지하는 것이 관계지향성에 따른 마케팅의 과제이다.

4) 서비스마케팅의 특성

서비스산업은 유형적인 제품과 무형적인 서비스가 결합되어 제품과 서비스가 동시에 생산되는 산업이다. 예를 들어 레스토랑에서는 음식이라는 유형적인 제품과 종업원들이 제공하는 무형적인 서비스를 함께 제공한다. 따라서 일반 제품에 대한 마케팅과는 다소 차이점이 있다. 서비스산업의 일종인 외식업체에서 마케팅을 잘 활용하기 위해서는 먼저 외식업체가 갖는 서비스마케팅의 기본 특성을 잘 이해할 필요가 있다. [그림 10-3]에서 보여 주듯이 서비스의 네 가지 기본특성에는 무형성, 이질성, 비분리성 그리고 소멸성이 있다.

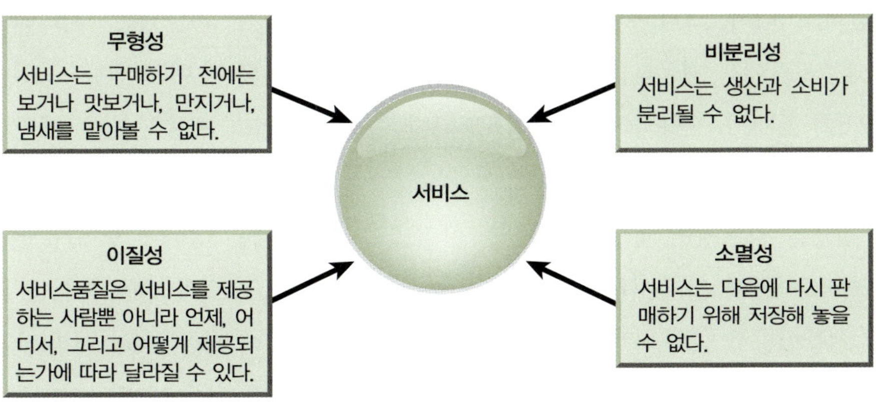

▌그림 10-3▌ 서비스의 네 가지 기본 속성

(1) 무형성(Intangibility)

유형적인(tangible) 상품은 구매하기 전에 다양한 방법으로 평가해 볼 수 있다. 예를 들어 옷가게에서 물건을 구입하기 전에 옷이 잘 어울리는지, 사이즈가 맞는지 입어 볼 수 있다. 반면 서비스는 무형적(intangible)이기 때문에 그것이 어떠한 것인지 알기 위해서는 직접 경험해 보아야 한다.

무형성(Intangibility)이란 외식상품을 구매하기 전에는 보거나 맛보거나, 만지거나, 냄새를 맡아볼 수 없다는 것을 의미한다. 즉, 제품과 서비스의 차이 중 가장 기본적으로 알려진 것으로 특별한 형태가 없다는 것을 말한다. 예를 들어 레스토랑에 방문하여 특정한 메뉴를 먹어 보기 전에는 그 메뉴를 맛볼수 없다.

만약 소비자가 특정 레스토랑이나 특정 메뉴의 품질에 대하여 불확실하다면 일반적으로 소비자는 그 레스토랑을 방문하지 않거나 그 메뉴를 주문하지 않을 것이다. 따라서 외식업에 있어서 마케팅은 이러한 무형성으로 인해 발생되는 불확실성을 줄이기 위해 유형화하려는 노력을 해야 한다. 예를 들면 레스토랑의 상품은 주문하기 전에 만지거나 볼 수 없으므로 모형음식을 만들어서 레스토랑 밖에 진열해 놓거나 메뉴에 사진을 넣는다면 불확실성을 줄이는 방법이 될 수 있을 것이다.

(2) 이질성(Variability / Heterogeneity)

레스토랑에서 이질성이란 레스토랑서비스 품질이 서비스를 제공하는 사람뿐 아니라 언제, 어디서, 그리고 어떻게 제공되는가에 따라 달라질 수 있다는 것을 의미한다. 레스토랑에서 제공하는 서비스는 제공자와 장소 및 시간에 따라 변할 수 있으며 인간적인 요소가 포함되어 있어 컴퓨터같이 일반 제조업의 제품과 같은 표준화가 어렵다.

이질성을 일으키는 몇 가지 원인을 살펴보면 외식상품은 생산과 소비가 동시에 일어나기 때문에 질적 수준을 관리하는 데 한계가 있고, 수요의 변동폭이 큰 경우 성수기에 일관성 있는 메뉴의 품질을 유지하는 데 어려움이 있다. 또한 서비스 종사원의 기술과 수행도에 따라 서비스가 달라질 수 있다. 예를 들어 어떤 레스토랑에서 같은 종사원으로부터 서비스를 받더라도 그 종사원의 기분에 따라 어떤 날은 좋은 서비스를 받을 수 있는 반면 어떤 날은 같은 종사원의 기분이 좋지 않았거나 혹은 감정적 문제로 인해 좋지 않은 서비스를 받을 수도 있다. 또는 레스토랑 종사원이 동일한 서비스를 제공하였음에도 불구하고 서비스를 받는 고객의 기분에 따라서도 고객이 느끼는 서비스는 다를 수 있다.

따라서 레스토랑에서는 이러한 이질성을 해소하기 위하여 표준화된 매뉴얼을 만들어 종사원을 지속적으로 교육함으로써 레스토랑의 서비스 품질이 일관성 있게 유지될 수 있도록 노력해야 한다.

(3) 비분리성(Inseparability)

비분리성이란 서비스는 생산과 소비가 분리될 수 없다는 것을 의미한다. 대부분의 제조업의 제품은 먼저 생산된 후 유통과정을 통하여 소비자에게 소비된다. 그러나 레스토랑의 경우, 생산되는 음식은 주방에서 생산됨과 동시에 고객에 의해 소비된다.

이러한 특징으로 고객은 생산되는 과정을 눈으로 직접 볼 수도 있고 심지어는 생산과정에 참여할 수도 있다. 생산과 서비스의 동시성으로 인해 서비스제공자의 서비스 품질과 고객만족은 고객과 직원의 접점이 이루어지는 순간에 많은 영향을 받는다.

따라서 서비스 종사원과 고객 간의 상호의존적인 관계를 창출하기 위해 서비스 종사원을 신중히 선발하고 철저히 교육해야 한다. 또한 고객관리의 중요성을 인식시킬 수 있는 교육 및 여건을 마련해야 한다.

(4) 소멸성(Perishability)

유형의 생산품은 그날 판매하지 못하면 다음에 다시 판매하기 위해 저장해 놓을 수 있지만 서비스는 그렇지 못하다. 예를 들어 컴퓨터와 같은 제품은 어떤 특정한 날에 판매하지 못하더라도 창고나 매장에 저장한 뒤 다음에 다시 판매할 수 있다. 하지만 서비스는 소멸성을 가진다. 특정 레스토랑에서 어떤 특정 종사원이 제공하는 서비스를 저장할 수 있는 창고는 존재하지 않는다.

특히 레스토랑의 경우 당일에 생산된 많은 음식이나 영업시간 내에 비어 있는 식당의 테이블좌석 등은 소멸성이라는 특성 때문에 다음에 판매할 수 없다. 따라서 외식기업은 소멸성을 해소하기 위해 서비스에 대한 정확한 수요 예측이 필요하며 수용력에 대한 활용방안들이 계획되어야 한다.

5) 서비스마케팅 삼각형

서비스마케팅 삼각형은 서비스조직이 생존하기 위해 반드시 성공적으로 수행해야 하는 마케팅의 세 가지 유형을 나타내고 있는 것으로, 경영자(기업), 종업원, 고객의 관계를 보여 주고 있다. 외부마케팅(External Marketing)은 경영자(기업)가 고객의 기대를 형성할 수 있도록 약속하는 것을 말한다. 즉, 서비스제공 이전에 고객과 커뮤니케이션하는 것으로 광고, 특별판촉, 판매, 홍보와 같은 전통적인 요소 외에 인적자원과 물적설비 등이 여기에 해당된다.

내부마케팅(Internal Marketing)이란 경영자가 종업원에게 고객과의 약속을 지킬 수 있게 해주는 것을 말하며, 이를 위해 경영자는 종업원을 교육하고 동기를 부여하고 보상하기 위해 노력한다. 이는 결국 기업이 종업원을 먼저 만족시켜야 만족한 종업원이 고객을 만족시킨다는 것을 암시한다. 이때 기업의 관점에서는 내부고객(internal customer)과 외부고객(external customer)이라는 두 종류의 고객이 있다. 내부마케팅이란 종업원을 최초의 고객으로 보고 그들에게 서비스마인드나 고객지향적 사고를 심어 주며 더 좋은 성과를 낼 수 있도록 동기를 부여한다.

내부마케팅의 중요성은 최근에 많이 인식되고 있으며 성공적인 내부마케팅을 위해서는 종업원 보상과 인센티브가 중요하다. 상호작용마케팅(Interactive Marketing)은 접점마케팅이라고도 부르며 서비스제공이 이루어질 때 고객과 종업원이 직접적으로 상호작용하는 것을 의미하며, 이 시점은 기업이 고객에게 한 약속을 종업원이 제공할 때이다. 외부마케팅을 통해 한 약속이 상호작용마케팅 시점에서 지켜지느냐에 따라 고객의 만족도는 달라진다. 외식사업 경영자들은 이 모델을 바탕으로 서비스마케팅 삼각형의 세 가지 면이 모두 핵심적인 요소로서 얼마나 중요한 역할을 수행하는지 인식하여야 한다.

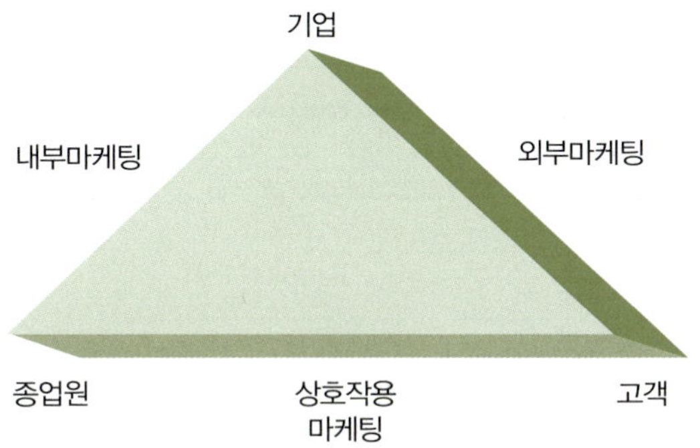

▌그림 10-4▌ 서비스마케팅 삼각형 모형

2 • 외식마케팅 믹스

기업에서 마케팅이 필요한 이유는 목표고객을 이해하고, 그들을 만족시키기 위한 다양한 마케팅 믹스를 창출함으로써 수익성을 확보하기 위해서이다. 모든 마케팅활동은 마케팅 믹스를 필요로 한다. 이때 마케팅 믹스란 목표시장 안에서 마케팅 목표달성을 위해 활용할 수 있는 모든 마케팅 수단들의 묶음이라고 할 수 있다.

서비스가 핵심을 이루는 서비스마케팅 목표(이윤창출, 고객만족도 제고 등)를 달성하기 위하여 이용할 수 있는 도구들의 집합을 서비스마케팅 믹스라고 한다. 따라서 서비스가 핵심을 이루는 레스토랑의 마케팅 목표를 달성하기 위하여 이용할 수 있는 모든 마케팅 수단들의 집합을 외식마케팅 믹스라고 한다.

마케팅 믹스는 통상 4P(Product, Price, Place, Promotion)라고 칭하지만 서비스마케팅 믹스 또는 외식마케팅 믹스는 서비스 재화의 특성상 여기에 3P(Process, Physical Evidence, People)를 더해 확장된 서비스마케팅 믹스(7P) 또는 외식마케팅 믹스로 구분하고 있다.

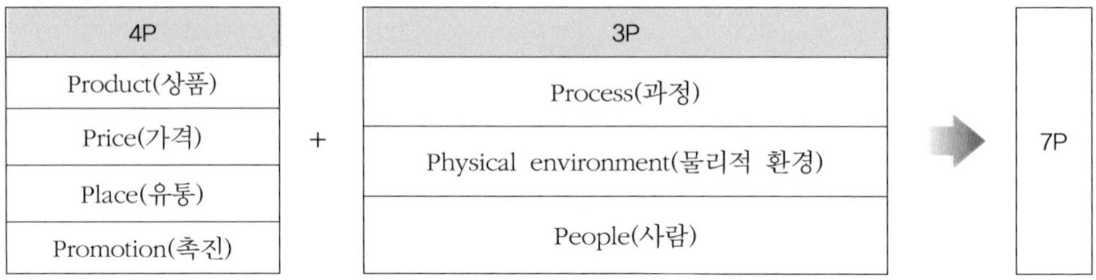

▌그림 10-5▐ 외식산업 마케팅 믹스(7P)

레스토랑은 성공하기 위해서 외식마케팅 믹스를 이용하여 고객을 만족시키고 경쟁업체로부터 차별화를 꾀하고자 한다. 마케팅으로부터 얻는 효익을 극대화하기 위하여 레스토랑 경영자는 외식마케팅 믹스의 모든 요소를 이해하고 활용할 필요가 있다. 외식마케팅 믹스(7P)의 주요 내용에 포함되는 상품, 가격, 유통, 촉진, 사람, 물리적 환경, 서비스 생산과정의 일곱 가지 전략 수단을 살펴보면 다음과 같다.

1) 상품(product)

상품은 고객의 니즈와 욕구에 대한 종합적 해결책이라고 생각할 수 있다. 상품(Product)이란 소비자의 니즈와 욕구를 충족시킬 수 있는 유형·무형의 충족물이라고 정의할 수 있다.

상품은 일반적으로 유형적인(tangible) 유형재와 무형적인(intangible) 서비스의 결합물로 제공된다. 이때 서비스상품은 눈에 잘 보이지 않는 무형적인 특성을 갖기 때문에 그에 따른 문제점이 발생할 수 있다. 가령, 소비자가 의사소통이 쉽지 않은 낯선 나라에서 레스토랑을 선택하고 메뉴를 선택할 때 무형적인 상품 때문에 불안감(perceived risk)을 가질 수 있고 이에 따라 쉽게 레스토랑이나 메뉴 선택의 결정을 내릴 수 없게 된다. 따라서 소비자가 갖는 이러한 불안감을 해소시켜 주기 위하여 서비스상품을 고객들에게 가시적으로 보여 줄 수 있도록 하는 것이 대단히 중요하다. 즉, 무형의 서비스를 유형화하는 노력이 필요하다. 가령 마케터는 레스토랑에서 제공하는 음식에 관한 메뉴판에 사진을 추가하여 소비자가 쉽게 그 메뉴에 대하여 이해하고 결정을 내리는 데 도움을 줄 수 있다. 또한 식당 내외부의 청결함 같은 물리적 환경을 통하여서도 어느 정도의 불안감을 줄여 줄 수 있다.

궁극적으로는 철저한 품질관리와 고객만족을 통한 브랜드이미지를 제고시켜 소비자들에게 서비스상품 구매에 따른 불안감을 줄여 줄 수 있다. 그리고 서비스 품질 보증제도 등의 도입을 통해서 서비스 품질을 가시적으로 확인시켜 주는 등의 다양한 유형화 노력이 필요하다.

2) 가격(price)

가격(Price)이란 서비스를 구매하거나 소비하면서 고개들이 지불하는 돈, 시간, 기타 노력 등을 통칭하기도 하지만 일반적으로 가격이란 개념은 상품이나 서비스를 구매하기 위하여 구매자가 판매자에게 지불하는 화폐의 양만을 의미하기도 한다. 가격은 구매자 측에서는 지불해야 할 비용인 반면 기업에 있어서는 이익에 직접적인 영향을 주는 마케팅 믹스 요소이다. 많은 기업은 가격을 통하여 경쟁업체로부터 차별화를 꾀하기도 한다. 미국의 맥도날드나 월마트(Wal Mart)는 경쟁업체와의 차별화를 위해 가격을 이용하여 성공한 예라고 할 수 있다.

가격은 고객유치에 있어 아주 중요한 요인의 하나이다. 그러므로 기업은 가격의 전략을 개발할 때 여러 가지 현상들에 대해 이해하고 전략을 세울 필요가 있다. 레스토랑 마케터들은 가격결정에 있어서 수요를 고려해야 할 것이며 생산과 마케팅, 관리의 비용, 경쟁의 영향, 서비스 품질에 대한 고객들의 지각, 소요된 비용에 대해 지각된 가치 등을 고려해야 한다.

예를 들어, 가격 품질의 관점에서 볼 때 소비자들은 가격이 낮으면 품질이 떨어진다고 추정하는 것이다. 따라서 가격결정 시 이러한 점들을 고려할 필요가 있다. 또한 최근 인터넷, SNS(Social Networking Services), 소셜커머스(Social Commerce) 등의 발달이 가격결정에 영향을 미치고 있다. 가령 오프라인에서 판매되는 제품과 동일한 제품이 온라인에서 판매될 때 일반적으로 온라인이 오프라인보다 비교적 가격이 저렴하다. 그뿐만 아니라 SNS가 기업의 가격활동에 영향을 미칠 수 있다. 예를 들어, SNS는 기업의 가격을 절반 정도 낮추어서 팔기도 한다.

3) 유통(place)

유통(Place 또는 Distribution)이란 유형적인 제품이나 무형적인 서비스가 생산자로부터 소비자에게 이전되는 현상, 또는 이전시키기 위한 활동을 의미한다. 유통의 기본적인 기능은 소비자가 원하는 제품을 원하는 장소와 원하는 시간에 구매할 수 있도록 해주는 것이다. 이러한 유통 기능을 수행하는 개인이나 조직의 집합체를 유통경로(Distribution Channel)라고 한다. 2010년 기준으로 우리나라에서 소매업 판매액이 가장 큰 상품군은 음식료품이다. 이는 외식업에 있어서의 유통의 중요성을 간과할 수 없는 예라고 할 수 있다.

하지만 외식기업의 경우 편의점과 같은 곳에서 판매하는 즉석식품을 제외하고는 물리적 유통단계는 없다. 즉, 무형적인 특성으로 인하여 서비스는 보관하거나 저장이 불가능하기 때문에 서비스를 전달하는 장소 내지 입지(location)가 매우 중요하다. 따라서 레스토랑 마케팅 믹스에서 유통은 결국 입지를 의미한다. 레스토랑의 경우 서비스를 제공받는 고객들이 접근하기 편리한 곳에 위치하는 것이 유통관리의 핵심이다. '레스토랑 비즈니스는 첫째도 입지, 둘째도 입지, 셋째도 입지'라는 격언은 레스토랑 마케팅 믹스 중 유통(입지)이 얼마나 중요한 요소인지를 알려 준다.

4) 촉진(promotion)

촉진(Promotion)이란 기업이 고객들에게 특정 서비스상품을 알리고 선호도를 높이기 위해 실행하는 광고, 홍보, 판매촉진, 인적판매 같은 마케팅 커뮤니케이션(Marketing Communication) 활동을 말한다. 촉진의 기능은 신제품의 경우 신제품이 시장에 출시됨을 알려 주고 가격이나 구매방법, 제품의 편익 등을 잠재고객에게 알려 줌으로써 새로운 상품에 대해 바람직한 태도를 가지게 만들어 올바른 제품을 선택할 수 있도록 설득하는 역할을 한다. 또한 기존 제품에 대해서는 긍정적인 태도를 유지하도록 소비자에게 상표를 상기시키는 활동을 수행한다. 레스토랑의 촉진활동은 서비스의 무형성을 전제로 이루어지기 때문에 서비스를 직접적으로 보여 줄 수 없고 서비스를 소비함으로써 얻게 되는 혜택이나 결과를 강조하는 촉진활동을 하게 된다.

광고(Advertising)란 특정 다수의 소비자에게 정보를 제공하고 설득할 목적으로 광고주가 기업이나 비영리조직, 제품, 아이디어에 관한 내용을 유료로 TV, 라디오, 신문, 잡지, 옥외광고, 다이렉트 메일(Direct Mail) 등의 매체를 통하여 널리 알리는 커뮤니케이션 수단이다. 하지만 종종 일반인들 및 학생 그리고 관리자들은 마케팅과 광고를 동일한 개념으로 이해하는 경우가 있다. 그러나 광고는 단지 마케팅 믹스의 한 부문에 속하는 판매촉진의 한 형태에 불과하다.

그리고 상황에 따라서 레스토랑은 마케팅 믹스 중 광고를 전혀 사용하지 않을 수도 있다. 일부 레스토랑의 관리자들은 고객을 위한 가치창조를 위하여 마케팅 믹스의 다른 요소들로 충분히 성과를 낼 수도 있다. 예를 들어 미국에서 캐주얼 패스트푸드 레스토랑(casual fast-food restaurant)의 대표적인 성공 브랜드인 치폴테(Chipotle) 레스토랑은 비즈니스를 수행하면서 얻은 충성고객의 긍정적인 구전효과(positive word-of-mouth)로 광고를 거의 사용하지 않으면서도 큰 성공을 거두기도 하였다. 또 한편으로는 소규모 레스토랑의 경우 광고를 집행할 만한 비용의 여력이 없어서 광고를 하지 못하기도 한다.

5) 사람(people)

비록 환대 및 관광산업에서 물리적 시설과 설비가 소비자에게 서비스를 제공하는 데 있어서 많은 부분을 차지한다 하더라도, 대부분의 전문가들은 제공된 인적서비스 요소가 서비스를 실패 또는 성공으로 만들 수 있다고 믿는다. 이것이 바로 마케팅 믹스의 인적요소이다.

환대 및 관광산업은 사람에 의한 사람을 위한 산업이다. 레스토랑 비즈니스(business)의 경우에도 서비스를 제공하는 사람(직원)이 다른 사람(고객)과 서비스를 받는 사람(고객)에게 서비스를 제공하는 산업이다. 레스토랑에서의 서비스는 종업원의 행위를 통해 고객들에게 전달되기 때문에 종업원은 서비스의 생산자이자 전달자이다. 대부분의 성공적인 서비스기업들이 인적자원에 대한 중요성을 인식하고 이들에 대한 교육훈련을 끊임없이 강조하는 것이 이 때문이다.

2012년 2월 언론을 뜨겁게 달구었던 채선당 종업원 임산부 폭행사건은 레스토랑 비즈니스에서 사람(직원 및 고객 포함)이라는 외식마케팅 믹스의 중요성을 절실히 보여 주는 예라고 할 수 있다. 비록 결론은 종업원이 임산부의 배를 발로 찼다는 사실부터 대부분 손님의 주장이 거짓말로 판명되었지만, 하지만 만약 이러한 일이 실제로 있었다면 사건이 있었던 채선당 레스토랑뿐만 아니라 채선당이라는 브랜드를 내걸고 비즈니스를 하는 프랜차이즈 레스토랑들도 이미지상에 돌이킬 수 없는 막대한 손실을 입었을 것이다. 이 사건은 레스토랑 비즈니스에서 음식의 질(quality) 이나 분위기 못지않게 직원들의 중요성에 대해 절실히 보여 주는 예라고 할 수 있다. 또한 이 사건에서는 종업원 못지 않게 소비자 또한 비즈니스에 얼마나 큰 영향을 미칠 수 있는가를 보여 준다. 2010년 파리바게뜨를 상대로 아무렇지도 않은 빵에 쥐가 들었다고 사기를 쳐 많은 사람들을 경악하게 만든 쥐식빵 사건은 채선당 사건과 마찬가지로 블랙컨슈머(black consumer)의 한 예인데 이 또한 사람이라는 마케팅 믹스의 중요성을 보여 주는 한 예라고 할 수 있다.

6) 물리적 환경(physical environment)

(1) 물리적 환경 역할

사람들의 감성이나 행동에 영향을 미칠 수 있는 물리적 환경의 역할은 처음에는 건축학자들과 환경심리학자들에 의해 주목을 받게 되었다가 서비스산업이 점차 성장하면서 물리적 환경의 중요성이 점점 많은 사람들에게 인식되어졌다. 서비스는 무형적인 특성을 지니고 있고 구매 전에 경험하는 것이 불가능하므로 소비자는 서비스 구매 시 자신이 받을 서비스가 무엇인지에 대해 알 수 있는 유형적 단서인 물리적 근거를 통해 구매 전 서비스기업과 그 기업이 제공하는 서비스 품질이나 서비스의 가치를 측정하고, 서비스를 받는 기간 및 서비스 후의 서비스에 대해 평가한다. 이렇게 소비자가 자신이 받을 서비스를 추론함에 있어 아주 중요한 역할을 수행하는 것이 바로 물리적 환경이다.

물리적 환경(physical environment)의 역할
소비자가 자신이 받을 서비스를 추론함으로써 서비스의 무형성을 해소

즉, 물리적 환경은 서비스의 무형성을 해소하는 데 아주 중요한 역할을 한다. 또한 물리적 환경은 고객의 구매경험에 직간접적으로 영향을 미칠 수 있으며 좋은 서비스 이미지를 형성하는 데 기여할 수 있다. 그리고 좋은 고객감정을 형성하는 데 있어서도 중요한 역할을 할 수 있다. 이러한 서비스산업의 특성 때문에 서비스마케팅에서 물리적 환경의 중요성이 소비자행동의 측면인 고객의 관점에서 지난 20년 동안 점점 크게 대두되고 있다. 물리적 환경의 역할은 처음에는 주로 소매업(retailing)에서 관심을 끌었으나 최근 소매점, 레스토랑, 호텔, 항공사 등의 다양한 분야에서 그 중요성이 크게 대두되고 있다.

(2) 물리적 환경 개념

물리적 환경(physical environment)에 대한 개념은 1973년 코틀러(Kotler)에 의해 처음 제안되었고 비트너(Bitner)의 서비스스케이프(SERVICESCAPE)를 통해 많은 사람들에게 알려지고 사용되게 되었다. 먼저 코틀러는 물리적 환경을 시각・청각・후각・촉각의 인식을 포함하는 분위기로 설명하고 있다.

시각과 관련된 물리적 자극에는 색채・조명・크기・형태를, 청각에는 소리의 고저・속도・횟수 등을, 후각에는 냄새・신선함 등을, 또한 촉각과 관련된 물리적 자극에는 연함・부드러움・온도 등을 들 수 있다. 코틀러는 소비자의 특별한 감성적인 면을 자극시킴으로써 고객의 소비를 증진시킬 수 있는 일련의 모든 노력을 분위기라고 정의하였다.

① 서비스스케이프(SERVICESCAPE)

비트너는 서비스산업에 국한한 물리적 환경을 측정하기 위한 도구인 서비스스케이프(SERVICESCAPE)를 개발하였다. 서비스스케이프는 자연적・사회적 환경과 대비적 개념으로 간단하게 서비스가 제공되는 장소에서 인간이 인위적으로 만든 물리적 환경이라 정의 내려진다. 서비스스케이프는 주변환경(ambient conditions), 공간배치

와 기능성(spatial layout and functionality), 신호 · 상징물 · 인공물(sign, symbol and artifacts)의 세 가지 차원으로 분류하였다.

첫째, 주변환경은 공기의 쾌적성, 날씨, 온도, 공기, 소음, 향기, 음악 등과 같은 환경의 배경적 특성으로 미각을 제외한 인간의 오감에 영향을 미칠 수 있는 요소이다.

둘째, 공간배치와 기능성은 작업장의 좌석배치 · 계단위치 · 출입구 · 화장실 등의 설계에 관한 것이다.

마지막 셋째로 신호 · 상징물 · 인공물은 표지판, 인조물, 장식의 유형 등 고객에게 서비스제공 장소에 대한 정보제공, 커뮤니케이션 등을 의미한다.

비트너에 의하여 개발된 서비스스케이프를 통해 물리적 환경의 중요성은 호텔 외식산업을 포함한 서비스산업에서 학자들과 경영자들에게 널리 인식되게 되었다.

향후 많은 학자들에 의해 스키장, 미식축구장, 야구장, 병원, 카지노, 호텔, 레스토랑 등의 다양한 서비스산업에 대한 연구가 진행되고 있으며, 구성요소는 연구자들마다 연구 분야에 따라 조금씩 다르게 사용되고 있다.

② 다인스케이프(DINESCAPE)

류(Ryu)는 특히 고급 레스토랑에서의 물리적 환경을 측정하기 위하여 2005년에 다인스케이프(DINESCAPE)를 개발하였으며 다인스케이프를 고급 레스토랑 안에서 자연환경이 아닌 인위적으로 형성된 물리적 및 인적 환경이라고 정의하였다.

다인스케이프는 서비스스케이프와 달리 고급 레스토랑에서의 물리적 환경의 중요성에 초점을 맞추었으며 특히 레스토랑의 외부환경은 배제하고 내부환경에 초점을 맞추었다.

다인스케이프는 여섯 가지의 구성요소를 갖추고 있다. 여섯 가지 구성요소는 심미성(aesthetics), 주변환경(ambience), 조명(lightning), 테이블세팅(table setting), 배치(layout), 사회적 요소(social factors)이다. 가령 이중 마지막 구성요소인 사회적 요소는 다른 고객의 특성, 종업원의 외모, 종업원의 숫자 등을 의미한다.

물리적 환경은 물리적 증거(physical evidence), 분위기(atmosphere 또는 ambiance) 또는 서비스스케이프로도 표현되며, 그 정의 또한 다양하지만 물리적 환경이란 서비스가 일어나는 장소에서 소비자의 생각이나 감성 또는 행동에 영향을 줄 수 있는 인간이 만들어 낸 인공적이고 계획적인 물리적 환경이라고 일반적으로 정의할 수 있다.

가령, 레스토랑의 경우 크게 내부적 물리적 환경과 외부적 물리적 환경으로 나눌 수 있다. 내부적 물리적 환경은 레스토랑 내에서 식사하는 공간이나 화장실 등의 레스토랑 내부의 인테리어 디자인, 청결함, 음악, 컬러, 향기, 가구배치, 종업원의 외모 등 주된 서비스를 제공하는 장소 안에서의 물리적 환경을 뜻한다. 그에 반해 외부적 물리적 환경은 주차장의 크기, 건물 밖의 신호, 상징물, 인공물 같은 주된 서비스를 제공하는 곳의 밖에서 고객의 편의성이나 고객을 호텔 안으로 끌어오기 위해 인위적으로 만들어진 물리적 환경을 뜻한다.

한 예로 Las Vegas에서 가장 고급 호텔 중의 하나로 명성이 자자하며 많은 관광객들로부터 사랑받는 벨라지오호텔(Bellagio Hotel)은 전세계에서 한 개 이상의 5성급 레스토랑을 한곳의 호텔에 가지고 있는 유일한 호텔 중의 하나이다. 가령 벨라지오호텔에 위치한 'Le Cirque 레스토랑'은 실내 인테리어 디자인이 태양의 서커스(Cirque Du Soleil)를 연상시킨다. 이 레스토랑은 이러한 물리적 환경을 이용하여 손님들에게 5성급 레스토랑의 럭셔리(luxury)한 이미지(image)를 각인시킬 뿐만 아니라 태양의 서커스를 살린 독특한 식당 내의 분위기 속에서 식사를 할 수 있게 하면서 고객의 인지적・정서적・심리적 반응을 불러일으키며, 결과적으로 고객의 만족도와 외적 행동에 긍정적인 영향을 미치는 중요한 마케팅의 역할을 하게 된다. 여기에서 레스토랑의 인테리어 디자인은 레스토랑에서의 내부적 물리적 환경의 예라고 할 수 있다.

(3) 물리적 환경관리의 중요성

그렇다면 이러한 물리적 환경의 적절한 관리가 왜 레스토랑 경영에 중요한 것인가?

첫째, 레스토랑에서의 서비스는 무형적인 특성을 지니고 있고 구매 전에 경험하는 것이 불가능하므로 고객들은 물리적 환경을 통하여 그들이 받을 서비스를 예측하게 된다. 가령, 한 고객이 인터넷을 통해 한 레스토랑을 예약할지를 고민한다고 가정해 보자. 이때 사진을 통해 예약하려고 하는 레스토랑 내부의 물리적 환경에 만족하지 못했다면, 대부분의 경우 손님들은 그 레스토랑을 예약하지 않을 것이다.

둘째, 다양한 종류의 레스토랑들은 물리적 환경을 통해 다른 경쟁 레스토랑들과 차별화할 수 있다. 태양의 서커스 레스토랑은 좋은 예라고 할 수 있다. 이러한 차별성을 레스토랑 경영자들은 마케팅에 이용할 수 있다.

셋째, 고객에 따라, 이용하는 레스토랑의 클래스(class)에 따라 차이가 있을 수 있지만 많은 손님들은 레스토랑 이용 시 실용적(utilitarian)인 측면 못지않게 즐거움이나 쾌락적(hedonic)인 측면의 동기가 강하게 작용하기도 한다. 그렇기 때문에 고객의 감성에 쉽게 영향을 줄 수 있는 물리적 환경이 중요한 역할을 할 수 있다.

마지막으로 넷째, 경우에 따라 손님들은 레스토랑에 한 시간 이상 장시간 머무르기도 한다. 이것은 소비자가 의식적으로 또는 무의식적으로 레스토랑 내부의 물리적 환경에 오랫동안 노출되게 하며 이러한 물리적 환경이 그들의 내적반응(예: 이미지, 고객의 감정, 고객만족)뿐만 아니라 외적인 행동(예: 긍정적 구전, 재구매, 식당 내 체류시간, 소비량 또는 소비액)에 영향을 미친다. 이러한 여러 가지 이유 때문에 물리적 환경을 얼마나 잘 관리 · 유지하는지는 레스토랑 경영의 성공 여부에 큰 영향을 미칠 수 있을 것이다. 따라서 레스토랑 경영자들은 고객에게 긍정적인 생각이나 감정 또는 행동을 줄 수 있는 물리적 환경을 개선 또는 개발하고 지속적으로 유지하기 위하여 끊임없이 노력하여야 할 것이다.

▌그림 10-6▌ 라스베이거스 벨라지오호텔에 위치한 Le Cirque 레스토랑

7) 과정(process)

서비스는 여러 가지 서비스 생산과정/프로세스(process)를 통해 생산되고 소비자에게 전달된다. 따라서 서비스의 효율성을 높이고 고객만족을 증대하기 위한 서비스 생산 및 전달시스템 설계가 대단히 중요하다.

아울러 제품과 서비스의 근본적인 차이점 때문에 서비스마케팅도 제품마케팅과 많은 차이가 있다. 이러한 것들로는 제품의 일부인 사람, 서비스 생산과정에 고객이 참여, 품질관리의 상대적 어려움, 시간의 중요성, 그리고 유통경로의 차별화 등을 예로 들 수 있다.

가령 레스토랑 비즈니스의 경우 고객이 생산과정에 직접 참여하기 때문에 고객들의 참여 수준을 결정하는 것이 대단히 중요한 과제이다. 또한 고객들이 서비스 품질을 느끼게 되는 서비스 접점관리(service encounter)가 강조된다.

3 • 시장세분화, 표적시장, 상품 포지셔닝

계속해서 변화를 거듭하는 시장환경 속에서 다양한 소비자와 그러한 소비자의 니즈와 욕구를 발견하고 경쟁기업을 포함한 시장환경에 적극적으로 대응하기 위하여 전략적 마케팅이 필요하다. 외식산업에서의 마케팅 전략은 시장을 세분화한 후 표적시장을 결정하고 그 표적시장 내에서 상품, 가격, 유통, 촉진, 생산과정, 사람, 물리적 환경 등의 마케팅 믹스 요소를 관리하여 레스토랑이나 레스토랑의 주요 메뉴를 어떻게 포지셔닝할 것인가에 대한 계획을 의미한다. 마케팅 전략 수립은 [그림 10-7]에서 보여 주듯이 일반적으로 시장세분화, 표적시장 선정, 상품 포지셔닝의 순서로 이루어진다.

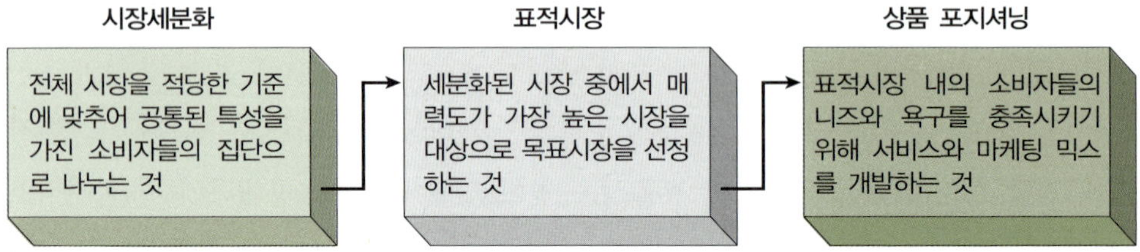

▌그림 10-7▐ 마케팅 전략의 시장세분화, 표적시장 선정, 상품 포지셔닝 순서

1) 시장세분화

(1) 시장세분화의 발생원인

외식산업의 성장과 경쟁의 심화, 기술의 발달과 다양한 메뉴의 출시, 소득의 향상과 외식 소비에 대한 경험의 증가로 외식시장에서의 고객의 니즈와 욕구는 더욱 다양화 및 세분화되고 있다. 이러한 이유 때문에 매스마케팅(Mass Marketing)을 통해서는 모든 소비자를 만족시키기 어렵다. 이러한 상황에서 기업은 다른 경쟁자를 이기기 위해서는 고객 개개인의 차별화된 욕구를 정확히 충족시켜 주기 위한 노력을 해야 한다.

특히, 외식기업을 찾는 고객들은 욕구와 선호도, 행동 등 다양한 차이를 보이고 있기에 동일한 방법으로 접근하게 되면 경쟁 또는 차별화가 될 수 없다. 따라서 외식시장을 세분화할 필요성이 대두되었으며, 이때 전문가들이 '모든 고객이 똑같지 않다.'라는 개념을 설명하기 위하여 제시한 용어가 시장세분화(Market Segmentation)이다.

(2) 시장세분화의 정의

기업은 소비자의 니즈나 욕구, 그리고 선호도나 취향을 추적하고 이에 대응하기 위한 노력이 최우선의 과제이지만 매우 다양한 소비자의 개인적 니즈나 욕구를 모두 충족시키는 것은 비용과 관리상 많은 어려움이 따른다. 따라서 기업은 니즈나 욕구 또는 선호도나 취향이 유사한 소비자들을 집단화하여 고객집단별로 공통된 니즈나 욕구 또는 선호도를 충족시키려고 노력한다. 이를 위하여 공통된 니즈나 욕구 또는 선호도를 갖는 소비자집단을 세분시장이라 하며, 이렇게 서비스시장에서 공통된 특성을 가진 소비자들의 집단으로 나누는 것을 시장 세분화라고 한다.

> 시장세분화란
> 전체 시장을 적당한 기준에 맞추어 동질적인 몇 개의 세분시장으로 나누는 행위

시장세분화란 전체 시장을 적당한 기준에 맞추어 동질적인 몇 개의 세분시장으로 나누는 행위를 말한다. 그러나 소비자의 니즈나 욕구를 세분화하면 할수록 이를 충족하기 위한 비용이 증가하게 되므로 세분화에 따르는 경제성을 고려해야 한다. 그러나 경제성을 추구하기 위해 모든 소비자의 니즈나 욕구를 동질인 것으로 간주하여 표준화된 하나의 제품을 대량으로 생산하고 판매하는 경우에는 원가는 낮아질 수 있으나 다양하고 차별화된 개별 소비자의 니즈나 욕구를 정확하게 충족할 수 없다. 따라서 시장세분화를 할 때에는 소비자의 니즈나 욕구의 정확한 충족과 비용의 경제성이라는 두 가지 측면을 모두 고려해야 한다.

시장세분화는 동질적인 니즈나 욕구를 지닌 고객을 찾아내어 규모의 경제성을 제고할 수 있는 크기의 집단으로 묶어 바람직한 세분시장을 발견하게 되고, 보다 매력적인 시장 기회를 발견하여 해당 세분시장에서 경쟁사보다 유리한 경쟁우위를 누릴 수 있으며 차별화를 통한 독점적 지위를 누릴 수 있게 된다.

(3) 시장세분화의 기준

시장세분화의 기준은 고객의 욕구나 행동에 있어서 차이가 있는 집단을 구분할 수 있는 분류 기준을 말하며, 인구통계학적 기준, 지리적 기준, 심리적 기준, 행동적 기준으로 구분할 수 있다.

① 인구통계학적 기준

인구통계적 변수는 소비자시장을 세분하는 데 가장 많이 사용되는 변수로 인구통계학적 기준으로는 성별이나 연령, 결혼 여부, 세대(Generation), 직업, 가족구성 등을 들 수 있다. 예를 들어 연령은 구매행동에 중요한 영향을 미친다. 어린이와 청소년, 성인 및 노년층 간의 욕구와 능력은 큰 차이가 있으며 특히 고객의 참여가 필수

적인 외식산업에서는 매우 중요하다. 예를 들어 어린이와 청소년층은 노년층에 비해 상대적으로 햄버거를 좋아할 가능성이 크다. 이에 따라 맥도날드와 같은 햄버거가게에서는 이들 층에 맞는 마케팅 방법을 사용하여 구매를 극대화시키고 있다.

② 지리적 기준

소비자의 요구와 반응이 지역에 따라 다를 수 있다는 가정하에 소비자시장을 거주지역, 인구밀집도, 지형, 기후대와 같이 측정 가능한 규모로 세분하는 것이 지리적 세분화이다. 예를 들어 미국의 경우 지역 간에 선호하는 커피가 다르다. 미국 서부지역은 진한 커피를 좋아하며, 동부지역은 연한 커피를 즐겨 마신다. 이에 따라 맥스웰하우스 커피는 지역에 따라 다른 커피를 판매하고 있다.

③ 심리적 기준

심리적 세분화는 고객의 상품 및 점포 선호행동을 사회계층, 라이프스타일, 개성 등의 분석에 의거해 시장을 세분화하는 것이다. 예를 들어 개성은 특정 대상(제품, 사람, 사건 등)에 대해 일관된 반응을 나타내도록 하는 개인의 독특한 심리적 특성이다. 이러한 개성이 시장세분화의 기준으로 적용될 수 있는 것은 자신의 개성과 부합되는 제품이나 상표를 선호하는 경향이 나타나기 때문이다. 예를 들어 동물애호가들은 가축을 재료로 하는 레스토랑은 회피하는 경향이 나타날 수 있을 것이다.

④ 행동적 기준

행동적 세분화는 제품의 사용량이나 효용, 구매경험, 상표충성도 등과 같이 해당 제품의 구매, 소비, 사용에 관련된 소비자행동에 따라 소비자를 세분화하는 것이다. 사용량에 의한 세분화를 보자면 음료수와 주류의 경우 대량 사용자가 전체 매출에서 차지하는 비중이 높기 때문에 대량 사용자를 찾아내서 표적시장으로 선정하는 것이 좋다. 예를 들어 우리나라에서도 대부분의 사람들이 커피를 이용하고 있다. 하지만 이중에서 커피를 가장 많이 마시는 고객층은 어떤 층인가를 구분하여 세분화하는 것이다.

2) 표적시장 선정

마케팅 전략의 두 번째 단계인 표적시장의 선정(Market Targeting)은 세분화된 시장 중에서 시장의 크기, 성장률, 수익성 등 매력도가 가장 높은 시장을 대상으로 목표시장을 선정하는 과정이다. 기업은 한정된 자원을 가장 효과적으로 사용하기 위하여 시장을 세분화한다. 이렇게 세분화된 시장에서 기업은 자원과 능력 그리고 시장 환경을 고려할 때 가장 공략이 수월한 고객집단을 찾게 된다. 기업의 강점을 최대한 발휘할 수 있으며 시장의 매력도가 높은 세분시장을 선택하게 되는데, 이러한 선택 행위를 '목표시장' 또는 '표적시장의 선정'이라고 한다.

표적시장으로 모든 세분화된 시장을 선택한 후 각 세분시장의 욕구를 최적으로 충족시켜 줄 수 있는 복수의 마케팅 믹스를 개발할 수도 있으나, 이런 경우 많은 경제적 비용과 관리 노력이 필요하게 되고 또 어떤 시장은 규모가 작거나 마케팅 성과가 높지 않을 수도 있다. 따라서 모든 세분시장을 공략하지 않고 유리한 세분시장만을 선별하여 공략하는 것이 바람직할 수도 있다. 이와 같이 전체 시장에 대한 시장세분화 여부와 표적으로 선택한 세분시장의 수에 따라 비차별화 마케팅(Undifferentiated Marketing), 차별화 마케팅(Differentiated Marketing), 집중화 마케팅(Concentrated Marketing)으로 구분할 수 있다. 하지만 이러한 표적시장의 선정 전략을 선택하기 위해서는 세분화된 시장의 매력도와 자사의 자원과 능력을 고려해야 할 것이다. 즉, 다양한 제품개발 능력이나 이를 뒷받침해 줄 수 있는 충분한 인적·재무적·마케팅적 시스템을 갖춘 경우라면 복수의 세분시장을 공략하는 차별화 마케팅이 효과적일 수 있으며, 자원능력이 부족한 경우에는 하나의 세분시장에 전문화하는 집중화 마케팅이 효과적일 수 있다.

3) 상품 포지셔닝

시장을 세분화하여 잠재 표적시장을 선정했다면 그 다음 단계는 포지셔닝을 통해 표적시장 내의 소비자들의 니즈와 욕구를 충족시키기 위해 서비스와 마케팅 믹스를 개발하는 것이다. 상품 포지셔닝(Market Positioning)이란 목표시장인 소비자의 마음과 머릿속에 자사의 상품이 경쟁사와 차별화되어 경쟁적 위치를 차지할 수 있도록 인지시키는 전략을 의미한다. 포지셔닝은 자사의 상품을 고객들이 어떻게 인식하느냐와 관련된 지각 차원으로, 이때 고객들은 일정한 속성을 기준으로 각 기업의 상품을 비교하여 인지하게 된다.

이러한 포지셔닝은 경쟁사 제품과 차별화된 위상을 구축하기 위한 것으로 차별화된 위상은 상품에 대해 소비자가 가지게 되는 지각, 인식, 느낌, 이미지가 혼합되어 형성된다. 포지셔닝은 고객들에 의해 인식되는 방식이다. 포지셔닝을 통한 이미지가 기업의 의도된 방향이든 아니든 간에 고객의 마음속에 자리 잡게 된다. 이때 다른 기업의 상품에 비해 독특하고 고유한 위치를 확보 · 유지하고 있다면 성공적인 포지셔닝이라고 할 수 있다.

외식업체는 마케팅 프로그램 개발을 통해 마케팅 믹스 변수들에 대한 구체적인 계획을 수립한다. 마케팅 믹스는 목표시장 고객들의 욕구와 선호도를 효과적으로 충족시켜 주기 위하여 기업이 제공하는 마케팅 수단의 핵심요소이다. 레스토랑 기업은 상품, 가격, 유통, 서비스 과정, 촉진, 물리적 환경, 사람 등 일곱 가지 전략 수단을 이용하여 사전에 설정한 포지션에 부합되도록 전략을 수행하게 된다.

요 · 약

1. 외식마케팅이란 '외식기업이 시장에서 기업의 목표와 소비자의 목표를 충족시켜 주는 교환을 창출하기 위하여 상품, 가격, 유통, 촉진, 서비스 생산 과정, 사람, 물리적 환경을 계획하고 수행하는 과정'이라고 정의할 수 있다.

2. 요구(Needs)란 인간이 무엇인가 결핍을 느끼는 상태를 말한다. 니즈가 구체적 대상을 지향하거나 일정한 형태를 취하게 되면 욕구(Wants)가 된다. 구체적 욕구에 구매력이 추가되면 수요(Demands)가 된다.

3. 상품(Product)이란 소비자의 요구나 욕구를 충족시킬 수 있는 유형·무형의 충족물이라고 정의할 수 있다.

4. 가치는 소비자가 얻을 수 있는 혜택과 해당 소비자가 지불하는 비용의 차이라고 정의할 수 있다. 그리고 고객만족은 고객이 구매를 하기 전에 기대하였던 성과와 구매 후에 얻은 성과 사이의 차이로 인한 기쁨과 실망에 대한 고객의 개인적 감정을 의미한다.

5. 고객만족도는 고객충성도에 영향을 미치게 된다. 그리고 고객만족은 고객충성도의 필수 전제조건이다. 하지만 고객이 레스토랑서비스에 만족한다고 하여 해당 고객이 그 레스토랑을 반드시 재방문하거나 그 레스토랑을 추천하지는 않는다는 점에 유의해야 한다.

6. 서비스의 네 가지 기본특성에는 무형성, 이질성, 비분리성, 그리고 소멸성이 있다.

7. 서비스가 핵심을 이루는 레스토랑의 마케팅 목표를 달성하기 위하여 이용할 수 있는 모든 마케팅 수단들의 집합을 외식마케팅 믹스라고 한다. 외식마케팅 믹스는 7P(Product, Price, Place, Promotion, Process, Physical Evidence, People)로 구분하고 있다.

8. 물리적 환경이란 서비스가 일어나는 장소에서 소비자의 생각이나 감성 또는 행동에 영향을 줄 수 있는 인간이 만들어 낸 인공적이고 계획적인 물리적 환경이라고 일반적으로 정의한다. 서비스마케팅에서 물리적 환경은 서비스 무형성 해소, 구매경험에 직간접적 영향, 좋은 서비스 이미지 형성, 그리고 좋은 고객감정 형성에 영향을 미칠 수 있기 때문에 중요하다.

9 마케팅 전략 수립의 순서는 시장세분화, 표적시장 선정, 상품 포지셔닝이다. 시장세분화란 전체 시장을 적당한 기준에 맞추어 동질적인 몇 개의 세분시장으로 나누는 행위를 말한다. 표적시장의 선정(Market Targeting)은 세분화된 시장 중에서 시장의 크기, 성장률, 수익성 등 매력도가 가장 높은 시장을 대상으로 목표시장을 선정하는 과정이다. 상품 포지셔닝(Market Positioning)이란 목표시장인 소비자의 마음과 머릿속에 자사의 상품이 경쟁사와 차별화되어 경쟁적 위치를 차지할 수 있도록 인지시키는 전략을 의미한다. 시장세분화의 기준은 인구통계학적 기준, 지리적 기준, 심리적 기준, 행동적 기준으로 구분할 수 있다.

연·습·문·제

1. 주변에 오랜 기간 동안 손님들로부터 좋은 음식, 서비스, 분위기, 가격, 위치 때문에 굉장한 사랑을 받는 레스토랑이 있다고 가정하여 보자. 그런데 이 레스토랑의 사장님은 레스토랑이 성공하는 데 있어서 마케팅이 필요 없기 때문에 그 레스토랑은 어떠한 마케팅활동도 하지 않는다고 한다. 과연 이 사장님의 생각이 옳은지 논의하여 보자.

2. 고급 레스토랑(fine-dining restaurants), 캐주얼 레스토랑(casual restaurants) 또는 패밀리 레스토랑(family restaurants), 퀵서비스 레스토랑(quick-service restaurants), 카페테리아(cafeterias), 뷔페(buffets) 레스토랑에서의 물리적 환경의 구성요소에 대해 알아보자. 그리고 이러한 각각의 다른 레스토랑 세그먼트(segment)의 물리적 환경의 차이점에 대해 논의하여 보자.

3. 관심이 있는 외식사업을 중심으로 물리적 환경을 분석하여 보자. 가령 맥도날드나 롯데리아 같은 패스트푸드전문점 두 곳을 방문한 뒤 각각의 매장의 물리적 환경에 있어서의 차이점을 분석하여 보자.

4. 스타벅스 같은 외국 커피전문점과 카페베네 같은 국내 커피전문점을 방문한 뒤 각각의 매장의 커피 맛, 물리적 환경, 인적서비스, 그리고 가격에 있어서의 차이점을 분석하여 보자.

5. 카페베네 같은 프랜차이 커피전문점과 프랜차이점이 아닌 커피전문점을 방문한 뒤 각각의 매장의 커피 맛, 물리적 환경, 인적서비스, 그리고 가격에 있어서의 차이점을 분석하여 보자.

6. 국내 외식산업에서 외식기업들이 스타마케팅을 이용하는 사례들을 찾아보자. 특히, 국내 외식기업에서 이러한 스타마케팅을 이용하여 성공한 사례를 조사하여 보자.

11

Chapter

인터넷마케팅

1. 인터넷마케팅의 이해
2. 인터넷마케팅의 분야
3. 외식업계에서 인터넷마케팅의 활용

Chapter 11 Foodservice Management

인터넷마케팅

도입사례 새로운 변화의 바람, 온라인마케팅

"마케팅은 모든 비즈니스를 성공적으로 만드는 도구이다. 따라서 경영자는 모든 비즈니스를 고객의 관점에서 이해해야 한다. 마케팅에 대한 이해 없이는 비즈니스에 대한 정확한 이해도 힘들기 때문이다." 경영학의 아버지라 불리는 피터 드러커는 마케팅의 정의에 대해 이렇게 표현했다. 그의 말처럼, 기업의 경영자들은 마케팅이라는 단어와 친숙해져야 할 필요가 있다. 피터 드러커가 말한 비즈니스의 개념은 이처럼 모든 업계에 적용된다. 물론 외식업계도 마찬가지다. 치열한 경쟁 속에서 성공했다는 평을 듣는 업체 및 브랜드들의 공통점을 살펴보면, 자사의 시장 내 포지셔닝 및 특·장점에 대한 높은 이해를 바탕으로 적극적인 소비자중심의 마케팅활동을 펼치고 있다는 점이다.

하지만 대규모 마케팅은 천문학적 비용과 시간이 투자 가능한 몇몇 대기업에 국한되어 있으며, 대부분의 소규모 외식업체는 이 같은 마케팅은 흉내조차 낼 수 없는 것이 현실이다. 이때 새로운 돌파구로 떠오른 것이 바로 온라인마케팅이다. 인터넷 및 스마트폰의 대중화로 애플리케이션과 SNS를 활용한 다양한 마케팅 전략이 등장하면서 큰 비용 없이도 핵심 타깃고객층에게 메시지를 전달하고 브랜드를 알리는 것이 가능하게 된 것이다. 현재 매장을 운영하고 있는 외식업 경영주라면 누구나 한 번쯤은 블로그와 페이스북 등을 이용한 SNS, 소셜커머스, 스마트폰 애플리케이션 등 온라인마케팅에 대해 듣거나 실행해 본 적이 있을 것이다. 외식업체들은 굳이 기업의 일방적인 고지 형태의 광고가 아니더라도, 고객과의 스킨십을 강화하면서 인지도를 높일 수 있는 온라인마케팅 효과에 주목하기 시작했다. 저렴한 비용으로도 홍보효과를 꾀할 수 있다는 장점뿐 아니라 기업과 고객 간의 소통과 공감대 형성이 서비스의 즉각적인 피드백을 가능하게 해준다는 점에서 외식업체의 온라인마케팅 수요가 기하학적으로 증가하고 있다.

외식업체들은 레스토랑의 활성화를 꾀하고자 초반에 지나치게 많은 비용을 마케팅활동에 쏟아부었다가 얼마 지나지 않아 경영난을 겪는 경우가 많다. 섣부른 욕심 때문에 안타까운 결과를 초래하는 이들이 의외로 적지 않은 것이다. 독립 레스토랑이나 소규모 체인의 경우, 대기업 프랜차이즈 매장과 같은 커다란 마케팅 자원을 보유하고 있지 못하기 때문에 이들의 전략을 그대로 모방하려는 것은 어리석은 생각이다. 해답을 꼭 대기업의 방식에서 찾을 필요는 없다. 충분한 마케팅비용이 없다면 핵심 타깃 층을 집중 공략하는 온라인마케팅을 고려해 보는 것도 좋은 방법이다. 대기업만의 '경쟁과 효율'의 개념을 따르지 않더라도, 참신하고 유용한 아이디어와 전략을 발굴하여 이를 활용한다면 브랜드 성공의 가능성은 무궁무진하다고 할 수 있다.

출처: 월간식당 (2013. 1). 최윤호의 투고 칼럼 중에서.

1 • 인터넷마케팅의 이해

현대사회를 흔히 정보화 사회라고 하는데 이는 정보 및 정보화 사회라는 말이 현대사회의 특징을 나타내는 중요한 개념임을 의미한다. 실제로 현대사회는 정보기술의 발달이 가져온 가히 혁명적인 기술적 환경 속에서 급속도로 변화하고 있다. 인터넷의 등장은 우리의 생활뿐만 아니라 기업환경에도 다양하고 많은 변화를 가져왔다. 즉, 인터넷은 의사소통의 새로운 주요 매체로 성장하고 대중화되면서 기업의 새로운 환경요인으로 등장하였으며, 기업들에게 소비자와의 지속적인 관계를 유지할 수 있도록 하는 매우 경제적이고 효과적인 마케팅 수단으로 떠올랐다. 따라서 기업들은 기존의 오프라인마케팅과 온라인마케팅을 상호 연계하여 기업의 이미지 제고와 시너지효과의 극대화를 위해 노력하고 있다.

1) 인터넷마케팅의 정의

1960대 말에 미국에서 국가적 목적으로 시작된 인터넷은 1990년대에 월드와이드웹(www)이 등장하면서 각종 데이터들의 전송이 가능하게 되어 본격적으로 상업화·대중화되기 시작하였다. 이제 인터넷은 우리 생활의 중요한 일부분으로 자리하여 많은 영향을 미치고 있으며 그 이용자는 정확한 예측이 불가능할 정도로 급격하게 늘어나고 있다. 그리고 인터넷을 통한 정보 및 제품이나 서비스 등에 있어서 선택의 폭이 넓어졌다. 이와 같은 인터넷 이용자의 급속한 증가와 정보화 등은 인터넷을 활용한 마케팅을 필요로 하게 되었다. 따라서 기업들은 기업과 기업제품, 서비스 및 소비자들이 원하는 정보 등의 빠른 전달과 효과적인 홍보의 목적으로 인터넷을 마케팅 커뮤니케이션의 강력한 매체로서 활용하게 되었다.

인터넷마케팅의 기본개념은 기존의 개념과 동일하나, 컴퓨터들이 네트워크로 연결된 가상공간인 인터넷상에서 마케팅이 이루어진다는 면에서는 다르다. 즉, 기존 마케팅의 대체가 아닌 확장을 위하여 인터넷을 활용하는 것이다. 인터넷마케팅은 웹마케팅, 온라인마케팅 또는 e마케팅 등으로도 알려져 있으며, 인터넷을 통해 이루어지는 모든 상업적인 활동이라고 할 수 있다. 또한 인터넷마케팅이란 인터넷을 활용하여 제품과 서비스를 판매하거나 고객과의 관계를 구축하는 등 인터넷상에서의 마케팅활동이라 정의할 수 있으며, 컴퓨터들로 연결된 가상공간에서 기업과 소비자가 서로의 목적을 충족시키기 위하여 정보를 교환하는 과정에서 발생하는 마케팅 관련 활동 전체를 의미한다.

인터넷마케팅이 주목받고 있는 것은 컴퓨터를 매개로 한 쌍방향 커뮤니케이션이 가능해져 전통매체(TV · 라디오 · 신문 · 잡지)와는 전혀 다른 마케팅 커뮤니케이션으로서의 가치를 지니고 있으므로 마케팅의 새로운 환경이자 마케팅활동을 수행하는 최적의 수단으로 인식되기 때문이다. 또한 인터넷은 다수 대중과의 접촉과 무한한 확대 가능성을 가지고 있어서 어떤 매체보다 잠재효율성이 높은 커뮤니케이션 수단이자 마케팅도구이다. 인터넷의 매체 영향력은 전통적 4대 매체에 비해서 더욱 확대될 것으로 전망되며, 이는 인터넷마케팅의 활성화를 예측할 수 있게 해준다.

2) 인터넷마케팅의 특성

마케팅은 넓은 범위에서 인터넷마케팅과 전통적 마케팅 등으로 분류된다. 이는 모두 고객욕구의 파악과 충족을 통한 가치창출이라는 기본적인 철학을 바탕으로 하고 있으나, 인터넷과 오프라인이라는 환경적인 차이를 지닌다. 인터넷마케팅은 이러한 차이에서 오는 차별화된 특성을 지니고 있으며 이를 구체적으로 살펴보면 다음과 같다.

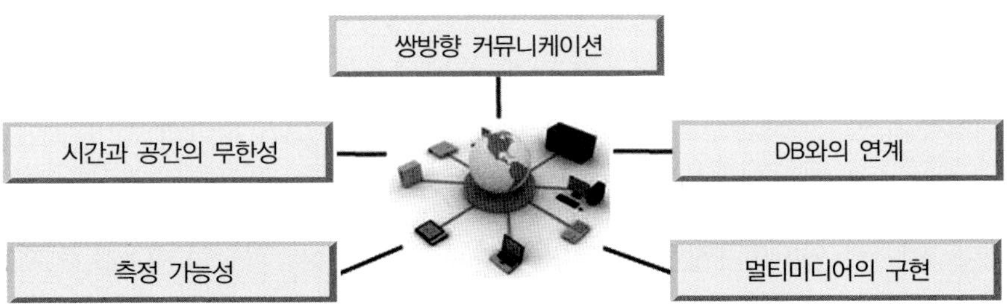

▮ 그림 11-1 ▮ 인터넷마케팅의 특성

출처: 박기용 (2011). 외식산업경영학. p. 384.

(1) 쌍방향 커뮤니케이션

전통적 마케팅은 TV, 라디오, 신문, 잡지 등 기존 매체들을 이용하여 정보제공자가 정보를 일방적으로 제공하는 단방향 커뮤니케이션이었지만, 인터넷마케팅은 정보제공자와 수용자 간의 쌍방향 커뮤니케이션이 가능하다. 인터넷마케팅에 의하면 기업은 소비자와의 신속한 쌍방향 커뮤니케이션이 가능하여 소비자의 니즈를 정확하게 알 수 있으므로 소비자의 요구에 맞는 차별화된 제품과 서비스를 제공할 수 있게 되었다. 또한 소비자들도 기업에 대한 영향력 행사 증대로 보다 높은 수준의 제품과 서비스를 제공받을 수 있게 되었다. 인터넷마케팅에서는 소비자들을 참여시켜 필요한 정보를 수집하고 의사를 교환하면서 소비자와의 관계를 적극적으로 확대할 수도 있다. 소비자는 기업의 웹사이트에 의견을 제시할 수도 있고, 기업은 웹사이트의 게시판, 이메일 등에 의한 다양한 조사를 통하여 소비자의 불만이나 시정 요구사항들을 파악할 수도 있다. 이렇듯 인터넷마케팅은 쌍방향 커뮤니케이션으로서 소비자의 의사를 마케팅활동에 반영할 수 있으므로 소비자와 보다 질 높은 관계를 형성하고 촉진하는 방법으로 활용될 수 있다.

(2) 시간과 공간의 무한성

인터넷은 시간적 · 공간적 제약을 받지 않으므로 편리하게 이용할 수 있다. 기업은 세계 어느 지역에 있는 소비자와도 인터넷을 통해 다양한 마케팅활동을 할 수 있다. 전통적인 마케팅은 신문, TV, 라디오, 잡지 등의 대중매체를 통한 광고 및 인적판매 등으로 소비자가 한정돼 있지만, 인터넷마케팅은 그와 달리 대한민국뿐만 아니라 전세계 가상공간의 모든 소비자를 대상으로 한다. 또한 인터넷마케팅은 시간의 제약을 받지 않는다. 오프라인에서의 마케팅활동은 주로 업무시간 내에 이루어지지만, 인터넷에서는 언제든지 다양한 마케팅활동을 할 수 있다. 따라서 소비자들은 편한 시간에 자신의 일정에 따라 필요한제품과 서비스를 구매하거나 정보를 제공받을 수 있다. 이처럼 인터넷마케팅은 시간적 · 공간적 제약에서 비교적 자유롭기 때문에 무한한 성장 가능성을 가지고 있다.

(3) 데이터베이스와의 연계

기존의 마케팅에서는 고객정보를 얻으려면 설문조사, 특정 이벤트 또는 회원모집 등과 같은 별도의 방법을 이용하였다. 그러나 인터넷마케팅은 컴퓨터 및 네트워크 장비를 활용하여 어느 고객이 무엇을 얼마나 자주 구매했는지, 어느 고객이 어느 매장에서 어떤 제품을 구매했는지, 또는 어느 고객층이 언제 재구매하였는지 등과 같은 귀중한 정보를 거부감 없이 수집할 수 있다. 인터넷마케팅에서는 이러한 고객정보와 고객행동을 데이터베이스화하여 각종 정보들을 파악하고 고객이 필요로 하는 것을 제공함으로써 고객과의 장기적이고 지속적인 관계를 강화하기 위한 마케팅 전략을 수립하게 된다. 즉, 데이터베이스에 구축된 강력한 정보를 바탕으로 고객별로 다르게 마케팅활동을 하는 고객맞춤 마케팅을 실시할 수 있다.

(4) 측정 가능성

전통적인 마케팅에서는 신문, TV, 라디오, 잡지 등의 대중매체를 통하여 일방적으로 메시지를 전달하는 방법을 사용하였기 때문에 광고의 효과와 소비자의 행동을 측정하는 것이 대단히 어려운 과제 중 하나였다. 그러나 인터넷마케팅에서는 광고의 효과와 소비자의 행동을 좀더 계량적이고 정량적으로 추적하고 측정할 수 있다. 예를 들어 마케터들은 소비자에 대하여 인터넷을 통한 정보의 모니터링이 가능하고, 사용자의 클릭 수, 페이지뷰, 이용상황 등을 실시간으로 추적할 수 있으므로 마케팅 활동을 보다 효과적으로 전개할 수 있다.

(5) 멀티미디어의 구현

인터넷은 텍스트, 그래픽, 이미지, 오디오, 비디오, 애니메이션 등 다양한 멀티미디어를 이용하여 의사소통할 수 있음과 동시에 정보의 반복적인 이용도 가능하다. 기존의 마케팅은 제한적인 정보의 제공만 가능했던 반면에, 인터넷마케팅은 복합적 정보를 멀티미디어로 제공할 수 있을 뿐만 아니라 시간적·공간적 제약에서 벗어나 자유롭게 원하는 시간과 장소에 반복적으로 활용할 수 있다는 장점을 가지고 있다. 인터넷마케팅에서는 멀티미디어를 활용하여 시각적·청각적으로 제품과 서비스를 구현하거나 다른 각도에서 볼 수 있도록 조작할 수 있기 때문에 유연성이 크고 효율적으로 정보를 전달할 수 있다. 멀티미디어를 활용한 단문 메시지 형태의 광고에서부터 애니메이션 광고, 동영상 광고, 배너 광고, 게임 접목 광고 등에 이르기까지 인터넷마케팅의 활용도는 더욱 커지고 있다.

2 • 인터넷마케팅의 분야

인터넷이 기업들의 경영활동에 가장 큰 변화를 요구하는 요인 중의 하나는 인터넷마케팅의 증가이다. 인터넷마케팅은 기존 마케팅과 유사하거나 동일한 방향으로 발전하고 있으며 수많은 마케팅 상황이 인터넷에서 이루어지고 있다. 일반적으로 인터넷마케팅에서는 거래주체와 대상에 따라서 마케팅 방법 또는 마케팅 콘셉트가 정해질 수 있다. [그림 11-2]는 거래주체와 대상에 따른 네 가지 중요한 인터넷마케팅 분야를 보여 주고 있다. 주요한 분야는 기업-소비자 간(business to consumer: B2C) 인터넷마케팅, 기업 간(business to business: B2B) 인터넷마케팅, 소비자 간(consumer to consumer: C2C) 인터넷마케팅, 소비자-기업 간(consumer to business: C2B) 인터넷마케팅 등으로 구분될 수 있다.

	소비자를 대상으로	기업을 대상으로
기업 주도	B2C (기업-소비자 간)	B2B (기업 간)
소비자 주도	C2C (소비자 간)	C2B (소비자-기업 간)

▌그림 11-2▌ 인터넷마케팅 분야

출처: 김상현 외 (2011). 마케팅. p. 468.

1) 기업-소비자 간(business to consumer: B2C) 인터넷마케팅

기업들은 제품이나 서비스를 인터넷상의 소비자에게 판매하는 B2C 인터넷마케팅에 가장 큰 관심을 기울이고 있다. B2C 인터넷마케팅은 인터넷과 더불어 급속히 성장한 분야로서 제품과 서비스를 판매하는 기업들이 소비자를 대상으로 인터넷 웹페이지상에 상점을 개설하고 제품과 서비스를 홍보하며 판매하는 형태가 일반적이다. 요즘 소비자들은 도서, 의류, 항공권, 가전기기, 여행 및 예약서비스 등 거의 모든 것을 인터넷으로 구매할 수 있다. 인터넷서점이라는 개념을 처음으로 인식시켜 준 아마존(www.amazon.com)의 경우는 고객이 인터넷에서 어떤 구매행동을 보이는지 파악하고 고객의 느낌 및 만족도를 조사한다. 그리고 고객의 이러한 총체적인 인식을 데이터베이스화하여 고객맞춤으로 강력한 인터넷마케팅이 가능하도록 하였다. 고객은 인터넷마케팅을 통하여 자신이 원하는 서적에 대한 정보를 쉽게 접할 수 있으며 관리받고 있다는 느낌을 가질 수 있다. 그리고 소비자들의 인터넷 거래가 지속적으로 증가함에 따라 인터넷 소비자 집단의 영향력이 커지며 요구도 다양해지고 있다. 따라서 기업은 판매 증대를 위해서 다양한 인터넷마케팅 전략을 수립하고 인터넷 소비자의 특성을 고려하여 인터넷마케팅 활동을 할 필요가 있다.

2) 기업 간(business to business: B2B) 인터넷마케팅

B2B 인터넷마케팅은 기업이 인터넷을 이용하여 다른 기업을 상대로 마케팅활동을 수행하는 것을 말하는데, 인터넷을 통하여 기업 사이에 다양한 거래를 실행하는 마케팅을 일컫는다. B2B 인터넷마케팅은 인터넷 상거래의 대부분을 차지하고 있을 뿐만 아니라 급속히 규모가 확대되고 있기 때문에 중요한 마케팅 분야의 하나이다. 대표적인 B2B 기업인 시스코(www.cisco.com)의 경우는 인터넷을 통해 비즈니스 고객들에게 라우터, 스위치, 각종 네트워크 연결장치 등을 판매하고, 인터넷상에서 제품과 서비스의 정보를 주며, 고객으로 하여금 구매하게 하고, 고객지원서비스를 제공한다. B2B 인터넷마케터들은 제품과 서비스를 인터넷상으로 판매하는 것에서 더 나아가 기업의 중요한 비즈니스 고객들과 더 강한 관계를 맺기 위해서 인터넷을 적

극적으로 활용하고 있다.

3) 소비자 간(consumer to consumer: C2C) 인터넷마케팅

C2C 인터넷마케팅은 소비자와 소비자를 인터넷상에서 연결시켜 주거나 효과적인 의사소통이 가능하도록 하는 등의 마케팅활동을 의미한다. 인터넷은 매개 역할을 수행하며, 소비자는 공급의 주체이자 동시에 수요의 주체가 되고, 소비자들끼리 직접적인 마케팅활동을 한다. 인터넷에서 경매시장과 벼룩시장의 역할을 수행하여 성공을 거둔 경우는 e-bay(www.ebay.com)가 대표적인데, 모든 중고물품이 거래의 대상이 되며, 소비자들 서로 간의 상호작용을 통해 운영되는 공간이다. 그런데 C2C 인터넷마케팅이 단순히 물품거래의 활동으로 한정될 경우엔 일정 단계 이후부터는 정체될 가능성이 있으므로, 커뮤니케이션 활동을 통해 다양한 정보를 나누고 창출하며 전파하는 역할을 수행하여야 한다.

4) 소비자-기업 간(consumer to business: C2B) 인터넷마케팅

또 하나의 인터넷마케팅의 분야는 C2B 인터넷마케팅이다. 인터넷이 확산되고 사용 편의성이 향상되면서 소비자들은 아주 쉽게 기업과 교류할 수 있게 되었고, 기업의 마케팅 대상이 아니라 오히려 기업과의 거래를 주도하는 경우도 늘어나고 있다. 소비자가 개인적으로 혹은 단체를 구성하여 필요한 제품 및 서비스 등의 요구조건을 기업에게 제시함으로써 거래가 이루어지는 것이다. 예를 들어 여행전문 사이트인 프라이스라인(priceline.com)에서는 소비자가 원하는 가격과 일정을 결정하며 그러한 수준에 맞는 서비스를 제공할 수 있는 기업을 검색하여 준다. 소비자는 직접 인터넷을 통하여 기업을 찾아 구매하고 그들에게 피드백을 준다. 이처럼 소비자들은 인터넷을 통하여 기업을 대상으로 마케팅활동을 함으로써 비즈니스를 할 수 있게 되었다.

3 • 외식업계에서 인터넷마케팅의 활용

인터넷의 출현으로 우리의 일생생활은 그 어느 때보다 빠르게 변하고 있으며 기업환경 역시 큰 변화를 겪고 있다. 인터넷은 거대한 의사소통 매체로 성장하고 대중화되면서 외식산업의 새로운 환경요인으로 등장하였으며, 외식기업에게 효과적이고 유용한 마케팅도구로 활용되고 있다. 외식기업들은 TV, 라디오, 신문, 잡지 등 우리에게 친숙한 오프라인 매체를 활용하여 마케팅활동을 해왔으나, 인터넷의 대중화는 획일적인 외식업계 마케팅활동에 큰 영향을 주었다. 인터넷마케팅은 이제 외식기업들이 피해 갈 수 없는 대세가 되었고, 단순한 광고나 홍보수준에서 벗어나 상거래와 고객관리시스템으로까지 확대되고 있다. 외식업계에서의 인터넷마케팅의 활용에는 홈페이지, E-메일, 검색엔진광고, 블로그, SNS 등이 있다.

1) 홈페이지

인터넷마케팅에서 가장 많이 사용하는 것은 홈페이지를 만드는 것이다. 이는 기업이 가상공간에서 특정 사이트를 만들어 기업이나 제품 또는 서비스 등에 대한 정보를 전달하는 형식이다. 1996년에 캐주얼다이닝 레스토랑인 T.G.I.프라이데이스가 국내 외식업체 최초로 홈페이지를 개설한 이래 대부분의 외식기업들은 홈페이지를 만들어 회사의 홍보, 메뉴 소개, 각종 이벤트나 쿠폰 등의 정보 제공 등을 하고, 더 나아가 제품과 서비스의 판매를 유도하는 마케팅도구로써 활용하였다. 효과적으로 인터넷마케팅을 하기 위해서는 소비자들의 다양한 욕구에 맞추어 정보를 제공하고 소비자들의 지속적인 방문을 유도할 수 있는 콘텐츠를 만드는 것이 중요하다. 베니건스는 디자인과 UI(사용자인터페이스)를 새롭게 개선해 고객중심으로 편의성을 크게 높이기 위하여 홈페이지를 리뉴얼하였다. 홈페이지는 방문 고객들이 주로 찾는 정보를 메뉴, 매장, 이벤트, 멤버십 등으로 구성된 4대 카테고리 안에서 쉽고 간편하게 찾을 수 있도록 구성하였으며, 어떠한 기기나 브라우징에서도 구애받지 않고 쉽게 이용할 수 있도록 설계하였다. 이밖에도 홈페이지를 통해 인재, 재미있는 메뉴 이야기, 스페셜 서비스, 채용정보 등 다양하고 차별화된 콘텐츠가 전달되도록 하였으며, 새롭게 단장된 홈페이지에서 회원정보를 업데이트하면 추첨으로 식사권 등을 제공하는 이벤트도 마련하였다. 이처럼 외식기업들은 홈페이지를 통해서 다양한 정보를 제공하고, 고객 접근 편의성을 높여 고객과 더욱 긴밀한 소통을 하기 위해 노력하고 있다.

▌그림 11-3▐ 베니건스의 리뉴얼된 홈페이지

2) E-메일

인터넷 사용자들은 인터넷에 접속한 후 우선 E-메일 확인을 하는 경우가 많을 것이다. 기업의 입장에서 E-메일을 적극적인 마케팅 수단으로 이용할 경우 고객과의 쌍방향커뮤니케이션을 통해 주요 목표고객에게 쉽게 도달할 수 있다는 장점이 있다. 초창기 인터넷시대에는 E-메일이 인터넷마케팅의 가장 중요한 도구로 사용된 적이 있었지만, 차츰 E-메일이 다량으로 배포되면서 소비자가 원하지 않는 스팸메일과 혼합되어 정상적으로 수신하지 않는 경우도 많아지고 있다. 수신하는 메일 수가 급증하면서 고객반응률이 지속적으로 하락하고 있으며, E-메일에 대한 소비자들의 거부감이 높아지면서 마케팅도구로서의 가치가 크게 하락하였다. 최근 외식업계에서의 E-메일은 상업적인 마케팅 수단보다는 주로 뉴스레터 및 할인쿠폰 제공, 1:1 고객문의, 주문 및 결제에 대한 확인 등 안내 및 공지 역할의 수단으로 활용되고 있다.

▌그림 11-4▌ 도미노피자의 할인쿠폰 제공 메일

▌그림 11-5▌ 애슐리의 1:1 고객문의 메일

3) 검색엔진광고

검색엔진광고는 가장 급속히 성장하고 활성화되는 인터넷마케팅의 형태이며 인터넷마케팅의 가장 기본이자 출발점이다. 검색엔진광고란 검색 사이트, 즉 네이버, 다음, 네이트 등과 같은 검색엔진에 유료로 등록하는 광고를 말한다. 많은 인터넷 사용자들은 자신이 원하는 정보를 얻기 위해 검색엔진을 통해 웹사이트에 찾아오므로 기업들의 검색엔진광고가 매우 효과적이다. 가령 '레스토랑'이라는 키워드로 검색했을 때 특정 레스토랑이 첫 페이지 상단에 노출되어 있다면 많은 수의 방문객을 그 웹사이트로 유입시킬 수 있다. 외식업계에서도 검색엔진광고는 비용에 비해 효과가 매우 높으며, 특히 배달중심 외식업체의 경우에는 아무리 강조해도 지나치지 않을 정도로 검색엔진광고가 필수적이다.

그림 11-6 검색엔진광고의 예

4) 블로그

최근에는 인터넷 커뮤니티의 형태인 블로그(Blog)가 새로운 인터넷마케팅의 도구로서 각광받고 있다. 블로그는 인터넷을 의미하는 웹(Web)과 일지를 뜻하는 로그(Log)의 합성어인 웹로그(Weblog)의 줄인 말이며, 인터넷에서 자유롭게 글을 올리는 개인 사이트를 지칭하는 말이다. 블로그는 개인적인 차원에서 시작되었지만, 일반 웹사이트에 비해 보다 많은 콘텐츠를 손쉽게 올리며 블로거들 간의 긴밀한 연결이 가능하여 커뮤니티 형성이 신속하다는 장점으로 인해 지금은 기업으로까지 확산되고 있다. 특히 블로그는 입소문이 중요한 외식업계에서 적극적으로 활용해야 할 중요한 인터넷마케팅 수단이다. 외식기업들은 블로그를 통해 현재의 소비자뿐만 아니라 잠재력이 큰 소비자정보도 접할 수 있고 소비자의 성향 변화를 보다 빨리 파악하며 대처할 수 있어 시장 확대의 기회를 창출할 수 있다. 최근에 생겨나면서 두각을 나타내기 시작한 맛집 관련 블로거는 외식 소비자들의 선택을 좌지우지하는 영향력 큰 집단으로 부상했으며 파워블로거라는 용어를 탄생시키기도 했다.

그림 11-7 던킨도너츠의 블로그

▮그림 11-8▮ 맛집 관련 파워블로그

출처: 마야의 놀이터. http://blog naver.com/sthe2002.

블로그 맛집, 직접 찾아가 봤더니…….

'블로거지'라는 신조어가 있다. 블로거와 거지의 합성어로 블로그 포스팅을 앞세워 음식점에서 비싼 음식들을 주문하고 무전취식하는 블로거들을 지칭하는 말이다. '저런 사람들이 있을까' 또는 '아직도 이런 일이 있느냐'고 의구심을 갖는 이들도 있을 것이다. 그러나 맛집 검색을 블로그에 의존하는 소비자들이 점차 늘어나면서 블로거가 외식업체들 사이에서 권력자로 불리고 있는 요즘, 이런 일들은 은밀한 곳에서 더욱 비일비재하게 일어나고 있다. '블로거지'의 행태, 과연 어느 정도일까? 서울시 관악구에서 삼겹살집을 운영하고 있는 A씨를 만나 그 실태를 들어 봤다.

▪ 나 블로거야, 무전취식은 당연?

A씨는 이제는 손님이 DSLR 카메라만 가지고 들어와도 덜컥 겁이 난다고 말문을 열었다. 얼마 전에 겪은 일 때문이다. 그는 "남녀가 들어와서 둘이 먹기에는 조금 과하다 싶을 정도로 다양한 메뉴를 주문하기에 '조금 특이하다'고 생각했다",며 "그러다 갑자기 남자가 DSLR 카메라를 들고 밑반찬과 주문한 음식들, 메뉴판을 촬영하고 수첩에 무언가를 적었다."고 설명했다. A씨에 따르면, 그들은 결국 음식값을 내지 않겠다고 했다. 이 손님들은 파워블로거였다. A씨의 가게를 맛집으로 포스팅을 해주는 대신 식사비를 무료로 해줄 것을 요구한 것이다. A씨는 "블로그에 올라온 부정적인 포스팅 때문에 곤란한 일을 겪은 식당 주인들 이야기를 많이 들었던 터

라 억지스러운 상황인 줄 알면서도 해줄 수밖에 없었다"고 토로했다. 하루에 적게는 천 명, 많게는 수만 명이 방문하는 블로그의 영향력은 막대하다. 때문에 포스팅에 부정적인 내용 한 줄만 올라와도 큰 타격을 입을 수밖에 없는 현실이 돼 버렸다. 그리고 블로거들은 그 영향력을 이용해 블로그를 상업화하고 관련 식당과 소비자, 심지어는 진정성을 가지고 포스팅을 하는 블로거들에게까지 피해를 끼치고 있다.

■ 맛집 블로그 상업화, 음지 벗어나야

그렇다면 맛집 블로그의 상업화는 어디까지 진행돼 있으며, 그 문제점은 무엇일까? 지난 2010년부터 파워블로거로 활동하고 있는 B씨를 만나 이야기를 들어 봤다. B씨는 자리에 앉자마자 노트북으로 '작은파워블로거'라는 사이트를 보여 줬다. '작은파워블로거'는 어뷰징(다중계정으로 포스팅의 댓글, 공감 등을 조작하는 행위) 추적시스템이다. 이 사이트에 들어가 보니 어뷰징으로 의심되는 포스팅들이 올라와 있었고 그중 맛집에 관한 글은 절대적인 비중을 차지하고 있었다. 그중 하나의 블로그를 방문해 보았다. 일반 맛집 블로거 포스팅과 차이가 없어 보였지만 B씨는 "대가성 포스팅이다."라고 확신했다. 그가 지적한 것은 댓글의 개수였다. 실제로 포스팅이 올라온 지 얼마 지나지 않았음에도 30여 개의 댓글이 달려 있었다. 댓글은 2~3분 간격, 심지어는 1분 간격으로 달린 것도 있었다. 내용도 '맛있겠어요.' '먹고 싶네요.' 등 단순한 내용의 반복이었다. 확인차 방문한 다른 블로그에서도 이는 마찬가지였다. B씨는 블로그의 상품화는 더 이상 새삼스러운 일이 아니라며 문제는 공정하고 깨끗한 방법이 아닌 비윤리적인 활동을 통해 블로그를 상업화시키는 것이라고 지적했다. 블로그를 상업화하는 것에 대한 잘잘못을 따질 것이 아니라 투명한 과정을 통해 블로그를 상업화하는 제도 마련이 시급하다는 것이다.

■ 대가성 포스팅 제재, 자율로는 부족해

미국의 경우, 블로그에 올린 상업적인 글에 '스폰서드(Sponsored)'라고 표시하는 것을 법으로 규제하고 있다. 협찬제품인지, 아닌지를 명확하게 표시함으로써 소비자들이 해당 리뷰에 대해 객관적인 판단을 할 수 있도록 돕는 것이다. 국내에서도 이런 노력이 없었던 것은 아니다. 공정거래위원회(이하 공정위)는 지난해 7월 '파워블로거 관련 소비자피해 예방대책'을 마련했다. 파워블로거 등이 광고주로부터 경제적 대가(현금 또는 제품) 등을 받고 추천, 보증을 하는 경우 경제적 이해관계를 명확히 공개토록 한 것이다. 이 대책이 마련된 이후 '대가성 광고임' 또는 '유료 광고임'이라는 문구를 넣는 제품 리뷰 파워블로거들이 많아졌다. 그러나 맛집 포스팅에서 이런 문구를 찾아보기는 '하늘의 별따기'다. 블로거들의 양심에 맡기는 자율적인 시행으로 음식점이나 소비자들의 피해를 막기엔 이미 도를 지나친 상황인 것이다. 이런 가운데 포털 사이트 네이버가 지난 4일부터 신뢰도 높은 블로그의 검색 노출을 강화하는 알고리즘 '리브라(Libra)'를 맛집 블로그 검색에 우선 적용하며, 맛집 블로그의 '폐단'을 막기 위한 활동을 시작했다. 그러나 이것만으로는 부족하다. 포털 사이트들을 비롯한 관련 기관들의 보다 적극적이고 강력한 제재가 필요하다. 그래야만 음지 속에서 활동하고 있는 일부 맛집 블로거들을 양지로 끌어올릴 수 있으며, '표현의 자유'라는 권리만을 앞세웠던 블로거들에게 포스팅에 대한 책임과 의무를 짊어지게 할 수 있을 것이다.

출처: 라이프투데이 (2012. 12. 10).

5) SNS

페이스북, 트위터 등으로 대표되는 SNS(Social Network Service)는 대중적인 인기가 지속적으로 증가하면서 소비자 참여가 확대되며 커뮤니케이션이 실시간 가능한 새로운 인터넷마케팅 수단으로 떠오르고 있다. SNS의 정의는 아직 명확하진 않지만 일반적으로는 사회적 관계 개념을 인터넷 공간으로 가져온 것으로서, 사람과 사람 간의 관계 맺기에 의한 네트워크 형성을 지원하는 서비스를 말한다. 대부분의 기업들은 SNS를 대내외 소통 채널로 활용하고 있으며 SNS를 보다 효과적으로 활용하기 위한 기업의 고민이 본격화되고 있다. 외식업계에서는 소비자에게 직접 서비스를 제공한다는 특성상 SNS의 활용에 대한 필요성이 다른 분야에서보다 더 많이 대두되고 있다. 외식기업들은 SNS를 활용해 다양한 이벤트, 프로모션 등을 전개하여 소비자들의 적극적인 참여를 유도하고 있으며, 정보 제공의 차원을 넘어 소비자와 유대감을 형성하고 직접 소통할 수 있는 수단으로 활용하고 있다.

▌그림 11-9▌ 외식업계 SNS 활용의 예

외식, SNS로 대박 낸 사연…… 8단계만 거치면 1,000만 명 확산

최근 외식업계 마케팅 화두는 트위터, 페이스북을 통한 소셜네트워크서비스(SNS) 마케팅이다. SNS 환경 특성상 단 한 명이 이벤트에 참여하더라도 연쇄효과에 의한 파급력을 갖기 때문에 기업 입장에서는 비교적 손쉽게 홍보효과를 거둘 수 있다. 특히 올해 국내 페이스북 사용자는 210만 명, 트위터 사용자는 350만 명으로 급증해 내년에도 SNS는 매력적인 마케팅 수단이 될 전망이다.
CJ푸드빌의 빕스는 지난 6일부터 실시한 SNS 이벤트에 3주 만에 20만 명이 참여, 경품으로 준비한 스테이크 1만 개가 30분 만에 완판(완전판매)될 정도로 소위 '대박'을 쳤다. 이번 이벤트는 SNS상에서 쉽게 지인들과 연결될 수 있는 점에 착안했다. 스테이크 이미지 조각을 6개로 쪼개 6명에게 전달하고 이를 받은 6명은 다시 6명에게 선물하는 식의 피라미드로 진행한 것.
빕스 마케팅 담당자는 "이렇게 여덟 단계만 거치면 1,000만 명의 페이스북 사용자의 담벼락에 빕스 이벤트가 알려지게 된다."며 "이는 20~30대 페이스북 이용자를 거의 다 커버할 수 있는 수치로 웬만한 빕스의 타깃고객층에게 모두 알려졌다고 보면 된다."고 말했다.
올해 SNS 마케팅의 특징은 양방향성의 특징에 '재미'를 더해 이용자가 적극적으로 참여하고 확산시킬 수 있도록 한 점이다.
버거킹은 최근 페이스북 친구 10명과 친구 관계를 끊으면 와퍼 버거를 무료로 주는 이벤트를 벌였다. SNS에서 가장 기본이 되는 '관계'를 제거하면 무료 햄버거를 준다는 역발상에서 기획됐지만 처음에는 '설마 햄버거 때문에 친구 등록을 삭제할까' 의문이 든 게 사실. 그러나 결과는 대반전이었다. 단 열흘 만에 20만 명 이상이 페이스북에서 친구 관계가 끊긴 것. 이후 도착한 문구도 신선하다. 상대방에게는 '당신은 와퍼 때문에 버려졌습니다.'라고 전달되며 당사자에게는 '와퍼에 대한 당신의 사랑은 증명했지만 아직은 희생이 더 필요하다.'는 문구가 도착해 재미를 더했다.
그러나 아직은 SNS 마케팅이 초기단계라 미숙한 운영으로 뭇매를 맞은 경우도 있다.
커피전문점 탐앤탐스는 기업의 공식 트위터에 김정일 북한 국방위원장 사망 소식과 관련해 조의를 표했다가 트위터리안들의 거센 비판을 받았다. 기업 트위터 계정에서 자제해야 할 정치·사회적 이슈에 SNS 운영자 개인의 의견을 올리는 실수를 범한 것. 이후 홍보 담당자가 무릎 꿇고 사죄하며 공식 사과문을 게재해야 했다.
이에 대해 일부 기업에서는 SNS 마케팅이 좀더 성숙한 뒤에 시작해도 늦지 않다는 입장이다. SPC그룹은 올해 SNS 마케팅을 벌이려고 했지만 실효성에 대해 장담할 수 없어 머뭇거리고 있다.
업계 관계자는 "아직은 국내 SNS 마케팅이 일회성 이벤트 위주로 흘러가기 때문에 실제로는 일방향적이라는 게 문제"라고 지적했다. 또 "개개인과 직접 소통하기 때문에 지극히 개인적이지만 외식업계에서 민감한 문제, 예를 들면 이물질 논란으로 트위터에 확산시킬 경우 오히려 곤욕을 치를 수 있다."며 "양면성이 있는 만큼 최대한 장점을 부각시키며 활용하는 게 관건"이라고 말했다.

출처: 아시아 경제 (2011. 12. 29).

요 · 약

1 인터넷마케팅이란 웹마케팅, 온라인마케팅 또는 e마케팅이라고도 하며 컴퓨터로 연결된 가상의 공간에서 기업과 소비자가 서로의 목적을 충족시키기 위하여 마케팅활동을 하는 것을 말한다. 컴퓨터 기술이나 인터넷 관련 기술의 눈부신 발전과 발맞추어 인터넷마케팅의 중요성은 더욱 증가될 것이다.

2 TV, 라디오, 신문, 잡지 등을 이용한 전통적 마케팅과 차별화된 인터넷마케팅의 특성은 쌍방향 커뮤니케이션, 시간과 공간의 무한성, 데이터베이스와의 연계 가능성, 마케팅 효과의 측정 가능성, 멀티미디어의 활용성 등이다.

3 인터넷마케팅의 분야는 거래주체와 대상에 따라서 기업-소비자 간(business to consumer: B2C) 인터넷마케팅, 기업 간(business to business: B2B) 인터넷마케팅, 소비자 간(consumer to consumer: C2C) 인터넷마케팅, 소비자-기업 간(consumer to business: C2B) 인터넷마케팅으로 구분될 수 있다.

4 외식업계에서 일반적으로 활용되는 인터넷마케팅 도구들에는 홈페이지, E-메일, 검색엔진광고, 블로그, SNS 등이 있다. 외식기업들은 마케팅 목표를 달성하기 위해서 이러한 도구들을 다양한 마케팅 전략에 이용하고 있다.

연·습·문·제

1. 외식업계에서의 인터넷마케팅의 장점과 한계점 등에 대해서 설명하여 보자.

2. 외식업계에서의 기업 간(business to business: B2B) 인터넷마케팅의 사례를 조사하고 설명하여 보자.

3. 자신이 자주 이용하는 외식 관련 인터넷 사이트를 생각해보고, 그 사이트가 설정할 수 있는 인터넷마케팅의 목표에는 어떠한 것이 있는지 설명하여 보자.

4. 인터넷마케팅을 가장 활발하고 성공적으로 활용하고 있는 외식기업을 조사하여 보자.

12 Chapter 레스토랑 디자인

1. 제3의 공간 레스토랑
2. 레스토랑 디자인의 기초
3. 콘셉트 개발
4. 공간계획

Chapter

Foodservice Management

12 레스토랑 디자인

도입사례 ≫ 효율적인 공간 운영

레스토랑은 하나의 복잡한 시스템을 구성하는 각각의 기능이 제대로 작동할 때 효율적인 운영이 가능하다. 그래서 종종 레스토랑을 데스크톱 컴퓨터에 비유한다. 키보드, 모니터, 중앙처리장치(CPU)와 보조적인 기능을 담당하는 스캐너, 프린터 등으로 구성된 데스크톱 컴퓨터에서 어느 한 구성요소가 작동을 제대로 못하게 되면 다른 모든 구성요소들도 무용지물이 된다. 레스토랑에서도 마찬가지 현상이 발생한다. 레스토랑이라는 공간을 효율적으로 운영하기 위해서는 레스토랑의 형태와 공간에 유입되는 고객층을 파악해야 하고 더불어 평균객단가와 제공하는 메뉴에 따른 특성도 고려하여야 한다.

다음에 나오는 예는 효율적인 공간 운영으로 유명한 미국 보스턴의 파라마운트라는 레스토랑에 관한 내용이다.

미국 역사의 뿌리라 할 수 있는 보스턴(Boston) 시 안에서도 가장 오래된 거리 중 하나인 찰스 스트리트 거리는 옛 정취를 물씬 풍기는 관광지이자 역사적인 거리이다. 이 거리의 한쪽에는 오랜 역사를 자랑하는 '파라마운트'(Paramount)라는 레스토랑이 있다. 아침 식사와 주말 브런치 전문 레스토랑인 이곳은 신선한 식재료를 사용한 맛깔스런 메뉴로 지역 주민들뿐만 아니라 관광객들로부터 사랑받는 보스턴의 명소로서, 아침마다 길게 늘어선 손님들로 문전성시를 이룬다.

하지만 레스토랑의 유명세에 걸맞은 웅장한 건물에 세련된 인테리어를 기대한다면 실망이 클 것이다. 이 레스토랑의 테이블은 불과 10개. 게다가 장소가 좁아 한 테이블에 네 명 이상 앉기도 빠듯하다. 이런 상황에도 불구하고 줄지어 들어오는 손님들이 빈 테이블이 없어서 기다리는 경우가 거의 없다는 것은 정말 놀라운 사실이다. 이런 마술 같은 운영의 비결은 무엇일까?

그것은 바로 이곳만의 독특한 음식 주문 방식과 테이블 배정 방식에 있다. 레스토랑 문을 들어서면 곧바로 테이블로 향하는 일반 레스토랑과는 달리 여기서는 먼저 '음식 주문 줄'에 서야 한다. 메뉴는 이 레스토랑 벽면을 덮고 있어 음식 주문 줄에서 차례를 기다릴 동안 어떤 음식을 주문할지 결정하면 된다.

음식을 주문하고 나면 주방 옆쪽의 계산대를 향한 줄로 다시 서게 된다. 주방은 개방형이므로 기다리며 자신이 주문한 음식이 조리되는 과정을 지켜볼 수 있다. 그리고 계산대에 다다르기 전 주문한 음식이 나오고 이를 받아 계산대에서 계산하고 음식을 들고 테이블로 가서 식사를 한다.

물론 이와 같은 주문 방식은 패스트푸드나 카페테리아와 흡사하다. 하지만 미리 준비된 음식을 주문에 따라 내주는 패스트푸드나 카페테리아와 달리 파라마운트에서는 손님의 주문을 받은 후 조리에 들어가기 때문에 요리의 질적 차원이 다르고, 메뉴도 획일화되지 않은 다양한 메뉴를 제공하며, 손님이 원하면 메뉴에 없는 음식도 제공한다.

파라마운트 레스토랑의 놀라운 비결을 정리해 보면, 손님이 식사를 할 때만 테이블을 이용하도록 한다는 점이다. 일반 레스토랑에서는 손님이 테이블에 앉으면 메뉴판을 보고 음식을 고르는 데 10분, 웨이터를 불러 주문하는 데 5분, 주문한 음식을 기다리는 데 10분 정도가 소요된다. 그리고 식사하는 데 10분, 마지막으로 식사 후 계산서를 요청하고 계산하는 데 5분이 걸린다. 테이블을 차지하고 있는 시간은 총 40분이지만 정작 식사하는 데 걸리는 시간은 불과 10분 정도밖에 되지 않는다. 즉, 식사시간은 레스토랑 안에서 보내는 시간의 1/4에 불과한 것이다.

물론, 식사를 할 때만 테이블에 앉고 나머지 시간은 서서 기다려야 한다면 손님들이 불편하지 않겠느냐고 반문할지도 모르겠다. 그런데 전혀 그렇지 않다. 줄서서 기다리는 사람의 심리를 연구한 심리학자 데이비드 마이스터는 다음과 같은 흥미로운 사실을 발견했다. 사람들이 줄을 서서 기다릴 때 불편하게 여기는 것은 줄을 서 있는 것 그 자체가 아니라 기다리는 동안 아무것도 하지 않은 채 시간을 낭비하고 있다고 인식하기 때문이라는 사실이다.

파라마운트 레스토랑의 경우 고객은 레스토랑에 들어선 순간부터 꽤 긴 시간 동안 줄을 서서 기다리지만, 기다리는 동안 맛있게 먹을 음식을 고르기 위해 고민하고, 자신이 먹을 음식이 요리되는 순간을 보고 즐기는, 유쾌하고도 생산적인 시간을 보내게 된다.

〈경영학 콘서트에서 발췌〉

위의 사례에서처럼 유입되는 고객과 그에 따른 고객응대를 위한 효율적인 운영, 그리고 고객만족으로 이어지는 하나의 유기적 시스템으로써 레스토랑을 이해하고, 그에 맞는 적합한 디자인을 하였을 때 레스토랑이라는 공간을 효율적으로 운영할 수 있게 된다.

출처: 장영재 (2010). 경영학 콘서트.

1 제3의 공간 레스토랑

한 사람이 도심에 있는 대형쇼핑몰에 들어선다. 이곳을 처음 방문한 사람은 아닌 것 같다. 힘찬 발걸음으로 건물 안 이곳저곳을 누비며 다양한 매장들을 기웃거린다. 신발매장에서 신발을 구경하고, 의류매장에서 신상품이 어울리는지 몸에 대보고, 대형서점에 들어가 얼마 전 점찍어 둔 책을 구매하고, 바로 옆 카페에 들러 카페라테를 마시며 편안한 의자에 앉아 책장을 넘긴다.

이처럼 대형쇼핑몰은 고객의 체류시간을 늘려서 판매 수익의 증대로 이어질 수 있도록 하기 위한 방편으로 쇼핑몰이라는 공간을 안락하고 편안한 내 집 같은 분위기로 연출하기 위해 노력한다. 집이 아닌 곳에서 내 집 분위기를 느끼게 한다는 것이 마케팅의 목표인 셈이다.

표 12-1 제3의 공간

제1공간	가정
제2공간	직장
제3공간	가정과 직장의 공간을 제외한 교통, 레저, 휴식공간 등

1) 공간의 분류

(1) 제1의 공간(The First Place)

“당신이 무엇을 먹는지 말해 주면, 당신이 누구인지 알려주겠소.”라는 유명한 말이 있다. 기름진 음식과 흰 빵을 먹었던 귀족과는 달리, 거친 흑빵을 먹었던 가난한 농민의 사회적 위계질서에 따른 식탁의 불평등을 빗대어 풍자한 말이다. 하지만 오늘날에 와서는 한 문화에 속한 사람이 먹는 음식이 다른 문화에 속한 사람이 먹는 일상식과 다르다는 의미로 해석할 수 있을 것이다. 먹는 것이 바로 그 사람 자신이라는 말처럼 인류의 역사와 문화는 음식과 뗄 수 없는 관계이기 때문이다.

같은 맥락에서 주거문화에 해당하는 집에 대해서는 이런 말이 존재한다. “당신이 사는 집을 보여 주시오. 그러면 당신이 어떤 사람인지 말해 주겠소.” 집의 미학적 가치를 인정하고 평가하면서, 그 집을 그곳에 사는 사람의 가치로 이해하기 시작한 것이다. 주거공간으로 불리는 제1의 공간은 그 집에 사는 사람의 라이프스타일을 보여 주는 중요한 역할을 한다. 단순히 비바람을 피하기 위한 은신처로서의 집이 아닌, 삶의 일부분으로서 집의 개념이 등장한 것이다.

▌그림 12-1▌ 미학적 가치가 가미된 집

출처: http://www.wallsave.com.

(2) 제2의 공간(The Second Place)

미학적 아름다움을 가미한 작업환경이 근로의욕을 북돋운다는 사실을 깨닫기 시작하면서 사람이 머무는 공간에 대한 관심이 높아지게 되었다. 여러 개의 작은 공간으로 나누는 벽이나 칸막이를 없애서 전체가 하나로 탁 트인 공간이 되게 하고, 자연채광과 적절한 조명으로 분위기를 편안하고 기분 좋게 만들며, 여러 가지 관상용 식물을 들여놓아 삭막한 사무실 분위기를 부드러운 분위기로 탈바꿈하고 고리타분한 색이 아닌 생동감을 느낄 수 있는 색으로 벽을 칠하는 등, 일하는 공간에 이제는 연출된 미학적 가치를 부여하기 시작하였다. 이른바 제2의 공간 개념이 등장한 것이다.

제2의 공간 개념이 일터에 적용되면서, 그러한 근무환경에서 일하는 직원들이 결근하거나 병에 걸리는 일이 현저하게 줄어들었으며, 직장에 대한 애착심과 의욕이 생겨 결과적으로 생산성이 높아지게 되었다는 연구결과는 구글(Google)이라는 글로벌 기업에서 그 사실을 확인해 볼 수 있다. 편안하게 쉴 수 있는 마사지실과 직원들 간의 원활한 소통을 위해 무료 점심이 제공되는 카페테리아, 창의적인 아이디어가 저절로 샘솟을 것처럼 꾸며진 독창적인 분위기의 회의실 등, 즐거운 분위기에서 편하게 일할 수 있는 공간이라는 개념에 충실하게 꾸며진 작업공간은 일하는 것이 재미있어야 능률이 많이 오를 것이라는 논리와, 창의적으로 꾸며진 공간에서 원활한 의사소통이 이루어졌을 때 더 좋은 아이디어가 나올 수 있다는 믿음에서 비롯된 것이다. 이런 추세는 구글뿐만 아니라 전세계적으로 널리 퍼지게 되었고, 이제 일터는 하나의 연출된 주거공간이 되었다고 할 수 있다.

구글의 독특한 회의실

하나로 트인 사무 공간

▌그림 12-2▐ 제2의 공간(The Second Place)

출처: (좌) http://lindyfarms.webs.com, (우) http://www.rangkep.com.

(3) 제3의 공간(The Third Place)

1980년대 들면서 감각적 체험을 강조하는 마케팅이 등장하게 되고, 대중들이 이용하는 다양한 공간에서 이와 같은 마케팅이 급속도로 번져 나가게 된다. 주거공간과 일터라는 공간 사이를 오가며 만나게 되는 사람들과 함께 삶의 활력소를 찾을 수 있는 연출된 공간으로서 쇼핑몰, 레스토랑, 미술관, 카페 등이 대중적이면서도 가장 편안한 공간으로 변모하였다. 상점이나 식당을 마치 연극 무대처럼 연출하고, 미술관을 단순한 그림 전시장이 아닌 문화체험공간으로 개조하였으며, 안락함과 편안함을 주는 카페가 등장하였고, 재미와 색다른 경험을 선사하는 호텔이 생겨났다. 이런 공간에서 체험하게 되는 감각적 경험과 내 집처럼 편안한 느낌은 여러 사람들이 이용하는 대중적인 시설들을 개인의 공간처럼 느끼게 만들어 주었는데, 이러한 공간이 바로 제3의 공간이다.

서울 W호텔의 색다른 분위기의 객실

레스토랑 팔레드고몽의 연극 무대 같은 공간

▌그림 12-3▌ 제3의 공간(The Third Place)

출처: (좌) http://news.donga.com, (우) http://german.visitkorea.or.kr.

2) 체험마케팅

(1) 체험적 요소

대부분의 제3의 공간은 이윤창출을 목적으로 한다. 그곳을 방문한 고객들이 공간 안에서 즐기면서 소비하게 만드는 것이 마케팅 담당자들의 고민이다. 더블린(Dublin)에 위치한 '기네스 스토어하우스'는 과거의 맥주 양조장 분위기를 살려서 내부 인테리어를 설계하였다. 단순히 맥주를 마시기 위해서라기보다는 거대한 술통 안의 모습을 본 따서 만든 그 독특한 공간을 보기 위해 손님들이 줄서는 것을 마다하지 않는다. 서울의 지하철 역사에 미술 전시장을 설치하고, 작은 콘서트를 여는 것도 단순하고 재미없는 공간에 활력을 불어넣어 주는 또 다른 방법이다. 이처럼 어떤 장소가 갖고 있는 본연의 기능에 그 기능을 보완해 주는 정서적 기능을 추가함으로써 체험적 요소를 강화시킬 수 있다. 체험은 소비자들로 하여금 정신집중도를 높여 주고 그런 상황에서 전달되는 메시지에 대해 열린 태도를 지니도록 만들기 때문에 체험서비스를 제공하는 장소에서 소비자들의 체류시간은 길어지게 되고 자연스럽게 소비도 늘어나게 되는 것이다.

(2) 체험설계

체험은 제3의 공간에 필수적인 요소이다. 하지만 체험적 요소가 있다고 해서 무조건 이윤을 창출할 수 있는 제3의 공간이 되는 것은 아니다. 앞서 살펴보았듯이 본연의 기능과 그 기능을 보완해 줄 수 있는 적절한 정서적 기능을 추가하였을 때 제대로 된 체험적 요소가 강화되는 것이다. 제3의 공간 특성에 맞게 체험을 설계하는 요소들을 살펴보면 다음과 같다.

① 랜드마크(Landmark)

멋지게 장식한 상점의 쇼윈도나 눈에 띄는 장식 간판, 반짝반짝 빛나는 유리로 뒤덮인 멋진 건물들은 그 자체만으로도 매혹적이고 생동감 넘치는 도시의 활력소들이다. 즉, 도시의 중요한 볼거리로서 사람들의 눈에 띄는 장소가 되지 못한다면, 그 존재 자체를 인식하지 못하게 되고 사람들은 그곳에 들어가려고 하지 않게 될 것이다. 결국 이윤창출이라는 제3의 공간의 목적을 이룰 수 없게 되는 것이다. 따라서 제3의 공간은 사람들의 기억에 남는 랜드마크가 되어야 한다.

▌그림 12-4▐ 일본의 타코야키전문점

출처: 꿈이 현실로(블로그). http://blog.daum.net/gratuliere.

② 몰링(Malling)

제3의 공간을 랜드마크로 만들어 고객의 발길을 붙잡았다면, 이제는 그 안에서 고객들로 하여금 돌아다니고 싶게끔 만드는 몰링이라는 요소에 주의하여야 한다. 집처럼 편안한 공간이 아닌 낯선 곳에 있다는 불편함과 두려움을 느낀다면, 사람들은 돌아다니려고도 하지 않고 들어가려고도 하지 않게 된다. 쇼핑몰이나 호텔에서 손님이 부지런히 돌아다니지 않는다면, 어떤 상품이 있는지 어떤 레스토랑이나 서비스가 있는지 알 수가 없고 즐길 수도 없게 된다. 따라서 제3의 공간을 내 집처럼 편하게 돌아다니는 몰링이 가능한 공간으로 꾸며야 한다.

③ 콘셉트 라인(Concept line)

제3의 공간이 완전한 하나로 인식되려면 전체를 통해 일관되게 흐르는 중심 콘셉트가 있어야 한다. 장소를 구성하는 요소들을 하나로 묶어줄 수 있는 커다란 주제가 있고 그 아래 다양한 극적 체험을 할 수 있는 소주제들이 같은 맥락으로 이어진다면 제3의 공간은 완전한 하나로 인식될 수 있다. 연출된 효과에만 의지하는 테마화에 고객들은 식상해한다. 요란한 콘셉트보다는 진짜 분위기를 느낄 수 있는 테마화를 통해 고객들로 하여금 현실에서의 자신을 잊고 새로운 세계에서 자신을 상상할 수 있는 분위기를 만들어야 한다. 그런 분위기에서 고객들은 내 집이 아닌 곳에서 내 집처럼 편안함을 느끼게 된다.

④ 코어 어트랙션(Core attraction)

체험설계의 마지막 요소로 대중의 호기심을 자극하여 사람들을 끌어당기는 비장의 무기인 코어 어트랙션은 제3의 공간을 관광명소로 탈바꿈시키고 라이프스타일을 추구하는 도시인들에게 즐거운 만남의 장소를 제공하는 데 있어서 중추적인 매혹요소로써 중요한 역할을 한다. 비슷비슷한 레스토랑들 중에서 다른 곳과 차별화시킬 수 있는 코어 어트랙션이 존재한다면 고객들은 일부러라도 그곳을 방문하게 될 것이다.

▌그림 12-5▌ 뉴욕의 오리올(Aureole) 와인바의 거대한 와인타워

출처: http://tonyforcucci.wordpress.com.

▌표 12-2▌ 제3의 공간 체험설계의 4요소

요소	설계방향
랜드마크(Landmark)	사람들의 눈에 띄는 제3의 공간이 되어야 한다.
몰링(Malling)	공간 안으로 들어오고 싶고 돌아다니고 싶게 만들어야 한다.
콘셉트 라인(Concept line)	여러 가지 기능을 하나로 묶어 일관성을 부여한다.
코어 어트랙션(Core attraction)	대중을 끌어당기는 비장의 무기를 만들어야 한다.

2 • 레스토랑 디자인의 기초

1) 콘셉트 · 메뉴 · 디자인의 조화

(1) 조화

앞서도 설명하였듯이 레스토랑은 하나의 복잡하고 유기적인 시스템으로, 그것을 구성하는 각각의 기능이 제대로 작동할 때 효율적인 운영이 가능하다. 각각의 기능도 살펴야 하지만 레스토랑 전체와의 관계 속에서 제대로 작동하는지도 살펴야 한다. 주방공간을 아무리 멋지고 효율적으로 디자인한다고 할지라도 그 레스토랑의 메뉴에 적합한 공간이 아니라면 문제가 발생할 수 있다. 따라서 전체적인 레스토랑 디자인을 위해서는 먼저 레스토랑 콘셉트를 결정하여야 하고 그에 따른 메뉴와 각각의 디자인이 설정되어야 한다. 콘셉트와 메뉴와 디자인이 조화를 이루었을 때 레스토랑의 앞과 뒤가 전혀 어색함 없이 조화를 이룰 수 있다.

(2) 부조화

레스토랑 콘셉트와 메뉴가 미처 결정되기도 전에 공간에 대한 디자인이 설계된다면 부조화가 발생할 수밖에 없다. 한 디자이너가 잘 알지 못하는 콘셉트와 메뉴로 인해 일반적인 레스토랑 주방 디자인을 적용시켜 가스스토브, 오븐, 그릴 등을 설치하였는데, 그 레스토랑 콘셉트가 퀵서비스 방식의 레스토랑으로 결정된다면 이미 이루어진 모든 디자인은 취소되어야 하고 그로 인한 재정낭비가 발생하게 된다. 이러한 낭비를 막을 수 있는 방법은 결국 콘셉트와 메뉴와 디자인의 원활한 상호관계 유지이다. 주방과 다이닝 공간의 구체적인 디자인 주안점을 결정하기 전에 먼저 세심한 시장조사와 메뉴분석이 이루어져야 한다. 그렇게 해서 레스토랑 콘셉트와 메뉴가 결정되고 그에 따라 공간 디자인이 이루어진다면 부조화로 인한 실패를 막을 수 있다.

2) 레스토랑 디자인을 위한 기본요소

(1) 업태

업종이란 영업의 종류를 말하는 것으로 한식・양식・일식・중식 등과 같이 제공하는 음식의 종류에 따른 분류이고, 업태란 소비자의 외식동기와 목적에 따라 세분화된 영업 형태를 말한다.

업종중심으로 성장하고 발전해 오던 외식산업이 점점 경쟁이 치열해지면서 단순업종에서 여러 개의 업태로 세분화되어 발전하게 되었다. 예를 들어 양식업종을 살펴보면 단순한 경양식과 패스트푸드가 주를 이루던 시장에 T.G.I프라이데이스와 아웃백스테이크하우스, 빕스 등과 같은 다양한 업태의 양식당이 등장하게 되었다. 그만큼 레스토랑을 선택하는 소비자의 행동에 변화가 생긴 것이다. '무엇을 먹을 것인가'라는 단순한 음식의 선택에서 벗어나 각자의 동기와 목적에 따라 어떤 가격, 어떤 서비스, 어떤 분위기, 어떤 장소에 있는 레스토랑을 선택할 것인가라는 문제로 바뀌게 되었다.

업태를 구성하는 핵심요소에는 메뉴 · 이용동기 · 주고객층 · 영업시간 · 입지 · 판매방법 · 가격 등이 있으며, 레스토랑은 목표로 하는 시장에 맞도록 업태의 구성요소들을 결정하고 차별화시켜 경쟁력을 갖추어야 한다.

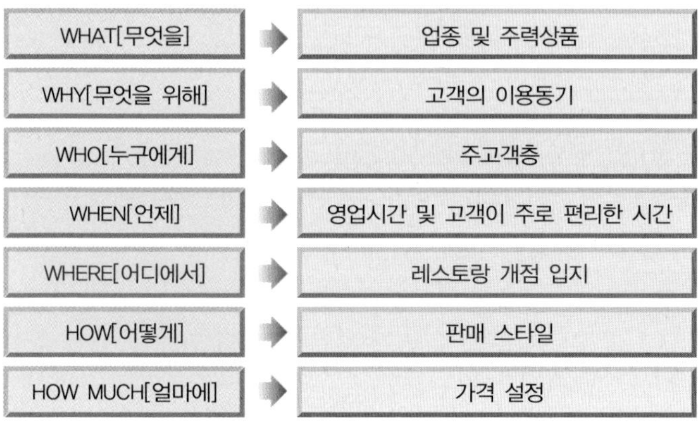

▌그림 12-6▌ 레스토랑 업태의 구성요소

출처: 박기용 (2009). 외식산업경영학.

(2) 시장분석

레스토랑 디자인에 본격적으로 들어가기 전에 수행해야 하는 가장 중요한 절차가 바로 시장분석이다. 아무리 화려한 내부 장식과 미각을 자극하는 맛있는 음식, 그리고 세심한 서비스가 존재한다고 해도 시장의 요구를 만족시키지 못한다면 결국 실패할 수밖에 없다. 제대로 시장분석이 이루어지기 위해서는 다음 다섯 가지 요소들을 잘 살펴보아야 한다.

① 잠재고객

잠재고객에 대한 분석은 인구통계학적 접근과 심리적 접근으로 나누어 볼 수 있다.

먼저 인구통계학적 접근은 상대적으로 쉽게 얻을 수 있는 정보이다. 평균 수입, 나이 분포, 교육수준 등은 잠재고객에 대한 이미지를 그려 보는 데 도움이 된다. 이와 같은 정보는 통계청 홈페이지에서 찾아볼 수 있다.

심리적 접근은 잠재고객의 개인적 특징에 따른 소비패턴을 분석하는 것이다. 경제적 상황, 라이프스타일, 동기, 태도 등을 통해 소비행동을 파악함으로써 목표고객이 언제 외식을 하며 얼마나 자주 외식을 하고 얼마 정도를 쓰며, 어떤 업태의 레스토랑에 자주 가는지를 분석하는 것이다. 이런 정보는 각종 카드사나 통신사에서 자신들이 얻은 고객들의 소비패턴 정보를 이용하여 유료로 제공하기도 한다.

② 문화적 기대

문화는 개인의 욕구와 행동을 지배하는 가장 기본적인 결정요소이다. 목표시장의 문화를 파악하고 그에 적절하게 대응하는 메뉴를 개발하는 것은 글로벌 외식기업에게는 필수적인 절차가 되었다. 인종과 종교, 문화에 따른 차이를 인정하고 현지문화에 적응하는 기업만이 살아남을 수 있기 때문이다. 중동지역에 진출한 맥도날드가 돼지고기를 금기시하는 이슬람교 문화에 따라 양고기로 만든 햄버거를 개발한 것과 한국에서는 한국인이 좋아하는 불고기 버거를 판매하는 것이 바로 여기에 속하는 좋은 예이다.

③ 경쟁자

시장분석에서 경쟁자는 크게 제1경쟁자와 제2경쟁자로 나누어 볼 수 있다. 제1경쟁자는 지리적으로 가까운 위치에 있는 비슷한 업종과 업태의 레스토랑을 말하고, 제2경쟁자는 근처에 위치한 다른 모든 업종과 업태의 외식 비즈니스를 포함하는 잠재적 경쟁자를 말한다. 예를 들어 어느 한 동네에 배달을 주로 하는 중식 레스토랑이 있다면 이 식당의 제1경쟁자는 짜장면, 짬뽕을 주력 메뉴로 하며 배달위주로 하는 근처의 다른 중식당이 되는 것이다.

반면에 제2경쟁자는 짜장면, 짬뽕은 아니지만 비슷한 가격대의 햄버거를 파는 퀵서비스 레스토랑이나 분식점이 될 수 있다. 게다가 배달서비스까지 해준다면 비록 주력 메뉴가 다를지라도 충분히 경쟁자가 될 수 있는 것이다. 따라서 경쟁자 분석을 통해 차별화할 수 있는 방안을 강구해야 한다.

④ 입지

외식 비즈니스 성공에 있어서 중요한 열쇠가 무엇이냐고 물으면 '첫째도 입지요, 둘째도 입지요, 셋째도 입지다.'라고 대답한다. 한때 유행했던 그런 말이 아니다. 예전에도 그랬고 지금도 그렇고 앞으로도 입지는 외식 비즈니스에 있어서 중요한 역할을 담당할 것이다.

입지는 말 그대로 지리적 위치라고 할 수 있다. 목표고객에게 근접할 수 있는 장소개념으로서, 입지는 잠재고객에 대한 인구통계학적 · 심리적 정보도 제공한다. 특정 입지에 주로 나타나는 고객층이 다르기 때문이다. 따라서 입지에 따라 잠재고객을 분석하고 경쟁자를 파악하여 고객이 원하는 콘셉트, 차별화된 콘셉트를 개발하는 것이 가능하다.

⑤ 경제상황

시장분석은 지역, 국가, 그리고 더 나아가서는 세계의 경제상황을 고려하여야 한다. 외식산업은 경제의 날씨에 민감하다. 경제상황이 좋지 않을 때, 소비자는 가시적인 절약방법으로 외식비를 먼저 줄이게 된다. 외식활동을 하더라도 최상의 소비가치를 얻을 수 있는 레스토랑을 선택하려 한다. 그러므로 경제상황에 따라 고객의 행동이 변하게 되면 그에 맞는 레스토랑 디자인의 변화가 뒤따라야 한다.

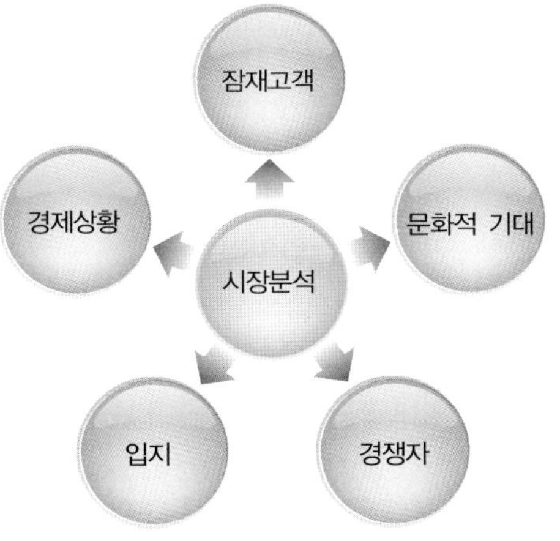

그림 12-7 시장분석요소

(3) 콘셉트 개발

외식 비즈니스에서 경영의 어려움에 맞닥트리거나 실패하는 경우의 대부분은 업종에만 초점을 맞추어 쉽게 창업하기 때문이다. 업종의 선택보다는 업태를 명확히 하는 것이 중요하다. 내가 팔고 싶은 것을 결정하는 업종의 선택은 레스토랑의 성공과는 거리가 멀다. 고객이 원하는 것을 파는 레스토랑이 되어야 한다. 그런 레스토랑이 되기 위해 콘셉트 개발이 필요하다. 좀더 자세한 사항은 다음 '콘셉트 개발'을 다룬 절에서 살펴보기로 한다.

(4) 메뉴

메뉴계획은 레스토랑 디자인에 있어서 필수불가결한 부분이다. 레스토랑 경영자들은 때때로 레스토랑의 모든 운영이 메뉴 위주로 돌아간다고 생각하기도 한다. 메뉴는 레스토랑의 콘셉트를 구체적으로 표현한 것이기 때문에 목표시장과 고객의 욕구에 기초하여 만들어져야 한다. 그리고 그런 메뉴는 레스토랑 디자인에 반영되어야 한다. 셰프나 레스토랑 운영자가 갖고 있는 음식에 대한 애호도에 따라 메뉴가 결정된다면 고객의 욕구나 기대가 무시되므로 피해야 한다.

처음 레스토랑으로 고객을 끌어들이는 것은 메뉴가 아닐 수도 있다. 먹어보지 않고서는 레스토랑의 메뉴에 대한 평가가 불가능하기 때문에 첫 방문 고객들은 메뉴가 아닌 레스토랑의 멋진 외관, 화려한 언론홍보, 혹은 긍정적인 입소문을 통해 레스토랑에 대한 정보를 얻고 방문하게 된다. 하지만 첫 방문 고객들을 재방문으로 이어지도록 만드는 매개체는 메뉴이다. 메뉴에 대해 불만족하게 되면 아무리 그 레스토랑의 다른 조건들이 좋을지라도 다시 돌아올 고객은 많지 않다.

(5) 서비스시스템

서비스시스템이란 음식을 준비해서 고객에게 서비스하는 과정을 말한다. 레스토랑을 디자인하는 데 있어서 서비스 형태를 정확하게 규정하고 시작하는 것은 레스토랑의 콘셉트와 연관하여 중요한 절차이다. 만약 어떤 사람이 레스토랑 디자이너에게 스테이크 하우스의 디자인을 의뢰했다고 한다면, 구체적인 아이디어가 바로 나오지 못할 것이다. 그러나 만약 이 사람이 스테이크 메뉴를 단품으로 팔고, 샐러드와 디저트는 뷔페식으로 준비되는 레스토랑의 디자인을 의뢰했다면 디자이너는 잘 정리된 자료를 통해 최적의 디자인 아이디어를 내놓을 것이다. 이처럼 서비스시스템은 레스토랑 디자인의 형태를 결정짓는 중요한 역할을 담당한다.

어떤 레스토랑에서는 한 개 이상의 서비스시스템을 사용하는데, 각각의 서비스시스템을 살펴보면 다음과 같다.

① 아라카르트(À la carte)

단품메뉴라고도 불리며, 고객으로부터 주문을 받고 셰프에게 전달하여 요리준비가 끝나면 각각의 고객들이 원하는 음식을 하나하나의 접시에 담아 서비스한다. 이런 형태의 서비스시스템에서는 빠른 조리를 위해 높은 열을 내는 기구가 준비되어 있어야 하며, 미리 준비된 소스나 음식을 보관할 수 있는 장비가 구비되어 있어야 한다.

② 게리동서비스(Gueridon)

음식 준비를 테이블 옆에 있는 게리동이라고 불리는 카트 위에서 하는 것으로, 날것이나 살짝 익힌 것을 게리동 위에서 조리하거나 보온하여 접시에 담아 서비스한다. 예를 들어, 시저샐러드를 직접 버무려 서비스하거나, 생선요리를 통째로 준비하여 고객의 접시에 담아내는 것 등이다. 아라카르트 서비스 시스템과 마찬가지로 모든 식재료의 준비가 중요하기 때문에 보관이 용이한 냉장저장고를 준비해야 한다.

③ 퀵서비스(Quick Service)

고객들이 줄을 서서 차례로 주문을 하면 음식이 완성됨과 동시에 계산을 하는 방식을 말한다. 이런 서비스 형태는 패스트푸드에 주로 적용시키는데, 줄을 서고 주문할 수 있는 충분한 공간 확보가 중요하며, 주로 냉동식품이 많기 때문에 냉동저장고를 추가로 준비해야 한다.

④ 뱅큇(Banquet)

뱅큇스타일은 연회를 위해 미리 정한 메뉴를 대량으로 준비하여 한꺼번에 많은 수의 고객에게 서비스하는 방식을 말한다. 많은 양의 음식을 동시에 준비해야 하기 때문에 대형 주방기구가 필요하며 워크인(Walk-in)냉장고는 미리 접시에 담긴 차가운 음식을 보관하기 위해 필수적으로 설치해야 한다. 따뜻한 음식을 보관하기 위한 온장고 역시 필수품목이다.

⑤ 패밀리스타일(Family Style)

중식당에서 주로 많이 사용되는 방식으로 접시에 담긴 음식을 식탁 가운데 원판에 올려놓고 돌려 가며 먹고 싶은 만큼 덜어 먹는 방식을 말한다. 식탁 위에 함께 나누어 먹을 음식 접시들이 올라가야 하기 때문에 여유 공간이 필요한 서비스 방식이다.

⑥ 뷔페(Buffet)

미리 차려진 음식에서 고객들이 골라 먹는 방식으로 따뜻한 음식의 온도를 유지하기 위해 부탄가스버너나 알코올램프를 이용한 레쇼(rechaud)와 같은 특별한 도구들이 필요하다.

⑦ 테이크아웃(Takeout)

테이크아웃서비스 시스템을 사용하는 레스토랑에서는 열기에 강하고 물기가 세지 않는 1회용 용기가 중요한 역할을 담당한다. 날것이거나 반 조리된 상태의 음식을 포장하여 집으로 가지고 가서 전자레인지나 오븐에서 마무리하여 먹기 때문에 구지 식사를 위한 좌석을 따로 설치하지 않는다. 다만 음식을 기다리면서 대기할 수 있는 공간만 있으면 충분하며, 주로 퀵서비스 레스토랑에서는 자동차를 탄 상태로 주문하여 테이크아웃이 가능한 드라이브스루(Drive-through) 서비스 형태로 사용하기도 한다.

⑧ 배달서비스

전화 주문에 의존도가 높은 서비스시스템으로 최근에는 인터넷 주문과 스마트폰의 애플리케이션을 이용한 주문 방식이 늘고 있다. 준비된 음식은 오토바이나 자동차로 배달이 되며, 인구 밀도가 높은 입지에서 성공 가능한 방식이다. 테이크아웃서비스 방식과 마찬가지로 식사를 위한 공간은 필요하지 않으며, 음식을 보호해 줄 수 있는 포장용기가 중요하다. 배달되는 동안 음식이 식지 않도록 하는 보온기구를 배달차량에 설치하기도 한다.

⑨ 자동판매기

동전 혹은 자기판독식의 자동판매기서비스는 미리 준비된 음식에만 국한되어 사용 가능한 방식이다. 자동판매기를 청소하거나 상품을 채울 때에만 인력이 필요하기 때문에 상주직원에 대한 인건비를 줄일 수 있으며, 24시간 내내 영업이 가능하다. 매장 내에는 단단하고 견고한 의자와 테이블을 설치하는 편이 장기적으로 유지비가 적게 든다.

3 • 콘셉트 개발

1) 콘셉트의 개요

우리는 일상생활에서 콘셉트라는 말을 자주 사용한다. 옷을 입을 때, 머리 손질을 할 때처럼 사소한 일상에서부터 상품을 개발하거나 마케팅 전략을 세울 때에도 콘셉트는 어김없이 등장한다. 이제 비즈니스 현장에서 콘셉트를 빼놓고는 아무것도 할 수 없을 정도로 콘셉트는 중요한 부분을 차지하게 되었다.

(1) 레스토랑 콘셉트의 목적

레스토랑의 콘셉트는 고객에게는 만족감을 주고 기업에게는 이익을 가져다주는 데 초점이 맞춰져 있다. 이러한 만족감과 이익을 동시에 가져올 수 있는 아이디어의 조합을 레스토랑 콘셉트라고 한다.

콘셉트는 레스토랑에 자신만의 이미지를 부여하게 된다. 이런 이미지는 어떤 특정 그룹의 사람들을 끌어당기는 힘을 갖고 있는데, 그 사람들이 바로 목표시장이 되는 것이다. 맥도날드라는 퀵서비스 레스토랑에서 해피밀이라는 메뉴 콘셉트는 어린이들을 끌어당기는 힘을 갖는다. 또한 특별한 날을 기념하기 위해 사람들이 가는 레스토랑의 콘셉트 이미지와 평범한 일상 중에 찾는 레스토랑의 콘셉트 이미지는 다를 수밖에 없다. 결국 목표고객에게 만족을 주고 이윤을 창출하기 위해서는 각각의 목표시장에 따라 레스토랑의 콘셉트가 달라져야 한다는 의미이다.

(2) 콘셉트의 정의

콘셉트의 사전적 의미는 '개념'이라고 정의하고 있다. 하지만 진정한 콘셉트의 의미는 본질이며 특징이다. 본질을 느낄 수 없다면 잘못된 콘셉트라고 할 수 있다.

예를 들어, 대형 금융기관 홈페이지를 방문해 보면 규칙처럼 사용되는 단어들이 있다. '최첨단의', '혁신적인', '새로운 시대를 주도하는', '고객과 함께 성장하는' 등 이런 단어들이 과연 금융기관의 본질을 보여 주는지 반문해 볼 필요가 있다. 금융기관만이 최첨단이고 혁신적이며 새로운 시대를 주도하고 고객과 함께 성장하는 것은 아니기 때문이다. 이런 모호하면서 듣기 좋은 미사여구들의 나열에서는 차별성이나 본질을 찾아볼 수 없다. 금융기관의 본질은 금융서비스이므로 그런 본질을 제대로 보여 줄 필요가 있는 것이다. '개인금융업무 특화', '은행에 직접 나가지 않아도 되는 온라인 스마트서비스' 등 차별화된 본질을 보여 줄 수 있는 금융기관이 올바른 콘셉트를 가진 기업이라고 할 수 있을 것이다.

(3) 상대적 개념의 콘셉트

콘셉트는 상대적인 개념이다. 다른 레스토랑의 콘셉트와 비교하여 특징이 뚜렷하고 본질을 정확히 보여 줄 수 있으면서 색다른 레스토랑은 콘셉트에 강하다고 할 수 있다. 여기서 중요한 것은 비교대상이 되는 콘셉트와는 달라야 하고, 그보다 더 나아야 한다는 것이다. 이때 등장하는 것이 D&B개념이다. 다르다는 의미의 'Different'와 더 낫다는 의미의 'Better'가 합쳐진 D&B는 중심축을 시장에 두고, 시장과의 비교를 통해 차별화를 위한 끊임없는 노력을 강구해야 한다는 뜻이다.

2) 콘셉트 매트릭스를 이용한 콘셉트 개발

콘셉트 매트릭스란 콘셉트를 구성하는 요소들을 바탕으로 정교화하는 것을 의미한다. 이 과정은 요소 정리, 고객 관점, 본질 숙성, 핵심 메시지 등의 4단계로 구성된다.

(1) 요소 정리

요소 정리는 콘셉트를 확정하기 위해 목표고객의 이미지를 설정하고 그에 따른 입지와 가격과 원재료 등을 정리하는 단계이다. 어떤 고객들이 우리의 목표고객이 될 수 있을 것인지 가설을 설정하고 그에 따른 입지 이미지를 정리해 본다.

(2) 고객 관점

고객 관점이란 고객의 입장에서 고객의 상황을 파악하여 적절한 서비스를 제공할 수 있도록 노력하는 것을 의미한다. 고객의 충성도를 끌어내기 위해 고객을 만족시킬 만한 요건들을 따져 보고 다른 레스토랑에서는 누릴 수 없는 독자적인 서비스를 개발해야 한다.

(3) 본질 숙성

본질 숙성은 콘셉트를 풍부하게 만드는 과정으로 지금까지 가설화한 것을 숙성시켜 정교화시킨다. 구체적인 이미지를 설정하여 고객의 마음에 그러한 이미지로 인식될 수 있도록 시나리오를 준비한다.

(4) 핵심 메시지

핵심 메시지란 콘셉트 그 자체를 의미한다. 본질을 나타낼 수 있다면 한 단어 혹은 긴 문장도 좋고, 시각적·청각적, 혹은 후각적으로 표현해도 좋다.

커피전문점이라는 업종을 예로 들어 콘셉트 매트릭스를 이용하여 스타벅스의 콘셉트를 개발하는 과정을 살펴보면 다음과 같다.

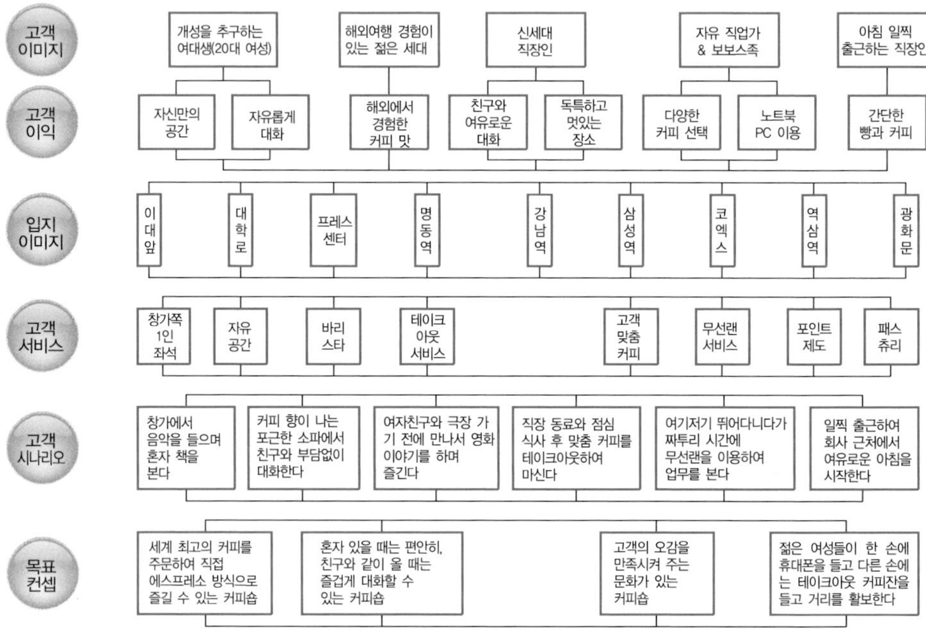

▌그림 12-8▐ 콘셉트 매트릭스를 이용한 스타벅스 콘셉트 개발

출처: 김영한, 임희정 (2003). 스타벅스 감성마케팅.

3) 차별화된 레스토랑 콘셉트

경제성장과 더불어 외식활동이 많아지고 그에 따라 레스토랑이 늘어나면서 외식시장의 경쟁은 갈수록 치열해지고 있다. 이런 상황에서 살아남기 위해서는 경쟁우위를 갖추어야 한다. 경쟁우위란 어느 레스토랑이 다른 레스토랑과의 경쟁에서 우위에 설 수 있는지의 여부를 판단할 때 사용하는 개념으로, 비교우위와는 다르다. 비교우위가 주로 임금・금리・환율 등의 거시경제변수를 가지고 특정 산업의 국제 경쟁력을 판단하는 개념이라면 경쟁우위는 개별기업에 한정된 개념이다. 한 레스토랑이 경쟁우위를 확보하기 위해서는 레스토랑 특유의 분위기, 메뉴, 위치, 마케팅, 이미지, 경영 등에서 차별화된 탁월한 노하우가 필요하다.

(1) 혼자 먹는 고기바

혼자서도 즐기면서 먹을 수 있는 고기집이 있다. 바에 앉아서 혼자 고기를 구워 먹어도 전혀 어색하지 않고 옆 사람과도 대화를 나눌 수 있는 구조로 되어 있어 혼자 온 손님과 의사소통도 할 수 있다. 시대상이 반영된 차별화된 콘셉트가 아닐 수 없다.

▮그림 12-9▮ 혼자 먹는 고기바

출처: http://1inyong.tistory.com.

(2) 하늘에서 즐기는 식사

기중기를 이용하여 공중에 들어 올려진 특수 제작된 식탁에서 즐기는 만찬이다. 세계의 랜드마크 앞에서 이루어진다고 하니 식사하는 내내 볼 만한 구경거리가 많을 듯하다. 실력 있는 주방장과 소믈리에가 직접 서비스를 한다.

▮그림 12-10▮ 하늘에서 즐기는 식사

출처: http://wierdestrestaurants.blogspot.kr.

(3) 이국적인 분위기의 레스토랑

아라비안나이트 이야기 속으로 들어온 듯 이국적인 분위기의 식당으로, 좌식과 테이블로 구성된 몽환적이면서 독특한 분위기가 장점이다.

▌그림 12-11▐ 이국적인 분위기의 레스토랑

출처: http://www.foodncafe.com

(4) 블라인드 레스토랑

말 그대로 블라인드 레스토랑이다. 시각장애인 체험을 할 수 있도록 내부를 암흑으로 만들어 놓은 레스토랑으로 종업원들은 야간 특수안경을 쓰고 서비스를 한다. 하지만 고객은 아무것도 볼 수 없는 상황이다.

▌그림 12-12▐ 블라인드 레스토랑

출처: http://blog.naver.com

(5) 바다 밑 레스토랑

바다 속 풍경을 감상하며 식사를 할 수 있는 공간으로 몰디브에 위치한 레스토랑이다.

▌그림 12-13▐ Underwater 레스토랑

출처: http://wierdestrestaurants.blogspot.kr

4 • 공간계획

1) 가치공학

가치공학이란 최적의 효율성을 목표로 가치가 낮은 일에 몰두하는 낭비 요인을 제거하여 가장 합리적인 원가절감 수단으로서 제품가치를 향상시키기 위해 제품개발에서부터 설계, 생산, 유통, 서비스 등 모든 경영활동의 변화를 추구하는 경영기법으로 가치분석이라고도 한다. 1940년대에 미국 GE사의 기사였던 마일즈(Miles)라는 사람에 의해 고안된 방법으로, 레스토랑 디자인에 적용시켜 원가절감과 최상의 가치추구라는 두 마리 토끼를 동시에 잡을 수 있다.

(1) 가치분석

가치분석을 위해서는 먼저 가치의 의미를 생각해 볼 필요가 있다. 인간의 행동에 있어서 평가 또는 결정을 할 때 판단의 기준이 되는 것을 가치라고 하는데, 가치에는 높고 낮음이 존재한다. 일이나 물건에는 목적이 있기 마련이다. 그 목적을 달성하는 방법에는 여러 가지가 존재하는데, 그중에서 목적을 확실하게 달성하는 가장 값싼 방법을 가치가 높다고 말한다. 같은 물이라도 물이 많은 곳에서의 물보다 사막에서의 물의 가치가 훨씬 높다. 반면에 원가가 낮을지라도 불량이 많다면 가치는 낮아질 수밖에 없다.

가치는 어떤 기능을 수행하는 데 들어간 비용과 그 기능을 다하기 위해 본래 들어가야 하는 비용의 비율로 다음과 같이 나타낼 수 있다.

가치분석

V=F/C

(Value:가치, Function:기능, Cost:비용)

같은 기능이라면 보다 낮은 비용이 들어가는 것이 가치가 높고, 같은 비용이 드는 것이라면 보다 높은 기능을 달성하는 것이 가치가 높다.

(2) 가치 향상을 위한 방법

원가절감과 최적의 기능 추구라는 두 가지 측면을 동시에 만족시키는 것이 가치 향상을 위한 가장 좋은 방법이기는 하지만 현실에서는 다양한 변수가 존재한다. 그 유형들에 대해 살펴보면 다음과 같다.

〈표 12-3〉에서 보이는 바와 같이 기능을 일정하게 유지하면서 비용을 절감한다면 결과적으로 가치를 높일 수 있다. 비용을 일정하게 유지하고 기능을 향상시키는 것도 가치 향상을 도모할 수 있으며 어쩔 수 없이 비용이 상승했을 때는 그 이상으로 기능을 향상시켜 가치를 높이는 방법을 취한다. 반대로 비용을 크게 낮추고 기능은 그보다 조금 낮추는 방법도 가치를 향상시키는 방법이다.

▮표 12-3▮ 가치공학에 있어서 가치 향상의 유형

원리	번호	유형	기능	비용
$V=\frac{FUNCTION}{COST}$	1	$\frac{\rightarrow}{\searrow}$	유지	절감
	2	$\frac{\nearrow}{\rightarrow}$	향상	유지
	3	$\frac{\nearrow}{\searrow}$	향상	절감
	4	$\frac{\nearrow}{\nearrow}$	향상	상승
	5	$\frac{\searrow}{\searrow}$	저하	절감

2) 공간의 심리학적 접근

"우리는 공간을 설계하고 공간은 우리를 설계한다." 제2차 세계대전 직후 윈스턴 처칠(Winston Churchill)이 영국의 국회의사당에 대한 생각을 표현한 것이다. 국회의원이 입법을 진행하는 공간의 디자인을 바꾸면, 결과적으로 입법과정에 어떤 영향을 줄 수 있다는 점을 제안한 것이다. 환경이 행동에 영향을 준다는 점은 많은 사회학자들에 의해 증명되었으며 이제는 레스토랑 디자인에도 적용을 시키고 있다.

(1) 환경과 행동

고객의 태도와 행동은 환경적 요소와의 상호작용에 의해 영향을 받는다. 예를 들어 어떤 상점 안에서 음악과 향기의 분위기가 일치했을 때, 고객들의 구매경험에 대한 평가가 긍정적으로 나왔다는 연구결과가 있다. 이런 결과를 토대로, 살짝 구운 타임과 오레가노 향이 은은하게 풍기는 공간에 클래식 음악을 잔잔히 깔거나, 상큼한 시트러스 향에 통통 튀는 재즈 음악을 조합해 보는 등의 방식으로 레스토랑 디자인에 적용시킬 수 있다.

(2) 공간인지

디자인 요소의 심리적 영향에 대해 분석하기 위해서는 먼저 사람들이 주변환경을 받아들이는 방법에 대해 이해하여야 한다. 인류학자인 에드워드 홀(Edward T. Hall)에 따르면 그의 저서《숨겨진 차원 *The Hidden Dimension*》에서 인간의 감각기관을 두 개의 카테고리로 분류하였다. 직접적인 접촉 없이 눈, 귀, 코 등을 활용하는 원격수용과 피부, 근육 등을 통해 직접적으로 접촉하여 온도, 질감, 모양 등과 같은 정보를 받아들이는 직접수용이다. 또한 그는 피사체로부터 떨어진 거리에 따라 인지가 달라진다는 것을 보여 주었는데 다음과 같다.

① 공적 거리(3.7m 이상): 천장이 높은 레스토랑이나 넓은 로비에 들어갈 때 느낌으로 언어적 비언어적 단서를 전달하기 위해서는 목소리를 과장하거나 증폭시켜야 한다.

② 사회적 거리(1.2m~3.7m): 바에 걸려 있는 텔레비전을 보거나 일하는 서비스 직원을 볼 때 느낌으로, 특별한 노력이 없는 한 상대방과 닿지도 않고 그럴 기대조차 하지 않는 거리로서 사교모임에 적당하며 무례하게 보이지 않으면서 자신의 일을 계속 할 수 있는 거리이다.

③ 개인적 거리(0.5m~1.2m): 테이블을 가로질러 상대방과 대화하거나 나란히 서서 작업할 때 느낌으로 접촉을 꺼리는 사람들이 일정하게 거리를 유지할 수 있고 상대방을 만지거나 잡을 수도 있으며, 시각적 왜곡이 발생하지 않는 거리이다.

④ 친밀한 거리(0.5m 이내): 나란히 의자에 앉거나 직접적으로 닿을 수 있는 거리로서 상대방의 존재가 확연해지고 때로는 증가된 감각압력으로 인해 압도적으로 느낄 수 있으며, 친밀감을 나누거나, 맞붙어 싸우거나, 위로해 주는 등의 행위가 일어날 수 있는 거리이다.

(3) 원격수용

원격수용이란 직접적인 접촉 없이 시각 · 청각 · 후각 등을 활용하여 외부정보를 받아들이는 것을 말한다.

① 시각적 공간

사람이 망막을 통해 사물을 정확히 인지하기 위해서는 자신의 정면에 피사체가 있어야 한다. 따라서 자리를 배치할 때 [그림 12-4]와 같이 다른 테이블의 사람이 정면에 보이지 않도록 테이블과 의자의 방향을 조절하여 배치하는 것이 중요하다.

비즈니스 접대가 많이 이루어지거나, 연인들이 주로 찾는 레스토랑이라면 시각적 자극이나 방해를 덜 받을 수 있도록 칸막이를 설치하여 친밀도를 높여 주고, 좌석회전율을 낮추되, 객단가를 높이는 방법을 취한다. 반면에 오픈키친이나 캐주얼 레스토랑은 열린 분위기로 시각적 자극이 많아서 좌석회전율이 빠르다.

또한 다이닝 공간에 거울을 설치함으로써 자칫 좁아 보이는 공간을 넓게 느끼게 할 수 있으며, 다른 고객이 무엇을 먹는지 짧게 살펴볼 수 있도록 함으로써 매출에도 도움을 줄 수 있다.

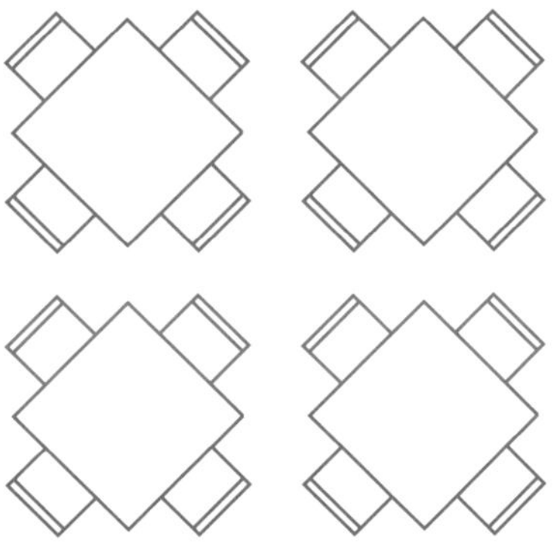

▌그림 12-14▐ 시각적 방해를 줄이는 테이블 배치

출처: R. S. Baraban., & J. F. Durocher (2010). Successful restaurant design.

② 청각적 공간

보통 사람의 귀는 두 공간으로부터 소리를 듣는다. 반경 6m 이내의 주청음 공간과 6m에서 30m의 부청음 공간으로 나눌 수 있는데, 레스토랑의 주청음 공간에서 나오는 소리를 멀리서 들리는 정겨운 배경소음처럼 들리도록 바꾼다면, 고객들은 동석한 사람들과 방해받지 않고 대화할 수 있게 된다. 너무 조용하다면 고객들은 자신들의 사생활이 침해받을 지도 모른다는 걱정을 할 수 있으므로 적당한 배경소음은 필요하다. 소음을 부드럽게 바꾸는 방법에는 여러 가지가 있다. 바닥에 카펫을 깔거나 천장에 방음커튼을 드리움으로써 소음을 줄일 수 있고 분위기에 어울리는 배경음악을 내보내 소음을 상쇄시킬 수도 있다.

③ 후각적 공간

갓 구운 빵냄새가 풍기는 베이커리, 커피향 가득한 카페, 고기 굽는 냄새가 진동하는 바비큐집 등 그 레스토랑만의 독특한 향을 발산하여 고객에게 긍정적인 이미지를 형성하는 방법을 향기마케팅이라고 부른다. 요즘에는 일부러 일정 시간마다 향기를 발산하는 기구를 입구에 설치하여 고객들을 자극하기도 한다.

반면에 불쾌하거나 지나친 향은 부정적인 영향을 줄 수 있다. 레스토랑 옆 쓰레기장에서 나오는 악취나 다이닝 공간에 지나치게 강한 방향제 냄새를 풍기는 것은 고객들의 식감을 저하시킬 수 있으므로 피하는 것이 좋다.

(4) 직접수용

직접수용이란 피부·근육 등을 통해 직접적으로 접촉하여 온도, 질감, 모양 등과 같은 정보를 받아들이는 것을 말한다.

① 촉각의 공간

직접적으로 만질 수 있는 것들로 테이블 위의 와인 잔이나 포크 나이프 같은 식기류, 벽면 마감재 등은 심리적으로 편안한 느낌을 주는 것이 좋다. 고급 레스토랑의 의자가 주는 촉감은 안락하여 오래 머물고 싶은 마음이 들도록 해야 하고 퀵서비스 레스토랑의 의자는 보기에는 좋지만 오랫동안 앉기엔 불편하여 회전율을 높여야 한다.

한편, 가장 촉각에 민감한 것으로 음식을 들 수 있는데, 입안에서 느껴지는 음식의 질감, 온도, 맛 등은 고객만족의 가장 중요한 요소이다.

② 공간의 온도

레스토랑에서 실내온도의 심리적 영향 중 가장 중요한 것은 더운 공간을 시원한 공간보다 더 붐빈다고 느낀다는 점이다. 따라서 만석인 레스토랑은 실내온도를 시원하게 유지하는 것이 중요하고, 그렇지 못한 레스토랑은 따뜻하게 온도를 유지하여 비었다는 느낌이 들지 않도록 해야 한다. 천장이 높거나 통유리로 된 레스토랑은 미관상 좋지만, 여름엔 덥고 겨울엔 춥기 때문에 냉난방에 신경을 써야 한다.

3) 공간 디자인

외식공간은 레스토랑의 업종이나 업태와 관계없이 고객들이 선택하여 그곳에서 먹고 즐기고 최종적으로 평가하는 단계를 거치게 된다. 이때 효과적으로 디자인된 공간이라면 일련의 흐름이 조화롭게 이루어지면서, 기억에 남을 만한 외식을 경험할 수 있게 된다. 다시 말해, 공간 디자인은 감각적이면서 원활한 운영이 가능하도록 하여 고객들로 하여금 레스토랑 문을 열고 들어오고 싶게 만들고, 긍정적인 외식경험 후에는 다시 방문하고 싶은 마음이 들게끔 만드는 역할을 한다.

(1) 외관

한적한 시골 길에 위치한 레스토랑과 도심에 있는 고급 다이닝 레스토랑은 그 주변환경이 다르기 때문에 고객들이 기대하는 바도 다르다. 따라서 장식을 할 때도 사용하는 재료와 건축양식이 달라야 한다. 고객들에게 여러 가지 측면에서 영향을 주는 레스토랑의 외관 이미지를 구성하는 요소들을 살펴보면 다음과 같다.

① 파사드(Façade)

파사드란 건축물의 주된 출입구가 있는 정면부를 가르킨다. 길가에 위치한 레스토랑에 있어서 특히 중요한데 주변 경쟁이 심하건 그렇지 않건, 행인들의 주목을 끌어서 레스토랑의 존재감을 알릴 수 있는 파사드가 필요하다. 레스토랑이 어떤 메뉴를 판매하고 어떤 분위기인지 내부의 성격을 보여 줄 수 있는 파사드는 잠재고객들에게 자신을 소개하는 의사소통의 매개체가 되기도 하고, 내부와 관계없이 독창적인 모습을 취하여 고객들로 하여금 기억하기 쉽도록 도와주기도 한다.

너무나 많은 색상의 이미지가 난무하는 요즘에는 오히려 단순한 색상을 사용하는 것도 좋은 방법일 수 있다. 파사드에 있어 가장 중요한 포인트는 일단 눈에 띄어야 한다는 점이다. 다른 경쟁자들로부터 차별화할 수 있고, 고객들의 기억 속에 남을 만한 이미지를 만들어야 한다.

▌그림 12-15▌ 피자헛의 기억하기 쉬운 파사드

출처: http://darkchien.egloos.com.

② 간판

간판은 외관 디자인에 있어서 핵심이 되는 부분이다. 앞서 살펴본 파사드를 구성하는 가장 중요한 요소이며, 사람들의 주의를 끌고 기억 속에 남을 수 있는 상징이기도하다. 특히 빠르게 달리는 차량에서 보더라도 눈에 확 들어오는 가독성이 중요하다. 텍스트가 없어도 기호화되어 그 자체로 의미를 전달할 수 있어야 한다.

▌그림 12-16▌ 맥도날드 간판

출처: http://opinionx.khan.kr.

(2) 입구

레스토랑에 대한 첫 번째 인상이 파사드에서 결정되었다면, 두 번째 인상은 입구에서 결정된다. 입구를 구성하는 문은 재질이나 디자인에 따라 고객에게 다양한 반응을 불러일으킨다. 두꺼운 나무 문의 경우 레스토랑 콘셉트에 따라 적절한 기대감 형성에는 도움이 될 수 있지만, 고객이 레스토랑 안으로 발을 들여놓기까지 갈등을 유발시킬 수 있다. 투명한 유리 문의 경우에는 레스토랑 내부를 들여다 볼 수 있기 때문에 기대감 형성에는 도움이 되지만 고객들의 외부 노출로 인한 부담감이 작용할 수 있다.

또한 입구는 대기공간의 기능도 담당한다. 고객이 레스토랑에 도착하여 본격적인 서비스를 받기 위해 대기하는 장소이기 때문에 적절한 크기의 공간이 필요하다. 대기공간에는 추가적인 매출을 위한 디자인으로 구성한다. 레스토랑 기프트숍을 설치하여 주방도구, 요리책, 옷, 빵, 하우스 소스 등을 판매하고, 디저트나 와인진열장을 눈에 띄는 곳에 설치하고, 프로모션 메뉴와 신메뉴에 대한 정보를 제공하는 등 추가적인 매출이 발생할 수 있도록 유도한다. 대기공간은 외부와 내부를 연결하는 완충지대이기 때문에 조명시설에 있어서 바깥보다 너무 밝거나 어두우면 안 된다. 갑자기 너무 밝거나 너무 어두워지면 눈이 적응을 못해 불편함을 느낄 수 있기 때문이다. 이는 온도에 있어서도 마찬가지이다.

독특한 나무 문의 레스토랑

레스토랑 기프트숍

▮그림 12-17▮ 입구

출처: (좌) http://blog.naver.com, (우) http://www.nwitimes.com.

(3) 다이닝 공간

다이닝 공간은 고객들에게 레스토랑에 대한 긍정적인 혹은 부정적인 영향을 주는 장소로서 고객들이 재방문을 하도록 유도하는 데 큰 역할을 담당한다.

다이닝 공간을 디자인할 때는 먼저 주고객층의 인구통계학적 측면과 심리적 측면을 고려하여 그들이 원하는 것을 알아야 하고 경쟁자들로부터 차별화를 어떻게 할 것인지를 고려하여야 한다. 음식과 서비스의 스타일에 따라 좌석의 형태를 맞추고 서비스 동선을 계획하여야 하며, 고객이 머무는 시간에 따라 공간을 디자인해야 한다.

조명시설을 활용하여 드라마틱한 분위기를 조성하거나 에너지 넘치는 활발한 분위기를 연출할 수 있다. 일반적으로 레스토랑에서 조명의 기능은 인물과 음식을 돋보이게 하는 것이다. 테이블에 직접 비추는 조명은 주변을 어둡게 하고 인물에 그림자가 지게 되므로 피하는 것이 좋다. 간접조명을 이용하여 그림자를 최소화시켜 매력적으로 보이게끔 만드는 것이 중요하며, 음식이 놓이는 곳에 직접조명을 적절히 사용하는 것도 좋은 방법이다.

그림 12-18 간접조명과 직접조명의 적절한 조화

출처: http://blog.sparksdirect.co.uk.

(4) 화장실

일반적으로 화장실은 레스토랑 디자인에서 가장 적은 예산이 배분되어 등한시되는 공간이지만, 레스토랑 전체의 이미지를 좌지우지할 수 있는 중요한 공간임을 간과해서는 안 된다. 사람들은 레스토랑 화장실이 더러우면, 주방도 더러울 것이라고 생각한다. 따라서 화장실의 청결과 위생은 주방의 청결과 위생만큼 중요하며, 환기 시설이 제대로 작동하는지 여부도 확인하여 악취가 다이닝 공간으로 나오는 일이 없도록 해야 한다. 화장실의 디자인에 있어서 성별에 따른 차이도 중요하다. 화장실에 머무는 평균 시간을 조사해 보니, 여성은 평균 8~10분, 남성은 평균 4분 정도로 여성이 남성보다 2배 이상 더 오래 머무르는 것으로 나타났다. 이처럼 남성과 여성이 화장실에 머무르는 시간이 다른 이유는 화장실을 이용하는 목적이 다르기 때문이다. 대부분 생리적인 이유로 화장실을 이용하는 남성과는 달리 여성의 경우 메이크업, 머리손질, 향수 뿌리기, 옷매무시 체크, 친구와 잡담 등 다른 많은 이유로 화장실을 이용하기 때문에 여자 화장실을 디자인할 때는 고객의 외모를 돋보이게 하는 조명시설과 거울이 필수적이다.

(5) 주방

일반적으로 다이닝 공간의 삼분의 일 정도 크기를 주방공간으로 할애하는데, 이런 비율은 레스토랑의 스타일에 따라 달라질 수 있다.

주방 디자인은 각각의 파트에서 수행돼야 하는 업무를 분석하면서부터 시작된다. 각 업무에 따라 레스토랑 주방을 구분하고, 다음 단계로는 각각의 업무별로 뜨거운 음식을 담당하는 곳, 차가운 음식을 담당하는 곳, 음료를 담당하는 곳, 세척을 담당하는 곳, 식재료의 입고와 저장을 담당하는 곳, 그리고 사무실 등을 포함하여 워크스테이션을 만든다.

[그림 12-19]는 버블 다이어그램을 이용하여 아라카르트 서비스 시스템을 사용하는 레스토랑 주방의 워크스테이션을 배치한 예이다. 버블 다이어그램은 주방의 다양한 공간에서 일어나는 각 워크스테이션 간의 상호작용을 한눈에 알아볼 수 있다는 장점이 있다.

레이아웃 A를 보면 차가운 음식, 음료, 그리고 세척공간이 서비스직원들로부터 너무 멀리 떨어져 있다. 이런 부분을 수정하여 재배치를 한 레이아웃 B는 서비스직원들과 주방직원 모두에게 편리한 동선을 만들어 준다.

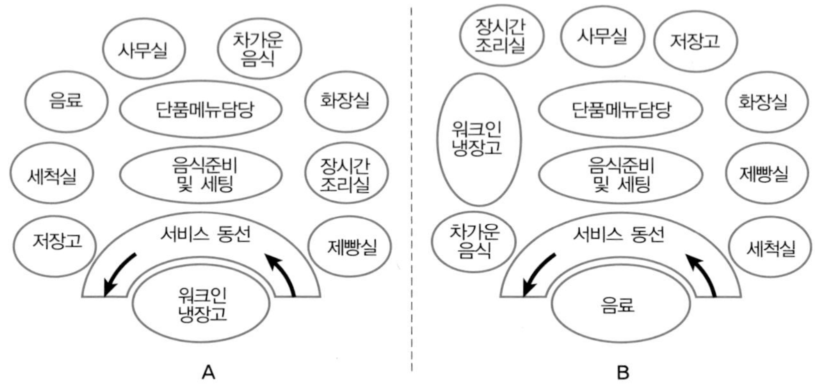

▌그림 12-19▐ 주방 디자인을 위한 버블 다이어그램

출처: R. S. Baraban., & J. F. Durocher (2010). Successful restaurant design.

레스토랑 스타일에 따라 각각 버블의 위치와 크기, 그리고 기능이 달라질 수 있다. 예를 들어 퀵서비스 레스토랑에서는 일회용품을 많이 사용하기 때문에 세척공간이 크게 필요하지 않는다. 반면에, 연회주방에서는 세척공간과 조리공간의 비중이 훨씬 크다. 직원들의 업무 동선과 각 워크스테이션 간의 업무연계성을 고려하여 버블의 위치와 크기를 조절하여야 한다.

요 · 약

1. 집과 일터에 뒤이어 도시의 연출된 장소나 공간들이 제3의 공간이 되었다. 제3의 공간들은 똑같은 공식을 이용한다. 랜드마크를 내세워 사람들을 끌어들이고, 그 안에서 돌아다니게 유혹하고, 전체를 망라하는 생각을 불어넣어 주고, 호기심을 일으킨다. 제3의 공간으로서 레스토랑은 내 집이 아닌 곳에서 내 집처럼 편안함을 체험할 수 있는 장소로서 각광받고 있다.

2. 성공적인 레스토랑을 디자인하기 위해서는 콘셉트와 메뉴와 디자인이 조화를 이루어야 한다. 셋 중에 어느 하나라도 어긋나면 부조화로 인해 실패하고 만다. 레스토랑 디자인을 위한 기본요소들을 살펴보면 먼저 업태를 결정하고 시장분석을 한다. 시장에 존재하는 잠재고객과 경쟁자를 분석하고 입지와 경제상황을 고려한다. 이어서 콘셉트와 메뉴를 개발하고 그에 적합한 서비스시스템을 결정한다.

3. 콘셉트는 본질이며 특징이다. 본질을 느낄 수 없다면 잘못된 콘셉트라고 할 수 있다. 콘셉트는 상대적인 개념이다. 다른 콘셉트와 비교하여 차별화된 특징과 더 나은 본질을 보여 주어야 한다. 콘셉트를 구성하는 요소들을 바탕으로 가설을 세우고 정교화하는 작업을 콘셉트 매트릭스라고 한다. 먼저 요소 정리 단계에서는 목표고객 이미지와 입지 이미지를 설정하고 고객 관점 단계에서는 고객이 원하는 서비스를 개발한다. 본질 숙성 단계에서는 지금까지의 가설을 더욱 구체적인 이미지로 정교화시키고, 마지막 핵심 메시지 단계에서는 본질을 보여 줄 수 있는 메시지를 만들어 낸다.

4. 공간을 가치 있게 꾸미기 위해서는 최적의 효율성을 목표로 원가절감과 동시에 최상의 가치를 추구하는 것이다. 이를 가치공학이라 한다. 같은 기능이라면 보다 낮은 비용이 들어가는 것이 가치가 높고, 같은 비용이 드는 것이라면 보다 높은 기능을 달성하는 것이 가치가 높다.

5. 공간이 사람의 태도와 행동에 영향을 미친다는 연구결과는 공간을 어떻게 인지하느냐에 따라 고객들이 레스토랑에 대해 느끼는 감정이 달라질 수 있다는 점을 보여 준다. 사람이 공간을 인지하는 방법에는 직접적인 접촉 없이 시각 · 청각 · 후각 등을 활용하는 원격수용과 직접적인 접촉으로 정보를 받아들이는 직접수용이 있다. 이런 인지방법을 활용하여 레스토랑을 이용하는 고객들이 편안하고 즐겁게 이용할 수 있도록 공간을 디자인해야 한다.

연·습·문·제

1. 최근에 방문한 제3의 공간들 중에서 가장 기억에 남는 곳은 어디인가? 왜 그곳이 가장 기억에 남는지 이유도 함께 생각하여 보자.

2. 주변의 바 혹은 레스토랑 중에 와우효과를 이용한 곳을 찾아보자. 본인이 직접 경험해 본 곳도 좋고 인터넷을 통해 알게 된 곳도 좋으므로 그곳이 어떤 와우효과를 보여 주는지 그 특징을 찾아보도록 하자.

3. 다양한 업종 업태에서 경쟁우위를 차지하기 위한 치열한 전쟁이 치러지고 있다. 패스트푸드 업계, 커피업계 등 각 업계에서 경쟁우위를 얻기 위해 시도하고 있는 다양한 전략들을 조사하여 보자.

4. 콘셉트 매트릭스를 이용하여 여러분이 디자인하고자 하는 레스토랑이나 카페의 콘셉트를 완성시켜 보자.

5. 12가지 다양한 기능을 탑재한 노트북이 있다. 이 노트북의 원가는 30만 원이다. 후속 신제품을 개발하는 과정에서 이 노트북의 가치를 향상시키기 위한 방법을 나열하여 보자.

6. 향기마케팅의 실제 예를 주변에서 찾아보자.

7. 고객과 의사소통을 제대로 하는 간판과 그렇지 못한 간판의 예를 주변에서 찾아보자.

참고문헌 reference

고재용, 하진영, 오선영 (2010). 사례로 배우는 마케팅. 서울: 파워북.

공정택 (2004). 외식경영을 위한 회계와 세무. 서울: 홍익출판사.

곽동경 외 (2008). 단체급식의 이해. 서울: 신광출판사.

김광희 (2007). 부자들의 경영학 카페. 서울: 국일증권경제연구소.

김기영 (2008). 외식창업경영실무론. 서울: 현학사.

김기홍, 정웅용, 최상수, 전혜진 (2005). 외식사업창업론. 서울: 대왕사.

김문수 (2011). K-IFRS에 의한 호텔회계 실무 및 원리. 서울: 비즈프레스.

김상현 외 (2011). 마케팅. 서울: 이프레스.

김상현, 김정구, 김종훈, 김주호, 전중옥, 정연승, 정용길, 한동철, 한장희 (2011). 마케팅. 서울: 이프레스.

김영갑 (2009). 외식마케팅. 파주: 교문사.

김영갑 (2011). 외식창업론. 파주: 교문사.

김영갑 외 (2012). 외식마케팅. 파주: 교문사.

김영갑, 홍종숙, 김문호, 한정숙, 김선희, 박상복 (2010). 외식마케팅. 파주: 교문사.

김영갑, 홍종숙, 김문호, 한정숙, 김선희, 박상복 (2012). 외식마케팅. 파주: 교문사.

김유미 (2007). 한국 외식 프랜차이즈 기업의 글로벌 경영전략에 관한 연구: 제너시스 BBQ와 놀부 사례를 중심으로. 숙명여자대학교 석사학위논문.

김지해 (2011). HACCP 시스템 구축 및 적용사례. 대학생 HACCP 아카데미 자료집.

김진수 (2009). 호텔 · 외식산업 식음료관리론. 서울: 대왕사.

김희기, 김현덕, 안성근, 이선호, 이인성 (2010). 메뉴관리론. 파주: 교문사.

나영선 (2006). 외식사업창업과경영. 서울: 백산출판사.

노건우 (2011). 외식업계 해썹 적용 준비 현황 및 계획. 2011년도 해썹(HACCP) 기술세미나 자료집.

문성식, 임경려, 강병남 (2009). 배달전문 외식업체의 서비스 품질, 고객만족, 브랜드이미지가 고객 충성도에 미치는 영향에 관한 연구: 피자전문점을 대상으로. 외식경영연구, 12(4), 393-413.

문혜경 (2012). 외식 · 급식 안전의 현황 및 문제점. 식품안전의 날 기념 학술세미나 자료집.

박금순, 민영희, 김미향 (2012). 메뉴관리 및 디자인. 서울: 파워북.

박기용 (2009). 외식산업경영학. 서울: 대왕사.

박기용 (2011). 외식산업경영학. 서울: 대왕사.

박정식, 박종원, 이장우 (2010). 재무관리. 서울: 다산출판사.

박진우 (2011). 외식경영학. 서울: 형설출판사.

배동주 (1999). 호텔·관광 재무관리. 서울: 삼우사.

배현주, 박해정 (2011). 시판 즉석섭취 샌드위치류의 미생물학적 위해분석 및 HACCP 적용 후 품질개선효과. 한국식품조리과학회, 27(4), 55-65.
배현주, 백재은, 주나미, 윤지영 (2012). 급식 · 외식관리자를 위한 HACCP 이론 및 실무. 파주: 교문사.
변찬복 (2008). 호텔·레스토랑 회계. 서울: 대왕사.
변찬복 (2010). 호스피탈리티 재무. 서울: 기문사.
서성무, 이지우 (2010). 경영학의 이해. 서울: 형설출판사.
성혜진, 고재윤, 김영근 (2012). SNS를 통한 외식정보 검색시 개인특성과 사용자 만족, 지속적 이용의도, 추천의도에 관한 실증적 연구. 외식경영연구, 15(3), 81-101.
식품유통연감 (2011). 국내 커피 시장의 현황(pp. 305-310).
신재영 외 (2005). 외식사업경영론. 서울: 한국외식산업연구소.
심순철 (2006). 프랑스미식기행. 파주: 살림출판사.
안광호, 김동훈, 유창조 (2008). 촉진관리: 통합적 마케팅 커뮤니케이션 접근. 경기도: 학현사.
안광호, 하영원, 박흥수 (2008). 마케팅원론. 파주: 학현사.
안대희, 권정희, 강미정 (2011). 호텔식음료 경영실무론. 서울: 대왕사.
안대희, 한기장 (2011). 외식기업의 SNS품질이 브랜드명성과 품질만족 및 구매의도에 미치는 영향. 외식경영연구, 14(4), 169-188.
양일선, 박문경 (2007). 위탁급식업체 급식소 경영관리 전략(1). 국민영양, 30(6), 14-18.
양일선, 이보숙, 차진아, 한경수, 채인숙, 이진미 (2006). 단체급식. 파주: 교문사.
양일선, 이보숙, 차진아, 한경수, 채인숙, 이진미 (2011). 단체급식(3판). 파주: 교문사.
양일선, 이진미 (1997). 위탁급식전문업체의 현황과 전망. 한국식품영양과학회, 2(2), 1-13.
원유석 (2006). 환대산업 서비스경영론. 서울: 백산출판사.
윤종훈, 송인암, 박계홍, 정지복 (2007). 경영학원론. 파주: 학현사.
이복희, 허경숙, 김인호 (2004). HACCP 적용을 위한 피자 전문 레스토랑의 위생관리기준 설정 –피자 생산을 중심으로. 한국식품과학회지, 36(1), 174-182.
이상희 (2009). 국내 에스프레소 커피전문점의 서비스스케이프 특성. 울산대학교 대학원 디자인학과 석사학위논문.
이선령, 윤혜현, 남궁영 (2010). 외식고객의 블로그 이용 동기와 서비스 품질 속성 분석. 호텔경영학연구, 19(6), 273-287.
이성호 (2011). 급식경영개론. 서울: 석학당.
이유재 (2008). 서비스마케팅. 파주: 학현사.
이유재 (2010). 서비스마케팅(제4판). 파주: 학현사.
이정실 (2002). 외식기업경영론. 서울: 기문사.
이진규 외 (2011). 경영학개론. 서울: 한국방송통신대학교 출판부.
이진향, 배현주 (2011). HACCP을 적용한 김밥의 유통기한 설정. 한국식품조리과학회, 27(2), 61-71.
이창원 (2002). 커피전문점 이용객의 고객만족에 관한 연구: 서울지역 신흥 테이크아웃 전문 브랜드를 중심으로. 세종대학교 대학원 석사학위논문.
일본 외식산업총합연구센터 (2003): 외식산업분류 및 구성비.
임성택, 조원섭 (2011). 외식산업분야에서 기업형 블로그의 구전정보특성이 온라인 구전효과에 미치는 영향분석. 호텔경영학연구, 20(5), 165-180.

임창희 (2007). 경영학원론. 파주: 학현사.
장세진 (2012). 경영전략(제7판). 서울: 박영사.
장영광, 정기만 (2007). 생활 속의 경영학. 서울: 신영사.
장영재 (2010). 경영학콘서트. 서울: 비즈니스북스.
장재남 (2012). FC 서비스품질 향상 전략: 물리적 증거와 리뉴얼. 외식경영, 94(11), 208.
정경, 김경임 (2010). 실무종사자를 위한 메뉴관리 & 기획. 서울: 파워북.
정규엽 (2010). 호텔 · 외식 · 관광 마케팅. 서울: 연경문화사.
정동섭, 추교완, 박재희 (2010). 경영전략(개정판). 서울: 경영과미래.
정영주 (2011). 외식마케팅. 서울: 백산출판사.
정용주 (2011). 외식경영론. 서울: 백산출판사.
정홍식 (1994). 커피의 세계. 서울: 민문사.
차길수, 윤세목 (2006). 호텔경영학원론. 파주: 현학사.
최명국 (2010). 외식산업의 마케팅 전략에 관한 연구. 경상대학교 대학원 석사학위논문.
최병민, 신창섭 (2002). 천의 얼굴을 가진 인터넷 비즈니스 기획자. 서울: 이비컴.
최학수, 강인호, 이병연, 정승환, 김상철, 조문식 (2007). 외식산업경영론. 서울: 한올출판사.
통계청 (2013). 가계동향조사(신분류), 가구당 월평균 가계수지(명목, 2인 이상, 전체 가구).
통계청 (2013). 광업 · 제조업 통계조사. 도소매업 조사 및 서비스업 총조사.
통계청 (2013). 도소매업 조사 및 서비스업 총조사. 시도산업 매출액 규모별 현황.
통계청 (2013). 도소매업 조사 및 서비스업 총조사. 시도산업 사업장 면적규모별 사업체 수.
통계청 (2013). 도소매업 조사 및 서비스업 총조사. 시도산업 종사자 규모별 현황.
통계청 (2013). 도소매업 조사 및 서비스업 총조사. 시도산업별 총괄.
특별취재팀 (2011). 외식업계 여름준비. 월간식당 7월호.
한경수 외 (2005). 외식경영학. 파주: 교문사.
한경수, 채인숙, 김경환 (2011). 외식경영학(개정판). 파주: 교문사.
한국외식정보 (2009). 한국외식연감. 서울: 한국외식정보.
한국외식정보 (2011). 한국외식연감. 서울: 한국외식정보.
함봉진, 주윤황 (2011). 인터넷마케팅: 원리와 응용. 서울: 두남.
허갑수 외 (2010). 경영학의 이해. 서울: 형설출판사.
홍성태 (1999). 보이지 않는 뿌리. 서울: 박영사.
홍완수, 윤지영, 최은희, 이경은, 배현주 (2009). 알기 쉬운 외식위생관리와 HACCP. 서울: 백산출판사.
宮崎 哲也 (2008). 경영학 무작정 따라하기. 이우희 역 (2009). 파주: 길벗.
Anupindi, R., Chopra, S., Deshmukh, S. D., Van Mieghem, J. A., & Zemel, E. (1999). *Managing Business Process Flows.* Upper Saddle River, NJ: Prentice Hall.
Baraban, R. S., & Durocher, J. F. (2010). *Successful Restaurant Design.* Wiley.
Bitner, M. J. (1992). Servicescapes: The impact of physical surroundings on customers and employees. *Journal of Marketing, 56*(2), 57-71.
Brotherton, B. (1999). Towards a definitive view of the nature of hospitality and hospitality management. *International Journal of Contemporary Hospitality Management, 11*(4), 165-173.
Chase, R. B. (1981). The Customer Contact Approach to Services: Theoretical Bases and

Practical Extensions. *Operations Research, 21*(4), 698-705.

Chatfield, R. E., & Dalbor, M. C. (2005). *Hospitality financial management.* Upper Saddle River, NJ: Pearson Prentice Hall.

Chon, K. (1997). Strategies for service quality management in restaurant and hospitality industry. *식품산업과 영양, 2*(2), 24-29.

Christian Mikunda (2004). 제3의 공간. 최기철, 박성신 공역 (2005). 서울: 미래의창.

Council on Hotel, Restaurant and Institutional Education (1992). Handout of Accreditation. Commission for Programs in Hospitality Administration. Washington, D.C.

Davis, M. M., Aquilano, N. J., & Chase, R. B.(2003). *Fundamentals of Operations Management* (4th ed.). NY: McGraw-Hill companies Inc.

Dopson, L. R., & Hayes, D. K. (2008). *Managerial accounting for the hospitality industry.* Hoboken, NJ: Wiley.

Fitzsimmons, J. A., & Fitzsimmons, M. J. (2011). *Service Management: Operation, Strategy, Information* (7th ed.). NY: McGraw-Hill Companies Inc.

Grover, V., & Malhotra, M. K. (1997). Business Process Reengineering: A Tutorial on the Concept, Evolution, Method, Technology and Application. *Journal of Operations Management, 15*(3), 194-213.

Haksever, C., Render, B., Russell, R. S., & Murdick, R. G. (2000). *Service Management and Operation* (2nd ed.). NJ: Prentice Hall.

Hammer, M. (2010). What is Business Process Management? *Handbook on Business Process Management, 1,* 3-16.

Heineke, J. & Davis, M. (2007). The Emergence of Service Operations as an Academic Discipline. *Journal of Operations Management, 25*(2), 364-374.

HR Institute, Yoshiaki Noguchi (2002). 좋은 컨셉은 어떻게 만들어지는가. 양영철 역 (2005). 서울: 거름.

Hunger, J. D., & Wheelen, T. L. (2000). *Strategic Management* (7th ed.). NJ: Prentice Hall.

Keown, A. J., Martin, J. D., & Petty, J. W. (2008). *Foundations of finance.* Upper Saddle River, NJ: Pearson Prentice Hall.

Kimes, S. E. (2004). Restaurant Revenue Management: Implementaion at chevy' s Arrowhead. *Cornell Hospitality Quarterly, 45*(1), 52-67.

Kotler, P. (1973). Atmospherics as a marketing tool. *Journal of Retailing, 49*(4), 48-64.

Kotler, P., Bowen, J. T., & Makens, J. C. (2010). *Marketing for Hospitality and Tourism* (5th ed.). Upper Saddle River, NJ: Pearson Prentice Hall.

Krajewski, L. J., Ritzman, L. P., & Malhotra, M. K. (2013). *Operation Management, Process and Supply* (10th ed.). London: Pearson education.

Kung, P. & Hagen, C. (2007). The Fruits of Business Process Management: An Experience Report from a Swiss Bank. *Business Process Management Journal, 13*(4), 477-487.

Levitt, T. (1972). Production-Line Approach to Service. *Harvard Business Review, 50*(5), 41-52.

Longree, K., Armbruster, G (1996). *Quantity Food Sanitation* (5th ed.). NY: John Wiley & Sons.

Meyer, Danny. (2007). *Setting the Table*. NY: Harpercollins.

Morrison, A. M. (2010). *Hospitality and Travel Marketing* (3rd ed.). Thomson.

National Restaurant Association (2012). *ServSafe Coursebook* (6th ed.). Chicago.

Olsen, M. D., Tse, E. C., & West, J. J. (1992). *Strategic Management in the Hospitality Industry*. NY: Van Nostrand Reinhold.

Parasuraman, A., Zeithaml, A. V., & Berry, L. L. (1988). SERVQUAL: A multiple item scale for measuring consumer perceptions of service quality. *Journal of Retailing, 64*(1), 12-40.

Paul, J. McVety., Bradley, J. Ware., & Claudette Lévesque Ware. (2009) *Fundamentals of Menu Planning*. NY: Wiley.

Philip, Kotler., & Gary, Armstrong. (2008). Kotler의마케팅원리(12판). 안광호, 유창조, 전승우 (2010). 서울: 시그마프레스.

Raphael, R. Kavanaugh., & Jack, D. Ninemeier. (2007). Supervision in the Hospitality Industry. Educational Institute.

Robbins, S. P. (2000). *Managing Today!*. NJ: Prentice Hall.

Ryu, K., & Jang, S. (2007). The effect of environmental perceptions on behavioral intentions through emotions: The case of upscale restaurants. *Journal of Hospitality & Tourism Research, 31*(1), 56-72.

Ryu, K., & Jang, S. (2008). DINESCAPE: A scale for customers' perception of dining environments. *Journal of Foodservice Business Research, 11*(1), 2-22.

Ryu, K., Han, H, & Kim, T. H. (2008). The relationships among overall quick-casual restaurant image, perceived value, customer satisfaction, behavioral intentions. *International Journal of Hospitality Management, 27*(3), 459-469.

Ryu, K., Han, H., & Jang, S. (2010). The effect of hedonic and utilitarian values on customers' satisfaction and behavioral intention in the fast-causal restaurant industry. *International Journal of Contemporary Hospitality Management, 22*(3), 416-432.

Sanders, E. E., & Hill, T. H. (1998). *Foodservice Profitability. A control approach, Upper Saddle River*. NJ: Prentice Hall.

Stevenson, W. J., & Chuong, S. C. (2010). *Operation management: An Asian perspective* (9th ed.). McGraw-Hill Education(Asia)

TRACY, Brian. (2007). 사업성공의 길1. 이미숙 역 (2007). 서울: 씨앗을뿌리는사람.

Wade, D. (2005). *Successful Restaurant Management*. Thomson Learning.

Walker, J. R. (2002). Introduction to hospitality (3rd ed.). *Upper Saddle River*. NJ: Prentice Hall.

Zomerdijk, L. G., & de Vries, J. (2007). Structuring Front and Back Office Work in Service Delivery Systems. *International Journal of Operations & Production Management*, 27(1), 108-131.

〈기타 자료〉

HACCP 지원사업단 (2012). HACCP 지정업소현황. http://www.haccphub.or.kr. 2013년 1월 28일 인출.

NRA (2007). Restaurant Industry Facts. http://www.restaurant.org

NRA (2013). What's hot 2013 chef survey. Restaurant Industry Facts. http://www.restaurant.org

U.S. Food and Drug Administration (2009). *Food Code 2009*. http://www.fda.gov. 2013년 1월 28일 인출.

김성은 (2012. 8. 7). 2012 결산: 치킨프랜차이즈업계. 식품외식경제.

김성은 (2013. 1. 22). 2012 결산 및 2013 전망: 치킨 프랜차이즈업계. 식품외식경제.

김해송 (2012. 8. 7). 2012 결산: 한식프랜차이즈. 식품외식경제.

김해송 (2013. 1. 22). 2012 결산 및 2013 전망: 한식프랜차이즈. 식품외식경제.

대한상공회의소 (2012). KORCHAM BIZ의 재무정보. http://www.korchambiz.net/search/searchDetail.jsp

라이프투데이 (2012. 12. 10). 블로그 맛집, 직접 찾아가 봤더니. http://www.lifetoday.co. kr. 2012년 1월 20일 인출.

식중독통계시스템 (2012). http://www.kfda.go.kr/e-stat. 2013년 1월 30일 인출.

식품산업통계정보 (2011). http://www.fis.foodinkorea.co.kr. 2013년 1월 28일 인출.

식품의약품안전처 (2008). 안전한 수산물 취급 위생관리. http://www.kfda.go.kr/fm. 2013년 1월 30일 인출.

식품의약품안전처 (2011). 식품위해요소중점관리기준. http://www.kfda.go.kr. 2013년 1월 28일 인출.

식품의약품안전처 (2012). 식중독 발생 통계. http://www.kfda.go.kr. 2013년 1월 28일 인출.

아시아경제신문 (2011. 12. 29). 외식, SNS로 대박 낸 사연…8단계만 거치면 1000만 명 확산. http://www.asiae.co.kr. 2012년 1월 25일 인출.

외식경영연구회 (2005. 3. 24). 해외브랜드 국내입성 흥망성쇠 25년.

이지연 (2012. 8. 7). 2012 결산: 피자업계. 식품외식경제.

이지연 (2013. 1. 22). 2012 결산 및 2013 전망: 피자업계. 식품외식경제.

이철현 (2012. 3. 28). 소규모 단체급식 사업, 중소기업 몫 되려나. 시사저널.

임채홍 (2002. 3. 1): 위탁급식의 문제점과 전망. 식품환경신문(p. 16).

최윤호 (2013). 외식업계 마케팅 이제 선택 아닌 필수. 월간식당 웹사이트 http://month.foodbank.co.kr. 2013년 1월 15일 인출.

통계청 (2008). 제9차 한국표준산업분류. http://kostat.go.kr/kssc/main/MainAction.do?method=main&catgrp=kssc.

통계청 (2011). 가계동향조사. http://www.kostat.go.kr. 2013년 1월 28일 인출.

〈이미지 출처〉

http://www.wallsave.com/wallpaper/1280x800/beautiful-houses-house-random-fanpop-140299.html

http://lindyfarms.webs.com/apps/photos/photo?photoid=20531156

http://www.rangkep.com/2010-beautiful-modern-google-office-milan/work-place-google-office/

http://news.donga.com/3/all/20050527/8193699/1
http://german.visitkorea.or.kr/cms/resource/43/1288343_image2_1.JPG
http://blog.daum.net/gratuliere/13369702
http://tonyforcucci.wordpress.com/2011/10/30/aureole-wine-tower-2
http://1inyong.tistory.com/12
http://wierdestrestaurants.blogspot.kr/2010/09/dinner-in-sky-restaurant-gallery.html
http://www.foodncafe.com/blog/?mb_id=hannahworld00&id=18313
http://blog.naver.com/PostView.nhn?blogId=kim870423&logNo=120117631113
http://wierdestrestaurants.blogspot.kr/2010/09/ithaa-restaurant-in-maldives.html
http://darkchien.egloos.com/3343536
http://opinionx.khan.kr/1315
http://blog.naver.com/PostView.nhn?blogId=wingssprout&logNo=100088190326
http://www.nwitimes.com/entertainment/columnists/offbeat/paula-deen-s-kitchenrestaurant-gift-shop-at-harrah-s/image_127bbc3a-04ab-59b5-9f22-7795df65c1dd.html
http://blog.sparksdirect.co.uk/tag/x-flex-lights/

찾아보기 index

저 자 소 개

김동진

세종대학교 호텔경영학과 학사
미국 오클라호마 주립대학교 호텔외식경영학과 석사
미국 오클라호마 주립대학교 호텔외식경영학과 박사
현) 영남대학교 식품학부 교수

김영갑

중앙대학교 대학원 경영학 석사
세종대학교 대학원 외식경영학 박사
현) 한양사이버대학교 호텔관광외식경영학과 교수

남장현

영국 써리대학교 경영대학원 환대경영전공 경영학 박사
현) 경북대학교 식품외식산업학과 교수

류기상

미국 텍사스테크대학교 외식호텔경영학과 석사
미국 캔자스 주립대학교 호텔외식경영학과 박사
현) 세종대학교 호텔관광대학 외식경영학과 교수
관광산업연구소 소장
호텔관광경영연구 편집위원장

배현주

숙명여자대학교 대학원 식품영양학전공 이학 박사
미국 뉴올리언스대학교 호텔관광외식경영학부 객원교수
현) 대구대학교 식품영양학과 교수

심순철

프랑스 니스 소피아 앙티폴리스대학교 조리예술경영학과 석사(D.E.S.S)
세종대학교 호텔관광대학원 외식경영전공 외식경영학 박사
현) 세종사이버대학교 조리산업경영학과 교수

윤혜원
미국 네바다 주립대학교 호텔경영학 박사
현) 숙명여자대학교 LCB외식경영 교수

전민선
연세대학교 대학원 식품영양학과 식품학 석사
미국 오레건 주립대학교 대학원 식품공학전공 이학 석사
미국 텍사스테크대학교 대학원 환대경영전공 외식경영학 박사
현) 충남대학교 식품영양학과 교수

전혜진
미국 뉴욕대학교 호텔관광경영학 석사
세종대학교 대학원 호텔관광경영학 박사
현) 한양사이버대학교 호텔관광외식경영학과 교수

한동철
성균관대학교 건축공학과 학사
서울대학교 경영학과 석사
미국 세인트루이스대학교 경영학과 박사
현) 서울여자대학교 경영학과 교수

홍완수
연세대학교 식품영양학과 이학사
연세대학교 대학원 식품영양학과 가정학 석사
영국 쉐필드 할렘대학교 외식경영학 박사
현) 상명대학교 외식영양학과 교수

황조혜
서울대학교 식품영양학 학사
서울대학교 식품영양학 석사
미국 펜실베이니아 주립대학교 호텔레스토랑경영학 박사
현) 경희대학교 호텔관광대학 외식경영학과 교수

외식경영론

2013년 9월 5일 1판 1쇄 인쇄
2013년 9월 10일 1판 1쇄 발행
2017년 9월 10일 1판 2쇄 발행

지 은 이 김동진 김영갑 남장현 류기상 배현주 심순철
윤혜원 전민선 전혜진 한동철 홍완수 황조혜
펴 낸 이 최용구
펴 낸 곳 이프레스

주 소 (04316) 서울시 용산구 원효로 89길 19 (원효로1가)
전 화 02) 537-1720(영업부), 537-1721(편집부), 537-1711(팩스)
이 메 일 epress01@naver.com
홈페이지 www.epress1.com
등 록 2009년 12월 10일 제16-2710호

기획마케팅 최용구 장만동 송대용 최충구
책임편집 석기은 황가연
본문편집 예나루
표 지 SDY

ISBN 978-89-90245-42-7 93320

정가 20,000원